Berliner Festspiele

FÜNFZIG
THEATER
TREFFEN
1964 – 2013

Theater der Zeit

FÜNFZIG THEATERTREFFEN 1964–2013

Herausgegeben von den Berliner Festspielen
Verlag Theater der Zeit
1. Auflage April 2013
Redaktion und Lektorat: Stephan Wetzel
Redaktionelle Mitarbeit: Barbara Behrendt, Christine Berkenhoff (Bildbearbeitung), Yvonne Büdenhölzer, Christina Tilmann
Praktikantinnen: Nora Rigamonti, Lisa-Marie Schöttler, Julia Wötzinger
Gestaltung: Ta-Trung, Berlin
Korrektorat: Nicole Gronemeyer
Druck und Bindung: AZ Druck, Berlin
Printed in Germany
ISBN 978-3-943881-31-8

Texte und Abbildungen sind urheberrechtlich geschützt. Jede Verwertung, die nicht ausdrücklich im Urheberrechts-Gesetz zugelassen ist, bedarf der vorherigen Zustimmung des Herausgebers. Das gilt insbesondere für Vervielfältigungen, Bearbeitungen, Übersetzungen, Mikroverfilmungen und die Einspeisung und Verarbeitung in elektronischen Medien.
Nicht in allen Fällen konnten die Bildrechte ermittelt werden. Wir bitten Fotografen und Rechteinhaber, sich beim Herausgeber zu melden.

Berliner Festspiele
Intendant Thomas Oberender
Schaperstr. 24
10719 Berlin / Germany
www.berlinerfestspiele.de

Verlag Theater der Zeit
Verlagsleitung Harald Müller
Im Podewil
Klosterstr. 68
10179 Berlin / Germany
www.theaterderzeit.de

INHALT

**THOMAS OBERENDER
UND YVONNE BÜDENHÖLZER** — 5
Die ersten fünfzig Jahre

**HORTENSIA VÖLCKERS
UND ALEXANDER FARENHOLTZ** — 7
Grußwort

TILL BRIEGLEB — 9
2001 bis 2013: Versuch einer Strichfassung.
Das deutschsprachige Theater seit der
Jahrtausendwende

JOHANNES SCHÜTZ — 14
Systemische Räume.
2000 bis 2010

PETRA KOHSE — 35
1989 bis 2001: Überforderung als Prinzip.
Das deutschsprachige Schauspieltheater
der neunziger Jahre

ANNA VIEBROCK — 43
Fotografisches Arbeitstagebuch.
1992 bis 2002

URS JENNY — 51
1980 bis 1989: Der Riese, die Königin und
das Glück des Status quo.
Über das deutsche Schauspieltheater
der achtziger Jahre

JÜRGEN ROSE — 56
Bilder und Skizzen, Räume und Kostüme.
1980 bis 1992

BERND WILMS — 75
Schimpfwort Regietheater.
Das Theatertreffen 1967 bis 1980

ERICH WONDER — 82
Rewind: Die siebziger Jahre.
1968 bis 1980

HENNING RISCHBIETER — 87
1963 bis 1968: Wettkampf oder Treffen?
Die ersten Jahre

VOLKER PFÜLLER — 90
Zehn ausgewählte Inszenierungen.
1960 bis 1968

HANS NEUENFELS — 96
Das erste Mal

EMINE SEVGI ÖZDAMAR — 98
Backenecker

JÜRGEN FLIMM — 100
Oh Gott, rief er dann, wieder nach Berlin!

ULRICH MATTHES — 101
Früher war mehr Lametta

FRIEDRICH DIECKMANN — 102
Als die Nachtigall schlug.
Erinnerungen an das Theatertreffen

CHRISTIANE SCHNEIDER — 106
C.P. 1981 bis 1999

PETER IDEN — 107
Fluss ohne Wiederkehr.
Was mir das Theatertreffen war

PETER VON BECKER — 110
Aschengold. Ein Dramolett für alle

B.K. TRAGELEHN — 112
History

SIBYLLE WIRSING	113	**ZHANG WU**	128
Der wahrhaft schreckliche Einar Schleef. Eine Reminiszenz		Das internationale Forum	
BIBIANA BEGLAU	116	**JOSEF BIERBICHLER**	130
Fünfzig Jahre – schon so lange oder erst so kurz?		Jung muss man erst werden	
JAN HEIN	117	**ISABELL LOREY**	133
Die Bank oder Blick übers Tal. Ein Ort auf der Rückseite		Kreative zwischen Eigenverantwortung und Selbstausbeutung	
DIRK PILZ	118	**FERIDUN ZAIMOGLU**	136
Wer darf sprechen? Mit der digitalen Welt wird nicht alles anders in der Theaterkritik – aber manches neu verhandelt		Die Haltbarkeit von Erfolg	
TOBI MÜLLER	120	**WLADIMIR KAMINER**	139
Die Souveränität der Alten. Bericht eines Ex-Jurors		Zwanzig Kilo Dramen	
		DEA LOHER	140
MATTHIAS LILIENTHAL	121	Über Hindernisse	
عيد ميلاد سعيد		**126 ZWISCHENRUFE**	143
CHRIS KONDEK	122	**DIE AUSWAHL 1964 BIS 2013**	249
Der neue Sturm		**STÜCKEMARKT 1978 BIS 2013**	263
MIEKE MATZKE	124		
Flamingos auf der Pinguinparty. She She Pop beim Theatertreffen 2011		**INTERNATIONALES FORUM 1965 BIS 2013**	266
JUDITH ROSMAIR	125	**TT-FESTIVALZEITUNG / TT-BLOG 2005 BIS 2013**	267
Quo vadis TT?			
FRANZ WILLE	126	**PERSONENREGISTER**	268
Auf und zu. Das Theatertreffen hat sich geöffnet			
ELISABETH SCHWARZ	127		
1988 und 2013. Zwei Grüße			

DIE ERSTEN FÜNFZIG JAHRE

Vor fünfzig Jahren war das Flugzeug noch kein übliches Verkehrsmittel, man fuhr noch nicht Bahn, sondern Eisenbahn und man brauchte viel Proviant und viele Papiere für Reisen zwischen München, Zürich, Frankfurt, Wien, Ulm und Berlin – von Reisen zwischen Hamburg und Berlin (Hauptstadt der DDR), Stuttgart und Leipzig, Dresden und Düsseldorf ganz zu schweigen.

1964: Willy Brandt wird zum Parteivorsitzenden der SPD gewählt, Walter Ulbricht unterzeichnet den Freundschaftsvertrag mit der UdSSR, Martin Luther King erhält den Friedensnobelpreis, im Kino läuft „Mary Poppins" an. Und im September startet der erste „Berliner Theaterwettbewerb", ab 1966 bekannt als „Theatertreffen Berlin".

Peter Zadek ist 38 und kürzlich mit Kurt Hübner nach Bremen gewechselt, der 27-jährige Peter Stein beendet gerade sein Studium und assistiert an den Münchner Kammerspielen, Claus Peymann, ebenfalls 27, probiert sich mit ersten Regiearbeiten am Hamburger Universitätstheater aus. Christoph Marthaler kommt in die Pubertät, Luc Bondy geht in Paris noch zur Schule, Jürgen Gosch ist im dritten Ausbildungsjahr an der Hochschule für Schauspielkunst „Ernst Busch" in Ost-Berlin.

49 Theatertreffen und somit über 500 Inszenierungen später gehören diese damals jungen Männer zu den großen Ikonen des europäischen Theaters des 20. Jahrhunderts. Zadek erhielt in seinem Leben 21 Einladungen zum Theatertreffen in Berlin, Stein und Peymann waren bisher 17-mal zu Gast, Marthaler 14-mal, Bondy und Gosch 13-mal. Hätten sie ohne das Theatertreffen überlebt? Aber sicher. Hätte das Theatertreffen ohne sie überlebt? Wohl kaum. Ein Festival besteht aus seinen Künstlern – und das Theatertreffen darüber hinaus aus seiner Jury von Theaterkritikern, die erste Regiearbeiten etwa eines jungen Studenten Peter Stein sehen, ernst nehmen, erkennen, verstehen, diskutieren, durchsetzen. Dieses Konzept macht das Theatertreffen seit seinen Anfängen aus, und es sichert bis heute seine Unverwechselbarkeit.

Was ist passiert bei diesen fünfzig Theatertreffen und was hat sich verändert in einem halben Jahrhundert Theatergeschichte? Welche Träume wurden geträumt, welche Pläne geschmiedet, welche Lasten abgeworfen? Wie erklärte man sich auf der Bühne die Welt im geteilten Deutschland der sechziger, siebziger, achtziger Jahre, wie in den vereinigten Neunzigern? Für welche Zukunft verausgabten sich die Schauspieler, gegen welche spielten, kämpften sie an? Eine Biografie besteht aus mehr als einem tabellarischen Lebenslauf, und so will auch dieses Jubiläumsbuch weit mehr sein als eine Chronik. In zahlreichen Originalbeiträgen skizziert es die Glücksmomente, die Höhepunkte, die historischen Augenblicke des Theaters ebenso, wie es die Geschichten und Anekdoten festhält und die kleinen Begebenheiten am Rande erzählt, die sich in diesem halben Jahrhundert, sozusagen unter den blühenden Kastanien an der Schaperstraße, zugetragen haben. So wird dieses Buch zu einer Art Familienalbum – voller Erinnerungen, Beobachtungen, Schnappschüsse. Ein Buch gegen die Flüchtigkeit des Theaters.

Ulrich Matthes etwa stößt im Bücherschrank auf das Theatertreffen-Magazin von 1977, sein erstes, und blättert sich durch die Erinnerungen. Hans Neuenfels denkt bei seinem ersten Mal „TT" an „eine Niederlage, die Albträume übertraf" – anders Matthias Lilienthal, der sich in jungen Jahren heimlich und vorfreudig am Einlasspersonal vorbeischummelte. Jürgen Flimm beschreibt dagegen Ulrich Wildgrubers Bauchschmerzen, wenn er zum wiederholten Male zum Theatertreffen „musste": „Oh Gott. Wieder nach Berlin! Da buhen sie mich wieder aus!"

Die großen Bögen der Theater(treffen)geschichte spannen vier Kritiker und ein früherer Intendant, die ausdrücklich aufgefordert waren, „lückenhafte und willkürliche", kurz subjektive Reminiszenzen zu liefern: Henning Rischbieter und Bernd Wilms lassen Fritz Kortner, Peter Stein, Peter Zadek und Ivan Nagel aufleben, Urs Jenny denkt über das Intendantenkarussell der 80er Jahre nach, über ost- und westdeutsches Theater, während Petra Kohse den Blick auf die Theatererneuerer Frank Castorf und Christoph Schlingensief richtet und Till Brieglieb das Theater nach 2000 einordnet.

Fünf große Bühnenbildner der vergangenen fünfzig Jahre, Johannes Schütz, Anna Viebrock, Jürgen Rose, Erich Wonder und Volker Pfüller, führen in eigens kuratierten Bildstrecken noch einmal ihre Raumerfindungen und ihren Blick auf die jeweilige Epoche vor. Was wäre das

Theater für ein nüchterner, poesie- und traumloser Ort ohne ihre wundersame Kunst.

Das Theatertreffen entzieht sich der Definition. Es ist kein Festival, aber es hat viele seiner Eigenschaften, es ist keine Olympiade und kein Wettbewerb, aber es gibt Punktrichter. Vor allem ist es keine Waffe im Kalten Krieg und keine im Kampf von Kulturen. Es ist auch kein Standortfaktor, kein Tourismusmagnet, keine Publikumsmesse, keine Fachtagung, und doch all das. Was ist es nur? Hundert Beteiligte würden darauf hundert verschiedene Antworten geben. Wir haben sie alle zu Wort kommen lassen: In „Zwischenrufen" berichten Schauspieler, Regisseure, Dramaturgen, Autoren, Bühnenkünstler und Festivalmacher, Kritiker und Kulturpolitiker, was das Theatertreffen für sie bedeutet, was sie als Jurymitglied ändern würden, welchen Theaterkünstler sie für unterschätzt halten oder welches der wirkungsvollste Theaterskandal war. Lina Beckmanns liebster Zwischenruf, als sie auf der Bühne stand? „Nicht so laut!" Elfriede Jelinek und André Jung verraten, sie hätten gern einmal in den Bühnenbildern von Anna Viebrock gewohnt. Und Moritz Rinke findet einfach „nichts" am Theatertreffen vergleichbar mit anderen Festivals. „Nirgends gibt es so viele Irre."

Bei diesem ambitionierten Vorhaben, das Theater und seine Künstler zum Jubiläum zu ehren, hat uns die Stiftung Preußische Seehandlung großzügig unterstützt, wofür wir uns herzlich bedanken. Das Theatertreffen und die Stiftung Preußische Seehandlung verbindet bereits eine lange Beziehung: Der von ihr vergebene „Theaterpreis Berlin" wird in diesem Jahr zum 25. Mal beim Festival verliehen. Ebenso möchten wir der Axel Springer Stiftung danken und, ganz besonders, der Kulturstiftung des Bundes, die das Theatertreffen als eines ihrer Leuchtturmprojekte fördert und damit all das, was sich hier jährlich ereignet, trifft und formt, überhaupt erst möglich macht.

Die ersten fünfzig Jahre – der Titel des Buches stellt uns vor die Herausforderung, die Geschichte des Theatertreffens sorgsam und kritisch mitzuschreiben, damit es seine politische und vor allem künstlerische Bedeutung in den kommenden Dekaden bewahrt. Die ersten fünfzig Jahre – das klingt und schmeckt nach einer großen Verheißung für die Zukunft.

Thomas Oberender
Intendant der Berliner Festspiele

Yvonne Büdenhölzer
Leiterin des Theatertreffens

GRUSSWORT

„Geliebt, gebetet, gesegnet, gesungen, getanzt", wurde auf der Bühne, „gebadet, geduscht, gestritten, gefoltert, gepeitscht, gemordet, geköpft" – so schreibt es der „Spiegel" im Jahr 1964 in einer begeisterten Besprechung einer der allerersten Theatertreffen-Produktionen überhaupt: Peter Weiss' „Verfolgung und Ermordung Jean Paul Marats". „Wahnsinn und Methode spielen miteinander, gegeneinander und durcheinander." Gut fünfzig Jahre später – und im beinahe zehnten Jahr der Förderung durch die Kulturstiftung des Bundes – hat sich wenig geändert daran, dass sich Berlin jedes Frühjahr zum lustvoll pulsierenden Kraftzentrum des deutschsprachigen Theaters aufschwingt.

Seit 1964 haben rund fünfhundert Produktionen die Berliner Spielstätten erobert, Politiker und Intendanten sind gekommen und gegangen, die DDR – der gegenüber das kulturpolitische Unternehmen „Theatertreffen" einst aus der Taufe gehoben wurde – ist unaufhaltsam abgestiegen, das Volk hat dem Mauer-Staat den Prozess gemacht und ein freies Europa gewählt, das mittlerweile jedoch so viele Menschen draußen vor der Tür lässt, dass manche vom Endspiel der EU zu sprechen beginnen. Dennoch: Das Berliner Theatertreffen hat in seinen ersten fünfzig Jahren über alle historischen Etappen hinweg immer weitergemacht, so dass die Kulturstiftung des Bundes ihm auch für die zweiten fünfzig Jahre phantastische Jurys, phänomenale Produktionen und viel Glück wünschen darf. Bei alldem ist das Theatertreffen lange schon kein Repräsentationsvehikel im Dienste kulturpolitischer Westanbindung mehr. Stattdessen wirkt es weit über die Grenzen der Hauptstadt hinaus und zugleich tief in die lokale Theaterszene hinein. Festen Spielstätten – immer öfter auch Gruppen der freien Szene – verschafft die Fahrkarte nach Berlin ein daheim oft sehr wirkungsvolles Plus an Anerkennung und künstlerischer Freiheit; beim Festival selbst können Profis aus den verschiedensten Theaterberufen auf Tuchfühlung gehen – miteinander und vor allem auch mit einem Publikum, das „sein" Theaterfestival feiert als eine „einzigartige Konzentrationsübung, Welt abzubilden, Welt zu durchschauen, Welt zu erfinden" (Hermann Beil). Dass dies Jahr für Jahr gelingt, macht das Theatertreffen weit über die Landesgrenzen hinaus nicht bloß „bemerkenswert", sondern schlicht unverzichtbar.

Hortensia Völckers
Vorstand / Künstlerische Direktorin
Kulturstiftung des Bundes

Alexander Farenholtz
Vorstand / Verwaltungsdirektor
Kulturstiftung des Bundes

TILL BRIEGLEB
2001 BIS 2013: VERSUCH EINER STRICHFASSUNG
Das deutschsprachige Theater seit der Jahrtausendwende

Es gehört zum guten Ton jeder zeitgemäß näselnden Unterhaltung über die Kultur, sie in Phasen der Innovation und des Interregnums zu trennen. Die Innovationen werden durch zeitlichen Abstand dabei meist viel erhabener ausgemalt, als sie tatsächlich waren, und das natürliche Gefühl zur aktuellen Kunst ist in der Regel das einer Zwischenzeit. Irgendwie hat es einen halt in eine unschädliche Gegenwart verschlagen, wo sich vor allem Wiederholung und Verfeinerung, ja nennen wir es ruhig: Langeweile, verbreitet. Die Heldentaten der Kulturgötter sind bereits Mythen, von denen ein bisschen Schwärmerei der Dabeigewesenen mit Schmunzeln erduldet wird. Aber in der Zeit, in der man lebt, ist der Olymp eigentlich immer gerade im Ruhestand. Das gilt selbstverständlich auch für die letzte Dekade, deren Bezeichnung als nuller Jahre bei vielen Grummlern hervorragend zu ihrem Gefühl passt, einem Neumond der Inspiration beigewohnt zu haben.

Erstaunlich an dieser etwas eitlen Kultur-Melancholie ist, dass sie in jenen Tagen, die wir heute als den letzten großen Umbruch im Theater feiern, genauso klang. Als Castorf, Marthaler, Schlingensief, Schleef und das sogenannte Poptheater sich in den Neunzigern zur herrschenden Theatermeinung aufschwangen, war auch das begleitet von Stoßseufzern: Immer dieses Gebrüll! Immer diese schlafenden Schauspieler! Was soll der Quatsch mit dem Video! Ständig diese Popsoße! Provokation ist doch so was von out! Das gab's doch alles schon bei Tabori, Zadek und Grüber! Langweilig!

Und genau deswegen lohnt sich vielleicht die Betrachtung von ein paar trächtigen Tendenzen im deutschsprachigen Theater, die seit dem Jahr 2000 ebenfalls mit Stoßseufzern begleitet wurden, ob sie nicht vielleicht doch eher Innovation als Interregnum sind.

Frontaltheater, eingepfropft von Michael Thalheimer

Da ist zunächst einmal das drastische Frontaltheater, das im neuen Jahrtausend zwar nicht erfunden wurde, aber doch erst in den letzten Jahren zur neuen protestantischen Kunstauffassung reifte. Eingepfropft hat es dem deutschen Theaterstamm vor allem Michael Thalheimer, der es wiederum vom freien Benelux-Theater, etwa in Form der Needcompany, und aus dem aufklärenden Arbeitertheater bis hin zu Brecht entlehnt hatte. Die Aufreihung der Schauspieler an der Bühnenrampe, die zum Publikum anstatt zum Mitspieler sprechen – oder wie Botho Strauß es 2010 in seiner Abrechnung mit dem „gegenwärtigen Schaugewerbe" denunzierend nannte, ihren „Text erbrechen" –, verband in den vergangenen Jahren Volker Lösch mit Jürgen Gosch, Luk Perceval mit Stefan Pucher, Karin Beier mit Rimini Protokoll, Provinzbühnen mit Starensembles. Hoffnungen auf ein gutes Stück Illusionsproduktion wie im Kino werden im Theater der Gegenwart von Jahr zu Jahr mit steigender Vehemenz bekämpft, als würde noch irgendwer im Publikum erwarten, dass sich Schauspieler an das Als-ob und die vierte Wand halten. Dabei wirken die Zuschauer längst resistent gegen formale Erziehungsmethoden. Zumal die gute aufklärerische Direktansprache so zur Gewohnheit wurde, dass diese Schauspieleraufstellungen oft mehr den Ausdruck einer anthroposophischen Zwangsbeglückung mit dressierten Kindern bekommen.

Auch ein weiterer Trend, für den man die Jahrtausendwende als Durchbruchsmoment benennen kann, liefert der vergoldeten Empörung berufener Kritiker reichlich Material für Stoßseufzer und Symposien: Seit Frank Baumbauer und sein Team am Deutschen Schauspielhaus ihre Abschiedsspielzeit 1999/2000 in Hamburg ausschließlich mit Uraufführungen und Gegenwartsdramatik bestückt haben, ist aus den Zufallsbekanntschaften der Bühnen mit neuen Stücken ein Suchtproblem geworden. Als willige Botenläufer für den Zeitgeschmack werden Kohorten junger Autoren ausgeschickt, um mit irgendwelchen schicken Themchen noch der kleinsten deutschen Subventionsbühne den Flair von Modernität zu verleihen. Anstatt dass die Bühnen die wenigen guten Stücke, die pro Jahr geschrieben werden können, breit nachspielen, benehmen sich Dramaturgen wie Zauberlehrlinge und füllen so lange wässrige Texte auf, bis die Theater von Durchschnittlichem geflutet sind.

Der abwechslungsreiche Warenkorb zählt

Als dritter auffälliger Erschöpfungstrend ließe sich die endgültige Auflösung der alten Meinungslager anführen. Die Konfrontation von Ismen, die in der Kunst schon etwas länger passé war, ging im Theater mit der letzten großen Attacke der Regieväter gegen das Poptheater endgültig über in Schulterzucken. Als Peter Stein 2001 noch einmal seinen Modernitätsekel über das aktuelle Theatergeschehen ausgoss, den neuen Schauspielern „einseitiges Gekrähe", den Regisseuren „Denkfaulheit", „Konzentrationsmangel" und „professionelle Unfähigkeit" vorwarf und auf die Frage nach dem Poptheater antwortete: „Ich weiß gar nicht, was das ist. Popcorn kenne ich, das esse ich aber nicht" – da fühlte sich schon längst niemand mehr provoziert. Denn in der Rezeption des Betriebs ist Haltung nur noch als Teil eines Mosaiks von Interesse. Weder Intendanten noch Kritiker noch das Kernpublikum scharen und scheren sich um ideologische Profile. Die Frage „Volksbühne" oder „Schaubühne" ist keine Gewissensfrage mehr, sondern was zählt, ist der abwechslungsreiche Warenkorb, in dem sowohl gekotzt wie deklamiert werden soll. Die perfekte Verkörperung dieses Amazon-Konzepts von Theater ist der Intendant Matthias Hartmann, der am Wiener Burgtheater Yasmina Reza und René Pollesch beschäftigt, Luc Bondy neben Christoph Schlingensief stellt, Narration wie Assoziation einkauft.

Sind das also nicht alles deutliche Beweise, die den Profi-Gähnern recht geben, wenn sie Ermattung, Manierismus und Inflation beklagen? Lebt unsere Zeit nur von der Verdünnung origineller Ideen, weil wir den getriebenen Künstler zur lächerlichen Figur erklärt haben und Genie für unzeitgemäß halten? Müssen wir uns einer Müdigkeit schämen? Wenn man sich voreilig auf eine historisierende Perspektive verzieht und meint, die vergangenen zwölf Jahre hätten es an Erneuerung fehlen lassen, dann sieht das vielleicht mit Recht so aus, als besäße das Stadttheatersystem nicht mehr die Kraft, seine Gewohnheiten zu ändern. Aber mit diesem vertikalen Suchblick auf vermeintliche Spitzenwerte entgeht einem eben die wesentliche Innovation dieses postgenialen Abschnitts. Das vergangene Jahrzehnt war das Jahrzehnt des Zugangs. Vermutlich nie zuvor haben Frauen in der Männerdomäne Theater so viel inszeniert und leitende Positionen eingenommen wie aktuell. Karin Beier, Barbara Mundel, Elisabeth Schweeger, Amélie Niermeyer, Anna Badora, Amelie Deuflhard, Annemie Vanackere, Iris Laufenberg oder Annette Pullen wurden Intendantinnen oder Schauspieldirektorinnen, von den vielen Festivalleiterinnen in Berlin, Wien, Hannover, Graz oder Leipzig und den zahlreichen Chefdramaturginnen gar nicht zu reden. Künstler ohne deutschsprachigen Hintergrund wechselten in den letzten Jahren ebenfalls rege auf Chefposten an die großen Höfe der Hochkultur, etwa an die Münchner Kammerspiele, das Düsseldorfer Schauspielhaus, das Hamburger Thalia Theater oder ans HAU, während Regisseure aus Polen, Tschechien, Litauen, Ungarn, Frankreich, Dänemark oder Griechenland neben den bekannten Kunst-Zuwanderern aus Belgien und Holland endgültig ein selbstverständlicher Teil der performativen Nationalkultur wurden.

Dazu setzte sich die Öffnung zu europäischen Koproduktionen nicht nur deswegen durch, weil die Theater ein bisschen sparen mussten. Das Programm des Theatertreffens 2012 mit drei internationalen Gemeinschaftsproduktionen zeugt deutlich vom Ende der Frömmigkeit gegenüber geheiligten Routinen. Im Vergleich zu dem Festspiel-Programm von 1999 werden diese Unterschiede und die Dynamik des Wandels besonders klar. Unter den zehn angeblich besten Inszenierungen des letzten Jahrgangs des alten Jahrhunderts befand sich keine internationale Gemeinschaftsarbeit, die einzige Frau, die mitmachen durfte, hieß Andrea Breth, und die Regisseure kamen ausschließlich aus den drei teilnehmenden Ländern.

Eine Durchlässigkeit für Frauen, Fremde und Frischlinge

Aber die deutschsprachigen Bühnen schweiften nicht nur verstärkt in die Ferne, um das Fremde zu finden, sondern wandten sich endlich auch in adäquater Form der kulturellen Auffächerung daheim zu. Die große Hilflosigkeit, mit der das deutsche Theatersystem über Jahrzehnte der Lebenswelt und den Interessen von Einwandererfamilien, ihren Kindern und Enkeln begegnet war, wich vielerorts ebenso einer herzlichen Neugier wie die Arroganz gegenüber der Jugend und ihren global ausgreifenden Interessen. Und schließlich ist der mit den Neunzigern einsetzende Prozess, den Ideenraum des Stadttheaters ins Offene zu entgrenzen, zu einem nie vorher gekannten Reichtum der Formen, Konzepte und Einfälle gelangt. Was immer die Welt an performativen Künsten zu bieten hat, wird mit dem deutschen Schauspiel harmonisiert. Folglich kann man heute genauso Luigi Nono mit Darstellern aus Burkina Faso spielen wie „Faust" ohne Text. Die strengen Wächter einer Qualitätskultur werden gegen diese neue Durchlässigkeit des Stadttheaters für Frauen, Fremde und Frischlinge einwenden, dass der Abbau von Barrieren sicherlich einen intelligenteren Staat schafft. In der Kunst aber gilt Verzweiflungswut immer noch der Troststimmung als weit überlegen. Die Harmonie durch Vielfalt, die wir gesellschaftlich und kulturell als verbindlichen Konsens ausformuliert haben, wäre demnach ein lähmendes Gift für künstlerische Höchstleistungen, vor allem, wenn man annimmt, dass diese neue Verständigungskultur allgemein die Konflikte erschlaffen lässt. Ohne Konflikte kein Drama, also auch keine oder nur noch eine lauwarme dramatische Kunst.

Diesen Befund würden vermutlich die meisten Kritiker und regelmäßigen Beobachter der Theater für die Entwicklung des deutschsprachigen Theaters in seinen letzten Spielzeiten unterschreiben. Die meisten Inszenierungen der Gegenwart sind geprägt von der Kraft der Konsolidierung. Die Befreiungen von gestern sind die Standards von heute, der gängige Stoßseufzer geht: Das habe ich schon mal besser gesehen! Die Gefahr eines atmosphärischen Rückfalls in die Achtziger, als Theater als hoffnungslos brave und schmerzlose Kunst galt, war nie so präsent wie jetzt, wo die Figuren fehlen, an denen man sich noch reiben könnte. Das zeigt nicht zuletzt die vielleicht einzige Ausnahme eines Regisseurs, der die anständigen Theaterfreunde noch gegen sich aufbringen konnte, bis er schließlich in einer großen Umarmung zum Liebling der Nation erkoren ward. Bei Christoph Schlingensief loderten die Konflikte noch, Irritation und Provokation fanden zornige Reaktionen, die Überforderung des Theaters konnte noch als geistige Anstrengung gefühlt werden. Und mit der künstlerischen Verarbeitung seiner Krebskrankheit berührte das Theater auch endlich wieder kurz einmal existentielle Fragen.

Aber die meisten anderen der gereiften Meister von Wut und Abseitigkeit erschöpften sich doch ab Mitte des letzten Jahrzehnts in Stil- und Mythenpflege. Die grotesk-politischen Tumulte eines Frank Castorf oder René Polleschs diskursive Schnellsprech-Komödien forderten ihren radikalen Zeitbezug irgendwann mit der gleichen durchschaubaren Renitenz ein, mit der die FDP Steuererleichterungen anmahnt. Christoph Marthaler entwickelte sich über die Jahre ein bisschen zum skurrilen Oheim für poetische Nestwärme. Und die hoffnungsvollen Jungen der Neunziger wie Nicolas Stemann, Stefan Pucher, Falk Richter oder Sebastian Nübling wurden mit der Pflege ihrer spielerisch-ironischen Handschriften, die sie einmal gegen den getragenen Stil ihrer Lehrergeneration entwickelt hatten, schneller zu den bekannten Gesichtern einer Epoche, als sie es sich hätten träumen lassen.

**Elfriede Jelinek und
Christoph Schlingensief –
Apostel des Jahrzehnts**

Wer sich dennoch an eine Strichfassung des vergangenen Jahres-Dutzends traut, wird beim Kürzen der Höhepunkte vermutlich trotzdem überraschend schnell Gewissensbisse bekommen. Denn so schlaff, genügsam und breitgetreten, wie es für viele heute den Anschein haben mag, die sich andauernd mit dem Theater beschäftigen, war der Abschnitt dann eben doch nicht. Zunächst lassen sich zwei überragende Persönlichkeiten benennen, die als große Apostel eines bedingungslosen Gegenwartstheaters ihre Zornschalen über den Theaterbetrieb ausgossen: Elfriede Jelinek und Christoph Schlingensief sind mit Sicherheit die beiden prägendsten Künstler dieser Kurzepoche. Schlingensief läutete das letzte Jahrzehnt mit seinem Containerprojekt „Ausländer raus!" in Wien ein und beendete es mit seiner großen Trilogie des Sterbens: „Eine Kirche der Angst vor dem Fremden in mir", „Mea Culpa" und „Remdoogo – Via Intolleranza II". Und Elfriede Jelinek steht als Theaterautorin in diesem Jahrzehnt so singulär da wie wohl kaum eine Autorin vor ihr. Vom Nobelpreis für Literatur bis zum Abonnement auf die Auszeichnungen als „Dramatikerin des Jahres" beim Mülheimer „Stücke"-Festival und bei der Jahresumfrage von „Theater heute" reichen die Ehrungen, die ihre einmalige Produktivität für das deutsche Theater in dieser Zeit bezeugen. Diese beiden Torwächter des öffentlichen Interesses stehen zudem in ihren Mitteln und Themen nicht gerade für eine Atmosphäre der Agonie, sondern für ein komplexes, teilweise verstörendes, anspruchsvolles und angreifendes Werk, das zwar als Reaktion auf ein häufig oberflächliches und bequemes Konsum- und Medienzeitalter zu verstehen ist, dessen Banalität aber mit enormer künstlerischer Intelligenz begegnet. Sind schon diese Positionen nicht wirklich verträglich mit der Diagnose einer künstlerischen Talsohle nach dem Jahrtausendbruch, so war auch Frank Castorfs großer Russen-Zyklus mit den Romanadaptionen von Dostojewski und Bulgakow Ausnahmekunst, wie sie in einem Zeitalter modisch verschleierter Intellektualität eigentlich nicht erblüht. Gleiches gilt für seinen großen stillen Widerpart dieser Jahre, Jürgen Gosch, der sein Theatercomeback mit der Wiederbelebung einer präzisen Psychologie feierte, die sich durchaus grausam im Umgang mit den gepflegten Masken unserer Wohlstandskälte benahm.

Es lassen sich noch einige weitere Künstler benennen, die ab 2000 so gar nicht dem Bild einer gemütlichen Konsolidierungsphase entsprechen wollten, in der jeder sich seine Lieblingsfarbe im großen Theatermosaik gesucht hat. Die poetischen Schreckensgeschichten von Dea Loher gehören ebenso in dieses Archiv der Widerstände wie die choreografierten Gesellschaftsbilder vom brüchigen Zusammenhalt, die Alain Platel in großer Musikalität und Liebe entworfen hat. Luk Percevals „Schlachten"-Marathon passierte an der Schwelle zu dieser Dekade und Armin Petras' persönliche Rekonstruktionen der Widersprüche, die das Leben in einer sterbenden Ideologie und ihrem Staatskörper der DDR prägten, begleiteten sie. Dimiter Gotscheff verhalf einer abstrakten, künstlichen Spielweise, mit der sich zeitlose Konflikte neu erzählen lassen, zu eigentümlicher Kraft, während Michael Thalheimer durch die Reduktion der Mittel eine Methode ausformulierte, wie man die unterbewussten Triebkräfte der Tragödie plastischer darstellen kann.

Kongeniale Bühnenkünstler

Viele dieser prägenden Inszenierungen hätten allerdings nicht halb so viel Eindruck gemacht ohne den neuen Reichtum der Raumerfindungen. Stark inspiriert von aktueller Kunst und Architektur, von Film und Medienbildern setzten die Bühnenbildner ihren Aufstieg zu (fast) gleichberechtigten Partnern der Regisseure fort – eine Karriere, die sie dem Anstoß von Anna Viebrock und Bert Neumann in den Neunzigern verdanken. So wie Christoph Marthaler ohne die surreale Gediegenheit von Viebrocks Architektur-Monaden nie zu dieser großartigen Eigentümlichkeit gelangt wäre und Castorfs Großdemonstrationen von Wut, Witz und Wahnsinn die ausufernde Bagatell-Ästhetik von Neumann als Resonanzraum brauchten, so bestimmen heute viele Bühnenkünstler maßgeblicher die Wahrnehmung von Theater als viele Regisseure. Durch Auflösung von Architektur in Nebel, Seifenblasen, Blätter oder Konfetti erfand Katrin Brack eine ganz neue Form des offenen Raums vor allem für Dimiter Gotscheff und Luk Perceval. Barbara Ehnes gestaltete ironische Pop-Märchenwelten aus dem Zitatenschatz kommerzieller Verführungs-Ästhetik für so unterschiedliche Regisseure wie Stefan Pucher, Schorsch Kamerun, Stefan Bachmann oder Jossi Wieler. Johannes Schütz' kühle Geometrien lieferten den ruhigen Rahmen für Jürgen Goschs Seelenobduktionen, während Janina Audick für Christoph Schlingensief und René Pollesch Architektur- und Symbol-Collagen im großen Maßstab schuf, die dem rasenden Tempo von deren Inszenierungen ein großes Angebot an Plattformen und geistigen Steckdosen für den assoziativen Strom schufen. Andere kongeniale Partnerschaften etablierten sich zwischen Katja Haß und Stephan Kimmig, Muriel Gerstner und Sebastian Nübling oder Annette Kurz und Luk Perceval, um nur einige zu nennen.

Obwohl eine solche Rekapitulation von einem interessanten Jahrzehnt zu erzählen scheint, ist nicht zu leugnen, dass Gespräche über Theater, die ein Gefühl von Erschöpfung und Langeweile ausdrücken, das Bild des Gegenwartstheaters immer stärker überwuchern. Offensichtlich entsteht dieses diffuse Bild durch eine Art Doppelbelichtung. Innovation und Stagnation geschehen parallel. Strukturelle Verbesserungen ergeben nicht zwangsläufig einen Anstieg des Besonderen, aber solitäre Kunstereignisse kranken auch nicht an der Inflation der Möglichkeiten. Künstlerische Revolution ist in diesem Klima kaum vorstellbar, aber der Wohlstand der Mittel lullt auch nicht zwangsläufig den scharfen Verstand ein. Die Freiheit der Verständigung, die wir als Produkt eines langen Friedens genießen dürfen, verhindert nicht per se das interessante Drama.

Das Zeitalter des Zugangs ist nämlich auch das Zeitalter der Ambivalenz. Und diese wird vom Theater in großer Vielfalt gespiegelt. Wenn der Preis dafür ein gewisser Mangel an Charisma und Originalität ist, dann ist der Gewinn ein Verlust an Omnipotenz und Selbstgefälligkeit, den die letzten Heldengenerationen so gerne vorleben. Ein entvölkerter Olymp hat auch Vorteile. Und falls die Nostalgiker der Zukunft dann doch nach den Theater-Fürsten und Mythen unserer Zeit suchen wollen, die sie über die gefühlte Stagnation ihrer Zeit hinwegtrösten, dann werden sie auch in diesem Jahrzehnt mit Sicherheit fündig werden.

Till Briegleb, ab 1991 Kulturredakteur bei der „taz" in Hamburg, von 1997 bis 2002 bei der Wochenzeitung „Die Woche", danach bis 2006 freier Autor für diverse Zeitungen und Zeitschriften, ist seit 2007 Autor der „Süddeutschen Zeitung" und des Kunstmagazins „art". Sein Essay „Die diskrete Scham" erschien 2009. 2006 bis 2013 war er im Auswahlgremium der Mülheimer „Stücke"-Tage, 2003 bis 2005 Juror für das Theatertreffen.

Roland Schimmelpfennig: Push Up
Deutsches Schauspielhaus Hamburg, 2001
Matthias Fuchs

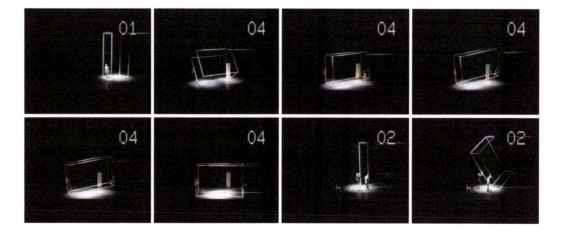

Jon Fosse: Da kommt noch wer
Schauspielhaus Düsseldorf, 2001

Roland Schimmelpfennig: Vorher Nachher
Deutsches Schauspielhaus Hamburg, 2002

Maxim Gorki: Sommergäste
Schauspielhaus Düsseldorf, 2004

Edward Albee: Wer hat Angst vor Virginia Woolf?
Deutsches Theater Berlin, 2004

Anton Tschechow: Drei Schwestern
Schauspiel Hannover, 2005
Isabelle Menke, Christian Erdmann, Picco von Groote,
Matthias Neukirch, Katharina Lorenz

William Shakespeare: Macbeth
Schauspielhaus Düsseldorf, 2005
Thomas Dannemann, Michael Abendroth, Thomas Wittmann,
Ernst Stötzner, Jan-Peter Kampwirth, Horst Mendroch, Devid Striesow

Yasmina Reza: Der Gott des Gemetzels
Schauspielhaus Zürich, 2006
Thilo Nest, Michael Maertens, Dörte Lyssewski, Corinna Kirchhoff

Anton Tschechow: Onkel Wanja
Deutsches Theater Berlin, 2007
Constanze Becker, Ulrich Matthes, Rahul Chakraborty,
Bernd Stempel, Gudrun Ritter, Christian Grashof,
Meike Droste, Jens Harzer

Anton Tschechow: Die Möwe
Deutsches Theater Berlin, 2008
Bernd Stempel, Simone von Zglincki,
Alexander Khuon, Kathleen Morgeneyer,
Peter Pagel, Christoph Franken,
Christian Grashof, Corinna Harfouch,
Jirka Zett, Meike Droste

Roland Schimmelpfennig: Idomeneus
Letzte Inzenierung des am 11. Juni 2009 verstorbenen Regisseurs Jürgen Gosch
Deutsches Theater Berlin, 2009
Katharina Schmalenberg, Alexander Khuon, Bernd Stempel,
Christian Grashof, Niklas Kohrt, Valery Tscheplanowa, Margit Bendokat,
Peter Pagel, Barbara Schnitzler, Kathrin Wehlisch, Meike Droste

Roland Schimmelpfennig: Hier und Jetzt
Schauspielhaus Zürich, 2008
Karin Pfammatter, Ludwig Boettger, Dörte Lyssewski, Charly Hübner, Georg Martin Bode, Christine Schorn, Wolfgang Michael, Yohanna Schwertfeger, Gottfried Breitfuss, Corinna Harfouch, Fabian Krüger
© T+T Fotografie

Roland Schimmelpfennig: Der goldene Drache
Akademietheater Wien, 2009
Barbara Petrisch, Christiane von Poelnitz, Philipp Hauß,
Johann Adam Oest, Falk Rockstroh

JOHANNES SCHÜTZ
SYSTEMISCHE RÄUME
2000 BIS 2010

Für dieses Buch zum 50. Theatertreffen hat Johannes Schütz unter der Überschrift „Systemische Räume" Bilder seiner Arbeiten zwischen 2000 und 2010 ausgewählt und zusammengestellt. Bei der Dokumentation seiner Räume während der Proben arbeitet Schütz mit dem Fotografen Arwed Messmer zusammen. Mit ihrer hohen Tiefenschärfe und Auflösung sowie den langen Belichtungszeiten geben die Aufnahmen – ausgesucht aus hunderten – die Präsenz des Details wieder, zum Teil in eben jener schonungslosen Tageslichtklarheit, mit der auch die geometrisch organisierten Bühnen von Johannes Schütz jede Bewegung und Äußerung der Schauspieler verzeichnen.

Johannes Schütz studierte und assistierte in den siebziger Jahren in Hamburg und Berlin bei Wilfried Minks. 1974 begann er als Bühnenbildner am Berliner Schillertheater und an den Münchner Kammerspielen. 1976 ging er als Ausstattungsleiter ans Bremer Theater. Von dort kam seine „Antigone"-Bühne in der Inszenierung von Ernst Wendt zum Theatertreffen, eine der drei Interpretationen des Sophokles-Dramas, die 1979, anderthalb Jahre nach dem deutschen Herbst, beim Theatertreffen zu sehen waren. In Bremen begann auch Schütz' Zusammenarbeit mit Reinhild Hoffmanns Tanztheater: Drei ihrer Choreografien waren zwischen 1983 und 1986 in seinen Bühnen zu Theatertreffen eingeladen. Nach dem Wechsel von Bremen nach Bochum entwickelte sich die künstlerische Partnerschaft zwischen Schütz und Jürgen Gosch. Becketts „Endspiel" und „La Maman et la Putain" von Jean Eustache waren aus Bochum 1992 und 1995 zu Gast in Berlin. Seit 2004 waren die Arbeiten von Gosch/Schütz jedes Jahr zum Theatertreffen eingeladen, u.a. aus Düsseldorf 2004 „Sommergäste" und 2006 „Macbeth". Zu den letzten gemeinsamen Arbeiten der beiden – 2009 beim Theatertreffen, einen Monat vor Jürgen Goschs Tod – gehören Tschechows „Möwe" und Roland Schimmelpfennigs „Hier und Jetzt". Mit Schimmelpfennigs Inszenierung seines eigenen Stücks „Der goldene Drache" aus Wien und Karin Beiers Kölner Inszenierung „Das Werk/Im Bus/Ein Sturz" von Elfriede Jelinek waren Schütz' Bühnen auch 2010 und 2011 bei Theatertreffen zu sehen.

Johannes Schütz arbeitet außerdem seit den neunziger Jahren regelmäßig als Regisseur im Schauspiel- und Opernbereich. Seit 2010 hat er die Professur für Bühnenbild an der Kunstakademie in Düsseldorf. Neben anderen Auszeichnungen erhielt Johannes Schütz 2009 gemeinsam mit dem Regisseur Jürgen Gosch den Theaterpreis der Stiftung Preußische Seehandlung.

PETRA KOHSE
1989 BIS 2001: ÜBERFORDERUNG ALS PRINZIP
Das deutschsprachige Schauspieltheater der neunziger Jahre

Diese neunziger Jahre, die mit nichts in der geschichtlichen Erinnerung bleiben würden. Noch nicht einmal die Mode würde später zitiert werden, die Musik zeichnete sich durch abenteuerliche Flachheit aus, Pop regierte, das letzte Jahrzehnt brachte Dutzende von verzweifelten Revivals hervor, die Boygroups wurden erfunden, Metalmusic wurde Mainstream (...) Techno war endlich eine Jugendbewegung, aber leider von Erwachsenen erfunden. Was immer die Jugend für sich entdeckt zu haben glaubte, wurde ihnen im gleichen Augenblick weggenommen und vermarktet. (...) Die Zeit rollte auf ein neues Jahrtausend zu, die Jahre bis zum Wechsel mussten herumgebracht werden, der Mensch musste sich in Form bringen, alle machten sich bereit, um mit den neuen Anforderungen zu verschmelzen.

Sibylle Berg: „Vielen Dank für das Leben", 2012

Realität I

Die neunziger Jahre begannen im Theater mit der Schließung des Berliner Schiller Theaters. Das war der Sündenfall, der Biss in den Apfel der Erkenntnis, dass es für alle nicht reichen würde im neuen Deutschland, das „wiedervereinigt" zu nennen sich diejenigen, die es nur im Plural kennengelernt hatten, damals lange weigerten. „Deutschland" aber sagte man plötzlich. Am Anfang noch innerlich zusammenzuckend (wie die Leute in Botho Strauß' „Schlußchor" von 1991, die sich als Gruppe fotografieren lassen wollen, aber zu keiner gemeinsamen Haltung finden, und erst als einer „Deutschland!" brüllt, erstarren alle – einschließlich des Fotografen), aber von Jahr zu Jahr wurden die mitgesprochenen Anführungsstriche leiser.
1993 also, im Juni. Quasi über Nacht hatte der Berliner Senat beschlossen, die Staatlichen Bühnen West-Berlins einzusparen. Bei einer Protestversammlung von Theaterschaffenden aus der ganzen Republik stellte Jürgen Flimm, seinerzeit Intendant des Hamburger Thalia Theaters, im Schiller Theater fest: „Die Zeit der Idylle ist vorbei." Und drei Monate später, als dem Senatsbeschluss die parlamentarische Bestätigung gefolgt war, beendete der damals 88-jährige Schauspieler Bernhard Minetti in der letzten Betriebsversammlung trotzige Pläne, einfach weiterzuspielen, mit den Worten: „Jetzt ist ein Beschluss da, und das ist das Einzige, was zählt. Wir sind doch abhängig. Tun wir nicht so, als ob das nicht so wäre. Jetzt ist der Senator der Intendant, und dem müssen wir uns beugen."
Als der Schock überwunden war, begann die Arbeit. Und zwar – trotz aller Polemik – die gemeinsame. Es war die Zeit der kulturpolitischen Frühstücke in Berlin, der ersten Reformen (Staatstheater wurden aus der Kameralistik entlassen), der ersten Privatisierungen (Schiller- und Schlosspark-Theater, kurz darauf das Theater der Freien Volksbühne), der Evaluation des Bestehenden („Leuchttürme" wurden gekürt) – und der ansatzweisen Umverteilung. Die Berliner Kunst-Institutionen fanden sich mit freien Gruppen und privaten Häusern zum „Rat für die Künste" zusammen, der das Gespräch mit Politikern suchte und den Anspruch hatte, es als Solidargemeinschaft zu führen. On und Off, Ost und West kamen sich dabei näher. Was auch über die Finanzen hinaus lebenswichtig war. Ersteres strukturell und ästhetisch, das zahlte sich bereits im folgenden Jahrzehnt aus, Letzteres menschlich. Diese Entwicklung dauert länger, die Seele geht zu Fuß. Aber auch sie kommt voran und Kreise schließen sich: zwanzig Jahre nach dem Ende des Schiller Theaters und der damit verbundenen narzisstischen Kränkung der westlichen Theaterwelt, dass die „übernommenen" Bühnen (wie es Kultur-Staatssekretär Hermann Hildebrandt damals ausdrückte), die Ost-Bühnen, jetzt das Primat in der Stadt hatten, residiert dort derzeit die Staatsoper Unter den Linden, geführt von Jürgen Flimm, dem Rheinländer. Auch das Deutsche Theater, einst das Erste Haus der DDR, hat mit Ulrich Khuon längst einen (und nicht den ersten) westdeutschen Intendanten und ein – ja, das soll jetzt mal so genannt

werden! – gemischtes Ensemble. Es ist nicht so, dass es heute keine Rolle mehr spielen würde, auf welcher Seite der deutsch-deutschen Grenze einer aufgewachsen ist. Aber es ist zumindest nicht mehr das Erste, was man aneinander erforscht.

Formen I

Ästhetisch starteten die Neunziger mit Fragezeichen. Vieles ging nicht mehr, die ständige Verfeinerung von Klassikerausdeutungen im Westen etwa. Die Absage der Berliner Schaubühne 1992 an Peter Stein, beide Teile des „Faust" an diesem Haus zu realisieren, war symptomatisch. Das Projekt hätte der neuen Leiterin Andrea Breth keinen Handlungsspielraum gelassen. Aber ein solcher war mit einem Male wichtig. Peter Stein ging türenknallend, verbittert. Nicht wenige im Ensemble litten. Und holten ihn doch nicht zurück. Die Zeit der Literaturforschung auf offener Bühne war vorbei – auch auf östlicher Seite. Die politische Brisanz, die sich in einem zensierten Umfeld aus Klassikertexten stets zuverlässig von selbst ergeben hatte, verflüchtigte sich über Nacht. Andere Angebote wurden nötig. Aber welche?
Die Antwort lautete ab 1992: Volksbühne am Rosa-Luxemburg-Platz! Das antirealistische und diskursive Theater des Ost-Berliners Frank Castorf war der Nachwende-Theaternation sofort aufgefallen. Zum Theatertreffen 1990 wurde seine Münchner „Miss Sara Sampson" von Lessing eingeladen, im Jahr darauf Ibsens „John Gabriel Borkman" vom Deutschen Theater. Als Intendant an die Volksbühne berufen (auf Rat der Theaterfachleute Friedrich Dieckmann, Ivan Nagel, Michael Merschmeier und Henning Rischbieter), gelang es Castorf, das Haus gemeinsam mit dem Dramaturgen Matthias Lilienthal und dem Bühnenbildner Bert Neumann binnen einer Spielzeit als Marke zu setzen, und er öffnete die Bühne radikal zur Stadt und zur Restkultur hin. In der Tat funktionierte die Volksbühne für Kunstinteressierte aller Altersklassen gleichermaßen als Jugendbewegung. Was dort an Kunst, Pop und Politik vorkam, galt, und sowieso ging man – trotz der Arbeiten von Castorf, Johann Kresnik, Andreas Kriegenburg, Christoph Marthaler und von Anfang an auch Christoph Schlingensief – nicht wegen einzelner Inszenierungen hin, sondern wegen des Lebensgefühls (und der niedrigen Eintrittspreise). Berlin schmeckte hier plötzlich nach Mitte und Osten nach Zukunft. Wobei es an Wurzeln nicht fehlte. Es war die Spektakelkultur der DDR-Bühnen, die in den thematischen Wochenenden und im Praterprogramm popkulturalisiert, theoretisch aufgeladen und beschleunigt wurde. Überforderung als Prinzip.
Zu diesem politisierten Ganzkörperkonzept von Theater passten viele Ideen. Etwa die des Künstlerkollektivs Neue Slowenische Kunst (NSK) aus Ljubljana. Bereits in ihrer zweiten Spielzeit bot sich die Volksbühne im Oktober 1993 als Territorium eines neu gegründeten „NSK-Staates" an, mit eigenen Pässen und der Musik der NSK-eigenen Industrialband Laibach, die Poptitel so zu covern pflegte, dass sie einen totalitären/militaristischen Charakter bekamen. Die Instinkte ködern und zugleich vorführen, suggestiv sein und doch auf der richtigen Seite stehen – ähnlich paradox funktioniert auch die deutsche Band Rammstein, die sich 1994 gründete, noch im gleichen Jahr in der Volksbühne auftrat und deren Titel „Seemann" Frank Castorf 1996 in seiner Inszenierung von Zuckmayers „Des Teufels General" verwendete.
Will sagen: Zum Schauspieltheater der Neunziger gehörte, dass sich plötzlich auch Politik- und Popredakteure dafür interessierten. Und dies nicht nur wegen der Symposien und der gestiegenen Bedeutung der Musik auf der Bühne. Sondern weil sich hier ein neues Interesse an den Ornamenten der Massen formulierte. Die Faszination der großen Setzungen. Der subversiven Affirmation.
Im gleichen Oktober 1993, als sich am Rosa-Luxemburg-Platz der NSK-Staat gründete, ließ Einar Schleef seine monatelang vorbereitete „Faust"-Inszenierung demonstrativ vor den geschlossenen

Türen des Schiller Theaters in nächtlicher Kälte einmal spielen, mit u.a. Margarita Broich, Martin Wuttke und einem gestochen skandierenden Chor in Militärmänteln und Wollmützen. Das Chorische, von dem der Kritiker Friedrich Luft in den Fünfzigern geschrieben hatte, es sei „gegen die Natur des Ausdrucks" und regelrechte „Barbarei", war interessanterweise das, was in den Neunzigern von allem, was vom Schiller Theater ausgegangen war, die stärkste Wirkung in die unmittelbare Zukunft haben sollte.

Einar Schleefs oratorisches, extrem körperliches Theater der Kollektive und Exerzitien, mit dem er sich auf die Antike bezog, hatte das Publikum beim Theatertreffen 1988, zu dem er mit seiner Frankfurter Inszenierung von Hauptmanns „Vor Sonnenaufgang" eingeladen gewesen war, noch durchaus verstört. Zehn Jahre später triumphierte der Regisseur dort mit Oscar Wildes „Salome" aus Düsseldorf und vor allem Elfriede Jelineks „Sportstück" aus Wien – in gleich zwei Spielfassungen, einer fünf- und einer siebenstündigen. Dass Überwältigungsstrategien auf dem Theater durchaus der gesellschaftlichen Wahrheit dienen können, etwa weil sie das Verhältnis von Individuum und Masse thematisieren, gehörte zu den wirklich wichtigen Erkenntnissen in den Zuschauerräumen der Neunziger. Zeitgleich entwickelte sich in Berlin die Loveparade von einer Techno-Nischenveranstaltung zum weltweiten Mega-Marsch. Nicht alle Künstler dieser Zeit freilich waren bereit, die Abkehr vom Psychologischen als Erweiterung der ästhetischen Möglichkeiten zu begrüßen. Peter Zadek, der gemeinsam mit Matthias Langhoff, Fritz Marquardt, Heiner Müller und Peter Palitzsch 1992 in die Leitung des Berliner Ensembles berufen worden war, schied 1995 empört aus, weil er die Ästhetiken von Müller und Schleef (der am Berliner Ensemble 1993 Hochhuths „Wessis in Weimar" herausgebracht hatte und für 1996 Brechts „Herr Puntila und sein Knecht Matti" vorbereitete) nicht ertrug und für faschistoid und pro-nationalistisch hielt.

Formen II

Einer der bedeutendsten Momente des Theaters der Neunziger fand in den frühen Morgenstunden des 24. Januar 1998 im Wiener Burgtheater statt. Seit dem Vorabend wurde in Schleefs Inszenierung Elfriede Jelineks „Sportstück" uraufgeführt, und in einer der letzten Szenen rollten Bühnenarbeiter ein Bodentuch aus, das mit dem Schlussmonolog der Elfi Elektra bedruckt war. Plötzlich hörte man den Regisseur protestieren, er forderte Licht, und man sah ihn, ganz hinten auf der Bühne, die Schuhe in der Hand. In Socken schritt Schleef nach vorne, Text sprechend, stockend und ihn kommentierend. „Da fehlt ein Wort", rief er einmal, dann: „Das ergibt keinen Sinn", schließlich: „Frau Jelinek, bitte helfen Sie mir doch. Kommen Sie hier auf die Bühne, und Hand in Hand gehen wir durch Ihren Text." Der Gesamtkunstwerker Schleef, der Maler, Regisseur, Bühnen- und Kostümbildner, Schriftsteller und Dramatiker, der, egal, was er inszenierte, immer Schleefkunst produzierte (wobei er stets nachzuweisen bereit war, dass er alles aus dem Werk ableitete), kapitulierte ganz ohne Rhetorik vor dem sehr persönlichen Ende des Textes und verbeugte sich vor der Sprachkünstlerin Jelinek, dieser umgekehrten Schneekönigin unter den Autorinnen, deren Wortsplitter nicht blind, sondern sehend machen und die sich Schleef als Uraufführungsregisseur ausdrücklich gewünscht hatte. Ein Gipfeltreffen (auch wenn es sich erst später, zum Applaus, wirklich materialisierte ...). Und eine symbolische Vereinigung von Regie- und Literaturtheater.

Die rollenlosen und handlungsarmen, dabei haltungsstarken und beziehungsreichen Texte von Elfriede Jelinek für die Bühne (Stichwort „Textflächen") prägten die Theaterarbeit im deutschsprachigen Raum in den Neunzigern, indem sie die Regisseure und Ensembles beispielhaft herausforderten, das Bühnengeschehen selbst zu erfinden. Jossi Wielers Inszenierung von Jelineks „Wolken. Heim" am Deutschen Schauspielhaus in Hamburg im Jahr 1993 war ein erster Höhepunkt der reichen

Produktion sprachmusikalisch und choreographisch angelegten Schauspieltheaters in dieser Zeit, zu dem natürlich auch die entwaffnenden musikalischen Collagen von Christoph Marthaler gehörten (auch „Murx den Europäer! Murx ihn! Murx ihn! Murx ihn! Murx ihn ab!" hatte 1993 an der Volksbühne Premiere) oder die zuverlässig stimmungsvollen Stoff-Aneignungen von Andreas Kriegenburg. Dass Regisseure selbst als Autoren eines Theaterabends gesehen werden können, weil sie ihn mit Schauspielern und einem Text erfinden (manchmal auch ohne) und mit den Mitteln des Theaters originäre Geschichten erzählen, das rührt aus dieser Zeit.

Autoren I

Aber auch Autorentheater im engeren Sinne, als Theater verstanden, das vom Dramatiker ausgeht, war ein großes Thema in den Neunzigern. Schließlich konnten nicht alle Fragezeichen, die zu Beginn des Jahrzehnts über den Bühnen hingen, mit Regieansätzen beantwortet werden (ganz abgesehen davon, dass die entsprechenden Talente nicht für alle Theater reichten ...). Neue Stücke wurden gebraucht. Und mit einem Mal hatte, wirklich von null auf hundert, der Grazer Dramatiker Werner Schwab Erfolg. Er schrieb schon seit den Achtzigern, doch damals hatte niemand etwas davon wissen wollen. Werner Schwab, 1958 geboren, ein gelernter Holzfäller und sprachlicher Hassösterreicher in der Tradition von Thomas Bernhard, aber drastischer, antiintellektuell. „Lebenstot", „fortverrecken", „die geschlechtliche Hose", „die freizeitliche Welt" – Vokabeln, die sich direkt ins Sprachgedächtnis eingraben. Der Schwabismus: hilflos nach Würde ringender Ausdruck des sich selbst entfremdeten, sich und andere zerfleischenden Kleinbürgers (schwabisch: „Eigenmensch"). „Komm einmal auf meine Väterlichkeit und lasse deinen Tochterkörpermenschen anschauen", sagt der Vater und grapscht nach der Tochter. Menschheitsekel, zu Figuren geronnen, dazwischen Aphorismen: „Wir sind in die Welt gevögelt und können nicht fliegen."
Werner Schwab, der Trinker, wurde „Theater heute"-Nachwuchsdramatiker des Jahres 1991, Dramatiker des Jahres 1992, erhielt im gleichen Jahr den Mülheimer Dramatikerpreis für „Volksvernichtung oder Meine Leber ist sinnlos" und eine Uraufführung nach der anderen. Als 1994 „Endlich tot, endlich keine Luft mehr" herauskam, war er, der für ein Foto einmal mit brennendem Mantel vor einer Wand posiert hatte, im vierten Jahr seines Erfolges schon selber verbrannt: 35-jährig verstorben an exzessivem Alkoholgenuss in der Silvesternacht, vier Monate vor Kurt Cobain.

Autoren II

Auch wenn kein Genie zur Hand ist, soll es abends, wenn der Vorhang aufgeht, zuweilen zeitgenössisch sein. Weswegen die Theater damals mit aktiver Autorenförderung begannen. Ulrich Khuon etwa, im Jahr 1995 Intendant des Staatstheaters Hannover, rief gemeinsam mit seinem Chefdramaturgen Michael Börgerding die Autorentheatertage ins Leben: Das Theater lobte einen Stückewettbewerb aus, bestellte einen Alleinjuror für die Auswahl, und die Siegerstücke wurden – umrahmt von Gastspielen neuer Dramatik und Gesprächen – in Werkstattinszenierungen gezeigt. Das gibt es an Khuons Theater noch heute. Der erste Alleinjuror war Robin Detje, Schauspieler, Übersetzer und Journalist, damals oft als Theaterkritiker tätig. Nach ihm jurierte der Kritiker Reinhardt Stumm und entdeckte unter anderem den Theaterwissenschaftler und Journalisten Moritz Rinke als Dramatiker, mit seinem Marlene-Dietrich-Monolog „Der graue Engel". Ein Symptom. Denn dass sich Khuon die Kritiker zu Verbündeten machte, hatte durchaus damit zu tun, dass gerade die jüngeren unter ihnen damals selbst beweglich geworden waren und nicht deswegen Theaterkritiken schrieben, um ihr Leben lang Theaterkritiker zu sein, sondern weil es gerade interessant war, siehe oben, Lebensgefühl, Jugendbewegung und so weiter. Man wollte auch einmal Teil von etwas sein, die sichere Zeitungs-Warte war doch ein Anfang, und man antwortete dem Theater immer unerschrockener aus der eigenen Lebenswirklichkeit heraus, betrieb dabei mehr Feuilleton als Kunstkritik, die sprichwörtliche Straßenbahnfahrt zum Theater wurde fester Bestandteil der Texte, nicht immer zum Vorteil derselben. Von dieser Art Kritikerdasein aus gingen die Wege in viele Richtungen, manche wurden Romanautoren wie Andreas Schäfer oder Ralph Hammerthaler, wobei es natürlich auch die Profis wie Christine Dössel gab, die vollberuflich dabeiblieben.

Viele dramengeschichtlich bedeutende Entdeckungen können die Autorentheatertage nicht verbuchen, aber das machte und macht nichts, weil Ulrich Khuon seit mittlerweile rund zwanzig Jahren auch in seinem Hauptprogramm auf neue Dramatik setzt und jahrelange Arbeitsbeziehungen entwickelt, etwa mit Dea Loher. Die Autorentheatertage füttern die Szene zusätzlich an und geben zudem jungen Regisseuren eine Möglichkeit, sich unkompliziert vorzustellen. Insgesamt wuchs die Förderlandschaft in den Neunzigern mächtig in die Breite. Die Gier nach neuen Stoffen, nach der Möglichkeit, sich irgendwie an den Zeitgeist anzuschließen, war groß. Nicht groß genug, um im größeren Stile eine Kultur der Stückaufträge zu entwickeln. Nicht groß genug, um Jungdramatikern mit Festgehältern Entwicklungsperspektiven zu geben.

Aber immerhin so groß, dass ein Wegsparen des 1978 gegründeten „Stückemarktes" des Theatertreffens im bittern Rotstiftjahr 1995 gar keine Option war. Sofort sprang damals die Zeitschrift „Theater der Zeit" in die Bresche, bis die Finanzierung dieser institutionell ältesten Beachtung und Förderung neuer Dramatik an herausgehobener Stelle wieder gesichert war. Und so groß, dass Thomas Langhoff, Intendant des Deutschen Theaters, zur Spielzeit 1996/97 in drei Containern der Firma Schering und mit Hilfe des finanzkräftigen Fördervereins seines Hauses eine Zusatzbühne für Zeitgenössisches eröffnete: die Baracke. Als künstlerischen Leiter hatte er, direkt von der Regieschule weg und noch bevor er dessen Abschlussinszenierung hatte sehen können, den damals 28-jährigen Thomas Ostermeier engagiert. Gemeinsam mit dem Dramaturgen Jens Hillje und einigen Schauspielern des Deutschen Theaters, die später, 1999, mit Ostermeier und Hillje an die Schaubühne wechselten, experimentierte die Baracke zunächst auch mit Avantgarde-Ästhetiken der Vergangenheit (Biomechanik!), verlegte sich aber bald voll und ganz auf neue Dramatik, und zwar auf die aus Großbritannien, wo man in der Autorenförderung bereits weiter und in der Kapitalismusverachtung rigoroser war.

Im Januar 1998 wurde Mark Ravenhills „Shoppen & Ficken" (deutsch von Robin Detje alias Jakob Kraut) erstaufgeführt, was die Baracke des Deutschen Theaters im Feuilletoninteresse damals ganz nach vorne brachte. Jungmenschen in der Stricherszene, zwischen Junkfood und Perversionen verloren, auf der Suche danach, etwas zu fühlen, und sei es ein Messer im Hintern. Das alles unmittelbar vor den Knien der Zuschauer im Barackencontainer, mit Jule Böwe, Bruno Cathomas und André Szymanski. Mehr Problemstück hatte das Theater damals nicht zu bieten.

Ein paar andere, mindestens ebenso zeitgenössische Stimmen schon. Am gleichen Wochenende kam im Januar 1998 im Prater der Volksbühne das Stück eines gewissen Fritz Kater heraus, „keiner weiß mehr 2 oder Martin Kippenberger ist nicht tot", gemeinsam zur Aufführung gebracht mit Vladimir Sorokins sozrealistischer „Ein Monat in Dachau". Regie führte Armin Petras, damals 33 Jahre alt, Oberspielleiter in Nordhausen im Südharz – und unter dem Namen Fritz Kater auch Stückautor und als solcher ein großer (und großartiger) Sampler von Sounds, Bildern und Gefühlen. Lustigerweise coverte er in „keiner weiß mehr 2" explizit die fünfte Szene von Ravenhills „Shoppen & Ficken", in der bei Ravenhill eine LULU von den viel zu vielen Schokoriegeln an der Tankstelle erzählt, über die bei Kater eine SIE sagt: „dass ich mich nicht entscheiden kann, das machen die mit absicht". Einige Monate später, im November desselben Jahres 1998, fand in Berlin ein theaterwissenschaftliches Symposium zum Theater der neunziger Jahre statt, auf dem Jens Roselt unter dem Titel „Vom Affekt zum Effekt" den Pop-Aspekt in Theaterarbeiten als Synthese von Posen, ausgestellten Emotionen und biographischen Kontexten einer durchmediatisiert aufgewachsenen Generation erklärte: „Wie lächelt man auf der Bühne, wenn hinter jedem Lächeln ein Schokoriegel blitzt, der durch dieses Lächeln verkauft werden soll?" Und auf demselben Kongress verkündete Erika Fischer-Lichte, dass es ihr gelungen sei, bei der Deutschen Forschungsgesellschaft einen Sonderforschungsbereich „Kulturen des Performativen" durchzusetzen. All das fand in den Neunzigern statt und wies schon deutlich über sie hinaus, denn Fritz Katers theatrale Roadmovies (etwa „zeit zu lieben zeit zu sterben") waren Anfang der nuller Jahre ja dann das ganz große Ding in Sachen authentischen Poptheaters mit viel Herz und echter Geschichte, und kaum jemand wollte noch Brit-Dramatik importieren.

Realität II

Das spektakulärste Kunstereignis der Neunziger war die Gründung der Partei „Chance 2000" im Prater der Berliner Volksbühne an der Kastanienallee durch den Filme- und Theatermacher Christoph Schlingensief und den Dramaturgen Carl Hegemann im März 1998. Es war das Jahr jener Bundestagswahl, die die personelle Wende von Helmut Kohl zu Gerhard Schröder brachte. Mit dem euphorischen Ruf „Wähle dich selbst!" zielte der damals 37-jährige Schlingensief ins Schwarze der gesamtgesellschaftlichen Ohnmacht, in der Deutschland nach 16 Jahren CDU-Regierung lag. In das Gefühl, nicht vorzukommen und auch nicht mehr vorgesehen zu sein als gestaltende Kraft, sondern nur noch das Kissen zu sein, auf dem die Politiker ihre Entscheidungen ebenso aussaßen wie die Kritik daran. Nur noch „Schwenkfutter für Kameras", wie es in der Gründungsveranstaltung dann hieß, Schlauchwerk für den Warenkreislauf. Aber dann kam Schlingensief, und in einem Zelt des Familienzirkus Sperlich startete er mit Megaphon in der Hand und einer Perücke mit geflochtenen Zöpfen auf dem Kopf den Versuch, den Konsumenten (den Kultur-, Politik-, Fernseh-, Produkt- und Lebens-Konsumenten) wieder als Individuum zu interpretieren: „Machen Sie mal was! Was, ist egal. Hauptsache, Sie können es vor sich selbst vertreten. Natürlich wird es eine Pleite werden, wenn Sie selbst was machen. Aber eine Pleite, die von Herzen kommt, ist besser als eine Million, an der Scheiße hängt."
Zu Schlingensiefs eigenem Theaterzirkus gehörten damals neben Volksbühnen-Schauspielern wie Irm Hermann, Astrid Meyerfeldt, Bernhard Schütz oder Martin Wuttke auch ein gewisser Werner Brecht, Mario Garzaner oder Kerstin Grassmann – Leute mit körperlichen oder psychischen Handicaps, die in Schlingensiefs vorangegangenen Volksbühnenproduktionen „Rocky Dutschke '68" oder „Schlacht um Europa" als buchstäbliche Charakter-Darsteller bereits zu Trash-Stars geworden waren. Sie bildeten das Herzstück von Schlingensiefs Theaterarbeit, wie in der Präambel des politischen Vereins „Chance 2000" dann auch explizit formuliert wurde:
„3. Außenseiter der Gesellschaft, deren Lebensprozess sich nicht primär nach den Kriterien der Marktwirtschaft richtet, sind ein riesiges, zur Zeit weitgehend ungenutztes Potential, notwendige Bewegung in unsere gefährlich erstarrte Gesellschaft zu bringen."
Der Vorwurf, dass er für seine künstlerischen Zwecke Laien instrumentalisiere, wurde Christoph Schlingensief immer wieder gemacht. Aber seine Überzeugung, dass nur im Einbezug des Authentischen, des nicht vollständig Kontrollierbaren, des Verschwiegenen und Verdrängten schöpferische Energie frei werde und soziale, ja politische Kunst

entstehen könne, war eine ganz feste und ernsthafte. Er wollte das real existierende Alltags-Ich befreien mit dieser Kunstaktion, die von Anfang an dem richtigen Leben zustrebte, das kleine, graumausige, millionenfache Ich, das sich hinter den Worthülsen von den „Arbeitslosen" oder „Obdachlosen" verbarg. Diejenigen, die von den Medien lediglich über ihr Defizit wahrgenommen wurden, machte er in Wahlkampf-Aktionen vor Arbeitsämtern oder in U-Bahnen zu Protagonisten und den gesellschaftlichen Schambereich des Nicht-Gelingens zum Motto eines Lebens im Echten: Scheitern als Chance! Dass sich aus dem Gründungs-Happening im Zirkus Sperlich wirklich eine Partei formen würde, die den formalen Ansprüchen des echten Lebens genügte, hatten die Macher zwar laut genug proklamiert. Dass „Chance 2000" im Juli dann mit insgesamt elf Landesverbänden aber tatsächlich zur Bundestagswahl zugelassen wurde, überraschte selbst die eingenommensten Beobachter. Und nur sechs Monate nach dem eröffnenden Wahlkampfzirkus wurden in der Tat 3206 Erststimmen und 28566 Zweitstimmen für die Schlingensief-Partei ausgezählt. Auch wenn die Zahl der Unterstützer immer noch im Rahmen der Publikumsmasse eines gut besuchten Repertoirestücks in einem Tausend-Plätze-Haus wie der Volksbühne am Rosa-Luxemburg-Platz blieb – die Tatsache, dass die „Chance 2000"-Wähler die Teilhabe mit ihrem wichtigsten Bürgerrecht bezahlten, der Abgabe ihrer Wählerstimme nämlich, macht das Ganze zu einem Meilenstein in der Geschichte der politischen Kunst. Partei gründen leicht gemacht, Direktkandidaturen für jedermann, 2000 Unterstützer im Wahlkreis genügen, und das noch auf ganz analogem Wege ohne die „gefällt mir"-Optionen der Social Media – das war Subversion durch beschleunigte Affirmation und gleichzeitig ein nachrichtenfähiger Fakt. Die Frage, wen die „Chance 2000"-Wähler eigentlich gewählt hatten, tatsächlich sich selbst oder nicht doch eher den anarchischen Charismatiker Christoph Schlingensief, den König der Herzen und der Happenings, blieb und bleibt natürlich offen. Die Grenze zwischen Kunst und Wirklichkeit aber wurde damals definitiv überwunden. Und auf dem Boden, der dadurch bereitet wurde, können die Spielformen des neuen Jahrtausends seither bequem und angstfrei federn.

Petra Kohse promovierte in Theaterwissenschaft, war Kulturredakteurin der „taz", arbeitete für das Feuilleton der „Frankfurter Rundschau", war Mitbegründerin und Redakteurin des Online-Feuilletons „nachtkritik.de", veröffentlichte Bücher über Friedrich Luft und Marianne Hoppe und ist seit 2010 Sekretär der Sektion Darstellende Kunst der Akademie der Künste.

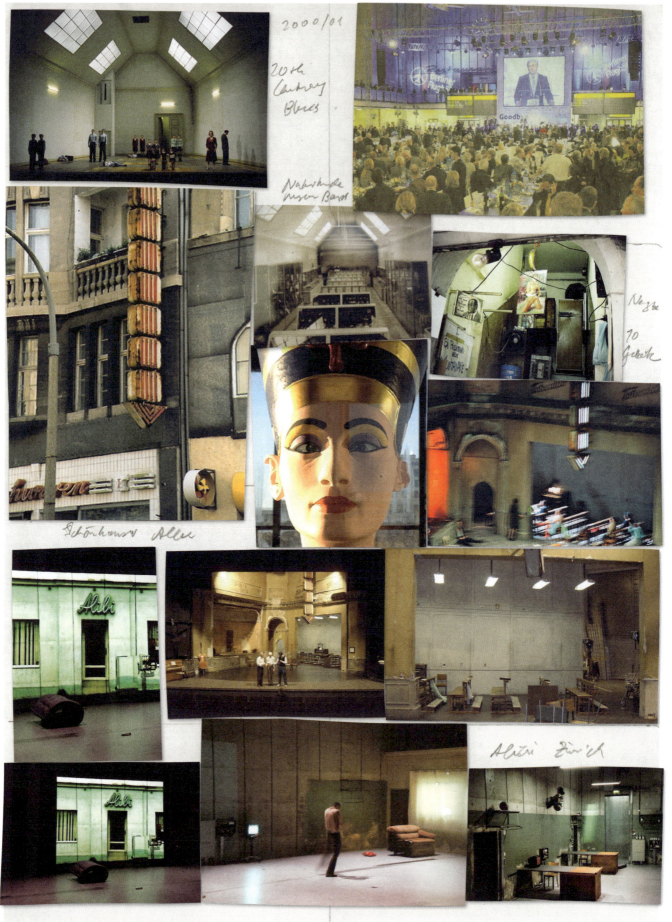

ANNA VIEBROCK
FOTOGRAFISCHES ARBEITSTAGEBUCH 1992 BIS 2002

Für dieses Buch zum 50. Theatertreffen hat Anna Viebrock Fotos aus ihrem Archiv ausgesucht, ausgedruckt und ausgeschnitten und auf sechs Seiten angeordnet. Sie sind zugleich Arbeitstagebuch und Kommentar zu einer Erinnerung. Nicht immer ist die Abfolge der Bilder chronologisch, da jede einzelne Seite ihren eigenen kompositorischen Regeln folgt, sie zeichnet jedoch den Weg nach, der Anna Viebrock in den neunziger Jahren von Basel ins Nachwende-Deutschland nach Berlin und Hamburg führte. Nicht immer sind die Übersetzungen der fotografierten Bilder in die – hyperrealistischen – Bühnenbilder so sinnfällig, wie im Fall des Flughafens Tempelhof, der in der „Murx den Europäer"-Inszenierung eindrückliche Déja-vu-Erlebnisse auslöste – so eindrücklich, dass ein Politikerauftritt im heute stillgelegten Terminal schon wieder zurück auf die Inszenierung verweist. Aber überall wird nachvollziehbar, wie sich durch Anna Viebrocks Blick reale Vergänglichkeit in Surrealität auf der Bühne verwandelt. Auf dem ersten Blatt sind zwei Fotos des inzwischen verstorbenen Volksbühnen-Komparsen „Klischi" zu sehen, der mit der Fähigkeit zu beeindrucken wusste, das eine oder andere Auge zuzudrücken. Auf dem letzten Blatt ist in der Mitte ein Foto von Hans-Peter Feldmanns „Büste der Nofretete", zu deren „Verbesserungen" gegenüber dem Original gehört, dass sie zwei Augen hat.

Anna Viebrock studierte Bühnenbild an der Kunstakademie Düsseldorf und arbeitete u.a. in Frankfurt, Heidelberg und Stuttgart. 1982 zeichnete sie gemeinsam mit Hans Neuenfels für die Bühnenbilder seiner zum Theatertreffen eingeladenen Inszenierungen von Kleists „Penthesilea" und Musils „Die Schwärmer" verantwortlich. Anfang der achtziger Jahre begann die kontinuierliche Zusammenarbeit mit Jossi Wieler, dessen Bonner „Amphitryon"-Inszenierung 1986 in ihrer Bühne beim Theatertreffen war, und für dessen Inszenierungen sie in der Basler Folgezeit die Bühnen entwarf. Am Theater Basel entstanden auch erste gemeinsame Arbeiten mit dem Musiker und Regisseur Christoph Marthaler, für dessen legendäre „Murx den Europäer"-Inszenierung an der Volksbühne am Rosa-Luxemburg-Platz sie die nicht minder legendäre Bühne schuf – eingeladen zum Theatertreffen 1993. Im Jahr darauf kamen Marthalers „Wurzelfaust" und Wielers „Wolken. Heim." von Elfriede Jelinek in Bühnen von Viebrock aus Hamburg nach Berlin, ebenso wie 1996 „Stunde Null" und 1997 „Kasimir und Karoline" von Ödön von Horváth. Aus Basel war 1998 Christoph Marthalers und Jürg Hennebergers musikalisches Projekt „The Unanswered Question" zu sehen und ab 2001 kamen fünf weitere Bühnenbilder von Viebrock aus Zürich – wo sie zusammen mit Marthaler und der Dramaturgin Stefanie Carp bis 2004 das Schauspielhaus leitete –, u.a. für die Tanz-Produktion „Alibi" von Meg Stuart/Damaged Goods und für Marthalers „Die Schöne Müllerin". Zuletzt war sie mit Marthalers Wiener-Festwochen-Produktion „Riesenbutzbach. Eine Dauerkolonie" als Ko-Autorin und Bühnenbildnerin 2010 beim Theatertreffen.

Seit 2002 arbeitet Anna Viebrock immer häufiger auch als Regisseurin – oft von Uraufführungen – für Schauspiel, Oper und Musiktheater. U.a. inszenierte sie für die Opern in Hannover, Paris, Stuttgart und besonders Basel, sowie am Schauspiel Köln und am Berliner HAU. Neben anderen Auszeichnungen erhielt sie 2004 gemeinsam mit dem Regisseur Christoph Marthaler den Theaterpreis der Stiftung Preußische Seehandlung.

URS JENNY
1980 BIS 1989: DER RIESE, DIE KÖNIGIN UND DAS GLÜCK DES STATUS QUO
Über das deutsche Schauspieltheater der achtziger Jahre

Wenn man sich, so oft und gern wie ich, auf sein träges Gedächtnis verlässt, dann erscheint einem das westdeutsche Theater der achtziger Jahre als ein wohlgenährter, in den Hauptstädten auch wohlstandsgesättigter Kulturbetrieb, der es – trotz allem, trotz allem – verstand, durch seine Leistungen so gut auszusehen, dass er das Geld wert zu sein schien, das sich die Gesellschaft ihn kosten ließ.

Ich stelle mir, was die Kunst angeht, jene Zeit als einprägsames Tableau vor: Zum einen eine Phalanx ernster, gewichtiger, deutungsstarker Theatermacher, die einander nicht immer nur das Beste wünschten, und auf der anderen Seite, glücklich für sich, Pina Bausch, Königin in ihrem Theatertraumreich, dieser wuppertalerischsten und weltumarmendsten Unternehmung, die sich niemand außer ihr hätte vorstellen (und verwirklichen) können. Die Achtziger waren das Jahrzehnt, in dem sich die internationale Kunstwelt ihr und ihrem unvergleichlich lebendigen Ensemble zu Füßen legte.

In der Erinnerung erscheinen mir diese achtziger Jahre auch als das Jahrzehnt des unaufhaltsamen und gern bejubelten Aufstiegs von Claus Peymann und seiner Truppe nach der Vertreibung aus Stuttgart via Bochum auf die Höhen des Wiener Burgtheaters: Applaus für den großmäuligen Macher Arm in Arm mit Gert Voss, Thomas Bernhard und Bernhard Minetti. Doch mir erscheint dieses Jahrzehnt auch als das gloriose Abschiedskapitel in der Geschichte der Berliner Schaubühne. Peter Stein hatte das Haus mutig für Robert Wilsons „Death, Destruction & Detroit" geöffnet, er hatte sich und uns zum unwiderstehlichen, süchtig machenden Gegenteil dessen verführen lassen, was man an der Schaubühne bis dahin für die richtige Art von Theater gehalten hatte. Danach aber demonstrierte Stein, ganz unverführt, mit der „Orestie" und den „Drei Schwestern", was einer wie er unter Meisterschaft verstand. Vielleicht ein kleines bisschen akademisch. So gefiel es der Kritik eines Tages, obwohl beide noch jung waren, vom Spätstil Steins („Phädra") oder vom Spätstil Grübers („Hamlet") zu sprechen. Und gegen Ende des Jahrzehnts, noch bevor die Mauer fiel, begannen die Trauer-Turbulenzen um Steins Rückzug auf Raten.

Die achtziger Jahre in München erscheinen mir in der Erinnerung als die Zeit, in der Dieter Dorn an den Kammerspielen sorgsam, umsichtig, stets gegen das Vergängliche aufs Exemplarische zielend, sein fabelhaftes Ensemble und seinen Klassikerstil auf höchste Höhe gebracht hat: Dessen feine Fülle entfaltete sich beispielhaft in der Zähmung eines so widerspenstigen Stück-Ungetüms wie „Troilus und Cressida". Von seinem Start weg in Köln und dann in Hamburg war dies das Jahrzehnt Jürgen Flimms, der das verdiente Glück hatte, nichts falsch zu machen. Anders als die meisten regieführenden Intendanten hat er dem Platzhirsch in sich kein Futter gegeben, sondern (immer mit Wolfgang Wiens als Beistand) anderen den Spielraum freigeräumt, damit sie ihr Bestes geben konnten: Jürgen Gosch und Robert Wilson und Luc Bondy, der Melancholiker in der Rolle des ewigen Wunderkinds, dessen Talent reicht, um auf vielen Hochzeiten zu tanzen.

Und doch, wenn ich so töricht sein sollte, mein träges Gedächtnis zu befragen, welcher Theaterabend jener Jahre denn, Hand aufs Herz, das größte, überwältigendste Erlebnis gewesen sei, würde ich, noch in der Erinnerung überwältigt, antworten: entweder Peter Zadeks „Baumeister Solness" 1984 im Münchner Residenztheater oder Peter Zadeks „Lulu" 1988 im Hamburger Schauspielhaus.

Die Grauzone DDR

Eine notwendige kleine Präzisierung: Es ist hier vom westdeutschen, in der Regel öffentlich-rechtlich konstituierten und ziemlich verlässlich subventionierten Schauspieltheater die Rede, das sich gern auf teils feudale, teils bürgerliche Kulturpflege-Traditionen berief, in seiner „verstaatlichten" Struktur aber recht eigentlich erst unter den Nazis verfestigte. Anders gesagt: Die Bundesrepublik, Österreich und die deutsche Schweiz gehörten dazu, die DDR hingegen war und blieb eine Grauzone. Dieser durch Mauer und Grenzzaun eingeschränkte Blick, Hinnahme des als unabsehbar unveränderlich geltenden Status quo, galt (nach ein paar halbherzigen frühen Grenzüberschreitungs-Versuchen) für das Berliner Theatertreffen wie für die „Hitparade" der Zeitschrift „Theater heute", die allsommerliche Kritikerumfrage zur Saisonbilanz.

Dies war, ganz pragmatisch, auch mein Wahrnehmungsradius als Teilzeit-Theaterkritiker (im Hauptberuf Leiter eines Kulturressorts), und ich muss zugeben, dass man, ohne sich deshalb für arrogant zu halten, sehr großstadtfixiert war. Man traf sich bei den Premieren jener Bühnen, die der ehrgeizige Aufsteiger Jürgen Flimm die „Bundesliga" nannte. Die sogenannte Provinz oder die sogenannte Freie Szene kam nur ins Visier, wenn Gerüchte ein exorbitantes Ereignis anzukündigen schienen. Im Zweifelsfall fuhr man lieber zu Giorgio Strehler nach Mailand, zu Peter Brook oder Ariane Mnouchkine nach Paris oder ins Royal Court Theatre nach London, und zu Robert Lepage oder Jan Fabre, wo auch immer sie ihre frühen Feuerwerke zündeten.

Es gab damals in der Bundesrepublik sehr wenige Studiengänge für Kulturwissenschaften und Kulturmanagement. Allzu oft war die Politik auch nicht eigentlich an Sachverständigen interessiert, stattdessen wurde die Betreuung der kommunalen Kulturbetriebe strebsamen Polit-Aufsteigern anvertraut, die nur durch die sogenannte Partei-Arithmetik oder ähnliche Verdienste dafür qualifiziert waren. Wer sich im Hickhack zwischen den naturgemäß konträren Interessen der Künstler, der Finanzbehörden und des Wahlvolks behauptet hatte, konnte danach auf größere Aufgaben hoffen – wobei zu bedenken war, dass nach einer Personalentscheidung innerhalb einer Legislaturperiode sichtbare Erfolge (möglichst an der Theaterkasse, ersatzweise beim Berliner Theatertreffen) vorzuweisen waren.

Theaterleute sind für diese Kurzstrecken-Strategie nur bedingt geeignet. Einer der simpelsten Erfahrungssätze sagt, dass Entwicklung/Entfaltung eines Ensembles längeren Atem und größere Kontinuität braucht, um Früchte zu tragen – siehe Peter Stein, Claus Peymann, Dieter Dorn, Jürgen Flimm. Zwei weitere simple Erfahrungssätze seien angefügt. Erstens, es gibt stets weniger überragende Fußballtrainer als Bundesligaclubs. Zweitens, nicht alle herausragenden Regisseure sind zugleich begabte Intendanten, obwohl sich viele dafür halten möchten und manche auch durch Schaden nicht klüger werden.

Der Bauernregel, dass ein Theaterteam eine gewisse Zeit zur Verwurzelung brauchte, um zu florieren, widersprachen in jenen Jahren als schöne, unnachahmliche Ausnahmen die beiden Wandernden Juden mit britischem Pass, George Tabori und Peter Zadek, die ihr langes Leben lang freundlich-respektvoll Distanz zueinander hielten. Was verdanken wir ihnen für Abende des Theaterglücks! Jedem auf seine ganz eigene Weise gelang es, wo auch immer eine Bühne ihm den nötigen Spielplatz anbot, aus dem Stand heraus ein Ensemble von Getreuen um sich zu scharen, das jene eigentümlich intime Konzentration auf die Vergegenwärtigung im Spiel schafft, die einen als Zuschauer Augen und Ohren weit aufsperren lässt.

Schlagwort „Intendantenkarussell"

Ein Schlagwort der achtziger Jahre hieß „Intendantenkarussell", will sagen: Die in etlichen Städten heillos dilettierenden Kulturpolitiker, deren Ansprüche an ihre Theatermacher kaum über die Formel „Ein volles Haus und keine Skandale" hinausgingen, glaubten, auf Nummer sicher zu setzen, wenn sie immer wieder dieselben vermeintlichen Hoffnungsträger und Heilsbringer umwarben, die dann doch – ganz wie in ihrem vorherigen Job – auch nur mit Wasser kochen konnten.

Das Schlagwort „Krise" gehörte für Politiker damals noch zu den unaussprechlichen, ist aber, wie man weiß, inzwischen zur Pauschal-Entschuldigung für multiples Handlungsversagen avanciert, zu einer Art Synonym für Höhere Gewalt oder Schicksal. Doch was damals noch als inexistent galt, zehrte schon spürbar an den Sozialetats, weshalb es kommunaler Usus wurde, zum Ausgleich an den Kulturetats herumzuschnippeln. Dem guten alten, im Ausland viel bewunderten deutschen Stadttheatersystem, das nach wie vor so rund und gesund dazustehen schien, wurde ganz langsam der bislang als gottgegeben empfangene Subventionstropf zugedreht – in der Praxis ganz zu Lasten der Kunst (nicht des Apparats) und ohne deshalb von den Künstlern weniger Leistung zu fordern.
„Kampf dem Theatertod" hieß das Schlagwort des Protests gegen den angeblich drohenden Super-GAU. Als dieses Wort erstmals im Oktober 1981 auf Demo-Transparenten in Bremen zu lesen war, bekundeten Prominente aus der ganzen Republik ihre Empörung und Solidarität. Doch im Lauf des Jahrzehnts, während das Schreckgespenst des „Theatertods" die Runde durchs Land machte, ergab man sich der Macht des Faktischen. Die Politik beugte sich den sogenannten Sachzwängen ohne Konzepte, ohne konstruktive Vorgaben, ohne Blick über den Gartenzaun (etwa auf die Strukturreformen in Holland); Bühnenverein wie Bühnengenossenschaft bewiesen sich als verlässliche Bremskräfte; selbst gegen vernünftige Fusionspläne stemmte sich die bewährte Kleinstädterei – unter dem Strich hieß die Aufgabe: Die Künstler selbst sollen Wege finden, sich wegzusparen. Alles in allem: Es gab bei den Verwaltern wie bei den Machern keine Vorahnung kommender Notwendigkeiten, es gab keine Fantasie für neue Betriebsmodelle. Es war eben auch das Jahrzehnt Helmut Kohls, das Jahrzehnt der programmatischen Selbstzufriedenheit. In den Achtzigern war man stolz darauf, das Glück eines Status quo zu verteidigen, der in den Neunzigern nicht mehr zu halten war.

Am schlimmsten allerdings wurde in der Metropole herumdilettiert, in Berlin. Als gegen Ende der achtziger Jahre weder auf dem Intendantenkarussell noch sonst wo mehr ein glaubwürdiger Kandidat für das in aller Ruhe heruntergewirtschaftete Schiller Theater zu finden war, ernannte man ein Leitungsquartett von vier Köpfen, denen man offenbar nur je ein Viertel des Jobs zutraute. Das erwies sich nicht als die beste, aber auch nicht als die letzte Notlösung. Etwas später, im neuen Jahrzehnt, kam es in der Tat zum größten annehmbaren Ernstfall, dem Bankrott, der Liquidation eines Staatstheaters. An den Fall der Mauer noch in diesem Jahrtausend hatte ja auch niemand geglaubt, bis es passierte. Sagen wir zurückblickend: Das Ende des Schiller Theaters war aus falschen Gründen eine richtige Entscheidung; damit war ein für alle Mal bewiesen, dass man auch Heilige Kühe schlachten kann.

Vorzügliche Künstler mit „Migrationshintergrund" DDR

Die DDR blieb bei alledem für mich Terra incognita. Ich war seit Anfang der sechziger Jahre oft in Ost-Berlin im Theater – wobei man seine Antennen reflexhaft auf „systemkritische" oder „provokante" Produktionen richtete –, doch bis lange nach der Wende war ich niemals irgendwo sonst in einem DDR-Schauspielhaus zu Besuch. Im Jahr 1988, so lese ich jetzt im Internet, betrieb man in der DDR 213 Bühnen mit 55568 Sitzplätzen. Das kleine Land maß dem Theater einen Kultur-Prestigewert zu wie nur die Nazis zuvor (deren Verwaltungsstruktur man übernahm), und es unterhielt (im Verhältnis zu seiner Größe) das weitaus höchstsubventionierte Theatersystem der Welt mit vorzüglich ausgebildeten Künstlern und Technikern und zunehmend schwerer erträglicher Gängelung aller kreativen Kräfte. Dass diese Kulturpolitik mit der Biermann-Ausbürgerung im Herbst 1977 Harakiri begangen hatte, war nicht sofort zu erkennen, doch spätestens Anfang der achtziger Jahre offensichtlich. Einem Staat, der von seinen Künstlern zuallererst erwartete, dass sie sich mit ihm identifizierten, hatte deren Elite die Solidarität aufgekündigt.

Schon früher hatten (zwar nicht so oft wie international erfolgreiche Musiker) auch DDR-Theaterkünstler gelegentlich im Westen gastieren dürfen. Doch nach der Biermann-Affäre, nach Thomas Brasch und Katharina Thalbach, nach den „Stars" Manfred Krug und Armin Mueller-Stahl (die bei uns so rasch TV- und Film-Karriere machten, dass ihnen fürs Theater keine Zeit blieb) gab es kein Halten mehr. Man kann es auch anders sagen: Die bundesrepublikanische (auch österreichische, deutschschweizerische) Theatergeschichte der achtziger Jahre sähe sehr viel farb- und blutloser aus ohne den Zustrom dieser vorzüglich ausgebildeten Künstler mit dem „Migrationshintergrund" DDR, die ihr Staat nun als Devisenbringer ziemlich unbehelligt im Westen gastieren ließ. Stellvertretend nur ein halbes Dutzend Namen: Katharina Thalbach, Angelica Domröse, Jutta Hoffmann, Jürgen Holtz, Hilmar Thate, Christian Grashof.

Und erst die Regisseure! Also Adolf Dresen und Thomas Langhoff, die sich mit ihrer Sensibilität in unseren bürgerlichen Theatersalons rasch wie zu Hause zurechtfanden; Manfred Karge und Matthias Langhoff, die breitschultrig wie Eisbrecher den Raum schafften, den Heiner Müller forderte; die querköpfigen Eckensteher, die überall fremdelten, etwa B. K. Tragelehn, Herbert König, Dimiter Gotscheff sowie, in herrischer Einsamkeit, Einar Schleef; der Virtuose Alexander Lang mit seinen ungemein schnittigen Marionettenmenschen-Klassikern; und der Anti-Virtuose schlechthin, Jürgen Gosch, der sich mit seinen Schauspielern jedes Mal so scheu und staunend in ein altes Stück hineintastete, als wäre es neu und unbegreiflich. Bei der ersten Begegnung mit seiner Arbeit, dem Bremer „Hamlet" 1981, fühlte ich mich vor den Kopf geschlagen wie nur selten, doch das war die Sache wert.

Über die Theaterwirklichkeit in der DDR der achtziger Jahre weiß ich eigentlich nichts. Immerhin sprach sich (nicht ohne Schadenfreude) auch im Westen herum, dass das großartigst und festlichst gewollte nationale Ereignis, der „Faust" im Berliner Deutschen Theater zum 40. Jahrestag der Republikgründung, schon Monate vor der Premiere kollabierte – sei es an inneren Widersprüchen, sei es an einer DDR-spezifischen Gigantomanie. Da war das Leben längst dabei, die Zuspätgekommenen zu bestrafen: Implosion eines Systems, das offenbar bis in die Spitze hinauf den Glauben an sich selbst verloren hatte. Am Ende machte die DDR sogar beim Berliner Theatertreffen mit. Heiner Müllers „Hamlet" war dann der Kehraus der Epoche. Und wir Westler durften nach der Wende rasch entdecken, dass sich in den Jahren davor an der DDR-Peripherie Frank Castorf, Andreas Kriegenburg, Leander Haußmann nach oben geackert hatten und dass in der Hauptstadt Corinna Harfouch und Ulrich Mühe zu Ruhm aufgestiegen waren. Nun konnten wir so tun, als gehörten sie uns.

Heiner Müller – ein unergründlich lächelnder Buddha

Diese Skizze eines Jahrzehnts hält sich, schreiend ungerecht, an den Namen von Regisseuren fest, um nicht ins Uferlose zu geraten. Es fehlen die Bühnenbildner, die Musiker, die Dramaturgen. Und es fehlen (mit ein paar sachbedingten Ausnahmen) die Schauspieler, ohne die doch alles nichts wäre. Aber wer wüsste nicht, dass jedes große Theater-Erlebnis zuerst und zuletzt ein Schauspieler-Erlebnis ist? Sie sind es, die man liebt, sie sind es, die in der Erinnerung weiterspielen. Wie viele soll ich nennen, bei wie vielen mich bedanken? Sagen wir: Eine für alle, geliebte Susanne Lothar, einer für alle, geliebter Ulrich Wildgruber. Schlaft gut!

Die Autoren aber, die Autoren lassen sich nicht übergehen, denn – ob tot oder lebend – auch ohne sie wäre alles nichts. Mag die professionelle Kritik noch so auf Inszenierungen fixiert sein, und auch das Berliner Theatertreffen. Der Vorstoß von Rolf Hochhuth Anfang der achtziger Jahre, als neu gewähltes Jurymitglied einen Kurswechsel zugunsten eines Autoren-Festivals zu initiieren, scheiterte an der blanken Verständnislosigkeit seiner Kollegen. Dass es schon seit ein paar Jahren gab, was er forderte, nämlich die verdienstvollen, als Korrektiv unentbehrlichen Mülheimer Theatertage, war ihm nicht genug, und er trat aus der Theatertreffen-Jury wieder aus.

Die deutschsprachigen Autoren, deren Präsenz mit neuen Stücken auf den Spielplänen der achtziger Jahre am stärksten wirkte, waren dieselben wie schon in den Siebzigern: Tankred Dorst („Merlin", „Korbes"), Thomas Bernhard („Am Ziel", „Der Theatermacher", „Heldenplatz"), Botho Strauß („Groß und klein", „Kalldewey, Farce"), Franz Xaver Kroetz („Nicht Fisch nicht Fleisch"). Von den Nachwuchsautoren jener Jahre hat sich keiner als feste Größe durchsetzen können; Elfriede Jelinek galt noch als eine merkwürdige österreichische Spezialität.

Der große, alles überragende Theaterkopf des Jahrzehnts aber war, das versteht sich, Heiner Müller, dessen Stücke endlich in Ost wie West gespielt wurden. Kein Schmerzensmann aus der Zone, kein zorniger Prophet des Untergangs, vielmehr ein unergründlich lächelnder Buddha, mit Shakespeare im Geistergespräch über den mahlenden Gang der Geschichte – so hat er, in leichten Rauch gehüllt, auf der uneinnehmbaren Festung seines Werkes gethront und auf seine Stunde gewartet. Sie musste kommen. Sie kam. Westdeutscher Büchner-Preis 1985, Nationalpreis Erster Klasse der DDR 1986, Wiederaufnahme in den DDR-Schriftstellerverband 1988, Präsident der Akademie der Künste 1990 – ein Accelerando der öffentlichen Umarmungen. Was auch immer die Lorbeeren ihm letztlich bedeuteten, er war gewiss, sie verdient zu haben.

In diesem Panorama meiner Erinnerungen haben ungerechterweise Andrea Breth, Hans Neuenfels, Ernst Wendt, Horst Laube, Axel Manthey, Benjamin Korn und ein paar andere keinen Platz gefunden.

Das tut mir leid. Ich war so frei, mit Pina Bausch zu beginnen. Der Abschluss jedoch konnte einzig und allein Heiner Müller gehören, dem kleinen Riesen Ohnegleichen.

Urs Jenny schrieb in den sechziger Jahren für das Feuilleton der „Süddeutschen Zeitung", war 1970 bis 1972 Chefdramaturg am Bayerischen Staatsschauspiel und anschließend bis 1979 bei Ivan Nagel am Deutschen Schauspielhaus in Hamburg. 1979 wurde er Kulturredakteur beim „Spiegel". In der Jury des Theatertreffens war er 1967 bis 1969 und 1981 bis 1984.

Anti-Reagan-Demonstranten in Berlin: Randalierer ... Pflastersteine aus dem Bürgersteig

rotes Gewand auf blau-Hose

Felge-Speer
etwas behandelt
wie Schürzzeug?

Knebel Anderot

Kerker

Faust durch Klappe mit Leiter
Repl. von oben –

Gretchen aus Bett
gefesselt – mit Haaren festbinden

Rückwand wieder geschlossen –
"Bettgestell" – Gretchenwelt ist wieder da.
Stühle leer (wahrscheinlich keine Leute)
Gretchen aus Bett (mit Haaren) gefesselt.
Faust kommt von oben –
bindet Gretchen los

Faust wird mit
Leiter von Repl.
nach oben gezogen

Madonna (lebende Person) erlöst Gretchen
und sagt: "Ist gerettet"

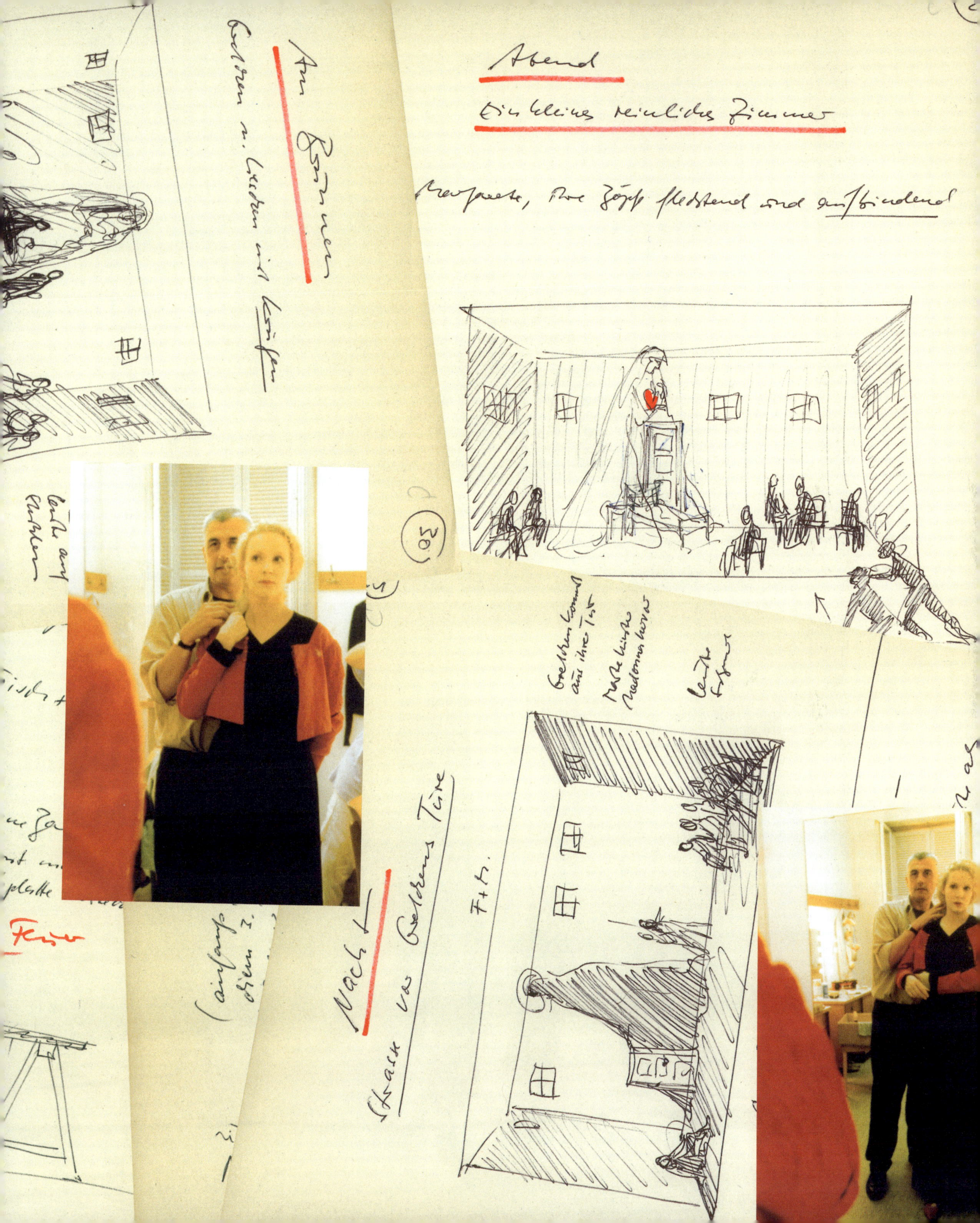

Abend
Ein kleines reinliches Zimmer
Margarete, ihre Zöpfe flechtend und aufbindend
Am Brunnen
Gretchen u. Lieschen mit Krügen
Nacht
Straße vor Gretchens Türe

"John Gabriel Borkman"

"De Blinde Poet"

"Faust 1"

"König Lear"

JÜRGEN ROSE
BILDER UND SKIZZEN, RÄUME UND KOSTÜME
1980 BIS 1992

Für dieses Buch zum 50. Theatertreffen hat Jürgen Rose neun Doppelseiten gestaltet, u.a. mit Fotos von Oda Sternberg, die Bühnen, Kostüme und Skizzen für Inszenierungen an den Münchner Kammerspielen zwischen 1980 und 1992 zeigen: Dieter Dorns Inszenierungen von Büchners „Dantons Tod", Peter Weiss' „Der neue Prozess", Botho Strauß' „Der Park", Shakespeares „Troilus und Cressida" und Goethes „Faust I" sowie die Lietzau-Inszenierungen von Barlachs „Der blaue Boll" und Ibsens „John Gabriel Borkman" und auf den vier letzten Seiten Dieter Dorns „König Lear"-Inszenierung von 1992.

Selten beziehen sich Jürgen Roses Bühnen und Kostüme so direkt auf die Wirklichkeit wie in „Dantons Tod", wo Medienkritik die Bühne mit bestimmte – 1980 waren Fernseher auf der Bühne noch ein Wagnis. Vielmehr ist es die Qualität und die Art der Verwendung bestimmter Materialien, die Roses Arbeiten so charakteristisch machen. Scheinbar hingeworfene Holzpodeste, Packpapier an den Wänden, sichtbare Holzrahmen bestimmten früh seine Bühnenräume, u.a. in Lietzaus Uraufführung von Heiner Müllers „Philoktet" 1967 – eine Ästhetik, auf die er später, z.B. in Dorns „Lear" wieder zurückgreift. Erkennbarer noch als „Rose-Raum" wurden in der Zwischenzeit dann die leuchtenden weißen Kästen, kongenial und „schattenlos" hell von Max Keller ausgeleuchtete Zeltkonstruktionen. Einen Kern treffen auch all die Geschichten, in denen Rose seine Materialien auf der Straße und auf Flohmärkten der ganzen Welt findet, von der alten Blechverkleidung bis zum erlesenen Stoff. Die Echtheit und Gebrauchsgeschichte der Materialien, ihre haptische Überzeugungskraft, sind – wie im Fall der kriegerischen Ledergeschirre in „Troilus und Cressida", die er von bayerischen Bauernhöfen sammelte – zu einem Markenzeichen Roses geworden. Auch deshalb widmet Rose, der oft Szene und Raum zugleich skizziert, dem Kostümbild nicht weniger Aufmerksamkeit als dem Bühnenbild.

Jürgen Rose studierte in Berlin und erhielt ein erstes Engagement 1959 als Schauspieler und Kostümbildner in Ulm. In Stuttgart lernte er John Cranko kennen, für den er – ebenso wie später für John Neumeier – zahlreiche Ballettaufführungen ausstattete, u.a. 1962 Crankos „Romeo und Julia" und 1965 „Onegin" – nun ein Klassiker in den großen Ballett-Compagnien von New York bis Moskau – sowie 1978 Neumeiers legendäre „Kameliendame". In Inszenierungen von Rudolf Noelte (u.a. „Der Snob" und „Der Menschenfeind") und Hans Lietzau sowie in Peter Steins bekannter Münchner Aufführung von Edward Bonds „Gerettet" waren seine Kostüme und Bühnen zwischen 1965 und 1975 siebenmal beim Theatertreffen zu sehen. „Minna von Barnhelm", Dieter Dorns erste Inszenierung für die Münchner Kammerspiele, 1977 zum Theatertreffen eingeladen, stand am Anfang einer Zusammenarbeit zwischen Bühnenbildner und Regisseur, die bis heute andauert. Das Team Dorn/Rose prägte über München und die Jahrhundertwende hinaus weite Teile der deutschen Theaterlandschaft und der Opernwelt. Insbesondere Inszenierungen von Shakespeare und Botho Strauß bleiben im Gedächtnis. Beim Theatertreffen zu sehen waren „Groß und Klein", „Besucher" und „Schlusschor" sowie Shakespeares „Troilus und Cressida". Eine regelmäßige Zusammenarbeit verband Jürgen Rose auch mit Thomas Langhoff: Lessings „Emilia Galotti" und Ibsens „Die Frau vom Meer" waren 1984 und 1990 beim Theatertreffen.

Als Regisseur arbeitete Jürgen Rose an den Opernhäusern in Köln, Bonn und München. In Stuttgart war er 1973 bis 2000 Professor für Bühnenbild an der Staatlichen Akademie der Bildenden Künste.

BERND WILMS
SCHIMPFWORT REGIETHEATER
Das Theatertreffen 1967 bis 1980

Das Theatertreffen ist bekanntlich ein Produkt des Kalten Krieges. West-Berlin sollte kulturell glänzen. Da hätte man sich nichts Besseres ausdenken können in der eingemauerten, der hoch subventionierten Stadt. Besondere Einheit West-Berlin.

Am Anfang hieß das Theatertreffen „Berliner Theaterwettbewerb". Und als Wettbewerb war die Sache auch gemeint. Es gehe, steht in den ersten Festival-Drucksachen, um die Repräsentation des deutschsprachigen Theaters in Form der künstlerischen Konkurrenz, es sei ein Markt und Börsenplatz. Das klingt nach steigenden und fallenden Kursen und ebenso nach Sport und Meisterschaft und der Einrichtung einer Theaterbundesliga. Das föderale Deutschland war ohne Zentrum, eben die Bonner Republik, und einmal im Jahr sollte Berlin eine Theatermetropole sein. (Es wurden auch, jedenfalls in den sechziger Jahren, Inszenierungen aus der DDR eingeladen, aber das war – bei allem Respekt vor den dortigen Bühnen, besonders in der Hauptstadt der DDR – ein frommer Wunsch und allenfalls ein politisches Signal. An die Reisefreiheit der Theater hat im Ernst niemand geglaubt.)

Der Bremer Intendant Kurt Hübner schrieb 1980 rückblickend, eine aufregende (na klar: auch „provozierende") Provinzaufführung wie Peter Zadeks „Geisel" „braucht die Bestätigung der Metropole; ein Streit in Bremen ließ sich mit dem Berliner Erfolg im Rücken leichter führen." Aber es zeigte sich auch, „dass die Metropole zwar noch ihren guten Ruf hatte, aber keine eigene Aufführung, die sich mit der ‚Geisel' vergleichen ließ." Das erste, das weniger hochmütige Argument ist sicher bis heute wichtig. Die Provinz, die nicht einmal mehr mit diesem Namen kokettiert, wird zu Hause immer von der Einladung profitieren.

Im Mai also das ganze Theater in kürzester Zeit. Was damit ideologisch und kulturpolitisch gemeint war, konnte den Berlinern (und uns Berliner Studenten) ganz furchtbar piepe sein. Es war einfach praktisch. Es war Bescherung. Man musste nicht reisen (wofür unsereiner das Geld sowieso nicht hatte), man musste bloß Schlange stehen und war unverhofft mittendrin. 1967, kurz vor dem Ende meines Studiums, sah ich Else Lasker-Schülers traurig schöne Stadtballade von der „Wupper", von Hans Bauer inszeniert, und ich fieberte einem Engagement in Wuppertal entgegen. Da wollte ich hin.

Es gibt heute gute Gründe, das Theatertreffen in der sehr veränderten Situation zu verteidigen. Die ursprünglichen Motive, fast alle, sind dahin. Keine Frontstadt mehr. Wir haben wieder eine Hauptstadt, aber ob sie das in jeder Hinsicht ist, darf wohl bezweifelt werden. Es ist nicht bloß ein empirischer Zweifel. Es hängt auch damit zusammen, dass wir zwar Bonn verloren haben, den Föderalismus aber nicht. Und wer wissen will, was es mit dem deutschen Theater auf sich hat, wie erfindungsreich, bunt, überraschend, widersprüchlich, also lebendig es ist, der wird sich weit umschauen müssen – auch nach Zürich, Basel, Wien oder Graz. Und in trüben Jahren wird er trotzdem wenig finden. Dass sich in der alten Bundesrepublik verschiedene Zentren herausgebildet haben, ist eine gute Sache geblieben. Wir besitzen, pathetisch gesprochen, ein kulturelles Erbe aus altföderalen Zeiten. Auch dafür lohnt es sich.

Es gibt folglich gute Gründe. Und die weniger ernste, die eher anekdotische Begründung lautet, dass die Theaterleute selber aufs Theatertreffen nicht verzichten können. Um keinen Preis. Sie brauchen es. Sie wollen es. Ohne Ausnahme. Da sind die Sportlichen und Ehrgeizigen, die Liebhaber und Fans – bei ihnen versteht es sich von selbst. Da sind aber auch die Verächter und die Gleichgültigen, all diejenigen, die über jede Schmeichelei erhaben sind und die, im Namen der Kunst, solchen Oberflächentrubel meiden. Und natürlich gibt es die Beleidigten, die Übergangenen, die schlechten Verlierer. In einem einzigen Theatermenschen, sofern er überhaupt Bundesliga-Chancen beansprucht, kann sich das alles mischen. Erst beschwindelt er sich selbst und dann die anderen. Solch grandiose Verlogenheit macht dieses Festival schon unverzichtbar. Der wichtige Monat war nie der Mai, sondern der Februar: der Monat der Verkündigung. Dann beginnen sie ihren fabelhaften und lustigen und notwendigen Jahrmarkt der Eitelkeiten.

Die neue Regiegeneration

Die Zeit, von der hier die Rede ist, war eine Zeit des Aufbruchs. Im Theater war es vor allem: die Zeit, da eine neue Regiegeneration sich zu Wort gemeldet und durchgesetzt hat. Nicht zaghaft, sondern deutlich und laut. Das war überfällig, denn zuvor hatten – mit wenigen wichtigen Ausnahmen – die älteren Herren mit der Lehrzeit in schlimmen Jahren das getan, was sie als Regisseure gelernt hatten und konnten. Wie das ging, habe ich als Assistent noch erlebt.

Es ging so: Eine Woche „Stellproben". Da wird alles verabredet, was danach gefüllt, erfüllt und festgelegt wird. Dem gelten die nächsten, meist kurzen Probenwochen, nämlich dem Üben und Üben bis zur Premierenreife. Peter Zadek erzählt, dass er im Hamburger „Othello" einen Protagonisten umbesetzen musste, einen guten und unglücklichen Schauspieler, der wissen wollte, wann denn das Improvisieren ein Ende habe. Ohne Fixierungen, Schritt für Schritt, konnte er sich die Arbeit nicht vorstellen.

Eine neue Regiegeneration hatte sich in den siebziger Jahren etabliert. Darum ist es nicht verwunderlich, dass der Ausdruck „Regietheater" in dieser Zeit aufkam – als Modewort und sogleich auch als Schimpfwort, das falsche Alternativen („Werktreue" contra „Regiewillkür") hartnäckig provozierte.

Das hat sich erstaunlich lang gehalten. Niemand hätte damals ahnen können, dass der Regisseur von „Tasso", „Peer Gynt" und „Homburg", dass einmal Peter Stein so vehement und grantig gegen das Regietheater wettern würde. Er war, bei allen Differenzen zu denen, die sonst dazugehörten, in der Avantgarde ebendieses Theaters. Das Theatertreffen ist seit je ein Festival der Regisseure und eine Regie-Börse. Nicht so sehr, weil es „angesagt" ist, sondern weil ja nicht, zum Beispiel, die Stückeschreiber und die Qualität ihrer Texte ausgelobt werden, sondern die besten Aufführungen. Und als Autor einer Aufführung gilt, wie immer umstritten, der Regisseur.

**Wilfried Minks in Bremen:
Raumerfindungen für die neue Regie**

Was die Entwicklung in den Sechzigern und Siebzigern betrifft, so muss man aber fragen, ob nicht andere Impulse ebenso wirksam waren wie solche der Regie – oder noch wichtiger. Die Bildwelten des Theaters veränderten sich radikal. Wilfried Minks war nicht mehr einfach Bühnenbildner (und schon gar nicht Dekorateur), sondern ein Bühnenbauer, dessen unerhörte Raum-Erfindungen die neue Regie erst ermöglichten. Seine Arbeit (und die der Schüler Karl-Ernst Herrmann, Erich Wonder, Johannes Schütz) ist also der Regiearbeit keineswegs nachgeordnet. Vielleicht fing mit den Räumen alles an.

In diesen Jahren war zuerst das Bremer Theater (wo Wilfried Minks zu Hause war) ein Liebling des Theatertreffens, danach kam die Berliner Schaubühne am Halleschen Ufer. Sie galt hinfort als Deutschlands bestes und berühmtestes Theater.

Liebling Bremen also: Peter Zadek mit „Frühlings Erwachen" (1966 beim Theatertreffen), dann mit

„Maß für Maß" (1968), schließlich Peter Stein mit „Torquato Tasso" (1970). Die Kindertragödie „Frühlings Erwachen" und Minks' geniale Schiebewand mit dem Gesicht der englischen Filmschauspielerin Rita Tushingham. Große fragende Augen. Gewiss kein schönes Mädchengesicht, aber tauglich zur Ikone. Eine Verbündete der Wendla Bergmann, heute.
Ich erinnere mich an ein – wahrscheinlich unbedeutendes – Detail in dieser Wedekind-Inszenierung. Da heißt es im Stück: „Frau Gabor sitzt, schreibt". Sie schreibt an den verzweifelten Moritz Stiefel einen sehr langen Brief. Und sie braucht auf der Bühne so viel Zeit, wie man zum Schreiben eines langen Briefes braucht. Die Wirkung: extreme Zeitlupe. Zadek hat mutmaßlich argumentiert, er sei ein unverbesserlicher Realist. Ungeduld, Tumult, Empörung beim Theatertreffen. Die Erregungsbereitschaft war damals erstaunlich groß: bloß ein Brief, wie im Leben.

Eine Gesellschaft – die eines Goetheschen Fürstenhofes, gemeint ist aber die heutige – eine Gesellschaft hält sich ihren Intellektuellen, verächtlich, ohne Skrupel. Sie macht den Dichter zur Spottfigur. Das tut er selber auch. Tasso ist der „Emotionsclown" im Stück, und Bruno Ganz spielt ihn so. Einen Raum von extremer Künstlichkeit – Plexiglas und ein giftgrüner Kunststoffteppich im goldenen Portal – hat Wilfried Minks für eine Aufführung gebaut, die sich so sehr für die Form des Dramas interessierte: als dessen Inhalt. War Steins „Torquato Tasso" ein Erfolg? Bei wem? „Auf alle Fälle bei den linken Intellektuellen", sagt Minks. „Die Inszenierung entsprach dem Zeitgeist." Er habe neulich die vierzig Jahre alte Fernsehaufzeichnung angeschaut, da fand er das Ganze eher komisch.

Ganz am Schluss der Ära Hübner zeigte Klaus Michael Grüber in Bremen „Das letzte Band" von Samuel Beckett, mit Bernhard Minetti als Krapp. Krapp, der Mensch gewordene Affe, immer noch Bananen fressend, das letzte Exemplar der Gattung, ein Gespenst, ein Geisterspuk. Minetti war ganz allein auf der wüsten, leeren Bühne, drückte sich hinten an der Wand entlang, in der Weite, im großen Bremer Theater, ein Rest von Leben. Wüst war dieses Theater deshalb, weil die Sanierung des Bühnenhauses bevorstand. Wo jetzt noch gespielt wurde, war schon fast alles abgerissen. Putz und Steine im Orchestergraben und ein kaputt geschlagenes Portal. Und weit hinten Minetti. In den Trümmern hielt Hübner danach eine lange Abschiedsrede und inszenierte sich den eigenen Rausschmiss. (Wie diese Aufführung ohne den Katastrophenraum hat wirken können, zum Beispiel beim Theatertreffen, habe ich nicht herausgefunden.)

Das Schauspielhaus Hamburg und Ivan Nagel

Die längste Zeit, seit 1972, war ich als Dramaturg an einem auch nicht so schlechten Theater beschäftigt, nämlich dem Deutschen Schauspielhaus in Hamburg. Die Jury hat sich oft für eine Hamburger Aufführung entschieden, kein Grund zur Klage. Ich erwähne das bloß, weil ich denke: Wenn schon diese Reminiszenzen lückenhaft und willkürlich sind, dann erklärt sich das auch daraus, dass dem Hamburger Blick – und vorher dem Wuppertaler und dem studentischen – manches entgangen ist. Und sicher ist der Blick parteiisch. Ich habe buchstäblich nicht alles gesehen.

Ehe er am Hamburger Schauspielhaus Intendant wurde, war der Kritiker Ivan Nagel 1971 Mitglied der Jury des Theatertreffens, und er hat sicher heftig und ansteckend schwärmerisch für eine Aufführung geworben, die dann beim Theatertreffen gar nicht gezeigt wurde, aber zum Glück an vielen Orten bei einer großen Tournee: Fritz Kortners letzte Inszenierung, die „Emilia Galotti"

von der Wiener Josefstadt. Das bürgerliche Trauerspiel als bourgeoises Trauerspiel. Nicht den Aufbruch der neuen Klasse gegen den korrupten Adel hat Kortner beobachtet, sondern den Schrecken der Bürgerlichkeit selber – mit tödlichen Folgen.
Ivan Nagel, der Essayist, hat seinen vielleicht schönsten Aufsatz über diese Inszenierung geschrieben, „Aufklärung über Aufklärung". Er nannte Kortner den „größten Regisseur deutscher Sprache zwischen dem Kriegsende 1945 und den Studentenrevolten 1968 – 70."

Ivan Nagel, der Intendant, war ein Liebhaber, ein unentwegt Verliebter, ein Planer war er nicht. Dass es trotzdem nicht kippte (das gelang dann 1979 der schrecklichen Hamburger Kulturpolitik), lag an seinem Theaterenthusiasmus und der Kraft, die davon ausging. Es lag auch daran, dass er ein kluger Mann war.
In Hamburg fing alles mit Kroetzens „Stallerhof" an (Theatertreffen 1973). Ulrich Heising inszenierte mit der 17-jährigen Eva Mattes, die er für diese hamburgisch-bayerische Unternehmung in München entdeckt hatte. Die sehr genaue, harte und poetische Inszenierung erzählte eine ganz unmögliche Liebesgeschichte, und Eva Mattes als debiles, hilfloses Bauernkind stand im Zentrum: nicht mit der Zufallswirkung eines Naturtalents, sondern dem ganzen Reichtum schauspielerischen Ausdrucks.
Peter Zadek, der Intendant in Bochum war, hat zweimal in Hamburg inszeniert, nämlich Ibsens „Wildente" (Theatertreffen 1975) und dann den „Othello" (1977). Ja, gewiss doch, das ist die Veranstaltung, in der ein unförmiger Ulrich Wildgruber die unförmige Desdemona der Eva Mattes nackt über die Wäscheleine wirft – und damit einen Premierentumult auslöste, dem das Wort Theaterskandal nicht gewachsen ist.
Es war, nach langen Proben, eine wunderbar chaotische Aufführung. Warum so lange probieren? „Weil", so Benjamin Henrichs, „in einer Aufführung, die ohne ästhetische und interpretatorische Gewissheiten auskommen will, alle Macht (und Ohnmacht) wieder beim Schauspieler liegt – weil allein dessen Freiheit, Selbstsicherheit, Intensität über Sieg und Untergang einer Aufführung entscheidet." Wildgruber hatte sich wie ein Kind schwarz angemalt und beschmutze sich und die anderen. „Wildgruber und Zadek erzählen die Zerstörung eines kindlichen Menschen – dass sie auch kindliche, kindische Theatermittel benützen, macht Othellos Geschichte nur größer und heftiger."
Wer ist dieser Othello? Antwort Zadek: der dreckige Neger. Man darf ihn nicht berühren, weil er sonst abfärben könnte. Darum, Rassisten, macht euch die Finger nicht schmutzig. Verabscheut ihn. Ihr wollt doch keinen Wildgruber in der Familie. Natürlich war das unfein und eine Dreistigkeit, und jetzt, da nicht einmal Astrid Lindgren von den politisch Korrekten verschont wird, weil sie einen Negerkönig geschrieben hat, jetzt mag man begreifen, warum der „Othello" – auch Theaterleute sind feige – anfänglich nur in Spätvorstellungen gespielt wurde.

Die Konservativen: Noelte, Bauer, Beckett

Es sieht wie eine pflichtschuldige Ergänzung aus, ist es aber nicht, denn ohne ihn bliebe das Bild der Zeit unvollständig: Der bewunderte Konservative Rudolf Noelte und seine Arbeit zwischen Strindbergs „Totentanz" (mit Bernhard Minetti, 1972) und den Hauptmannschen „Ratten" (mit Will Quadflieg als Hassenreuther, 1978) bildete das entscheidende Gegengewicht, auch für das Theatertreffen. Noelte war der Anti-Zadek, was Ästhetik und Methode angeht. Es wird glaubhaft behauptet, dass Noelte den Text eines Stückes auf Tonband sprach, damit die Schauspieler ihn nachsprechen konnten.
Ein Fehling-Schüler wie Noelte war auch Hans Bauer. Nach der „Wupper" war es „Arthur Aronymus

und seine Väter", also das noch seltener gespielte Stück der Else Lasker-Schüler, das 1969 aus Wuppertal nach Berlin kam. Juden und Christen im westfälischen Dorf „Hexengaeseke", Moritz Schüler und seine Frau und ihre 23 Kinder und der Rabbiner Uriel. Ein üppiger Bilderbogen und eigentlich ein Unstück, Theater als „schreitende Lyrik". Während andere ihre Vietnamdiskurse führten, inszenierte Hans Bauer den Mond und die Sterne, und die junge Ilse Ritter, die er aus Darmstadt kannte, spielte bei ihm ohne jede Peinlichkeit die Hosenrolle Arthur Aronymus. Vielleicht gehört in die Nähe dieser Konservativen auch Samuel Beckett, der Regisseur, der in Berlin so eindrucksvoll die Stücke des Dichters Beckett inszenierte.

Kritik und Kritik

Über die siebziger Jahre kann ich nicht reden, ohne auch von Benjamin Henrichs, dem schon zitierten, ausführlicher zu sprechen. Dass er für einige Jahre Mitglied der Jury war, spielt hier sicher eine Rolle. Aber er war nicht ein Kritiker unter anderen. Es ist ja überhaupt nicht so, als ob die Kritiker außen vor wären, sondern sie sind, auch im plattesten Sinne, Teil des Theaters. Schon gar Benjamin Henrichs. So viel Schreib- und Theatertalent hatte sonst keiner der Kollegen. (Ich sage das im Präteritum – nicht, weil es den Henrichs nicht mehr gibt, aber es gibt ihn nicht mehr als Theaterdenker, -träumer, -versteher, als Jauchzenden, Wütenden, Einsichtsvollen.)

Vor der Herrschaft der großen Buchstaben und kurzen Artikel hat „Die Zeit" ihrem Rezensenten alles erlaubt, was er sich selber erlaubte, und ihm den Platz gegeben, der notwendig war. Umfangreicher konnte man über Weltkrisen nicht berichten als über just diese Premiere, und wenn man ihm ein Manuskript geschickt hatte und ängstlich fragte, ob man nicht etwas kürzen müsse, erklärte er unbekümmert: „Im Gegenteil." Da konnte einer seine Obsession öffentlich ausleben, die kindlich kluge Begeisterung des Sohnes aus der Theaterfamilie.
Es gibt prominente Artikel von prominenten Journalisten, die so historisch sind, zu deutsch: verstaubt, vergilbt und veraltet, dass der heutige Leser nicht mehr begreift, wovon überhaupt die Rede ist. Das trifft bestimmt nicht auf Henrichs zu. Seine Urteile haben Bestand, die Zahl der Irrtümer ist überraschend gering, und wer mehr über diese Theaterperiode erfahren will – seit 1973 war Henrichs bei der „Zeit" –, der steige ins Archiv. Lauter helle Texte. Großes Vergnügen.

Selbstverständlich ist das Regietheater immer wieder auch für Benjamin Henrichs ein Thema gewesen. In einer Glosse hat er einmal die Urteile und Vorurteile über die Macht des Regisseurs resümiert: „Er hat nicht (was seine Aufgabe gewesen wäre) die Stücke inszeniert, sondern immer nur sich selber. Am ärgsten hat er es mit jenen Dichtern getrieben, die sich nicht mehr wehren können, weil sie tot sind ... Der Regisseur hat seine Intendanten erpresst, seine Schauspieler gedemütigt, die Stücke geschändet und ist für all das auch noch glänzend bezahlt worden." Et cetera pp. Und aus all dem folgerte Henrichs dann: „Keine Einzelheit an diesem Bild ist ganz falsch. Falsch ist das ganze Bild."

„Jetzt sind wir dran"

1982 schrieb Günther Rühle über „Die herrschende Generation": „Die Rebellen von einst sind die Etablierten von heute." Und sie „zeigen sich entschlossen, ihre errungenen Positionen zu behaupten. Von einem ihrer Besten geht der Satz um: ‚Jetzt sind wir dran'."
Sie haben sich lange gehalten und haben es den Nachfolgenden schwer gemacht, weil die neuen Väter nicht Väter sein wollten, sondern bloß ewig

jung. Was sollen wir denn tun, wenn die routinierten Revolutionäre schon alles ausprobiert und erledigt haben?
Die Fixierung auf die Regie und die Verzweiflung der Talentsucher haben auch dazu geführt, dass Begabungen schnell verschlissen wurden. Hier eine auffällige Inszenierung, und der Regisseur war ein gemachter Mann – und morgen schon nicht mehr. Wer will da Begabungen und Scheinbegabungen unterscheiden?
Das braucht eine Weile. Erstens gibt es heute Regisseure, die an Hochschulen ausgebildet sind und nicht in der Theaterpraxis. Das ist ein Kapitel für sich. Wichtiger ist aber, dass heute diejenigen erfolgreich Theater machen, die von den Vätern, den Übervätern unbelastet sind, diejenigen also, die den „Tasso" oder einen Marivaux von Luc Bondy oder Claus Peymanns „Hermannsschlacht" gar nicht kennen.

Sie pfeifen drauf, nun ihrerseits mit dem Refrain: Jetzt sind wir dran.

Bernd Wilms arbeitete als Dramaturg in Wuppertal, Hamburg, Bremen und München. Er war Geschäftsführer beim Festival Theater der Welt 1981. Von 1986 bis 1991 war er Direktor der Otto-Falckenberg-Schauspielschule, von 1991 bis 1994 Intendant des Ulmer Theaters, 1994 bis 2001 des Berliner Maxim Gorki Theaters und 2001 bis 2008 des Deutschen Theaters Berlin, das in dieser Zeit mit Inszenierungen von Michael Thalheimer und Jürgen Gosch viermal zum Theatertreffen eingeladen wurde.

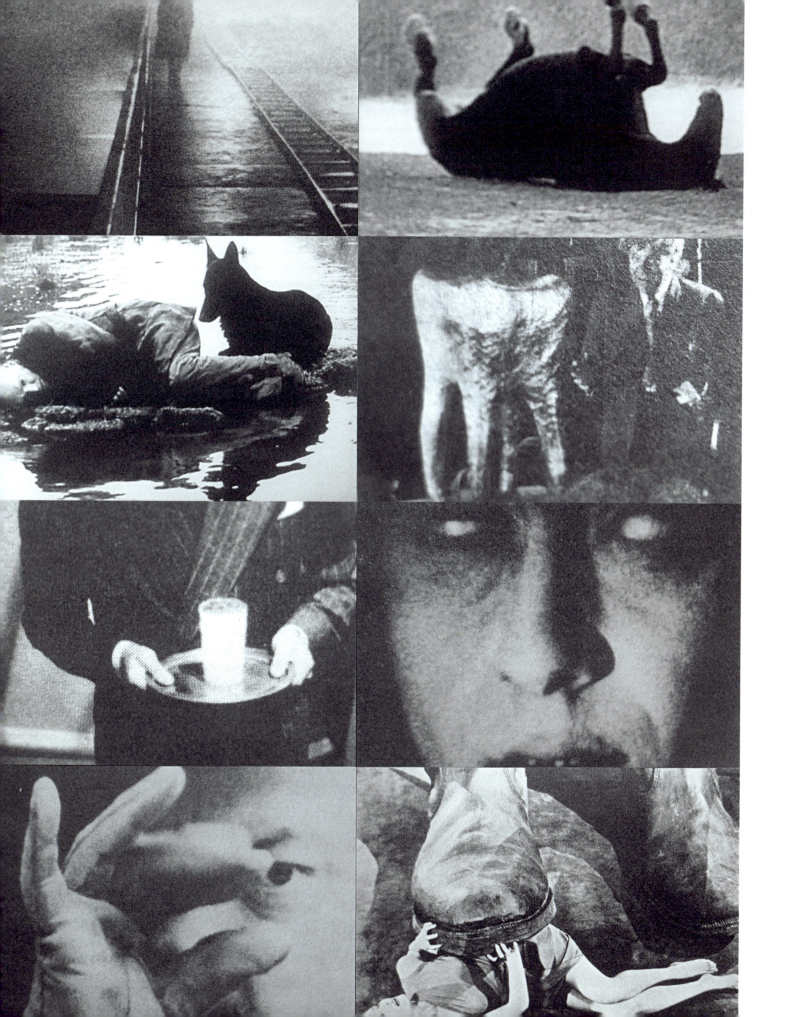

ERICH WONDER
REWIND: DIE SIEBZIGER JAHRE 1968 BIS 1980

Für dieses Buch zum 50. Theatertreffen hat Erich Wonder die vorangehenden Bildseiten gestaltet. Nicht in erster Linie Bühnenbilder oder Theaterinszenierungen, sondern Filme hat Wonder als Erinnerungsspeicher gewählt. Die hier versammelten Filmstills hat Wonder aus vergilbten Taschenbüchern herausfotografiert, gedruckt, beschnitten und auf vier Seiten angeordnet. Sie führen zurück in die Zeit, als Wonder u.a. an den Städtischen Bühnen Frankfurt arbeitete. Der damalige Kulturstadtrat Hilmar Hoffmann hatte Anfang der siebziger Jahre nicht nur das Mitbestimmungsmodell am Theater angeregt, sondern auch eines der ersten Kommunalen Kinos in Deutschland initiiert. Filmgeschichte wurde verfügbar. Zusammen mit Regisseuren wie Peter Löscher, Christof Nel und Luc Bondy saß Wonder bis drei Uhr nachts im Kino, unweit vom Theater, um Filme von Stroheim, Murnau, Dreyer oder Lang zu sehen. Die Zeit war noch schwarzweiß, nicht bunt. Oder er sah – Videorekorder waren erschwinglich geworden – im Video-Keller des Theaters Filme von Hitchcock und Bergman und untersuchte mit „Rewind" und „Fast forward" die Abblenden und Schnitte der „Jäger" von Angelopoulos oder die Länge der Einstellungen bei Tarkowski. Wonders Bildsammlung ist allerdings mehr als ein Zurückspulen in die Vergangenheit: Überraschende Parallelen und Verbindungen zwischen Motiven, Blicken, Gesten, Szenen in diversen Kombinationen (z.B. Beuys' Kojote und der Hund aus „Stalker") machen aus dem Speicher der Erinnerung ein Reservoir für Assoziationen und neue Geschichten.

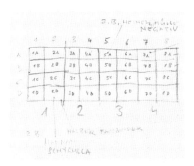

Erich Wonder wurde 1968 Assistent bei Wilfried Minks und arbeitete in Bremen und Frankfurt. Aus Franfurt kamen in den siebziger Jahren vier Inszenierungen von Hans Neuenfels, Luc Bondy, Peter Löscher und Christof Nel mit Wonders Bühnenbildern nach Berlin zum Theatertreffen. Auch in den achtziger und vor allem in den neunziger Jahren waren Wonders Bühnen in Inszenierungen von Claus Peymann, Heiner Müller, Ruth Berghaus, Jürgen Flimm und immer wieder von Luc Bondy beim Theatertreffen zu sehen.
Regelmäßig arbeitet Erich Wonder auch für die Oper, u.a. in New York, Paris und Amsterdam. In Bayreuth entwarf er 1994 die Bühne für Heiner Müllers „Tristan und Isolde"-Inszenierung und 2000 für Jürgen Flimms „Ring des Nibelungen". An der Berliner Staatsoper zuletzt 2012 für Andrea Breths „Lulu". Zu seinen Kunstaktionen und Performances gehört u.a. „Maelstromsüdpol" (zusammen mit Heiner Goebbels und Heiner Müller), die in Kassel bei der documenta 8 zu sehen war. Erich Wonder ist Professor für Szenographie an der Akademie der Bildenden Künste Wien.

HENNING RISCHBIETER
1963 BIS 1968: WETTKAMPF ODER TREFFEN?
Die ersten Jahre

Das ist ja nun – parbleu! – ein halbes Jahrhundert her, dass das Theatertreffen begann, mit einer Generalprobe 1963. Ein halbes Dutzend Kritiker, ältere Herren, darunter ich als eine Generation jünger, hatten als Bestandteil der herbstlichen Berliner Festwochen fünf westdeutsche Aufführungen vorgeschlagen, darunter Fritz Kortners Inszenierung von Shakespeares „Othello" aus den Münchner Kammerspielen mit Rolf Boysen als edlem Mohren und Peter Zadeks Inszenierung der „Geisel" des Iren Brendan Behan aus einem der kleinsten deutschen Stadttheater, aus Ulm. Die endete mit der Wiederauferstehung des zufällig erschossenen, im Puff gefangen gehaltenen englischen Soldaten beim (von Zadek eingefügten) Schlussgesang und erntete in Berlin eine gute halbe Stunde Beifall. Umso blamabler die Premiere 1964: Von zehn ausgewählten Aufführungen waren nur fünf in Berlin zu sehen, davon nur drei auswärtige. Hinter den mit organisatorischen Schwierigkeiten begründeten Absagen steckten Animositäten der Herren Intendanten gegen das Unternehmen, Animositäten gegen die Jury aus Kritikern. Den Animositäten wurde auch dadurch begegnet, dass das Ding nicht mehr „Theaterwettbewerb" genannt wurde (wie das Siegfried Melchinger im Rückbezug auf den antik-griechischen Dramenwettkampf in Athen vorgeschlagen hatte), sondern eben Theatertreffen. Es sollte ja auch nicht um Stücke gehen, sondern um das vom Regisseur (und das waren im ersten Jahrzehnt ausschließlich Männer) gestiftete, überzeugende Zusammenwirken von Drama, Raum, Licht, Musik und – vor allem – Schauspielerinnen und Schauspielern.

Anton Tschechow – von Anfang an

1965, im zweiten Jahr – das Festival fand zum ersten Mal im Frühsommer statt, herausgelöst aus dem Vielerlei der herbstlichen Berliner Festwochen – gab es dann eine Revision: Rudolf Noeltes Stuttgarter Inszenierung der „Drei Schwestern" von Tschechow hatte dort bei Publikum und Presse nicht nur Zustimmung erfahren, in Berlin dagegen wurde ihre Außerordentlichkeit erkannt, ihre leise Radikalität, mit den in die Tiefe des Raumes gestaffelt sitzenden, voneinander isolierten Figuren, so dass es wie Donner wirkte, als der alte Tschebutykin am Ende seine Zeitung zuschlug.
1971 eine zweite Tschechow-Inszenierung Noeltes: „Der Kirschgarten" aus dem Bayerischen Staatsschauspiel, wieder in einem einzigen, in die Tiefe sich verengenden Raum, in dem die Pflegetochter Warja (Heidemarie Theobald) wie ein verwundeter Vogel flatternd den ausbleibenden Heiratsantrag des Kirschgarten-Ersteigerers Lopachin erwartet. Die Dramen Tschechows hat das deutschsprachige Theater in diesen frühen Jahren des Theaterfestivals – und seitdem anhaltend – als die des Größten der Realisten begriffen. Beim Theatertreffen zeigten zwei weitere Inszenierungen die Spannweite seiner Dramen: „Die Möwe" des Tschechen Jan Kačer aus Basel und „Onkel Wanja" in der Regie des Polen Erwin Axer von den Münchner Kammerspielen – nüchtern-ungeschickter, aber auch vitaler erschienen da die Figuren.

Die poetischen Inszenierungen von Hans Bauer

Von Hans Bauer, dem 1914 geborenen Berliner, sah man fünf seiner wahrlich poetischen Inszenierungen bei Theatertreffen – darunter zwei von Stücken der Else Lasker-Schüler, die Bauer fürs Theater wiederentdeckt hatte: 1967 die Wuppertaler Inszenierung der „Wupper", welcher Fluss rot von den Abwässern der Färbereien durchs Tal fließt, und 1969 das bis dahin ungespielte, figurenreiche „Arthur Aronymus und seine Väter. Aus meines geliebten Vaters Kinderjahren" über eine kinderreiche jüdische Wuppertaler Textilindustriellenfamilie. 1965 war Bauers Darmstädter Inszenierung von García Lorcas „Doña Rosita oder die Sprache der Blumen" zu sehen, 1967 seine Frankfurter Inszenierung von John

Osbornes „Blick zurück im Zorn" mit Michael Degen als ziellos revoltierendem Jimmy Porter und 1970 schließlich Becketts „Warten auf Godot" vom Basler Theater. Peter Palitzsch, Brecht-Schüler der ersten Nachkriegsjahre, war schweren Herzens 1961 auf der Westseite der Mauer geblieben, bei Kurt Hübner in Ulm. Seit 1963 arbeitete er am Stuttgarter Staatstheater. Von dort wurden sechs seiner politisch reflektierten Inszenierungen zum Theatertreffen eingeladen: 1965 gab es „Der schwarze Schwan" von Martin Walser, wo im Spiel von angeblich Geisteskranken die KZ-Arzt-Vergangenheit des Klinikdirektors aufgedeckt wird. 1967 zeigte Palitzsch in Berlin „Die Rosenkriege" an zwei Abenden, Shakespeares „Heinrich VI." und „Eduard IV." unter einem Knochenfries von Wilfried Minks. 1968 wurde Palitzschs Inszenierung von Isaak Babels „Marija" ausgewählt: Ein ehemaliger zaristischer General sieht liebevoll, aber tatenlos zu, wie seine leichtlebige Tochter einem Schieber verfällt. 1969 zeigte Palitzsch von Tankred Dorst „Toller. Szenen aus einer deutschen Revolution", den dilettantischen Versuch, der blutig endet, in München eine Räterepublik zu errichten. 1970 gab es Palitzschs spannende Version eines englischen Polizei-Thrillers, „Diese Geschichte von Ihnen" von John Hopkins. Auf trockene Komik setzte Palitzsch bei der 1972 ausgewählten Inszenierung von Becketts „Warten auf Godot".

Sechsmal Peter Zadek

Von Peter Zadek zeigte das Theatertreffen sechs Inszenierungen. 1964 gab es ein weiteres Stück von Brendan Behan, den „Spaßvogel", nächtliche, auch tragikomische Szenen aus einem Dubliner Gefängnis vor der morgendlichen Hinrichtung eines IRA-Kämpfers. 1966 zeigte Zadek Wedekinds „Frühlings Erwachen". Die Gymnasiastenszenen spielten neben und vor dem verschiebbaren Großfoto von Rita Tushingham. Am Ende parlierte Bruno Ganz als auf seinem Kopf sitzender Selbstmörder mit dem Herrn, der ihn ins Leben zurückzuführen verlockt. Unter einem Glühlampen-Geviert von Minks, auf sonst leerer Bühne und ohne Kostüme, ging 1968 Shakespeares „Maß für Maß" vor sich, unter dem Einfluss des Living Theatre zeigte Zadek exzessives Körperspiel. Isabella (Edith Clever) windet sich um den Kopf Claudios (Bruno Ganz), um ihn zu verführen und zu narren. Gegen Ende zerbricht die Aufführung: Der Herzog erscheint als grässlicher, geifernder Popanz. Gleich in zwei Versionen führte Zadek O'Caseys „Preispokal" vor, bei ihm „Der Pott" genannt: 1968 in der Wuppertaler Version – die irischen Soldaten agieren im Sportdress –, 1971 in der Stuttgarter Variante.
Schließlich, 1973, Shakespeares „Kaufmann von Venedig" aus Bochum, mit dem edel resignativen Günther Lüders in der Titelrolle und Hans Mahnke als verdrecktem, geiferndem Shylock: antisemitisch verzerrte Hassfigur.

Peter Stein – Zadeks Antipode

Zadeks Antipode Peter Stein hat in diesen ersten zehn Jahren des Theatertreffens fast alle seine Inszenierungen in die Auswahl eingebracht, nämlich acht. Die beiden ersten, 1968 gezeigt, entstanden noch an den Münchner Kammerspielen: „Gerettet" von Edward Bond mit der grässlichen Szene der Babysteinigung, und Brechts anarchisches Frühwerk „Im Dickicht der Städte" mit den aus Bremen weggelockten Schauspielern Edith Clever und Bruno Ganz; dann 1970 Goethes „Torquato Tasso" aus Bremen: Bruno Ganz als ausgehaltener Hofpoet grotesk-komisch agierend, Edith Clever als intrigante Sanvitale, Jutta Lampe als Prinzessin Leonore, schön-kränkelnd. Am Ende trägt Tassos Gegenspieler, der glatte Hofmann Montecatino (Werner Rehm) den sich um ihn windenden Tasso von der Bühne. Ebenfalls 1970 wird Steins Zürcher Inszenierung von Edward Bonds „Early Morning" („Trauer zu früh") ausgewählt – mit Bruno Ganz als Prinz

Artur, der seinen siamesischen Zwilling als Skelett auf seinem Buckel trägt, Jutta Lampe als süßer Todesengel Florence Nightingale im durchsichtigen Plastikgewand. Nicht nur ein Großteil des Zürcher Publikums, sondern auch die diszipliniert agierenden Joana Maria Gorvin (als Königin Victoria) und Wolfgang Reichmann (als Prinzgemahl) lehnten die virtuose und artifizielle Aufführung ab, das trägt zum frühzeitigen Scheitern der Zürcher Direktion von Peter Löffler bei.

In dieser Situation greift der Berliner Kultursenator Werner Stein zu. Er bietet Peter Stein und seinem Kernensemble den im hintersten Kreuzberg am Halleschen Ufer gelegenen ehemaligen Arbeiterwohlfahrtssaal im ersten Stockwerk an. Dort beginnen Stein und die Seinen 1970 auf der Basis der Mitbestimmung ihre Arbeit. Der Bühnenbildner Karl-Ernst Herrmann baut den Saal je nach dem Raumkonzept der Inszenierung um (was Repertoirespielpläne ausschließt).

Als Hommage auch an die große Brecht-Schauspielerin Therese Giehse inszeniert Stein 1970 Brechts „Die Mutter" mit eingeschobenen Texten aus Maxim Gorkis Roman; 1972 erzählt das Ensemble Ibsens „Peer Gynt" an zwei Abenden und mit fünf Peer-Darstellern, Dramaturgie Botho Strauß. Am Ende sitzt Jutta Lampe als greise Solveig mit dem toten Peer (Bruno Ganz) auf dem Schoß.
1973 gibt es beim Theatertreffen Marieluise Fleißers Tragikomödie „Fegefeuer in Ingolstadt" mit Angela Winkler als Olga und Rüdiger Hacker als Roelke. Und im gleichen Jahr 1973 wird Peter Steins Inszenierung von Kleists „Prinz von Homburg" ausgewählt – auf dem Schaubühnen-Plakat zutreffend genannt „Kleists Traum vom Prinzen Homburg", denn in der Aufführung steht dem souverän-großherzigen, auch ein wenig schlitzohrigen Kurfürsten, des als Gast geholten Peter Lühr, der Prinz von Homburg des Bruno Ganz durchaus als Träumer, als Ruhmessüchtiger gegenüber. Am Ende tragen die brandenburgischen Offiziere den Homburg im Triumph als Schlachtensieger daher, bis sich zeigt, dass sie eine Puppe auf den Schultern haben, indes der lebende Homburg gestürzt daliegt.

Fritz Kortners „Clavigo": rehabilitiert beim Theatertreffen 1970

Zum Schluss noch ein Fall von Revision durchs Theatertreffen: Fritz Kortners Inszenierung von Goethes „Clavigo" war bei der Hamburger Premiere vom Publikum ausgebuht worden, Kortner war mit der Inszenierung nicht fertig geworden, der Trauerzug am Ende stolperte längelang dahin. 1970, beim Theatertreffen, wurde die Aufführung rehabilitiert: sowohl das Journalisten-Training des ersten Aktes, in dem Clavigo (Thomas Holtzmann) von seinem gerissenen Freund Carlos (Rolf Boysen) gecoacht wird, als auch die Tragödie des zweiten Teils, in dem zur sterbenden Marie (Krista Keller) der untreue Clavigo mit schmerzverzerrtem Gesicht hinkriecht.
1968 gab es Kortners Inszenierung von Strindbergs „Der Vater" mit Werner Hinz in der Titelrolle und Maria Wimmer als dessen tückischer Frau Laura, die ihren Mann in wachsende Zweifel an seiner Vaterschaft und schließlich in den Wahnsinn treibt.
Ich hatte vorm Vorhang im Theater am Kurfürstendamm die kurze Eröffnungsrede zu halten. Als ich durch den Vorhang abging, stieß ich auf Kortner, der hinterm Vorhang bleichen Gesichts auf der Bühne saß – der zweifelnde Regisseur.

Henning Rischbieter gründete 1960 (zusammen mit dem Verleger Erhard Friedrich) die Zeitschrift „Theater heute" und war 1977 bis 1997 Professor für Theaterwissenschaft an der Freien Universität Berlin. Er schrieb außerdem Monographien über Bertolt Brecht, Maxim Gorki und Peter Weiss. In der Jury für das Theatertreffen war er 1964 bis 1968, 1971 bis 1975 und 1979 bis 1982.

VOLKER PFÜLLER
ZEHN AUSGEWÄHLTE INSZENIERUNGEN 1960 BIS 1968

Für dieses Buch zum 50. Theatertreffen hat Volker Pfüller vier Seiten zu den Anfangsjahren des Theatertreffens gestaltet. Der Liste, der in den Jahren 1964 bis 1968 zum Theatertreffen eingeladenen Inszenierungen (z.B. aus Wien, Zürich, Bochum, Frankfurt, Darmstadt und West-Berlin), stellt er eine eigene Zehner-Auswahl gegenüber – eine Auswahl aus seinen Theaterplakaten zu ostdeutschen Inszenierungen vergleichbarer Stücke und Autoren. So ist seine Auswahl nebenbei ein schöner Kommentar zu den Unterschieden und Gemeinsamkeiten in den Spielplänen der beiden deutschen Staaten.

Volker Pfüller studierte an der Fachhochschule für Angewandte Kunst in Berlin-Oberschöneweide und an der Hochschule für Bildende und Angewandte Kunst (heute Kunsthochschule) Berlin-Weißensee. Er arbeitete als Zeichner, Grafiker, Illustrator und ab Ende der sechziger Jahre auch als Bühnenbildner, u.a. an der Volksbühne und am Deutschen Theater in Berlin, wo er ab 1979 für Inszenierungen von Alexander Lang Bühnenbilder und Kostüme gestaltete. Zwei seiner Arbeiten mit Lang an den Münchner Kammerspielen waren beim Theatertreffen zu sehen: 1985 Schillers „Don Carlos" und 1988 Racines „Phädra".
Volker Pfüller unterrichtete ab 1990 als Professor für Bühnenbild an der Kunsthochschule Berlin-Weißensee und war 1997 bis 2005 Professor für Illustration an der Hochschule für Grafik und Buchkunst Leipzig.

Die Fotos auf den folgenden Seiten stammen von Annette Rosenfeld. Sie fotografierte das Spiegelzelt und seine Besucher vor dem Schiller Theater 1997.

HANS NEUENFELS
DAS ERSTE MAL

Wenn ich von meinen ganz nahen, unmittelbaren Erfahrungen über das Theatertreffen berichte, spreche ich von den Jahren 1969 bis 1982, denn in dieser Zeit wurden sieben Inszenierungen von mir ausgewählt und gezeigt.

In Deutschlands Landen fand gerade ein geistiger Klärungsversuch statt, der einzige in seinem Ansatz wirklich grundsätzliche, wie ich finde: Um es lästig zu wiederholen, die 68er-Bewegung. Die satten Begriffe, die während der Nachkriegszeit noch Hochzeit feierten – und sie dauerte lang –, hatten Kater, wurden bezweifelt, analysiert, bekämpft. Das Theater, das in wenigen Städten diese Bewegung mitzumachen, zu beschleunigen versuchte, ja, mit zu entdecken half, beschränkte sich auf wenige Orte: Stuttgart mit Peter Palitzsch, Bremen mit Kurt Hübner, Heidelberg mit Peter Stoltzenberg, Kassel mit Ulrich Brecht. Dazwischen Einzelaktionen einzelner Regisseure, die schnell abgewürgt wurden.

Die inhaltlichen und ästhetischen Fragen, Behauptungen und Forderungen flogen wild durch die Gegend und versuchten, sich gesellschaftlich und politisch zu verknüpfen. Es gab ARD und ZDF, einige dritte Programme, ein ausgeprägtes Zeitungsnetz und ein überaus aktives Radio. Das Medienzeitalter war noch nicht angebrochen.

Ich war achtundzwanzig Jahre alt, Regisseur in Heidelberg, hatte vierundzwanzig Schauspiele inszeniert und wurde mit dem fünfundzwanzigsten 1969 nach Berlin zum Theatertreffen eingeladen. Ich freute mich über die Nominierung wie mein Sohn über Weihnachten, war stolz wie Oskar und aufgeregt wie beim ersten Kuss.

Außerdem war ich noch nie in Berlin gewesen. Ich stellte mir vor, dass wir vor einem hochqualifizierten Fachpublikum spielen würden, einer Elite gewissermaßen, deren Urteil nerogleich mit dem Daumen nach oben oder nach unten entgegenzunehmen wäre. Lorbeer oder Brennnesseln ums Haupt, das konnte nicht die Frage werden. Es galt, dabei zu sein! Auf dieser Insel Berlin, diesem Bollwerk der freien Welt gegen Unterdrückung und Folter, da konnten sich nur kühne, wissende Köpfe tummeln, und um eben diesen Geist wachsam aufrecht zu halten, zu stärken und zu mehren, dazu war man auserwählt und zur Prüfung vorgeladen worden, ob man diesem Anspruch genügen würde. Das sagte ich und fügte hinzu, auch das sei ein Nutzen von Kunst, und darum fände ich es höchst angemessen, gerade in dieser Stadt Festspiele aufzuführen, denn in keiner anderen, nicht in Krefeld, nicht in Würzburg, auch nicht in Frankfurt und schon gar nicht in München, nur in Berlin könne sich jemand ein in den normalen Alltag eingreifendes politisches Leben vorstellen und es ertragen. Nicht umsonst werfe Bonn die Kultur den Insulanern als Köder hin und mache außer den Schrebergärtnern alle zu Schiedsrichtern.

Unser Stück hieß „Zicke-Zacke", geschrieben von dem Engländer Peter Terson. Es handelte von Fußballwahn. Ich hatte außer den Schauspielern sechzig junge Laien besetzt und eine Band. Es wurde zu einem tumultösen Spektakel über Werte wie Religion, Gehorsam, Autorität, Patriotismus, Konsum; ein Körpertheater, reichlich rüde, mit vielen Chören von der Deutschlandhymne über Kirchenchoräle bis zur Internationale. Mit den Bühnentechnikern waren wir an die hundert Menschen, die fast das ganze Flugzeug füllten. „Großartig", flüsterte ich Elisabeth zu, die sich eigens ein neues Kleid gekauft hatte, „großartig!"

Nahezu andächtig, von leisem Murmeln begleitet, verlief die kurze Reise und dann, als das Flugzeug sich Tempelhof zu nähern begann, wurde es plötzlich so still, dass man nur noch die Motoren hörte. Alle starrten aus den Fenstern, machten sich unwillkürlich schmal wie erschrockene Vögel, um die Anderen an dem Anblick teilnehmen zu lassen, aber eigentlich – denke ich noch heute in unverminderter Rührung – machten wir uns schmal, weil wir glaubten, durch ein Nadelöhr gleiten zu müssen.

Der Abend wurde zur Niederlage, die alle Albträume übertraf, ging in Gebrüll und Hohngelächter unter, wobei ich erstaunt feststellen kann, dass wir mehr erschöpft als deprimiert waren. Wir waren ja ausgewählt worden, mit Römern und hartgesottenen Bewohnern einer Insel zu kämpfen, die für jeden von uns Schutz und Wache hielt.

Als Peter Stein 1970 die Schaubühne mit „Die Mutter" von Bertolt Brecht eröffnete, begann nicht nur für Berlin, sondern für alle deutschen Theater eine Herausforderung, die jahrelang anhalten sollte.

Mich machte es frei, nicht neidisch, nicht ängstlich, frei! Es war ein Gefühl wie nach dem Lesen eines bestimmten Buches, das Sehen eines Films, das Hören einer Musik. Ich konnte in höchster Qualität spüren, was ich nicht wollte, nicht konnte, was ich anders sah, hörte, wertete. Ich hatte einen faszinierenden Vergleich, an dem ich mich messen, mich überprüfen konnte. Er begrenzte mich nicht durch Verengung, er konzentrierte mich. Das war und ist für mich auch das eigentliche Wesen der Theatertreffen: In der gelungenen Radikalität der Anderen die eigene Ausschließlichkeit zu festigen, erneut freizulegen, sie zu erweitern, zu sensibilisieren.

Nach einer Strindberg-Inszenierung von „Fräulein Julie" mit Elisabeth Trissenaar und Gottfried John entdeckte ich meine Lust an der Paarbeziehung der so unterschiedlichen Geschlechter und meine „Identifikationsfigur" in Elisabeth. Mit Henrik Ibsens „Nora" (Theatertreffen 1973) und „Hedda Gabler" fand ich durch sie als Schlüsselfigur Zugang zu den Männern, den Helmers, Tesmans, Lövborgs, zu den Schauspielern Peter Roggisch, Hermann Treusch, Ulrich Wildgruber, Edgar M. Boehlke, bis wir uns nach einer langen Reihe sogenannter bürgerlicher Dramen an die Antike wagten: zu „Medea" von Euripides (Theatertreffen 1977) und dann zu dem großen Doppel, zu Goethes „Iphigenie" (Theatertreffen 1981) und Kleists „Penthesilea" (Theatertreffen 1982). Die Außenseiter und ihren Aufprall, den die Gesellschaft bei ihnen auslöste, zeigte ich in „Baal" von Brecht (Theatertreffen 1975) und in „Die Schwärmer" von Robert Musil (Theatertreffen 1982).

Das Publikum war nie mehr so aggressiv wie während des ersten Mals, vor allem nicht gegen die Schauspieler. Als Elisabeth und die Kollegen nach der „Medea" mit Beifall überschüttet wurden, ich mich verbeugte und eine Salve Buhs ausbrach, winkte sie den Entrüstungssturm ab und sagte: „Meine Damen und Herren, wir haben nichts anderes gespielt als das, was wir mit Neuenfels freiwillig verabredet haben!" Jene entscheidenden Sekunden, die es braucht, um von einer Verweigerung ins Verstehen umzuschlagen, sirrten bang im Raum, ehe eine sich steigernde Zustimmung die Spannung löste. Wir waren glücklich.

Hans Neuenfels, Schauspiel- und Opernregisseur, inszenierte u.a. am Schauspiel Frankfurt, das er unter der Leitung von Peter Palitzsch mitprägte. 1986 bis 1990 war er Intendant der Freien Volksbühne Berlin. Er drehte Filme über Kleist, Musil, Genet und Strindberg. Seine Verdi-Inszenierungen in Nürnberg, Frankfurt und Berlin schrieben Theatergeschichte. 2010 inszenierte er Wagners „Lohengrin" bei den Bayreuther Festspielen. 2011 erschien „Das Bastardbuch. Autobiografische Stationen." Beim Theatertreffen waren insgesamt sieben Inszenierungen von Hans Neuenfels zu sehen, zwei davon 1982: Kleists „Penthesilea" und Musils „Schwärmer."

EMINE SEVGI ÖZDAMAR
BACKENECKER

Backenecker war ein sehr kleiner Mann. Als Karge/Langhoff Thomas Braschs Stück „Lieber Georg" Anfang der achtziger Jahre am Bochumer Schauspielhaus inszenierten, spielte Backenecker in diesem Stück mit. Er war Kleindarsteller. Ich war Assistentin von Karge/Langhoff und spielte mit als türkische Putzfrau, die während des gesamten Stücks ständig die Bühne putzte. Ich liebte den alten, kleinen, armen, stillen Backenecker. Es war kalt draußen, Januar. Wenn Backenecker in die Kantine kam, brachte ich ihm einen Grog, saß mit ihm, wir sprachen nicht, tranken. Einmal, als wir beide hinter der Bühne auf unsere Auftritte warteten, merkte ich, dass er keinen Stuhl hatte und bot ihm meinen an, und er sagte mir: „Nein, Sevgi, ich bleibe stehen, wenn ich mich hinsetze, werde ich noch kleiner."
Einmal, als er eine starke Grippe und Fieber hatte, fragte ich ihn, ob ich mit einem Kollegen zu ihm nach Hause kommen und aus seinem Keller Kohlen hochtragen darf. Backenecker sagte: „Willst du wirklich?" Ich ging mit einem Bühnenbildassistenten zu Backenecker. Er wohnte in einem schwarzgesichtigen Bochumer Arbeiterhaus. Kinder von türkischen Familien spielten auf den Treppen. Wir trugen mehrere Eimer Kohlen in die zweite Etage zu Backeneckers Wohnung, die aus einem einzigen Zimmer bestand. Backenecker hatte ein Bett, einen kleinen Schrank, einen Tisch, drei Stühle, einen Ofen, etwas Geschirr, einen Kochtopf, sonst nichts, gar nichts. Neben seinem Bett stand ein Foto seiner Mutter. Über seinem Bett hing ein Mutter-Maria-Poster. Weil Backenecker sich nicht hinsetzte, blieben wir zu dritt am Tisch stehen und tranken aus Kaffeetassen Obstler, den uns Backenecker einschenkte. Dann zeigte er uns sein Fotoalbum. Die Fotos zeigten Backenecker als jungen Mann in den dreißiger und vierziger Jahren mit seinen Kollegen auf Theatertournee. Backenecker sagte: „Weil ich kleinwüchsig war, musste ich nicht Soldat werden im Zweiten Weltkrieg. Ich habe nur Theater gespielt im Krieg."

Als unser Stück „Lieber Georg" zum Berliner Theatertreffen eingeladen wurde, flogen alle Kollegen nach Berlin, nur ich fuhr mit dem Zug, weil ich Flugangst hatte. Als Backenecker und ich in Berlin hinter der Bühne auf unsere Auftritte warteten, sagte Backenecker, dass er in seinem Leben zum ersten Mal geflogen sei. Er war glücklich. Er fasste meine Hand, seufzte und sagte: „Ach Sevgi, ich war schon immer ein Monster." Als Backenecker starb, fand ich auf der Probebühne im Bochumer Schauspielhaus eine schwarze Filzkappe, die Backenecker in einem anderen Stück getragen hatte. Ich nahm sie mit und trug sie jahrelang.

Emine Sevgi Özdamar, Schauspielerin und Schriftstellerin, war 1979 bis 1984 am Bochumer Schauspielhaus engagiert. Ihr erstes Theaterstück „Karagöz in Alemania" wurde 1986 unter ihrer Regie am Frankfurter Schauspielhaus uraufgeführt. Sie veröffentlichte u.a. den Erzählungsband „Mutterzunge" sowie die Romane „Das Leben ist eine Karawanserei", „Die Brücke vom Goldenen Horn" und „Seltsame Sterne starren zur Erde. Wedding – Pankow 1976/77."

v.l.n.r. Backenecker, Gottfried Lackmann, Manfred Karge
Emine Sevgi Özdamar mit Backeneckers Kappe © Gretel Merdan
Matthias Langhoff und Manfred Karge auf der Probe, gezeichnet von Emine Sevgi Özdamar

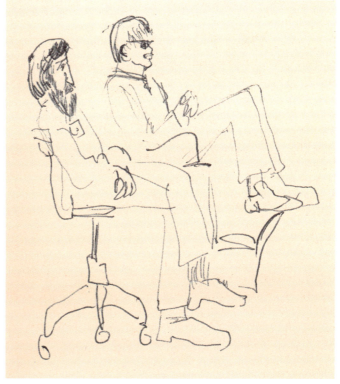

JÜRGEN FLIMM
OH GOTT, RIEF ER DANN, WIEDER NACH BERLIN!

Es war die „Minna von Barnhelm", die zum Theatertreffen eingeladen wurde, eine Aufführung zu Beginn der achtziger Jahre aus dem Schauspielhaus Zürich, das damals von Gerd Heinz rührig geleitet wurde. Wir spielten im Theater am Kurfürstendamm; bald zog ein dickes Gewitter auf, dessen Vorboten wir während der Aufführung sehr wohl vernahmen. Wind ließ das Dach verdächtig scheppern, Donnerschläge und Blitze näherten sich, ein heftiger Sturm kam auf, irgendwann gab es einen Riesenrumms und das Theater versank jäh in Dunkelheit, den Schauspielern blieb der Text im Hals stecken. Wat nu? Ich sprang auf die Bühne, hörte vom Inspizienten, ganz Charlottenburg sei ohne jegliche Elektrizität. Der Blitz hatte also einen Hauptnerv getroffen. Ich versuchte, mit einer verzweifelten Conférence über die Zeit zu kommen, direkt vor meiner Nase saß mit verzeihendem Lächeln der Regierende Bürgermeister Richard von Weizsäcker. Ich fragte, ob er seine Stadt nicht besser im Griff habe, damit diese köstliche Aufführung nicht nur als Hörspiel zu vernehmen sei. Er wies mich fröhlich darauf hin, dass ich wohl die Macht eines Regierenden Bürgermeisters von Berlin radikal überschätzen würde, er habe Macht über vieles, aber nicht über den Wettergott. Ich weiß nicht mehr, wie ich diese zwanzig Minuten, gefühlte drei Ewigkeiten, im funzeligen Notlicht überstanden habe. Einer der Zuschauer rief mir irgendwann zu, ich solle das Licht doch so lassen, das sei doch prima, da er sowieso in der Vorstellung keinen Lessing sehen könne, sei er doch jetzt wenigstens zu hören. Die „Minna" war nämlich eine ziemlich radikale Veranstaltung: Minna und Tellheim stritten sich im zerstörten Berlin nach dem Zweiten Weltkrieg, 1946. Irgendwie *strange*. Irgendwann flackerten die Scheinwerfer wieder auf, wir spielten weiter und hatten einen großen Erfolg. Kurze Zeit später bot mir der Herr Senator das Schiller Theater an.

Drei Jahre vor „Minna" wurde ich bereits mit „Käthchen von Heilbronn" zum Treffen gebeten, wir fanden aber kein Theater, wo wir unsere schöne Kölner Aufführung zeigen konnten, weder bei der Freien Volksbühne noch im Schiller Theater oder gar in der Deutschen Oper. Das „Käthchen" spielte nämlich auch auf Treppen im Zuschauerraum und auf einem großen Schiff ebendort; das ging nirgendwo im theaterreichen Berlin des Westens. Am Ende öffnete sich noch die Rückwand in die Stadt hinein – das ging natürlich alles nicht.

Mitte der siebziger Jahre hatte ich schon mal richtiges Pech gehabt: „Marija", das phantastische Stück über böse Nachrevolutionswirren in Russland, war in München am Residenztheater ein großer Erfolg inklusive Polit-Skandal: zu kommunistisch! Oh weh, da wetterte die CSU, aber Kultusminister Hans Maier blieb prinzipiell, der brave Mann. Die Aufführung sollte eingeladen werden, war aber im Resi nicht mehr auf dem Spielplan und kam auch, besonders nach den umstürzlerischen „Umtrieben", nie mehr zurück, ein Jammer. Oftmals freilich waren wir in den Jahren in Berlin in der Schaperstraße und anderswo. Immer ein bisschen ängstlich – der Berliner Zuschauer (s. o.) war kritisch und witzig; wir kamen aus Köln (Provinz!) und Hamburg (Provinz!), 22 Mal, zuletzt von der Ruhrtriennale mit Christoph Schlingensiefs „Eine Kirche der Angst vor dem Fremden in mir".

Aber beinahe wäre das Theatertreffen Meuchelmördern zum Opfer gefallen. Diese trafen sich – lang ist es her – konspirativ im Schatten des großen Doms am Rhein und tagten mit dem Dolch im Gewande: Der Räuberhauptmann hieß Ivan Nagel, der Usurpator drängte zu alleiniger Macht, aber das TT überlebte auch das. Eigentlich stiftete das Treffen ja, außer bei den Auserwählten, die die Nase hochhielten und „wer sonst?" auf der Stirn tätowiert hatten, bei den schmählich Unterlegenen nur Missgunst, Verdächtigungen, Hass und spielzeitlange üble Laune. Die Jurys freilich trällerten eine Allmachtssymphonie. „Wenige sind auserwählt", heißt es schon in der Bibel.

Traf die Huld der Jury wieder einmal Peter, den großen Zadek, oder Gosch, dann hockte der unvergessliche, wunderbare Ulrich Wildgruber ganz bleich auf seinem Hocker in KölnHamburgBochum und schlug sich die Hand gegen die Stirn. „Oh Gott", rief er dann, „wieder nach Berlin! Da buhen sie mich wieder aus!" „Doch nicht dich!", riefen wir und er lächelte geschmerzt, „doch nicht dich! Uli!" Sie buhten, die Berliner. Nun schon fünfzig Jahre! VIVAT!

Jürgen Flimm, Regisseur, 1979 Intendant des Kölner Schauspiels, 1985 Intendant am Thalia Theater, 2002 bis 2004 Leiter des Schauspiels der Salzburger Festspiele. 2005 bis 2008 leitete er die RuhrTriennale und war 2007 bis 2010 Intendant der Salzburger Festspiele. Seit September 2010 ist er Intendant der Staatsoper Unter den Linden in Berlin.

ULRICH MATTHES
FRÜHER WAR MEHR LAMETTA

„Wienerwald ... Der gemütliche Weg, gut und preiswert essen zu gehen." Diese Empfehlung prangt auf der Rückseite des Theatertreffen-Magazins 1977. So war das damals. Das Borchardt lag noch jenseits der Mauer.

Wollte nichts schreiben, dick in Proben, da fummelte ich dann doch aus dem Bücherschrank dieses 35 Jahre alte Heftchen. Warum hab ich das aufbewahrt?
Weil's mein erstes Mal war.

Und anders als bei ersten Malen in anderen Zusammenhängen kommen mir da uneingeschränkt lustvolle Erinnerungen hoch. Zur Eröffnung des Theatertreffens am 5. Mai 1977 war ich noch siebzehn, am Schlusstag ein Jahr älter. So schrieb ich denn mit naseweisem Jungkritiker-Ton über Claus Peymanns „Faust I" einen Zettel voll, den ich dem Magazin, wohl fürs Privatarchiv gedacht, beilegte:
„Ich bin begeistert, einen heitereren Faust sah man sicher selten. Manche ernste Stellen wurden allerdings verschüttet von Parodie, ja sogar Albernheit (Faust fängt an, das ‚Nilpferd' Mephisto in Boxermanier zu umtänzeln). Dennoch auch Intensität an den richtigen Stellen."
Mich rührt das.
Mich rührt der Stil, mich rührt die Handschrift – schräger als heute, dennoch mir über die Jahrzehnte hinweg als meine Schüler-Handschrift vertraut geblieben –, aber vor allem rührt mich der Enthusiasmus eines Siebzehnjährigen fürs Theater. Ich schrieb über sämtliche Aufführungen, die ich sah, solche Zettel.
„Faust II: Er ist wohl tatsächlich unspielbar."
Für die Karten hatte ich mich morgens um sechs angestellt. Heute komme ich leichter an Karten, ich freue mich nach wie vor sehr aufs Theatertreffen, aber trotzdem: Die ganz große Erwartung ist weg.
Wieso?
Ich bin halt ein paar Jahrzehnte älter, damals lag das (Theater-) Leben noch völlig offen vor mir.
Einspruch! Meine Leidenschaft zu probieren, abends zu spielen, ist tatsächlich völlig ungebrochen seit Anfängertagen. Das ist mir selbst manchmal ein Rätsel, aber es ist so!

Jede dieser zehn Aufführungen des Jahrgangs 77 (ich sah damals acht) würde ich heute mit Spannung erwarten, jede.

Die beiden Zadeks beispielsweise in dieser Besetzung (Wildgruber, Zech, Mattes, Lause u.a.), Dieter Dorns luzide „Minna" mit sächselnder Cornelia Froboess, Nils-Peter Rudolphs „Hedda" mit der – keine Floskel – unvergessenen Gisela Stein, Peter Sattmanns irr(e)witziger „Diener zweier Herrn", Peymanns „Faust"-Zirkus (Sah ich damals auch meine erste Nackte am Theater und fands ganz normal?), Hans Neuenfels' „Medea" (die allerdings den gerade Volljährigen eher verärgerte) oder so eine ungeheure, staunenswerte Anstrengung wie „Shakespeare's Memory": Heute nicht recht vorstellbar; wer hätte die Lust und das Können, so etwas zu wagen?
An dieser Stelle eine knackige Binse, auf dass ich nicht von einem aufgekratzten „Nachtkritik"-Blogger in die Reaktionärs-Tonne getreten werde: Ich finde es (vor allem normal, aber auch) richtig, dass sich das Theater wie jede Kunstform weiterentwickelt. She She Pop und Co: großartig, her damit zum TT! Und doch: Diese Art von kindlicher Weihnachtsbescherungs-Vorfreude auf die große Wundertüte unter den Kastanien in der Schaperstraße will sich so hochherzig nicht mehr einstellen. Klar: Fehlurteile gabs schon immer. („Three Kingdoms" von Sebastian Nübling nicht einzuladen: absurd. Wenn das nicht inszenatorisch wie schauspielerisch „bemerkenswert" war, was denn dann? Stattdessen wurde ... aber ich möchte niemanden kränken, bringt ja nix im Nachhinein.)
Also wie nenne ichs denn nun, was ich vermisse? Sinnlichkeit? Wär schön. Glanz? Wär auch schön. Laune? Laune ist gut! Und da ich diesen Text knapp vor Silvester schreibe, schnappe ich mir jetzt ein Glas Champagner und stoße – Optimist, der ich mich immer wieder überrede zu sein – nicht nur aufs 50. TT, sondern gleich auf die nächsten fünfzig Male an! Zum Wohl, liebes Theatertreffen! Und euch Juroren ein Extra-Prosit: Wagt mehr Lametta!

Ulrich Matthes war u.a. am Düsseldorfer Schauspielhaus, am Bayerischen Staatsschauspiel und an den Münchner Kammerspielen sowie an der Schaubühne Berlin engagiert. Seit 2004 ist er Ensemblemitglied am Deutschen Theater Berlin. Er ist außerdem in zahlreichen Kino- und Fernsehfilmen zu sehen, u.a. von Volker Schlöndorff, Tom Tykwer und Frank Beyer sowie als Joseph Goebbels in Bernd Eichingers Produktion „Der Untergang". Für seine Theaterarbeit erhielt er mehrfach Auszeichnungen, darunter 2006 den Gertrud-Eysoldt-Ring, 2007 den Theaterpreis Berlin der Stiftung Preußische Seehandlung und 2008 den Faust-Theaterpreis für die Titelrolle in Jürgen Goschs Inszenierung „Onkel Wanja".

FRIEDRICH DIECKMANN
ALS DIE NACHTIGALL SCHLUG
Erinnerungen an das Theatertreffen

Wann bin ich zum ersten Mal beim Theatertreffen gewesen? Ich grabe in alten Notizkalendern nach und ermittle: im Mai 1984. Das Reisen gen Westen war seit 1977 für mich leichter geworden, einerseits durch mein Ausscheiden aus dem Berliner Ensemble im Frühherbst 1976 (das Arbeitsklima war nach der Strindberg-Inszenierung von B. K. Tragelehn und Einar Schleef, an der ich beteiligt war, zunehmend unerquicklich geworden, man hatte das Theater faktisch unter Kuratel gestellt), andererseits durch die Ergebnisse jener zwei Jahre lang vorbereiteten und im August 1975 zum Abschluss gebrachten KSZE[1]-Konferenz, in deren Schlussvereinbarung der Westen jenen Korb 3 durchgesetzt hatte, der den Osten zu humanitären Erleichterungen und kulturellem Austausch verpflichtete. Als nun wieder freischaffendem Autor, der Anfang der siebziger Jahre Mitglied des Schriftstellerverbands und des Internationalen PEN[2] geworden war, kam mir die dergestalt beglaubigte Entspannungspolitik zugute. Es galt, starke, vom Intendanten, nicht bloß vom Pressechef unterzeichnete Einladungen vorzuweisen, Valuta gab es nie; man musste sich die Westpiepen zusammenstoppeln. Westdeutsche Verwandte, aber auch die Honorare, die ich gelegentlich von der Zeitschrift „Merkur" erhielt, waren hilfreich.

Am 3. Mai 1984 fuhr ich mit der S-Bahn zum Büro des Festivals (Herr Buchholz war der Pressechef), dann vermerkt das Notizbuch: „13 Uhr Café Einstein – ich bemerke eine mir bekannte junge Dame, grüße sie, sie grüßt zurück – es stellt sich heraus: Es ist die netteste der UB-Bibliothekarinnen[3], sie hat im Februar den berühmten Antrag gestellt und ist im April bereits übergesiedelt, hatte vorher 480 M Nettogehalt und nun 800 DM Arbeitslosengeld, von 300 DM finanziert sie eine geräumige Altbauwohnung, sieht blendend aus und trinkt mit einer Freundin, die zweieinhalb Jahre gewartet hat[4], Kaffee – zwei von 24800, ich bin irgendwie erschüttert." Es war die Zeit, da die DDR-Regierung versuchte, durch rasch genehmigte Übersiedlungsanträge und durch die Erleichterung von Familienbesuchen aller Verwandtschaftsgrade, dem wachsenden Druck im Land zu begegnen; der Kurs wurde nach einiger Zeit wieder zurückgefahren.

Am Abend dieses 3. Mai eine hinreißende Aufführung, die gar nicht zum Theatertreffen gehörte: „20.00 Schaubühne: ‚Cami' (Sketche und Farcen von Pierre Henri Cami), es ist anrührend schön, menschlich, heiter, man sitzt an Tischchen und kann sich einer Flasche italienischen Rotweins bedienen – ein Theaterideal. Mir ist, als habe Brecht hier [von Cami] vieles her, er hat's nicht besser gemacht." Am folgenden Abend hatte ich weniger Glück: „20.00 Schiller Theater: ‚Der Schein trügt' (Thomas Bernhard), mit Schellow, der einen bramarbasierenden Offizierston abschnurrt – ich entweiche nach einer halben Stunde, gelange auf den Platz neben der Gedächtniskirche, wo ein Artist gerade einen eigens montierten ca. 70 m hohen Mast ersteigt (ohne Netz), um auf winziger Plattform, an der Spitze einer schwingenden Stange, eine Fahne zu hissen – liegend, stehend, auf einem Bein – es ist atemraubend, ich löse mich und kehre zurück, ein riskantes und so viel besseres Theater!"

Zwei Tage später hellt sich mein Theaterhimmel wieder auf: „19.30 Freie Volksbühne: ‚Nicht Fisch nicht Fleisch' von Kroetz (bis elf), ich sitze zwischen Wiegenstein und Jutta Lampe, großartige Aufführung, im Ganzen packend und intensiv (zwei Arbeiterehepaare in der Krise), stärker im einzelnen Moment als im Fabelbau – Bilder aus dem westdeutschen Arbeiterleben. Hernach Regierungsempfang im sog. Spiegelzelt, ich treffe Rühle, ferner Schumacher, Funke (einsam Brötchen essend), plaudere da und dort, gehe bald, schöner Weg zum Ku'damm und weiter zum Bhf. Zoo – die Weltstadt, Funke auch auf dem Bahnhof." Ernst Schumacher war für die „Berliner Zeitung", Christoph Funke für die Tageszeitung „Der Morgen" beim Festival; ob sie damals berichtet haben, ist mir entfallen.

Einer Reise wegen, die nicht zu verschieben war, hatte ich wichtige Aufführungen dieses Treffens versäumen müssen; „Drei Schwestern" in der Schaubühne ließen sich später einmal nachholen. Im folgenden Jahr, also 1985, konnte ich immerhin sieben Aufführungen von neun gespielten (zwölf nominierten) sehen, so „Wilhelm Tell" aus Stuttgart, eine Inszenierung Hansgünther Heymes mit Walter Kreye in der Titelrolle. „Sehr kräftig, frisch, in gutem Sinn fragwürdig", lautet die Eintragung. Drei Tage später „Dämonen" von Lars Norén in einer Wiener Inszenierung Dieter Giesings, das ging nicht so gut: „Vier wunderbare Burgtheaterschauspieler (Rehberg, Pluhar, Jesserer, Böckmann) spielen a Schmarrn, ich versuche, den 2. Teil durchzustehen, gehe dann aber mittendrin, von einer Nachbarin ermuntert (‚Wollen Sie raus?')"

Weitaus besser ging es mir anderntags in der Schaubühne mit „Triumph der Liebe" in der Regie von Luc Bondy: „Ein grandioser Abend (Lampe, Schwarz, Holtzmann, Kirchhoff u.a.) – als hätte Stein ihn inszeniert." Auch meine Begleiterin, eine

West-Berliner Kusine, war hingerissen: „Wir leben dies Theater mit." Die Aufführung war ganz neu, darum konnte sie erst 1987 für das Treffen nominiert werden. Theater als Wechselbad – wieder einen Tag später, bei „Verbrechen und Strafe", einem Burgtheatergastspiel in der Regie von Jurij Ljubimow, lese ich: „S. W. [Sibylle Wirsing] geht in der Pause, ich bleibe aus alter Anhänglichkeit." Sechs Jahre zuvor hatte ich Ljubimows Inszenierung einer Theaterfassung von „Der Meister und Margarita" im Moskauer Theater an der Taganka als einen vollkommen packenden Abend erlebt.

Mit Heyme kam es ein paar Tage später zu einer Begegnung, nach dem Gespräch über „Tell" die Notiz: „Ein guter Mann, besessener Arbeiter, sonntags Reiten auf eigenen Pferden, er fährt einen großen Mercedes." Das waren Statussymbole aus einer andern Welt. Die Begegnungen am Rande des Festivals waren vielfältig und ergiebig; auch Einar Schleef, der 1976 leider entschwundene Freund, fand sich ein, dem Günther Rühle das Frankfurter Schauspielhaus für seine phantastischen Chor-Exerzitien geöffnet hatte. 1988 erschien er dann selbst mit einer Aufführung beim Theatertreffen, mit Hauptmanns „Vor Sonnenaufgang"; es war sehr dunkel und ziemlich gewalttätig. Was das Notizbuch lakonisch skizzierte, verdeutlichte sich in Besprechungen; die Gelegenheit dazu ergab sich bei zwei Zeitschriften, bei „Sinn und Form", der Zweimonatsschrift der Akademie der Künste der DDR, wo ich seit 1965 von Zeit zu Zeit publizierte, und bei den „Neuen Deutschen Heften" im Süden des Berliner Westens. Mit Joachim Günther, dem Herausgeber, der die Vierteljahrsschrift, als ihm der ursprüngliche Verlag kündigte, im Selbstverlag weitergeführt hatte, war ich im Vorjahr in Berührung gekommen. Er hatte einen umfangreichen kulturhistorischen Essay von mir, den die Zeitschrift „Sinn und Form" nicht riskiert hatte (es ging um Komplikationen im Begriff des Kunstfortschritts), in zwei Teilen vollständig gedruckt; ein Besuch in seinem kleinen Haus in Berlin-Lankwitz, wo er das Unternehmen zusammen mit seiner Frau aufrechterhielt, bekräftigte die Verbindung. In meinem Beitrag für „Sinn und Form" lag das Schwergewicht auf Alexander Langs Münchner „Don Carlos" in den Bühnenbildern von Volker Pfüller, beide im östlichen Berlin zu Hause; der zweite Teil der Besprechung begann mit den Worten: „Woanders wird auch nur mit Wasser gekocht. Die Einsicht ist wertvoll, aber muss es ein Festival sein, das sie vermittelt? Das Achtbare (oder Schlicht-Anstößige) als Kriterium der Auslese? Die Münchner Kammerspiele, man weiß, sind ein wichtiges Theater; warum kommt es mit einer so harmlos-gefälligen Aufführung wie diesem ,Woyzeck' von Korn-Hellenstein-Landertinger zum ,Theatertreffen 85'? Die Antwort lautet: Weil es damit eingeladen wurde; da eben beginnen die Rätsel."[5] Aber es gab ja auch das Gewichtige – ausführlich war von Zadeks überaus eindrucksvoller „Ghetto"-Inszenierung in der Volksbühne West und von Heymes „Tell"-Deutung die Rede.[6]

Deren Erörterung stand bei den „Neuen Deutschen Heften" im Zentrum. „Wilhelm Tell unter den Franzmännern" lautete die Überschrift des auf vier Buchseiten ausgebreiteten Kommentars: Der Regisseur hatte das Stück in die Zeit der französischen Rheinbesetzung von 1923 verlegt. „Mit einem Extrakt des Originals, der dessen Fabel um kein wesentliches Moment verkürzt, macht Heyme einen alarmierenden Abend, und je mehr man seinen Deutungen, Konklusionen, Akzenten zu widerraten geneigt ist, um so angelegentlicher folgt man ihrer Darlegung." „Nur eine Aufführung", endet der Bericht, „hielt, auf sehr andere Weise, mit dieser mit, aber das ist schon das Theatertreffen von morgen: jener ,Triumph der Liebe' über ein hochumwachsenes, heckenumschlossenes Erziehungs- und Philosophenreich, den die Schaubühne inmitten des Festivals bescherte, ein Abend von exzentrischer Schönheit, tiefer Heiterkeit, wesentlicher Humanität – Geschenk der Kunst an die Mühsal, die Bedrohtheit des Lebens."

Auch Achim Freyers anrührend schöne, magisch-enthobene Inszenierung von Händels „Messias" – war es ein Requiem auf Ilona, seine früh verstorbene Frau? – gehörte zu den nominierten Aufführungen; ich schrieb über sie in der Monatsschrift „Musik und Gesellschaft", die einen wagemutigen jungen Redakteur, Michael Dasche, bekommen hatte; wir machten manches zusammen, bis er eines Tages den Stab wieder abgeben musste. Auch Freyer war ein Freund aus alten Berliner Tagen; der dicke rote Strich, den er über alle Wände und Schränke seiner Wohnung im Prenzlauer Berg zog, hatte ihn nicht halten können.

Am letzten Tag, den das Visum mir genehmigte, gönnte ich mir eine Exkursion: nach Spandau und Tegel, „an einer Reitbahn vorbei zum Humboldt-Schloss, das an Langhans' Stettiner Theatervorbau erinnert; eine Frau lässt mich – privates Grundstück! – einen Blick in den Park tun." Zwei Tage später ging es nach Dresden ins Schauspielhaus, zur dritten Vorstellung eines Stückes, dessen hart befehdete Uraufführung einst heftig ins Leben eines jungen Regisseurs eingegriffen hatte: des Brecht-Schülers B. K. Tragelehn, der aus Dresden stammte, in Berlin ansässig war, aber aus Mangel an Aufgaben seit 1979 ausschließlich im deutschen Westen arbeitete. „Die Umsiedlerin" hieß das Stück, Heiner Müllers Bodenreform-Drama von 1961. „Eine bewegend gute, historisch genaue, menschlich reiche Inszenierung", notiert das Tagebuch, „Vollendung dessen, was Brecht und Appen in ‚Katzgraben' wollten – ich sage hinterher zu Klaus: ‚Es ist wie C. D. Friedrich', was er gern hört." Die Besprechung, die ich für „Sinn und Form" schrieb, erschien Anfang 1987 unter dem Titel „Tragelehns Heimkehr". „War dies", heißt es am Ende, „als realistische eine romantische Aufführung? Von dem milden Lichte Jakob Apfelböcks unterschieden ist das Abendlicht, das rein und scharf die Türme der fern-gerückten Stadt bezeichnet; auf der Kimme des Brachfelds aber hebt eine tanzende Figur die Arme, als wären es Flügel. ‚Caspar David Friedrich', hörte ich einen Zuschauer nach der Vorstellung sagen."[7]

Hier halte ich inne. In weiter Ferne liegen diese Jahre, es war, bei allen Bedrängnissen deutsch-deutscher Hochrüstung im Auftrag der Großmächte, eine hoffnungsvolle Zeit; seit Gorbatschows Machtantritt im März 1985 standen die Zeichen auf Lockerung, auf Öffnung. „Das Theatertreffen", schrieb Günther Rühle in seinem Aufsatz zum 25. Bestehen des Festivals, „ist, ohne dass das zu seinem Plan gehörte, eine wichtige Darstellung geworden für den die politischen Grenzen überschreitenden Begriff der ‚Kulturnation', die sich immer im Theater sehr deutlich ausgeprägt hat." Das war in besonderem Maß das Verdienst des Intendanten, der 1973 an die Spitze einer GmbH namens Berliner Festspiele getreten war; sie hatte die Nachfolge einer in politische Sprachregelungen eingebundenen Senatsinstitution angetreten. „Die neue Zeit", so Kerstin Decker in ihrem grundlegenden Aufsatz zum 60. Jahrestag der Berliner Festwochen, „brauchte keinen Tambourmajor, die Begegnung mit dem Osten brauchte einen Mann mit Talent zur Begegnung: Ulrich Eckhardt."[8]

„Die Theater hüben und drüben", endete Rühles Beitrag von 1988, „liegen enger zusammen, als die Trennung der Theatertreffen in West- und Ost-Berlin ausweist. Das Treffen der deutschsprachigen Theater in Berlin steht so noch immer vor seiner Vollendung: Sie wird dann erreicht sein, wenn es, auf der Grundlage der gleichen Maximen und Kriterien, in Ost- und West-Berlin stattfindet und die Besucher freien Zugang zu allen Aufführungen haben. So hat es … auch eine kunstpolitische Utopie in sich."[9]

Der Weg von der Utopie zur Realität war kürzer, als der Autor und seine Leser sich vorstellen konnten. 1989 kamen vier von elf Aufführungen des Treffens aus der DDR: zwei aus Berlin – „Der Lohndrücker", Heiner Müllers grandiose DT-Inszenierung, und „Die Übergangsgesellschaft", Volker Brauns durchschlagendes Stück – und zwei aus Schwerin; das Stück „Der Selbstmörder" (Regie Horst Hawemann) des in Krefeld wiederentdeckten russischen Dramatikers N. R. Erdman und ein von Christoph Schroth inszenierter FDJ-Liederabend. „So haltet die Freude recht fest", war er überschrieben; am Vorabend des 3. Oktober 1990 trug ihn das Schweriner Ensemble im Maxim Gorki Theater Unter den Linden vor. Ende 1990 wurde ich in Berlin-Mitte ständiger Mitarbeiter einer Tageszeitung, die aus dem Besitz der CDU-Ost in den der „Frankfurter Allgemeinen" übergegangen war, der „Neuen Zeit"; die Kulturredaktion, die zusammenblieb, hatte mir schon zu DDR-Zeiten ab und an Raum gegeben. Nun schrieb ich Theaterkritiken erstmals mit festem vertraglichen Rückhalt und genoss es; es war eine Zeit hoffnungsvollen Loslegens auf vielen Gebieten, auch auf den bis dahin fest verschlossenen der Zeitgeschichte, der Kulturpolitik und der Architektur, der im vereinigten Berlin die Rolle einer Hauptkunst zukam. Dazu, mir ein ganzes Theatertreffen anzusehen und darüber zu schreiben, bin ich nicht mehr gekommen und musste eines Tages auch die Jury-Kandidatur ausschlagen; das damit verbundene Reisen wäre zu zeitraubend gewesen. Aber sich Vorstellungen anzusehen und darüber zu berichten, dabei blieb es so lange, bis eine neue Direktion die Freikarten strich, und fast immer, wenn ich in Maiennächten aus dem Berliner Westen nach Hause kam und durch den Treptower Park ging, schlug im Gebüsch an der S-Bahn-Böschung die Nachtigall. Ich habe sie seither kaum noch vernommen.

Friedrich Dieckmann, Schriftsteller und Publizist, bei Ruth Berghaus Dramaturg am Berliner Ensemble, verfasste u.a. Bücher über Mozart, Schubert, Wagner, Schiller, Goethe, Brecht und Karl von Appen sowie mehrere Essaybände über den Prozess der deutschen Vereinigung.

1. Konferenz über Sicherheit und Zusammenarbeit in Europa
2. Poets, Essayists, Novelists
3. UB = Universitätsbibliothek Berlin-Mitte
4. auf die Genehmigung des Ausreiseantrags
5. Sinn und Form, Heft 1/1986, S. 180.
6. Neue Deutsche Hefte, Heft 3/1985, S. 560.
7. Sinn und Form, Heft 1/1987, S. 225.
8. Kerstin Decker: Kunst ist Waffe? / Die Berliner Festwochen als Spezialfall der Ostpolitik, in: Das Buch der Berliner Festspiele, Berlin 2011, S. 135.
9. Günther Rühle: Immer so weiter? / Die ersten und die nächsten 25 Jahre, in: 25 Jahre Berliner Theatertreffen 1964 – 1988, hrsg. von Ulrich Eckhardt und Börries v. Liebermann, Berlin 1988.

CHRISTIANE SCHNEIDER
C.P. 1981 BIS 1999

Mein Theaterleben mit Claus Peymann dauerte genau achtzehn Jahre lang. Es begann 1981 in Bochum und endete in Wien im Jahre 1999.

Nach einem längeren Bewerbungsgespräch meinte Claus Peymann, ich könne sicher gut mit Bernhard Minetti zum Kaffeetrinken gehen und darüber hinaus Thomas Bernhard am Telefon bei Laune halten. Sein Instinkt war richtig, beides klappte. Die gestellten Aufgaben erwiesen sich als wunderbare Geschenke.

Von Minetti lernte ich Theater(welt)geschichte während unzähliger Mittagessen beim Italiener in Bochum-Wattenscheid. Der andere, Thomas Bernhard, lotste mich durch die Abgründe des Theaters in vielen Telefonaten aus dem Rathauscafé in Gmunden. Von beidem profitierte Peymann, was sicher auch seine Absicht war.

Peymann wiederum erklärte mir das Theater wie er es sah: schonungslos, mit großer Empathie und Zuneigung zu diesem aufreibenden und schönen Gewerbe und seinen ebenso ambivalenten Protagonisten. Peymann ist und bleibt für mich der leidenschaftlichste Theaterdirektor, den ich kenne. Und diese Leidenschaft erwartet er auch von seinen Mitarbeitern. Und wenn man nicht aufpasst, sogar bis zur Selbstaufgabe. Wenn man allerdings aufpasst, lohnt es sich; es ist ein besonderer Reichtum, der einem bleibt.

Der Abschied von Bochum war tränenreich, und ich dachte, schöner als an diesem Theater kann es nirgendwo sein. Peymann hielt das wiederum für reichlich sentimental.

Wir gingen nach Wien, begleitet von jenem Dramolett aus Thomas Bernhards Feder, in dem ich als Fräulein Schneider auftauche. Peymann fand es naturgemäß großartig, ich weniger. Wien war Wahnsinn. Peymann löste einen Kulturkampf aus, indem er im Burgtheater mit alten Gewohnheiten brach, unerbittlich. Das kostete Kraft. Er hat sich aufgerieben, aber er war immer bemüht, die Arbeit als Burgtheaterdirektor und die Arbeit als Regisseur miteinander zu vereinbaren. Das konnte nicht immer gelingen. Ich hätte mir gewünscht, er hätte das Burgtheater nach zehn Jahren verlassen.

Nach dreizehn Jahren Wien trennten sich unsere Wege. Peymann ging nach Berlin, ich über Salzburg nach München. Jetzt sehen wir uns manchmal beim Berliner Theatertreffen, wie letztes Jahr. Die Münchner Kammerspiele waren mit einer Sarah-Kane-Trilogie eingeladen. Wir saßen zufällig nebeneinander. Er ist nicht gegangen, auch nicht nach der Pause.

Peymann hat in Bochum und Wien immer wieder Dramatiker eingeladen, für sein Theater zu schreiben. Viele Stücke von Thomas Bernhard, Heiner Müller, Thomas Brasch, George Tabori, Herbert Achternbusch und Gerlind Reinshagen wurden in Bochum uraufgeführt. In Wien kamen Elfriede Jelinek, Peter Turrini, Werner Schwab und Wolfi Bauer dazu.

Zum Berliner Theatertreffen wurden neunzehn seiner Inszenierungen eingeladen, sieben davon waren Stücke von Thomas Bernhard, vier von Peter Handke!

Das sagt viel aus. Peymann liebt die Literatur. Und kann sein Theater nicht von ihr trennen. Im Moment hält er nichts von der zeitgenössischen Dramatik. Ich wünsche ihm trotzdem, er möge sich mal wieder so richtig verknallen.

Christiane Schneider, ab 2001 als Künstlerische Referentin bei Frank Baumbauer an den Münchner Kammerspielen, ist seit 2010 Künstlerische Direktorin bei Johan Simons.

PETER IDEN
FLUSS OHNE WIEDERKEHR
Was mir das Theatertreffen war

I

Insgesamt fast zwei Jahrzehnte habe ich seit 1970, mit den vom Statut festgeschriebenen Abständen zwischen den einzelnen Berufungen, zu den Juroren des Berliner Theatertreffens gehört. Die Routine solcher Funktionen im Kulturbetrieb lässt für Gefühle wenig Raum – in diesem Fall will aber doch gesagt sein: Sehr gerne bin ich damals dabei gewesen.

Denn es sind große Jahre des Theaters gewesen. Regisseure wie Peter Stein und Peter Zadek, Klaus Michael Grüber und Luc Bondy, Hans Hollmann, Hansgünther Heyme, Hans Neuenfels und Niels-Peter Rudolph, Schauspieler wie vor allem die der Berliner Schaubühne am Halleschen Ufer und die der Ensembles in München, Stuttgart, Frankfurt, ein Bühnenbildner wie Wilfried Minks, auch der Dramatiker Botho Strauß setzten sich durch und wurden bestimmend. Viel Glanz. Das deutschsprachige Theater hatte zwischen Bremen und Wien, Berlin und Basel Zentren in nahezu jeder größeren Stadt. Premieren, die zu sehen jede Anstrengung wert war, folgten einander oft im Abstand von nur wenigen Tagen. Die Rolle als Juror verlangte eine Theater-Aufmerksamkeit, die für lange Zeit alles andere zurückdrängte. In der Erinnerung will es mir vorkommen, als hätte ich damals nur im Theater gelebt.

So jedenfalls ist es später nie wieder gewesen. Verändert hat sich das Theater. Und sein Beobachter auch.

II

Bekanntlich verantwortet ein Gremium von Kritikern den Spielplan des Theatertreffens. Diese Konstruktion ist ungewöhnlich. Sie eröffnet dem Kritiker die Möglichkeit, eine in der Regel von ihm zuvor schon an anderer Stelle, in der Zeitung, im Rundfunk, publizierte Entscheidung für oder gegen eine Aufführung, die ihn ja formal erst zum Kritiker macht, noch einmal zur Geltung zu bringen: durch das Einbringen des Vorschlags, die Inszenierung in das Programm eines Festivals – und ein solches ist ja das Theatertreffen – aufzunehmen und die Bemühung, die Kollegen der Jury dafür zu gewinnen.

Die Schlaglöcher dieser Praxis sind leicht zu erkennen. Wird der Einfluss, den Kritiker ohnehin haben, durch die Doppelrolle als Autor und Mitgestalter eines Festivals nicht bedenklich groß? Und was wird aus der vom Kritiker angeblich doch zu fordernden Neutralität des Beobachters, wenn er in der Jury als Parteigänger einer Aufführung auftreten muss? Davon abgesehen, sind natürlich Mehrheitsentscheidungen in Kunstfragen ohnehin immer problematisch.

In den Theatertreffen-Jurys, denen ich angehörte, sind solche Grundsatz-Fragen immer wieder erörtert worden. Meine eigene Position war damals und ist bis heute, der Abstand der Jahre hat daran nichts geändert, dass die Wahrnehmung und die Beurteilung von Theater mit einer Haltung gleichgültiger, „neutraler" Gelassenheit dem Anlass selber zuwiderläuft. Selbstverständlich: niemals Vor-Urteile. Aber sonst: So oder so, es gilt das Bekenntnis. Love it or leave it. Wie aber jede Liebe auch Arbeit ist, muss sie wieder und wieder Gründe suchen und finden, die für sie sprechen. Im Theater sind das Belege, die das Nachdenken beibringt – über die Formen der szenischen Umsetzung in Bezug auf das dichterische, poetische, dramatische, auch performative Substrat, über einen imaginierten Menschen und seine Darstellung, nicht zuletzt darüber, was das Vorgeführte zu tun haben könnte mit der Gesellschaft, in der es auf einer Bühne erscheint.

Ebenso aber wiegen im Theater auch Beweisstücke noch ganz anderer Art – haben ihren Ursprung womöglich in einer Empfindung, die mir nur meine ist, einer Erregbarkeit, einem Anflug von Hoffnung, einer Erinnerung, einer plötzlichen Lust an archaischem Chaos.

Das kann alles sein, um der Theaterliebe Grund zu geben. Findet sich aber keiner – will ich nicht haben, was ich sehen musste. Und will das als Kritiker genauso auch sagen. Auf Papier oder im Kreis von Juroren. Und die dabei unvermeidlichen Irrtümer, sogar die selbst erkannten? Sind eingeschlossen – Liebe gibt es nicht auf Verlangen; aber auch niemals schadlos.

III

In den Berliner Jurys meiner Jahre war das Medium der Entscheidungen das ausschließlich dem Anlass der je einzelnen Inszenierung gewidmete Argumentieren innerhalb der Gruppe. Wer da schwankte oder, schlimmer noch, ungenau wurde, konnte leicht fallen. Man hatte Ansichten und trug sie vor im Versuch, sie zu untermauern. Dann aber kamen die Reaktionen der anderen – und es gefiel mir gut, aus ihnen zu erfahren, was von mir vielleicht doch zu wenig gesehen oder nicht erkannt worden war. Für mein Teil habe ich gelernt: Nicht nur kann es ein Glück sein, andere zu überzeugen, sondern ein Glück auch, von anderen eines Besseren belehrt und überzeugt zu werden.

Da habe ich jetzt noch einmal viel zu danken: Henning Rischbieter für die Schlüssigkeit seiner Interpretation von Regie-Entwürfen und seine Genauigkeit in der Beschreibung von Schauspielern; Rolf Michaelis für seine Fähigkeit, sich einnehmen zu lassen von Stimmungen; Joachim Kaiser für die spielerische Eleganz, mit der er Wahrheiten erfasst; Günther Rühle für sein wunderbares Talent, den Augenblick zu begreifen als Moment im Strom der Zeit; Hellmuth Karasek für die kräftige Mischung aus Witz und Engagement, die in der öffentlichen Debatte jeden seiner Beiträge auszeichnet; Benjamin Henrichs für seine Wunschbilder von schönsten Reisen zu einem Theater, das Kindern Märchen erzählt; Hilde Spiel für die Erfahrung, mit der sie im Historischen, Vergangenen, gespiegelt sah, was die Gegenwart ihr vor Augen brachte. Von Heinz Ritter war etwas über Integrität zu lernen. Von Günther Grack seine treue Geduld. Von Reinhardt Stumm das Unumstößliche und seine Fitness.

IV

Die Auswahlgremien der ersten beiden Jahrzehnte haben früh reagiert auf die Anfänge der Entwicklungen von Regisseuren und Spielformen, denen sie eine Zukunft zutrauten. Die Jury hat schon 1968 Peter Stein gleich zweimal eingeladen, mit seinen beiden ersten Inszenierungen überhaupt, erarbeitet an den Münchner Kammerspielen, Edward Bonds „Gerettet" und Brechts „Im Dickicht der Städte". Das war so vorausschauend mutig wie zwei Jahre später die Einladung von wiederum zwei Inszenierungen des gleichen Regisseurs, dem Bremer „Torquato Tasso", der Aufführung, die eine Zäsur in der Klassiker-Rezeption am deutschen Theater markiert, und die Einladung der Stein-Inszenierung von Edward Bonds „Early Morning", durch die, weil in Zürich nicht verstanden, das Engagement Steins und seiner Schauspieler am Zürcher Schauspielhaus vorzeitig zu Ende ging – was dann die Gründung der Schaubühne am Halleschen Ufer mit veranlasst hat. Als die Stein-Gruppe dieses Theater zu internationalem Ruhm führte, fanden sich die großen Inszenierungen Steins, Grübers, Bondys, später Robert Wilsons und Andrea Breths immer wieder auch in den Programmen des Theatertreffens.

Aber auch andere der Regisseure, die im Zuge des Generationswechsels am deutschen Theater ihre ersten Auftritte hatten und es dann für lange Zeit dominierten, wurden in der Regel frühzeitig erkannt. Das gilt natürlich für Claus Peymann, aber nicht weniger etwa für Ernst Wendt und Dieter Dorn. Grübers erster Arbeit an der Schaubühne allerdings, seiner Aufführung von Horváths „Geschichten aus dem Wiener Wald", wurde die Anerkennung in der Jury durch den Widerstand von Friedrich Luft ebenso verweigert wie sie Bondys Schaubühnen-Debüt mit „Die Wupper" der Lasker-Schüler verkannte. Und auf Jürgen Flimm hat das Theatertreffen deutlich zu spät reagiert. Auf Matthias Hartmann seit Langem gar nicht.

V

Und das Theater jetzt? Nicht immer, aber doch häufig fehlt der produktive Impuls zum Widerstand gegenüber dem gesellschaftlich Gegebenen. Junge Regisseure sagen einem das heute ganz unverblümt: Man könne doch heute auf einer Bühne keine zusammenhängende Geschichte mehr erzählen oder keine Figur mehr sich wirklich entwickeln lassen, weil so etwas in einer zerfallenden, jedenfalls ganz anders als (angeblich) je zuvor verfassten sozialen Umgebung doch gar nicht mehr denkbar sei.

So wird, will mir scheinen, auf den Bühnen häufig nur noch reproduziert, was im realen Ambiente draußen eh schon aufzufinden ist und vorgelebt wird. Verspielt wird die Chance, nicht bloß abzubilden, sondern einzuwirken auf das, was auch sein könnte, vielleicht sogar sein sollte.

VI

Das größte Potential des deutschen Theaters sind gegenwärtig seine Schauspieler. Sie sind es, die mit ihren Schilderungen von Menschen die Verbindung halten zu dem, was „Gesellschaft" war und ist. Wenn jetzt an manchen Aufführungen auf unseren Spielplänen als Defizit auffällt, dass sie ohne Einstellung sind etwa zu den Fragen der Moral und der Ethik, der Flüchtigkeit und der Dauer, der Verklammerung von Gedanke und Gefühl, immer wieder der Frage: Wie man leben soll – so hat das nicht zuletzt zu tun mit der veränderten Einschätzung von Schauspielern durch ihre Regisseure.

VII

Man fand sich einmal selbst verhandelt im Theater und darum als Publikum ihm zugehörig. Das ist, für mich, inzwischen nur selten noch so. Den Kritiker-Mitgliedern der aktuellen Jury werden von der Bühne andere Reize – des Events, des Spektakels, der Beschleunigung, der unbedingten Originalität – in ihre Schreibblöcke diktiert. Es liegt im Lauf der Zeit.

Peter Iden, dreißig Jahre lang Theater- und Kunstkritiker der „Frankfurter Rundschau", lange ihr Feuilletonchef, Gründungsdirektor des Museums für Moderne Kunst in Frankfurt, Professor und zeitweiliger Leiter der Abteilung Schauspiel an der Frankfurter Hochschule für Musik und Darstellende Kunst, neben Rolf Michaelis von der „Zeit" der am längsten amtierende Juror des Berliner Theatertreffens, insgesamt 14 Jahre zwischen 1970 und 2001.

PETER VON BECKER

ASCHENGOLD
Ein Dramolett für alle

Mai 2013. Eine offene Bühne.

DER INTENDANT DER FESTSPIELE: So! Ja! Ja! So, so? Nein, so! So ja ja!
(Der Intendant schlägt eine elegante Brücke zwischen seinem Theaterhaus an der Schaperstraße und dem Tempelhofer Flugfeld.)

DIE TEXTFLÄCHE *(betritt die Brücke von Westen)*: Kein Gott mehr, keine Diva, kein Komet, hier tanzt die Antigegenwart, Supernova, die Nachgeburt der Ungeborenen. Elektras Schein. Android. She fucks the universe. Fuckushima. Hey, du da, Sie da! Jedermann, Allerleifrau! Ein Spiel, ein Mordsspiel, ein Mörderspiel, Mösenmassenmörderspiel, was sonst, ihr Odysseuse, ihr Spanner, Achillessehnenspanner, der Müll der Antike stinkt Lichtjahre hoch in den offenen Himmelswillen, aus den blutigen schwarzen Löchern kriecht das Urpathos und zerfließt wie alles Männliche in der Frau und hängt in der Luft, mehr Luft, Freiluftkino, alle wollen zum Film und machen Theater, Luftspiele, im Anfang war der Kalauer, dann kam die Komödie des Untergangs, sagt Sam B., der letzte Masseur. Kleinhirngymnastik, Cortexküste, Tsunami, graue Masse, graue Eminenz, das verkommene Subjekt, Neuronentod, Elfriede meiner Seele –

DER GEIST DES REGIETHEATERS: Super, alles super. Aber wir brauchen eine Videoleinwand. Die vierte Wand! Damit verhüllen wir Berlin. Unter der Brücke, alles unter der Brücke. Das ist unser Flash, Luftbrücke zwischen Theater und Leben, das trifft, ein Gedankenbilderflug, mit achtzehntausend Kameras, live, das Theater ist immer live! Und wir machen das Verhüllte sichtbar, wir zeigen hinterm vordergründigen Text das unsichtbar Verborgene. Total groovy den Oberflächenuntergrund.

CHOR DER ZUSCHAUER: Wir sehen alles! Wir sind das soziale Netzwerk!

DIE DRAMATURGIE *(im T-Shirt mit der Aufschrift „Verlass mich nie!")*: Das enthüllte Verhüllte, genau. Foucault, Christo, die Cloud. Alles durchleuchten, und der gläserne Mensch ist auch nur eine trübe Tasse. *(Kichert)*

DER GEIST DES REGIETHEATERS: Was ..., welcher Mensch? Es geht nicht um den Menschen, es geht um uns!

EIN ALTER SCHAUSPIELER: Und wo setze ich an, ich meine: ein?

DIE TEXTFLÄCHE *murmelt etwas, sehr laut und sehr leise.*

DIE REQUISITE: Wir haben nur zwölftausend Kameras.

DER GEIST DES REGIETHEATERS: Nur zwölf ... – beim Theatertreffen? Ja bin ich hier noch in Gießen oder was?!

DER GROSSKRITIKER *notiert in seinen Spiralblock: „Ich hör' ein Rauschen." Er zieht eine Mohrrübe aus der Sakkotasche und köpft die Rübe.*

EINE JUNGE SCHAUSPIELERIN: Ich meine schon, das greift unsere Situation, irgendwie schon, aber –

CHOR DER ZUSCHAUER *(skandiert)*: Uns graut der Morgen, uns mordet das Grauen, uns graut der Morgen, uns modert das Schauen ...

SHAKESPEARES SCHATTEN *betritt die große Brücke von Osten, zitiert etwas wie Heiner Müller, unverständlich, auch er murmelt, laut und leise.*

ZWEITE JUNGE SCHAUSPIELERIN: Ich bin die Zukunft. *(Bläst einen Handkuss hinüber zur Textfläche, lacht)* Genau. Gestern stand ich noch mit dem Theater am Abgrund, heute trete ich zurück. Und das Theater geht weiter.
(Lacht, lacht Tränen)

SHAKESPEARES SCHATTEN / DER GEIST DER TEXTFLÄCHE *kommen sich auf der Brücke entgegen, von Osten und Westen. Fast haben beide die Brückenmitte erreicht.*

DIE NACKTE JURY *(durcheinanderredend)*: Innovation! Innovation! Innovation! Das hatten wir schon! Das hatten wir –

DIE TEXTFLÄCHE *feuert mit einer Pumpgun auf Shakespeares Schatten.*
Ein zweiminütiges Feuerwerk.

SHAKESPEARES SCHATTEN: Aaaah!!!
(Er kippt von der Brücke und fliegt als schwarzer Engel hinüber zum Festspielhaus an der Schaperstraße, lässt aus der Höhe goldene Asche regnen.)

DER GROSSKRITIKER *(lässt seinen Spiralblock sinken, schier unhörbar):* Breth sein ist alles...

Eine kleine Stille.

Im Garten um das Festspielhaus wachsen goldene Palmen.

DER INTENDANT DER BERLINALE *(schaut vorbei und stutzt):* Alles Theater!

DER INTENDANT DER FESTSPIELE *(strahlt vor Glück):* Getroffen.

Es ertönen fünfzig Glockenschläge.

Kein Vorhang.

Peter von Becker, Kulturjournalist und Schriftsteller, schrieb u.a. für die „Süddeutsche Zeitung", „Die Zeit", den „Spiegel", die Zeitschrift „Theater heute", deren Mitherausgeber er war, sowie bis heute für den Berliner „Tagesspiegel", dessen Kulturredaktion er von 1997 bis 2005 leitete. Neben Lehrtätigkeiten sowie Veröffentlichungen und Fernsehfilmen über das zeitgenössische Theater gehörte er mehrere Jahre dem Auswahlgremium des Mülheimer Dramatikerpreises an und war 1984 bis 1988 und 1991 bis 1995 Juror des Theatertreffens.

B. K. TRAGELEHN
HISTORY

Scheiße am Stock is ooch n Buckett
(Marie Grundmann)

TT50 ist, was für ein glücklicher Zufall, kein neuer Panzertyp. Es ist die kryptische Bezeichnung eines Jubiläums. Das Berliner Theatertreffen wird fünfzig. Wenn man die jüngste Sprachregelung einer Bundesministerin[1] nützlich gebrauchen will, findet sich hier die Möglichkeit. Der Theatergott heißt *das* TT und nicht *der* TT, und wird also sachlich behandelt, geradezu sächlich. Schon seine Erfindung vor fünfzig Jahren – Götter müssen erfunden werden – hatte einen sachlichen Grund. 1963 war die Mauer in Berlin zwei Jahre alt. Langsam wurde wahrgenommen, dass sie nicht gleich wieder einfallen würde. Vier Jahre nach seinem Krieg war Deutschland geteilt. Erst gründete sich die BRD (am.) und dann die DDR (russ.). In Berlin blieb die Grenze zwischen den Bruchteilen offen. Dreizehn Jahre lang geduldig ungeduldig „hatte niemand die Absicht, eine Mauer zu errichten", und man konnte also hier und dort ins Theater gehen, wenn man wollte. Theaterzentrum war damals ein Punkt auf dem Berliner Stadtplan, an der Spree gelegen, am Schiffbauerdamm, und kurz „das Schiff" genannt. Auf der anderen Seite der herumreisen müssende alte Schauspieler „im lebensabendverschlingenden Beruf des Regisseurs", ein Außenseiter, aus dem Exil zurückgekehrter Jude, der den deutschen Schauspielern das Weiterlügen untersagte. Kortner, unter schlechteren Bedingungen, hat ein paar Jahre mehr gebraucht als Brecht, der die sieben Jahre, die ihm blieben, auf seinem Schiff Kapitän war.
Eine Theaterstadt ist eine Stadt mit nicht nur einem Theater, jedes zeigt sein Gesicht und die Zuschauer haben die Wahl. Ein Theaterzentrum ist das Zentrum einer Theaterlandschaft, eine Großstadt mit noch anderen Zentralfunktionen. In England war das immer London, in Frankreich Paris. Im deutschen Sprachraum ist es lange Zeit Wien gewesen. Dann wurde es, vor mehr als hundert Jahren, Berlin. Und 1961 war das vorbei. In der DDR blieb Berlin, Ost-Berlin, Theaterhauptstadt. Die BRD hatte keine. Mal war es diese, mal war es jene Stadt. Eine erste Gegenmaßnahme war die frühe Gründung der Zeitschrift „Theater heute". Die hat ihre Funktion erfolgreich wahrgenommen, solange sie Rischbieter hieß. Die zweite war das Berliner Theatertreffen, das die vitale Funktion als Ersatzzentrum/Zentrumsersatz drei Jahrzehnte lang erfolgreich wahrnahm. Und 1991 war das wieder vorbei. Thomas Bernhard: „Nix is. Bleed is. Aus is."
Aber seinen Tod um zwanzig Jahre zu überleben – das ist auch was.

B. K. Tragelehn, Regisseur, Übersetzer und Schriftsteller, war Meisterschüler bei Bertolt Brecht und Erich Engel. Für seine Uraufführungsinszenierung von Heiner Müllers „Die Umsiedlerin oder das Leben auf dem Lande" 1961 wurde er mit Berufsverbot, Parteiausschluss und Arbeit im Braunkohletagebau bestraft. „Fräulein Julie" – mit Einar Schleef als Co-Regisseur und Bühnenbildner – am Berliner Ensemble unter Ruth Berghaus wurde 1975 erneut ein Eklat. Ab 1979 inszenierte er an westdeutschen Bühnen. 1980 war er mit Shakespeares „Maß für Maß" und 1983 mit Heiner Müllers „Die Schlacht" beim Theatertreffen vertreten.

---

[1] Anm. d. R.: In der „Zeit" vom 19.12.2012 machte die Bundesfamilienministerin Kristina Schröder eine Bemerkung über das grammatikalische Geschlecht von „Gott" und löste damit Diskussionen aus.

SIBYLLE WIRSING
DER WAHRHAFT SCHRECKLICHE EINAR SCHLEEF. EINE REMINISZENZ

West-Berlins Theatertreffen, offen für alle deutschsprachigen Produktionen, die es wert waren, bemerkt zu werden, konfrontierte uns im Jahr 1988, als wir die Wende noch für einen Ostblock-internen Wandel hielten, erstmals mit Gastspielen aus der DDR und verleibte seiner Auswahl überdies eine Schleef-Inszenierung ein, obwohl der Regisseur in beiden deutschen Staaten verpönt war — drüben wegen seiner Flucht in den Westen und bei uns wegen seiner Laienchöre, die mit ihrem rhythmischen Sprechgesang schlafende Hunde weckten. Die Unterstellung, sie würden eine nationalsozialistische Propaganda-Ästhetik wiederbeleben, war sachlich falsch, aber trotzdem dazu geeignet, die Öffentlichkeit vor den klatschenden und stampfenden Massenkörpern zu warnen, denen der Einar aufs Theater verhalf.

Der Fremdling aus Thüringen, der nicht das Talent besaß, mit dem sich Robert Wilson, der Fremdling aus Texas, im Jahrzehnt zuvor die Geneigtheit der westdeutschen Medien erobert hatte, musste mit der Ungnade der Feuilletons leben. Dem Autor Schleef war ein gewisser Respekt bezeugt worden, wenn auch mit gemischten Gefühlen, dem Bühnenkünstler bekundete man hingegen bei seinem späteren Hervortritt ein unverhohlenes Nicht-Mögen bis zur offenen Aversion. Die Ablehnung war eine so fest beschlossene Sache, dass sich die Argumente von Blatt zu Blatt wiederholten und sich die bösen Stimmen nur im Ton unterschieden.

Der Einar und seine Gabi, denen wir, meine Freundin Margret Hartung und ich, schon 1984 bei einer Lesung persönlich begegnet waren, hielten damals wie zwei schiffbrüchige Seefahrer nach einem rettenden Dampfer Ausschau und hofften auf unseren Beistand. Ihr Verlangen richtete sich auf die Heimkehr zum Theater. Dort kamen sie her, und dort wollten sie hin; egal unter welches Dach.

Die Schreibmaschine war Schleefs Bastion gewesen, hinter der er sich nach seinem Aufbruch aus der DDR verschanzt hatte. Inzwischen waren seit seinem Wechsel von Berlin Mitte nach Berlin Westend jedoch bald zehn Jahre vergangen, zwei Memoiren-Bände, im Jargon und im Namen seiner Mutter Gertrud verfasst, waren zusammen mit einem Erzählungsband und dem Fotoband „Zuhause" bei Suhrkamp erschienen, und Stipendien und Förderpreise waren dem trauernden Heimatdichter reihenweise zugeflossen, um ihm die Fortsetzung seiner Klage möglich zu machen. Er aber hatte das Hocken und Tippen satt. Die Klausur und die Tastatur marterten ihn.

Seine inneren Stimmen begehrten dagegen auf. Der Notruf brach aus ihm heraus, als würde in seinem Busen ein Gefangenenchor lamentieren: „Wir halten es nicht mehr aus!" Die aquarellierte Botschaft zum Jahreswechsel zeigte den Absender oben auf einer Klippenspitze im Meer und zu seinen Füßen ein Krokodil mit gähnendem Rachen.

Im Sozialismus hatte der Kunststudent den wiederholten Verwarnungen und Rausschmissen getrotzt und den Weg nach oben geschafft: Meisterschüler des Bühnenbildners Karl von Appen, Kostümbildner an der Volksbühne unter Benno Besson und Regisseur am Berliner Ensemble unter der Chefin Ruth Berghaus. Dagegen machte der Ankömmling im Westen alles falsch. Seine Kontaktversuche scheiterten. Die Intendanten kamen mit ihm nicht zurecht. Die Gespräche wurden abgebrochen, die Verträge annulliert, die Vereinbarungen in Frage gestellt und so fort. Seit der Republikflucht, wie Schleef seine Trennung von der DDR ausdrücklich nannte, war ihm auf der Bühne nichts mehr geglückt. Die Annäherungsversuche hatten nur Scherben gezeigt. Nun aber im Frühjahr 1985 witterte er eine Chance.

Der Journalist Günther Rühle aus Frankfurt am Main, der bei mir in Berlin alle Privilegien genoss, die Jupiter bei einer Favoritin gebühren, vertauschte seine Position bei der „FAZ" mit der Leitung des Schauspiels Frankfurt und suchte nach Leuten für seine künftige Ära. Ich brauchte ihm meinen Kandidaten also nur zu empfehlen, ohne dessen besondere Probleme ausdrücklich zu erwähnen. Denn so viel setzte ich bei dem West-Fachmann an interner Kenntnis voraus, dass er den Schleef nicht einfach für eine gescheiterte Existenz aus dem Osten hielt, sondern in ihm eine Prestigeperson sah, auch wenn man vorerst nicht genau wusste, worin das Prestige bestand. Die Begegnung fand bei mir in Charlottenburg statt: der Günther auf dem Sofa unter den Ahnenbildern und der Einar wie angewurzelt in der Wohnzimmertür, nicht bereit, über die Schwelle zu treten, der Verweigerer mit seiner Gabriele im Hintergrund. Das Boykott-Prinzip beschreibt er in seinen Tagebüchern an der Stelle, an der er dem Bundespräsidenten von Weizsäcker und der Freifrau von Weizsäcker anlässlich einer musikalischen Soirée auf Schloss Bellevue seine Aufwartung macht: „Ich stand ganz hinten, fast an der Tür, setzen wollte ich mich nicht, das war alles so komisch, eine Gereiztheit, ein Überanstrengungswille, so ging oder so geht man zu Hof ..." Ebenfalls in den Tagebüchern kommt aber auch in aller Ausführlichkeit Einars Besuch bei Golo Mann in Kilchberg vor, das Wiedererkennen einer „bestimmten Deutschen Kultur", auf die der Gast sehnsüchtig reagiert, die umständliche Sorgfalt des Gastgebers – „irgendwie war das auch mein Vater in Hauslatschen, nur die Güte selbst" –, das Abflauen der klammen Situation und das wachsende Vertrauen, das sich dann offenbar hergestellt hat: „Denn nach diesem Besuch war der Damm zwischen uns gebrochen." Der verehrte Professor blieb von der Abwertung verschont, die für den Humanisten Schleef beim Rückblick auf seine Mitmenschen so charakteristisch ist.

Für das Treffen in meiner Wohnung gab es den sachlichen Grund. Die beiden Männer wussten auf Anhieb, dass sie einander nicht würden ausweichen können. Also ließ der Einar im Türrahmen seine dräuende Haltung fahren und der Günther in den Biedermeier-Polstern den Charme des Generalstäblers spielen. An der Kooperation führte kein Weg vorbei. Eine genaue Auskunft über das, was der dem Osten entsprungene Schleef für sein West-Debüt plante, fehlte bis zu dem Abend der Voraufführung am 22. Februar 1986. Erst in dem Augenblick, als die Szene in illusionsloser Helle dalag und die Riege der alten Frauen, in Tutus gesteckt und mit Äxten bewaffnet, aus dem Schatten des eisernen Vorhangs heraustrat, lüftete sich das Geheimnis. Sämtliche Bequemlichkeiten waren aus dem Theater entfernt worden. Im Zuschauerraum fehlten die Stühle und auf der Bühne nicht nur die Möbel, sondern auch die häuslichen und familiären Situationen im gewohnten Rahmen. Die Bretter waren der öffentliche Raum ohne die geringste Chance, sich aus ihm in eine exklusive Nische zurückzuziehen. Mit der Intimität, den Privilegien, der Privatsphäre und den Privatpersonen war Schluss. So gnadenlos, wie Jesus die Händler aus dem Tempel vertreibt, hatte der Regisseur die Seelenkrämer vom Schauplatz gescheucht, die Individuen, unsere Wahlverwandten, das Identifikationspersonal. An die Stelle der Ich-Figuren traten die Heroen und an die Stelle ihrer Gegenspieler der Chor, die Horde und die Bande beziehungsweise das Militär, die uniformierte Klasse im Gleichschritt mit der Bevölkerung oder im Anmarsch gegen das Weibervolk. Der Frankfurter Einstieg hatte den Titel „Mütter". Vorgeführt wurde eine Antiken-Collage, die das Publikum in die beiden unvereinbaren Lager der Befürworter und Gegner teilte und dem Intendanten bestätigte, dass die Wahl richtig gewesen war. Einar Schleef hatte für seinen Durchbruch einen Abend gebraucht. Die Menge an Zuschauern, die er verschreckte, machte er durch das Interesse wett, das er dem Haus verschaffte.

In den folgenden Spielzeiten hielt er an seinen Errungenschaften ebenso fest wie die Kritik an ihren Verrissen. Außer der deutschen Keule „Nazi-Theater" wurde die künstlerische Herabwürdigung bemüht: Dilettantentheater, Laienspielschar, Gruppengymnastik. Schleefs Disqualifizierung sollte am besten über den Entzug der fachlichen Achtung erfolgen, wie ihn der Wortführer in der „Frankfurter Rundschau" vollzog: Schleef, der vom Theater nichts versteht, instinktlos mit den Stücken umgeht und an den Menschen uninteressiert ist, dem die Figuren nichts sagen und die Darsteller nichts bedeuten. Also eine Niete als Regisseur. Wäre es mit solchen Worten gelungen, ihn aus dem Engagement zu drängen, hätte man ihn nicht mehr zu fürchten brauchen.

Dem beugte das Theatertreffen vor. Einars Berufung zu dem Festival nach Berlin war das entscheidende Signal. Eine Spielzeit hatte man abgewartet, in der zweiten sich aber schon zu der Nominierung entschlossen. 1988 wurde das Schauspiel Frankfurt mit Schleefs Inszenierung von Gerhart Hauptmanns dramatischem Erstling „Vor Sonnenaufgang", dem Skandalstück von vor hundert Jahren, zur Teilnahme eingeladen und forderte die Rezensenten zu Superlativen heraus. „Ein wahrhaft schrecklicher Abend", ist die ehrliche Meinung von Friedrich Luft. Man habe aus dem Publikum böse Zwischenrufe, höhnisches Gelächter und Verlautbarungen deutlichen Ekels vernommen – „aber eben auch heißen Applaus". West-Berlins Theaterkritiker Nummer eins, seit 1945 im Dienst, forderte die Juroren auf, ihre Auswahl zu rechtfertigen, und bekam von ihnen die Antwort, der Gewinn des Schleef'schen „Furor teutonicus" sei noch ungewiss, vorübergehen und vorübersehen könne man an ihm jedoch nicht. Das dazugehörige Lächeln galt der Zukunft. Den Propheten schwebte für den Aggressor eine Karriere zugunsten der Erneuerung des Theaters vor: „So oder so." Das Etikett „umstrittenster Regisseur des deutschsprachigen Theaters", das ihm erhalten blieb, stimmte mit den Krisen und Krächen überein, die er leidvoll erzeugte, aber passte auch zu dem Kult, der sich um den Namen und die Person ballte. Die weiteren Theatertreffen-Nominierungen dienten der Bestätigung: 1993 Schleefs Uraufführung von Hochhuths „Wessis in Weimar" am Berliner Ensemble und 1998 zwei Schleef-Inszenierungen gleichzeitig,

die Wiener Uraufführung von Elfriede Jelineks „Sportstück" und aus Düsseldorf „Salome" von Oscar Wilde.
Das Schleef-Theater, das sich am Schauspiel Frankfurt zwischen 1985 und 1989 im Verlauf von sechs Produktionen herausgebildet hatte, nahm schließlich unübersehbar in aller Öffentlichkeit Einars Gestalt an. Der Regisseur kam, wie es vormals Fritz Kortner und Gustaf Gründgens getan haben, als sein eigener Hauptdarsteller auf die Bühne, zunächst am Berliner Ensemble, Schleef als der Gutsherr Puntila in dem Brecht-Stück, dann aber am Deutschen Theater Schleef einfach als Schleef, der Stotterer aus Sangerhausen, der sich an eine einstündige Nietzsche-Rezitation kettet: „Ecce homo". In Elfriede Jelineks Stück „Macht nichts" sollte er der Wanderer sein.
Ein festes Engagement war ihm nach Frankfurt nicht mehr beschieden. Im Rückblick bezeichnet er die dortigen Jahre als seine beste Zeit und räsoniert an anderer Stelle über das Leidwesen desjenigen, der nirgendwo dazugehört: „Die Außenseiterposition ist weder angestrebt noch beabsichtigt, sondern wird mir stets neu zugewiesen." Was die Insider jedoch nicht davon abhalte, sich bei ihm zu bedienen und die für ihn typischen, vormals verpönten Formen zu übernehmen, ohne deren Herkunft kenntlich zu machen. Sein Dissens mit seinem früheren Intendanten betraf die geschönten Erinnerungen: „Wie da Tatsachen verdreht und umfunktioniert wurden, immer mehr die gewünschte Gestalt annahmen, die Sieger verfertigen ihre Geschichte, da war ich nicht mit von der Partie."
Die Schelte ergießt sich in Einars Tagebüchern über Gerechte und Ungerechte, engste Mitarbeiter, Vertraute, Freunde und Wohlgesinnte und sogar über so bewährte Verehrerinnen wie Margret Hartung und mich. Die geistigen Väter und Mütter, die er sich da und dort erhoffte, stellten sich jedes Mal als eine Enttäuschung heraus. Dem Frankfurter Kritiker, der sein Chef-Verreißer gewesen war, zollte er am Ende mehr Achtung als dem Theaterchef, der ihn in den hauseigenen Publikationen am laufenden Band mit Kommentaren begleitet hatte. Dem Schleef-Biographen Wolfgang Behrens, der die Treue des Intendanten zu dem erratischen Bühnenkünstler als ein historisches Verdienst rühmt, stimmen die Tagebücher nicht zu. Dort wächst sich unser letzter gemeinsamer Abend zu einem Albtraum aus: „Sehr spät komme ich nach Hause, völlig fertig vom ewigen Harmonisieren, dem Bau einer Frankfurter Erinnerung, die ich nicht wie der Rühle im Kopf habe. Ihm und der Wirsing ist jedenfalls diese Zeit glorreich, mich würgt das Kotzen, so entziehe ich mich, lüge mit, poliere ihre Weltsicht, sehe mich in der letzten FAUST-Vorstellung verraten, wo ich für die Köhler einspringe, die zusammengebrochen abtransportiert wird, die Kulturreferentin gibt sich nach der Vorstellung die Ehre und versucht mich wegzulügen, dabei von Rühle völlig gedeckt." Aus anderen Tagebuchstellen geht hervor, dass die Kulturdezernentin Linda Reisch dem Regisseur Schleef eine Weiterarbeit am Schauspiel Frankfurt in Aussicht gestellt und er ihr kein Wort geglaubt hat: „Verlogenheit hat ein Gesicht, egal in welcher Partei, es sieht genau so aus."
Der 17. August 2001 war der heißeste Tag des Jahrzehnts und der Tag, an dem die Schleef-Gemeinde, Schauspieler, Choristen, Mitarbeiter, Zuschauer und Liebhaber, zur Beerdigung auf dem Friedhof in Sangerhausen am Grab der Familie Schleef zusammenkam. Das anschließende Beisammensein fand unter freiem Himmel am Fuß des Kyffhäuser statt, Gabriele Gerecke nun in der Rolle der verwitweten Gastgeberin. Ihre Trennung von Schleef war mehrere Jahre her. Am 21. Juli 2001 war er einsam in einem Berliner Krankenhaus gestorben, von keinen Angehörigen vermisst, so dass die Nachricht von seinem Tod beinah zwei Wochen bis zu ihrem Bekanntwerden brauchte. Später am Abend, nachdem die Hitze abgeflaut war, kehrten wir zu zweit für einen Abschiedsbesuch zu dem Grab zurück, das jetzt still mit seinen Kränzen dalag, ein Reihengrab zwischen den anderen Gräbern, vor dem wir standen. Beim Weggehen drehte sich der Günther noch einmal um, hob grüßend die Hand und sagte zu dem Kameraden unten: „Auf Wiedersehen Einar."

Sibylle Wirsing, langjährige „FAZ"-Redakteurin und Theaterkritikerin, war Jurymitglied für das Theatertreffen 1981 bis 1984.

BIBIANA BEGLAU
FÜNFZIG JAHRE – SCHON SO LANGE ODER ERST SO KURZ?

Theater haben wir doch schon immer gemacht: im Haushalt mit Bratpfannenwerfen und Tellerknallen ohne Geld oder auf der Bühne gegen Geld, dann sind auch die Bierkrüge aus Zuckerglas und der Mond ist aus Papier.

Und worum geht es? Aus Scham zu flüstern, aus Verzweiflung zu schreien, aus Liebe zu stöhnen, aus Angst zu zittern, aus Sehnsucht zu seufzen und das natürlich sehr ästhetisch und intellektuell untermauert. Ein ganzes Leben in echt, eingesperrte Stunden zwischen Sperrholzwänden. Die Wirklichkeit ist grauer. Wände aus Stein zittern nicht beim Schrei der Ismene und die Türen werden nicht grausig grün, wenn ein Faust eintritt.

Im Theater tritt der Vatergeist Hamlets in Person eines älteren Kollegen oder heute vielleicht – und warum nicht – einer Kollegin auf, der uns sonst nur in unseren Träumen heimsucht.

Im Leben wirft sich niemand wie Sascha in „Iwanow" – naiv und reizend, ein Mensch, den man begehrt – uns entgegen. Nachts im Traum taucht so ein Mensch vielleicht in unsren privaten Betten auf oder er bestürmt uns eben auf der Bühne.

Im besten Fall bleibt, wenn wir das Theater verlassen, ein starkes Gefühl, eine warme oder kalte Hand, welche uns in die Wirbelsäule gefasst hat und zudrückt.

Christoph Schlingensief hat mal gesagt, alles, was wir uns vorstellen können, gibt es, also können wir alles machen: alle Bilder, alle Formen mit und ohne Sprache oder nur noch Sprache oder Bild.

Theater als Abgleich zweier Welten in ewiger Wiederholung der Lesbarkeit von Gefühlen, als müssten wir die gleichen Geschichten immer wieder erzählen, weil nichts passiert im Leben oder zu viel passiert zwischen dem Moment von Bewusstwerden und Demenz.

Ist es Unterhaltung oder eine Art Voodoo, die da seit fünfzig Jahren die zehn „besten" Inszenierungen von Träumen und Alpträumen, von Alltag und Haushalt auszeichnet? Oft ist es wohl Politik, diese Maschine mit dem großen Markt „Theater" zu füttern, der bezahlt ist von öffentlichen Geldern, weil eine Gesellschaft sich uns leistet, sich uns leisten will.

Politik in dem Sinne, dass ein Intendant Wind unter die Flügel braucht oder ein Theater in der Diskussion um Schließung mit einer Einladung zum Theatertreffen nochmals eine Lebensberechtigung bekommt, ein Aufzeigen in der Kulturlandschaft – „Theater muss sein!", „Jedes Theater wird gebraucht in jeder Stadt". Oder ist es eine rein künstlerische Wahl, welche auszeichnet, was auf der Bühne passiert? Warum haben es die Borderliner, die Theater am Rande, die oft freier funktionieren können, weil sie nicht einem Spielplan folgen müssen, der auch einem allgemeinen Geschmack und dem Feuilleton gerecht wird, so viel schwerer, in die Auswahl zu fallen?

Wie es auch sei bei all den Fragen: Theater MUSS nicht sein, ES IST. Und das schon seit es Menschen gibt, die Geschichten haben und Geschichte sind, gute wie schlechte. Also Theatertreffen fünfzig Jahre, treffen wir uns weiter … wählt was ihr wollt und wie es euch gefällt … die anderen gibt es sowieso. Ob nun Kunst, Politik, Unterhaltung, Begeisterung und Fremdschämen, des Königs Narren wird es immer geben.

PS: Wer mir fehlt? Klaus Michael Grüber, Einar Schleef, Christoph Schlingensief, Thomas Brasch, Heiner Müller.

PPS.: Und wann schreibst du mal wieder was für uns zum Aufsagen, Rainald Goetz?

Bibiana Beglau arbeitete u.a. mit Christoph Schlingensief, Einar Schleef, Falk Richter, Thomas Ostermeier, Frank Castorf, Dimiter Gotscheff, Sebastian Nübling und Martin Kušej. Seit 2011 ist sie Ensemblemitglied am Münchner Residenztheater. Sie ist in zahlreichen Kino- und Fernsehfilmen zu sehen. Für ihre Hauptrolle in Volker Schlöndorffs „Die Stille nach dem Schuss" wurde sie 2000 bei der Berlinale als beste Darstellerin ausgezeichnet. Beim Theatertreffen zu sehen war sie 1998 mit Einar Schleefs „Salome" aus Düsseldorf, 2000 mit Falk Richters Kampnagel-Produktion „Nothing Hurts", 2001 in Schlingensiefs Zürcher „Hamlet"/ Rechtsradikalen-Aussteigerprojekt (RAUS) und 2003 in Frank Castorfs „Trauer muss Elektra tragen" ebenfalls aus Zürich.

JAN HEIN
DIE BANK ODER BLICK ÜBERS TAL
Ein Ort auf der Rückseite

Auf der Rückseite des Hauses der Berliner Festspiele, linker Hand vom Bühneneingang, steht eine Bank. Man könnte sie auch einfach übersehen im Vorbeilaufen. Oder auf ihr sitzen und keine Notiz von ihr nehmen. Ein ausgesprochen schöner Platz ist sie nicht.
Im Rücken das ganze Theater mit Pförtnerloge, Gängen, Türen, Garderoben, Treppen, Büros, Foyers, Zuschauerraum, Seiten- und Hauptbühne, blickt man von der Bank auf Fahrradständer, ein paar Bäume und Büsche, einen Aschenbecher, ein Parkhaus und die graugrüne Fläche des Parkplatzes aus wasserdurchlässigen, gelöcherten Pflastersteinen, durch die Gras wächst.
– Kennen Sie die Bank? Da werde ich sein.
Die Bank wurde für mich zu einem Ort. Sie wurde für mich zu einem Ort an einem Abend im Mai durch eine Verabredung während des Theatertreffens. Die Verabredungen dort wiederholten sich.
Man konnte Platz nehmen auf der Bank, an einem Abend im Mai, es war ruhig, scheinbar geschützt, wie abgewandt, während eine seiner eingeladenen Inszenierungen lief.
Man konnte mit dem Fahrrad kommen, es im Ständer abstellen und dort Platz nehmen, und im Hintergrund lief seine Inszenierung.
– Ich schau ja so gern aus dem Fenster.
Man konnte mit dem Hund kommen und seine Inszenierung lief.
Man konnte dort sitzen und ein wenig sprechen oder schweigen, kaum über Theater, nur indirekt, genau und ohne Meinung, und im Rücken lief seine eingeladene Inszenierung.
– Ein französischer Filmemacher, den Namen habe ich vergessen, hat zehn, zwölf Jahre an seinem neuen Film gearbeitet – geschrieben, gedreht, geschnitten. Dann kam es tatsächlich zu einer öffentlichen Vorführung. Er lud in ein Kino ein in Paris und zeigte seinen Film. In demselben Augenblick, in dem er seinen Film dem Publikum zeigte, ließ er ihn von der Filmrolle in ein Säurebad laufen, so dass er sich auflöste.
Man konnte dort Platz nehmen auf der Bank, in die Bäume und Büsche, auf die Autos, das Gras, das Parkhaus blicken, oder in den Himmel an solchen Abenden im Mai, und seine Inszenierung lief.
Man konnte dort sitzen und hinter einem, im Rücken, spielten deutlich spürbar zur gleichen Zeit die Schauspieler, spielten ein Stück von Gorki oder Shakespeare, Schimmelpfennig oder Tschechow.

– Die Liebe macht den Mai.
Man konnte dort sitzen, die Schauspieler spielten, und die Zuschauer blickten auf die Bühne.
Die Verabredungen auf der Bank können nicht mehr getroffen werden.
Man kann noch immer dort Platz nehmen, auf der Bank, nicht nur an einem Abend im Mai.
Man kann dort sitzen und sich immer noch an seine Inszenierungen erinnern.
Aus Dank habe ich demjenigen, der mir die Bank auf der Rückseite des Hauses der Berliner Festspiele an Abenden im Mai zu diesem Ort machte, Barbara Honigmanns Buch „Blick übers Tal" geschenkt, in dem eine Bank nicht vorkommt.
Man kann dort weiterhin sitzen und sich vorstellen, über das Tal zu blicken.

Jan Hein, derzeit Dramaturg in Elternzeit am Schauspiel Köln (Intendanz Karin Beier), ist ab der Spielzeit 2013/14 Leitender Dramaturg am Schauspiel Stuttgart (Intendanz Armin Petras).

DIRK PILZ

WER DARF SPRECHEN?
Mit der digitalen Welt wird nicht alles anders in der Theaterkritik – aber manches neu verhandelt

Das Internet lässt sich nicht abschalten, auch nicht der Internet-Journalismus. Das ist eine Binse, aber deshalb noch lange nicht verstanden. Es gibt ja weiterhin die Leute, besonders im Theaterbetrieb, für die es hier um einen Glaubenskrieg geht: neue gegen alte Medien, richtiger Journalismus gegen falschen, Shitstorm gegen Seriosität. Sie werden weniger, langsam.

Aber das besagt nicht viel. Es gäbe Gründe, das Internet abzuschaffen. Es gibt auch Gründe, die Erfindung des Buch- und Zeitungsdrucks zurückzunehmen – es wird so viel Unsinn auf Papier fabriziert, so viel Schmutz und Schmuddel, nicht nur in BILD & Co., sondern auch dort, wo man sich qualitätsmäßig auf der sicheren Seite wähnt. Es kommt immer und überall darauf an, was mit Medien gemacht wird. Was man sagt und wie.

Das sind alte Fragen. „Wie viele der kostbaren Werke der Antike gingen verloren, als sie nur als Handschrift existierten! Ist bisher ein einziges verloren gegangen, seit die Kunst des Buchdrucks die Vervielfältigung und Verbreitung von Kopien ermöglicht?" Aber ach, „täglich erscheinen neue Bücher, Pamphlete, Paradoxa, Meinungen, Irrlehren". Wer kaum in der Lage sei, eine Feder zu halten, müsse unbedingt schreiben und sich einen Namen machen, und wie viele schrieben nur, „um zu zeigen, dass sie noch am Leben sind" – aus Druck- würden so lauter Dreckerzeugnisse. Der erste Satz, der Lob des Buchdrucks, ist vom dritten US-Präsidenten Thomas Jefferson überliefert, der zweite, die Klage, in Robert Burtons „Anatomie der Melancholie" zu finden, sie erschien 1621.

Das sind die üblichen Begleitgeräusche eines Kulturwandels, man hört sie heute wieder allerorten. Aleida Assmann, die große Dame der Gedächtnisforschung, wies schon 1999 in ihrer Kulturgeschichte „Erinnerungsräume" darauf hin, dass Medien keine technischen Hilfsmittel sind – sie erschaffen das, was uns als Vergangenheit und Gegenwart entgegentritt. Erinnern, Vergessen, Wahrnehmen sind anhand von Medien gelernte Kulturtechniken. Kein Kulturwandel lässt sich deshalb in moralischen Kategorien, schon gar nicht in den schlichten Schemata von Fort- oder Rückschrittsvorstellungen einfangen.

Als im Rahmen des Theatertreffens 2005 erstmals die Theatertreffen-Zeitung erschien, gingen wir viel ins Theater, stritten und freuten uns, bastelten am Layout, sprachen mit den Künstlern und diskutierten ausführlich über jeden einzelnen Text, der gedruckt wurde. Seit es den Theatertreffen-Blog gibt, seit 2009, gehen wir viel ins Theater, streiten und freuen uns, erstellen Videos und Audiodateien, sprechen mit den Künstlern und diskutieren ausführlich über jeden Beitrag, der online gestellt wird. Es gibt Unterschiede, sie sind jedoch nicht in der Intensität und Ernsthaftigkeit in der Auseinandersetzung mit dem Theater zu finden. Kritik heißt immer, etwas unterscheiden, Differenzen erkennen und erfassen können. Es heißt, Unterschiede zu erwarten, auch Unterschiede von der eigenen Erwartung, vom eigenen vermeintlichen Bescheidwissen. Das ist keine Frage des Publikationsortes, sondern der Haltung.

Aber Theaterkritik im Netz bedeutet, nicht nur mit der Schriftsprache, sondern auch mit Filmen und Tonaufnahmen zu arbeiten, also mehr Möglichkeiten zu haben, ein Format zu wählen – nicht nur die Theaterformen, auch die Weisen der kritischen Reflexion differenzieren sich aus. Einerseits. Anderseits rechnet Kritik im Netz mit Gegenmeinungen, Hinzufügungen und Zurückweisungen seitens der Leser. Das ist anstrengend, aber gewollt. Denn solche Kritik nimmt Abschied von den aristokratischen Richterstühlen der Urteilsverkündigung; sie hat den Glauben an den Kritiker als Zeugnisverteiler verloren, rechnet entsprechend mit der eigenen Irrtumsanfälligkeit, will das Publikum nicht nur wahr-, sondern auch ernst nehmen. Die Frage, wer öffentlich über Theater sprechen darf, hält sie nicht für abschließend beantwortet. Solche Kritik macht sich die Einsicht zu eigen, dass es keinen in Stein gemeißelten Kriterienkatalog gibt, an dem sich ablesen ließe, was und wo Qualität ist – es entscheidet sich mit jedem einzelnen Text oder Film oder Audiobeitrag wieder neu. Mit jedem, überall. Nicht der Ort des Erscheinens entscheidet darüber, sondern das, was und wie man es zu sagen hat.

Auch das ist: eine Binse. Eigentlich. Aber zum Medienwandel gehört auch, dass die Selbstverständlichkeiten neu verhandelt werden.

Dirk Pilz, Redakteur im Feuilleton der „Berliner Zeitung", Mitbegründer und Redakteur von „nachtkritik.de", ist seit der Gründung der Theatertreffen-Zeitung 2005 und des Theatertreffen-Blogs 2009 Mentor der jährlich jeweils wechselnden Redaktion.

Zeichnung von Hamed Eshrat, Designer, freischaffender Künstler und Autor in Berlin (www.eshrat.tumblr.com). Seine Graphic Novel „Tipping Point – Téhéran 1979" befasst sich aus der Sicht seiner Familie mit dem politischen Umbruch im Iran der siebziger Jahre. Beim Theatertreffen 2012 war er Redakteur des Theatertreffen-Blogs, das er in seiner Zeichnung porträtiert.

TOBI MÜLLER
DIE SOUVERÄNITÄT DER ALTEN. BERICHT EINES EX-JURORS

In einem Land vor unserer Zeit: Das Paradies hieß Westdeutschland, das Fest nannte sich Theatertreffen, ausgerichtet in einer Stadt namens West-Berlin, die hochsubventioniert war und von einer Mauer geschützt gegen allerlei Unsitten wie überhitzten Fleiß oder gegelte Effizienz. Begriffe wie Reform oder Beratung rochen entweder nach Sozialismus oder Sekte. „Leistung? Wo kann ich die beantragen?", war ein beliebter Kalauer in dieser später vom Mauerfall verschütteten Stadt. Es war auch die Zeit, als tariflich angestellte Theaterkritiker oder Freie mit fürstlichen Honoraren – beides kein Witz! – lange und wiederholt in der Theatertreffen-Jury saßen. Wenn die Herren die Endauswahl für das Theatertreffen nicht gar bei Eisbein und Sauerkraut diskutierten, dann bestimmt bei ein paar Flaschen Wein. Manche reisten vielleicht zu 35 Aufführungen, bei etwas jüngeren Juroren mögen es auch mal 50 gewesen sein.

Als ich in den nuller Jahren für drei Jahre Teil der Jury war, sahen die bereits amtsmüden Kollegen so um die 80 und die nervösen gut 120 Aufführungen pro Theatertreffen-Jahrgang. Es gibt Gerüchte, dass der Rekord bei über 140 Aufführungen liegt. Dieses Leben im Niedriglohn-Jet Set zwischen Konstanz und Flensburg muss im zerknitterten Kritikersakko erst einmal körperlich wie künstlerisch überstanden werden. Bevor man sich nun Gedanken machen könnte über vernachlässigte Partner oder gar Kinder, folgt die Verwaltung auf dem Fuß. Denn jeder Juror muss seine Visiten schleunigst in einem Hochsicherheits-Blog beschreiben. Bleiben die kleinen Reportagen aus, dürfen die Reisekosten nicht abgerechnet werden. Wer jetzt noch ans Trinken, ans Essen, überhaupt an Spaß oder Genuss denken kann, hat sehr individuelle Vorlieben. Allenfalls lustvoll ist in der Regel nur noch der Griff zum Fencheltee. Danach Joggen.

Warum man das überhaupt auf sich nimmt? Nun, der Konzern, der Konzern, der hat immer recht: So richtig voll und fest angestellt ist kaum ein Juror mehr, die vom Bund bezahlten TT-Reisen kommen mehr als gelegen, um gegenüber den Redaktionen, und sei es die eigene, nicht frech werden zu müssen und nach Spesen zu fragen. Das ist fast eine Umkehrung: Früher wurde man in die Jury berufen, weil einem Fachkompetenz zugeschrieben wurde, heute kann man die Fachkompetenz nur halten, wenn man immer wieder in der Jury sitzt und somit reisen kann – immer noch eine Grundvoraussetzung, um einer analogen Kunst wie dem Sprechtheater folgen zu können. Eine Grundvoraussetzung allerdings, für die kein in der Jury vertretenes Medium mehr alleine sorgen kann oder will. Die Zeit in der Jury war wichtiger Teil meiner Sehschule, sponsored by Bundeskulturstiftung und BMW. Die lässigen, ich stelle mir vor, aufbrausenden Kritikerfürsten von früher sind einer Schar höflicher Vermittler mit Sportschuhen im Gepäck gewichen, vermutlich gerade so, wie ich einer war. Was durch diese Transformation des Berufes hindurch seltsamerweise unverrückbar blieb, ist der Ruf des Kritikers – vielmehr der Kritiker-Jury. Am Publikum vorbei, schlecht gelaunt, inzestuös und elitär seien die Kritiker, sagen Politiker hinter vorgehaltener Hand. Und nach dem dritten Bier hört man von Theaterschaffenden oft, Kritiker hätten eh keine Ahnung „von dem, was wir hier machen", meinen damit aber nicht das Biertrinken, sondern die Kunst. Es hat deshalb immer wieder Versuche gegeben, die Kritikerjury abzuschaffen, gestern wie heute. Einmal saß ich selbst in der Jury und schaute zu, wie alte Verbindungen eines Jurors ins Regierungslager die Wogen glätten konnten. Filz war mir durchaus vertraut aus der Schweiz. Aber wie man je hat darauf kommen können, eine Jury mit Autoren und Regisseuren zu besetzen, ist mir bis heute ein Rätsel (es hat auch nie gut geklappt). Ein derart kollegenkuscheliges, gerade daran erkennbar angstbesetztes System wie das Theater, wo jeder Zweite ein potenzieller Arbeitgeber ist, sollte die Sanktionierung seiner Spitzen anderen überlassen.

Ich wünsche mir nicht die Mauer zurück, schon gar nicht die alte BRD, die ich sowieso nur aus dem Fernsehen kenne. Aber die Gelassenheit dieser alten, bestimmt oft selbstgefälligen Kritiker, die ihrem Urteil aber immerhin vertrauten und nicht jeden zweiten Tag in einer Aufführung sitzen mussten, diese Coolness sah wahrscheinlich besser aus als der Fleiß des dauerschauenden Kritikers, der sein Selbstverständnis vor allem daraus zieht, genauso viel zu arbeiten wie sein alter Kumpel, der Unternehmensberater, wenn auch für einen Bruchteil von dessen Lohn.

Tobi Müller, Kulturjournalist, studierte in Zürich und Berlin und arbeitete als Redakteur beim Zürcher „Tagesanzeiger" und beim Schweizer Fernsehen, seit 2009 freischaffend in Berlin. Neben der journalistischen Arbeit stehen Tätigkeiten als Juror, Moderator, Kurator, Dramaturg und Theaterautor. Er war 2012 Alleinjuror für die Autorentheatertage des Deutschen Theaters Berlin und 2004 bis 2006 in der Jury des Theatertreffens.

MATTHIAS LILIENTHAL
عيد ميلاد سعيد

Geburtstage sind immer ein Grund zu gratulieren. Das tue ich gerne. Viele von meinen ersten Seherfahrungen habe ich auch dem Theatertreffen zu verdanken: Frühe Zadek-Inszenierungen hätte ich sonst verpasst. Meine erste einschneidende Begegnung mit dem Theatertreffen war meine geheime Begegnung mit Claus Peymann. Ich wollte unbedingt in seine „Faust"-Inszenierung. Die war damals sagenumwoben: Peymann war gerade in Stuttgart rausgeflogen, weil er für den Zahnersatz von Gudrun Ensslin gespendet hatte. Mir war es gelungen, mich durch den Bühneneingang reinzuschummeln, der damalige Leiter hatte mich rausgeschmissen und Peymann hatte mich wieder eingelassen. Dafür war ich ihm mit sechzehn sehr dankbar. Man hatte den Eindruck, dass viele Theaterdiskussionen sich beim Treffen in Berlin bündelten.

In meinem gegenwärtigen Leben in Beirut wohnend und immer wieder um die Welt reisend, sitze ich gerade auf dem Flughafen in Doha. Morgens um fünf. Beim Theatertreffen und im deutschen Stadttheater ist die Welt immer noch vor allem deutsch. In Beirut ist schon die Sprache etwas, das ungewiss und mit vielen Bedeutungen aufgeladen ist: Die alte christliche Bourgeoisie spricht eigentlich nur Französisch, und meine Chefin spielt den Agent Provocateur, indem sie Reden nur auf Arabisch hält, während alle anderen Englisch sprechen. Auch wenn Rabih Mroué und sie korrespondieren, tun sie das auf Englisch. Arabisch zu schreiben ist viel zu anstrengend. Die Kunstszene orientiert sich deutlich an New York, Los Angeles und London.
Wenn ich dann in drei Stunden nach Hause komme, muss ich erst mal den Strom für die Dusche andrehen und hoffen, dass nicht gerade Stromsperre ist. Am Flughafen werde ich mich zuvor mit fünf Taxifahrern um den Preis gestritten haben – auf Arabisch, Englisch und Französisch.
In Tokio im Kaufhaus gab es deutschen Baumkuchen. Japaner lieben Baumkuchen. Die Firma kenne ich nicht, ist wahrscheinlich eine japanische mit deutschem Namen.
Die Vorstellung, wieder in einem Stadttheater zu landen und die freundliche Annehmlichkeit einer Stadtverwaltung zu genießen, nimmt sich da schon komisch aus.
Diesmal hat das Theatertreffen auch eine Inszenierung von Jérôme Bel eingeladen, die sich vielem öffnet – thematisch und in ihrer Produktionsstruktur. Aber kaum jemand führt ernsthaft und übergreifend die Diskussion: Wie kann die Theaterstruktur so angepasst werden, dass mehr Produktionen zustande kommen, die international touren? Wie können neue Projekte gedacht werden, die sich ihre Produktionsbedingungen entsprechend dem eigenen Bedarf schaffen? Denn die Welt ändert sich rasant, da muss auch das Theater raus aus seinen Verkrustungen.
Kinofilme schaut man hauptsächlich auf dem Tablet-Computer, in Beirut gucke ich alle Filme schon früher als in Deutschland, weil der Raubkopierer um die Ecke sie schon hat. Die Kulturpolitiker in Deutschland quatsche ich voll mit der Idee eines Performance-Instituts zwischen Bildender Kunst, Kino und Theater, das überholte Genregrenzen sprengt und dafür neue Produktionsorte braucht. Viele finden das interessant, und beim nächsten Treffen heißt es, dass man sehr froh sei, das erhalten zu können, was bereits vorhanden ist.

Und auch ich freue mich sehr auf das nächste Theatertreffen und auf möglichst viel japanischen Baumkuchen.

Matthias Lilienthal, 1988 bis 1991 bei Frank Baumbauer Dramaturg am Theater Basel, anschließend bis 1998 Chefdramaturg an der Volksbühne bei Frank Castorf, 2002 Programmdirektor für Theater der Welt, übernahm 2003 die drei Spielstätten des Theaters Hebbel am Ufer in Berlin, das in den neun Jahren unter seiner Leitung als HAU 1 – 3 zu einem internationalen Theaterort wurde. Für 2014 hat er erneut die Programmdirektion für Theater der Welt übernommen. Zur Zeit unterrichtet Lilienthal in Beirut am Ashkal Alwan und produziert „X-Wohnungen" (Mai 2013).

CHRIS KONDEK
DER NEUE STURM

(Meeresrauschen)

– Ein Sturm, ein Sturm! Gott hilf uns, ein neuer Sturm!

(Klack)

– Gott hilf uns! Ein neuer Sturm! Hussa, Kinder! Munter, munter, Kinder! Schnell, Schnell!

– Blas nur, Sturm! Bis dir die Luft ausgeht!

– Pack zu! Tüchtig tüchtig!   – Oder wir stranden!

– Habt ihr Lust unterzugehen?
– Aus dem Weg!

– Was ist das hier? – Solln wir's aufgeben? – Und ersaufen?

– Wer hat hier das Sagen?
– Steht alle euren Mann!

– Wir scheitern!
– Wir scheitern!
– Wir scheitern!

– Der Wille des Himmels geschehe. Aber ich würde lieber eines trockenen Todes sterben.

Chris Kondek arbeitete von 1989 bis 1999 als Videodesigner der New Yorker Wooster Group sowie für Laurie Anderson, Robert Wilson und Michael Nyman. Seit 1999 lebt und arbeitet er schwerpunktmäßig in Deutschland, u. a. mit Jossi Wieler, Sebastian Baumgarten, René Pollesch, Armin Petras, Rimini Protokoll, Meg Stuart und Stefan Pucher, dessen „Sturm"-Inszenierung mit Videos von Kondek 2008 beim Theatertreffen zu sehen war. Seit 2003 entstand eine Reihe eigener Theaterarbeiten, darunter die Börsenperformance „Dead Cat Bounce" und „Money – It Came From Outer Space", ausgezeichnet mit dem Preis des Goethe Instituts beim Festival Politik im Freien Theater 2011.

MIEKE MATZKE
FLAMINGOS AUF DER PINGUINPARTY
She She Pop beim Theatertreffen 2011

Nach einem Zwölf-Stunden-Flug landeten wir um acht Uhr morgens in Tokio, um zum ersten Mal unsere Inszenierung „Testament" außerhalb Europas zu zeigen. Empfangen wurden wir von den japanischen Festivalmachern, die uns freudestrahlend die Twitter-Nachricht unter die Nase hielten, dass She She Pop zum Berliner Theatertreffen eingeladen worden sei. Die beiden freuten sich mit uns. Dass sie das Theatertreffen überhaupt kannten und es für so wichtig hielten, um uns sofort nach der Ankunft über die Einladung zu unterrichten, hat uns ebenso erstaunt wie dass die Nachricht schneller um den Erdball war als wir selbst.

Für uns war das Theatertreffen zu diesem Zeitpunkt nicht besonders wichtig. In unserer Wahrnehmung wurden dort Drameninterpretationen von meist männlichen Regisseuren gezeigt, die an großen Stadttheatern entstanden waren. Das hatte nichts mit unserer Form von Theater zu tun. Die Male, in denen eine von uns eine Vorstellung besucht hatte, ließen sich an einer Hand abzählen. Sicher: Christoph Schlingensief, Meg Stuart, René Pollesch oder Rimini Protokoll waren dort gewesen – eine Liste, in die wir uns sehr gern einreihten. Aber die eingeladenen Arbeiten waren alle an großen Häusern oder Festivals entstanden und in einer Form von klassischer Regiearbeit. Wir hingegen entwickeln und zeigen unsere Inszenierungen als Kollektiv an wechselnden Produktionshäusern. Produziert wird ohne jede traditionelle Arbeitsteilung. Jede übernimmt mal die Position der Autorin und Regisseurin, genauso wie jede von uns auch auf der Bühne steht. Wir entwerfen – oft gemeinsam mit anderen Künstlerinnen – unsere Bühnenbilder und Kostüme, wir schreiben Pressetexte, machen Finanzpläne. Diese unhierarchische und politisch verstandene Form des Theatermachens steht in direkter Opposition zu den Arbeitsstrukturen an den Stadttheatern, die das Theatertreffen dominieren.

Bei der Eröffnung des Theatertreffens im Mai fragte uns dann ein Journalist: „Na, meine Damen, fühlen Sie sich gut als Flamingos auf einer Pinguinparty? Und überhaupt: Sind Sie dort angekommen, wo Sie immer hinwollten?" Die erste Frage beantworteten wir mit Ja, die zweite mit Nein. Aber diese Fragen begleiteten uns durch die nächsten Tage während des Theatertreffens, in Gesprächen und Interviews. Nicht nur uns war das Theatertreffen fern, auch von außen wurden wir als anders wahrgenommen. Wir sind anders, weil wir keine Schauspielerinnen und keine Regisseurinnen sind. Unsere Theaterwelt ist eine andere als die des Theatertreffens: prekärer und internationaler. In den uns koproduzierenden Theatern, dem Hebbel am Ufer, Kampnagel oder Forum Freies Theater in Düsseldorf, auf internationalen Festivals, zu denen wir eingeladen werden, treffen wir Künstlerinnen und Künstler, die auf ähnliche Weise produzieren – ohne Verträge, von einer Förderung zur nächsten. Insofern konnten wir auch nicht mit der Einladung zum Theatertreffen auf dem Höhepunkt unserer Karriere angekommen sein, weil diese Einladung bisher gar kein Ziel war.

Doch das Theatertreffen kam zu uns. Wir spielten im Hebbel am Ufer und damit auf der Bühne, für die wir unser Stück produziert hatten. Und so war eine der interessanten Erfahrungen, dass zu unseren Aufführungen ein Publikum nach Kreuzberg kam, dort auf Bierbänken unter der Hochbahn saß, das dort zum ersten Mal war und sich sicher nicht zu Hause fühlte. Das Theatertreffen präsentierte sich damit so, wie der Kontext, in dem die Inszenierung entstanden war, es erforderte.

Zwei Monate später, im Juli 2011, spielten wir „Testament" dann auf dem Festival Impulse, das zeitgenössisches Freies Theater zeigt (und momentan aufgrund mangelnder Förderung vor dem Aus steht). Ironie der Geschichte: Der Preis, den es dort zu gewinnen gab, war ein Auftritt im Rahmenprogramm des Theatertreffens 2012. Erstaunlich: Niemand wunderte sich, dass wir diesen Preis nicht bekamen.
Auch wenn momentan die Grenzen zwischen Freier Szene und Stadttheater durchlässig werden, was unsere Einladung 2011 wie auch die von Gob Squad oder Milo Rau zum Theatertreffen 2012 zeigen, werden beide Theaterformen von Politik und Feuilletons immer noch nicht als gleichwertig wahrgenommen. Nicht nur das Theatertreffen muss sich also ändern.

Annemarie Matzke, Professorin für experimentelle Theaterformen an der Universität Hildesheim und Gründungsmitglied der Performance-Gruppe She She Pop, wurde 2011 mit der Inszenierung „Testament" zum Theatertreffen eingeladen. 2012 war sie Stückemarkt-Jurorin.

JUDITH ROSMAIR
QUO VADIS TT?

Der leere Raum. Unendliche Weiten. Wir schreiben das Jahr 2030. Seit vielen Jahren ist die TT-Enterprise mit ihrer 400 Mann starken Jury unterwegs, um neue Theaterwelten zu finden, neues Leben und neue Kultur-Zivilisationen zu erforschen. Sie dringt in Provinzen vor, die nie ein Mensch zuvor gesehen hat – Lichtjahre von Berlin entfernt.

Schon Ende der zehner Jahre wurden dem Festival ersatzlos die Mittel gestrichen, mit dem bewährten Argument, der Gründungsgedanke habe sich erledigt, ein deutschsprachiges Theaterfestival sei in einer Stadt, die sich als der „Flagship-Store der Internationalisierung" verstehe, kein Standortfaktor mehr. Der Theaterkosmos hatte sich sprunghaft globalisiert und war deutlich dunkler und kühler geworden. An manchen Tagen im Mai, wenn der Himmel besonders klar ist, sieht man die TT-Enterprise noch ihre Orbits drehen – unberufen und einsam.

In den großen Städten und in den vormals als Staatstheater bekannten Prunkimmobilien werden nun hauptsächlich XXL-Produktionen gezeigt. Die Veranstalter sind europäische Luxusmarken, die nach jahrelangem Sponsoring von den Intendanten führender Opernhäuser zur freundlichen Übernahme eingeladen wurden. Hin und wieder werden die Ergebnisse dieser Fusionen von Puristen noch als „Guccini" und „Pra Daviata" verspottet, sie sind aber bei Publikum wie Politik gleichermaßen beliebte Glamour-Zwitter.

Österreich buhlt mit dem Swarowski-Festival und lockt mit niedrigen Steuern die reichen Stars an die Zwing, das mächtigste Haus südlich der Donau. Die Daimler-Company tourt weltweit mit „Global Home". Innerhalb weniger Monate erleben der französische Prospero-Fonds und die meisten Dax-Bühnen dramatische Kursschwankungen durch An-, Aus- und Leerverkäufe ihrer Ensembles.

Doch eine Gruppe ehrenamtlicher Enthusiasten versucht, mithilfe einer schwäbischen Lotterie das Theatertreffen wieder auf einen reformierten und erreichbaren Boden zu stellen. Das neue Credo lautet zentrale Dezentralisation. Jury-Hinterbliebene verteidigen es mit Inbrunst: Theater ist lokal, regional und wird wie ein ausgezeichneter Käse nach altem Hausrezept mit Liebe in der Provinz gemacht. Jedem Käse sein eigenes Zentrum. Alle zwei bis drei Jahre erreicht ein Jury-Erbe zu Fuß eines der von unbeugsamen Theaterleuten betriebenen Schauspielhäuser in Greifswald, Oldenburg oder Biel-Solothurn. Er ist immer willkommen und er sieht, hier wird die Revolution geprobt. Es gibt Open Lectures und kostenlose einwöchige Konzerte, kollektiv von Regiestudenten entwickelte Performances und Panikräume, und für den Besucher ein herzhaftes Käsebrot aus eigener Herstellung. (Mit dem charakteristischen Loch im Zentrum.) Die Darstellungskunst reicht von psychologischen bis expressionistischen Spielweisen, regional auch bekannt als „ibsen" und „fritschen". Kurz: Es gibt nichts, was es nicht gibt in diesem Mikrokosmos, in dieser Keimzelle des neuen Theaters, in diesem Raum, der eine kleine Hütte ist.

Nachdenklich kaut der Jury-Hinterbliebene den letzten Bissen seines Käsebrots und denkt nicht unglücklich an die TT-Enterprise, die womöglich just in diesem Augenblick über ihm vorbeikreuzt – auf Heimatkurs?

Judith Rosmair spielte u. a. am Schauspielhaus Bochum, am Thalia Theater Hamburg und an der Schaubühne Berlin. 2007 wurde sie in der Kritikerumfrage der Zeitschrift „Theater heute" als Schauspielerin des Jahres ausgezeichnet. Beim Theatertreffen war sie im selben Jahr in zwei Rollen zu sehen: als Gudrun Ensslin in „Ulrike Maria Stuart" und als Dorine in „Tartuffe".

FRANZ WILLE

AUF UND ZU
Das Theatertreffen hat sich geöffnet

Das Gerücht, das Theatertreffen habe sich in den letzten zehn Jahren grundstürzend geöffnet, hält sich hartnäckig. Es habe neuen Inhalten, veränderten Theaterformen oder innovativen ästhetischen Paradigmen den Weg wenn nicht bereitet, so doch geebnet. Stimmt schon, 2002 war zum ersten Mal René Pollesch eingeladen, und zwar gleich mit seiner ganzen „Prater-Trilogie". Im selben Jahr hat sich auch Meg Stuart mit ihrer Damaged-Goods-Truppe und „Alibi" in Berlin verewigt. Im Jahr darauf dann das Doppel-Debüt von Fritz Kater und Armin Petras „zeit zu lieben zeit zu sterben". 2004 recherchierte sich Rimini Protokoll in die heiligen Hallen der zehn bemerkenswertesten Inszenierungen, und Alain Platel erstürmte sie mit seinem Mozart-Mix „Wolf". 2005 stand Christoph Schlingensief ante portas mit „Kunst und Gemüse", 2006 stellte sich Andres Veiel mit seiner ostdeutschen Provinz-Recherche „Der Kick" vor. 2008 verstörte die mehrtägige Lebens-Installation „Die Erscheinungen der Martha Rubin", 2010 empfingen Kelly Coppers und Pavol Liskas Nature Theater of Oklahoma mit „Life and Times 1" zu sozialistischer Gruppengymnastik mit amerikanischer Frühkindererfahrung. 2011 überschrieben die Altgießener She She Pop Shakespaeres „Lear" mit dem „Testament" ihrer Väter. 2012 zeigte Gob Squad lebensweise Greisenkinder in „Before Your Very Eyes", Milo Rau reenactete ruandische Mordpropaganda in „Hate Radio" und Vegard Vinge / Ida Müller feierten ihre Zwölf-Stunden-Ibsen-Performance „John Gabriel Borkman". Diese Aufzählung ist nur ein kleiner, unvollständiger Ausschnitt.

Stimmt schon, das Theatertreffen hat die ästhetischen Entwicklungen der nuller Jahre nicht verschlafen, hat Performance, Theaterinstallation, serielle Diskursdramatik, Musiktanztheater-Hybride nominiert, hat wichtige neue Regisseure vorgestellt, sich auf die Suche nach dem Dokumentarischen und Performativen begeben oder dem Poptheatralischen, was immer das so genau sein mag. Das Theatertreffen hat Freie Gruppen eingeladen jenseits des Stadttheater-Kanons und oft genug den Rahmen des tradierten deutschen Literaturaufführungstheaters wenn nicht gesprengt, so doch weit hinter sich gelassen. Stimmt schon. Nicht einmal Deutsch als Aufführungssprache ist seit letztem Jahr noch heilig.

Andererseits waren die vierzig Jahre davor auch nicht unbedingt langweilig. Gleich zum Start 1964 traten mit Peter Zadek und Rudolf Noelte zwei junge Antipoden des damals aufstrebenden Regietheaters gegeneinander an, 1965 kam Peter Palitzsch dazu, 1968 debütierten Samuel Beckett, Fritz Kortner und Peter Stein gleichzeitig beim Berliner Mai, 1969 hielt Hans Neuenfels Einzug und ein gewisser Claus Peymann, 1970 folgte George Tabori, 1972 Rainer Werner Fassbinder, 1974 Klaus Michael Grüber, 1976 Luc Bondy, 1979 Robert Wilson. Pina Bausch durfte erst 1980 vortanzen („Arien") und Jürgen Gosch 1983 („Menschenfeind") – zwei Jahre vor Andrea Breth. Einar Schleef war 1988 zum ersten Mal dran, Frank Castorf 1990, Dimiter Gotscheff 1992 und Christoph Marthaler 1993. Ein Stück von Botho Strauß war 1978 erstmals zu sehen („Trilogie des Wiedersehens") und 1994 ein Jelinek-Text („Wolken.Heim."). Sogar eine Freie Gruppe hatte es in den guten alten 1990ern schon geschafft: Andrej Worons Teatr Kreatur. Manchmal dauerte es ein bisschen länger, bis die Berliner Kritikerjury an der Leitung war, manchmal stand sie kurz, aber fest darauf (Volker Lösch wartete bis 2009); manchmal stellte sie auch besonders schnell durch: siehe Thomas Ostermeiers erste Baracken-Inszenierung „Messer in Hennen" 1998 oder Karin Beiers „Romeo und Julia" 1994.

Allerdings, um auf das erwähnte hartnäckige Veränderungs-Gerücht der letzten zehn Jahre zurückzukommen, hat sich der Grundmechanismus nie geändert. Jede Öffnung hin zum Neuen oder Widerständigen hatte und hat ihre Kehrseite, die zumindest beim Theatertreffen auf dem Fuß folgt: die Umarmung. Manchmal fällt sie heftiger aus, manchmal kühler, aber was im April noch als innovativ, Geheimtipp, umstürzend oder subversiv galt, verabschiedete sich Ende Mai als mindestens allgemein registriert, oft genug durchgesetzt, gerne maßstabsetzend. Wenn nicht gleich reich und berühmt, so doch wenigstens heftig diskutiert, ausdauernd umstritten und bestens bekannt. Schlimmstenfalls abgehakt.
Niemand übersteht eine Einladung zum Berliner Theatertreffen unberührt. Der Berliner Auswahlmechanismus steht für zentnerschwere Valorisierung, und der Erfolg verdaut noch die schwierigsten und sperrigsten Exemplare. Der Kanon führt unerbittlich Buch, sein Strafzettel ist eine ewige Liste, und der Stempel TT brennt sich unter Klatschen oder gelegentlichen Buhs unlöschbar in die empfindliche Künstlerhaut.
Wer das nicht möchte, muss zuhause bleiben. Das geschieht zuweilen auch aus technischen oder finanziellen Gründen,

ELISABETH SCHWARZ
1988 UND 2013. ZWEI GRÜSSE

früher gelegentlich sogar aus politischen (DDR!), aber noch nie ist jemand, der zum ersten Mal ausgewählt wurde, aus künstlerischen Unberührtheitssehnsüchten nicht angereist. Keiner hat die Subversion so geliebt, dass er den Erfolg nicht zumindest billigend in Kauf genommen hätte. Weshalb auch? Welcher Künstler will nicht seine Position, seine Perspektive, seine Deutung durchsetzen? Dafür arbeitet doch jeder! Der Mainstream ist das Ziel, schon seit fünfzig Jahren.

Franz Wille, 1982 – 1986 Dramaturg am Theater der Freien Volksbühne in Berlin bei Kurt Hübner, ist seit 1990 Redakteur von „Theater heute". Er war Juror für das Theatertreffen von 2002 bis 2004 und 2011 bis 2013.

Das Berliner Theatertreffen ist eine gute Sache. Nicht etwa, weil man Theater macht, „um nach Berlin zu kommen" – selbst wenn man das wollte, funktioniert es so nicht. Aber das Theatertreffen bringt Spannung in die Spielzeit. Man freut sich, wenn man eingeladen ist – durchaus auch in dem Wissen, dass die anderen sich ärgern. Umgekehrt verhält es sich ja gerade so. Und das jährliche Kopfschütteln über die Auswahl der Jury. Aber wie sagt Achternbusch: „Solange es Berge gibt, gibt es Ungerechtigkeiten." Falls ich zum 50. Jubiläum im Jahr 2013 noch einmal einen Beitrag zur Festschrift schreiben soll, werde ich eine alte Schauspielerin von vierundsiebzig Jahren sein.
Elisabeth Schwarz, 1988

Meinem Beitrag von vor 25 Jahren habe ich eigentlich nichts hinzuzufügen. Dennoch eine Bitte: Fragen Sie mich in 25 Jahren noch einmal nach meiner Meinung über Sinn und Unsinn des Theatertreffens; ich werde dann eine alte Schauspielerin von neunundneunzig Jahren sein.
Elisabeth Schwarz, 2013

Elisabeth Schwarz, Schauspielerin, arbeitete u.a. mit den Regisseuren Peter Palitzsch, Peter Zadek, Klaus Michael Grüber, Luc Bondy, Jürgen Gosch, Jürgen Flimm, Nicolas Stemann und Martin Kušej. Beim Theatertreffen war sie zuletzt 2007 mit „Ulrike Maria Stuart".

ZHANG WU
DAS INTERNATIONALE FORUM

Zhang Wu arbeitet als Bühnenbildner für verschiedene Theater in China, u.a. regelmäßig für das National Theatre of China. Als Art Director wurde er 2005 in Cannes für den Film „Shanghai Dreams" mit dem Jury-Preis ausgezeichnet. Zhang Wu unterrichtet Bühnenbild an der National Academy of Chinese Theatre in Peking. 2010 war er Teilnehmer des Internationalen Forums des Theatertreffens der Berliner Festspiele.

JOSEF BIERBICHLER
JUNG MUSS MAN ERST WERDEN

Wann geht das los? Jung muss man erst werden. Es kann nicht sein, dass das mit der Geburt schon beginnt. Wenn die Hebamme der Mutter ihr Neugeborenes an die Brust legt und statt: „Das ist aber ein schönes Baby!", sagt: „Das ist aber ein junges Baby!", dann vergreift sie sich in der Wortwahl. Auch was bald danach kommt, die Kindheit, kann nicht herhalten für das, was irgendwann irgendwie als Junggewesensein empfunden wird. „Als ich noch jung war" meint was anderes als: „Als ich noch ein Kind war". Bei der Bezeichnung „Jungsein" dürfte es sich nicht um das Gefühl für einen gegenwärtigen Ich-Zustand handeln oder um eine Erkenntnis, gewonnen durch den Blick auf sich selbst (wenn etwa ein älterer Mensch sagt: „Ich fühle mich noch jung"), sondern eher um ein Attribut der Beobachtung anderer und eine sich daraus ergebende Einteilung oder Bewertung. Wenn also ein von den Jahren in den Griff genommener Mensch auf Jüngere schaut: neidvoll oder voll Hass oder froh, nicht mehr so sein zu müssen. Schon der Blick der Eltern auf die heranwachsenden Kinder erfreut sich nicht am Jungsein der eigenen Brut, sondern an deren Werden – und das hat die Zukunft im Auge, das erhoffte Gelingen des kommenden Erwachsenseins.

Im Moment ist das Attribut „Jungsein" Lockwort und Fangstrick der Produktwerbung, um die begehrteste Zielgruppe auf ihr besonderes, vermeintlich herausragendes Lebensalter aufmerksam zu machen – und damit zu verführen. Noch ist das so. Bald schon wird der Fokus der Werbung auf eine andere Zielgruppe gerichtet sein, nämlich auf die, die bald die wesentlich Mehreren in unserer Gesellschaft sein werden: die Alten.

Es ist noch keine siebzig Jahre her, ein knappes Menschenalter nur, da wurden jene, die unter das Attribut „Jungsein" fielen, mit dem Privileg des Heldentods gelockt. Es gibt Gegenden in der Welt, da warten Jungen und Mädchen, die noch ihre Kindheit leben – oder eben nicht –, sehnsüchtig darauf, dieser zu entwachsen, um endlich jung genug zu sein, den Märtyrer geben zu dürfen. Hier, bei uns, ist man in den von der Zivilisation zugeschliffenen Lebensentwürfen zufrieden, wenn man in diesem Alter den Führerschein und den unbegrenzten Aufenthalt in der Disco herbeisehnen kann. Einige trauen sich weiter vor und setzen mit waghalsigen Sportarten ihr Leben aufs Spiel. Und vielleicht wäre das ja auch eine gelungene, alle zufriedenstellende Entwicklung, wenn es nur in dieser einen Welt diese andere Welt nicht gäbe. So bleibt die Frage, welches von diesen Initiationsritualen in höherem Maß von Degenerationserscheinungen geprägt ist: das Ritual des jungen Extremsportlers oder das des jugendlichen Selbstmordattentäters. Und warum soll der muslimisch erzogene Selbstmordattentäter von einem größeren geistigen Rückentwicklungsschub befallen sein, als es der junge Soldat war, der vor 65 Jahren voll Überzeugung die Hakenkreuzfahne nach Russland getragen hat? Oder die junge GI, die in Abu Ghraib nackte Iraker an einer Hundeleine durch den eigenen Kot kriechen lässt, im Glauben, dadurch ihre Familie vor Terroristen zu schützen? Hinter all denen standen und stehen andere, die nicht mehr unter den Begriff „Jungsein" fallen. Hier wäre zu fragen, ob es eine Degeneration des menschlichen Mitgefühls überhaupt gibt, wenn es eine Entwicklung dieser Art allem Anschein nach nicht gibt? Es soll zumindest, wer vom zivilisatorischen Fortschritt reden will, auch von Degeneration nicht schweigen. Aber alle, die da zwar schon in den Startlöchern stehen, um der Kindheit zu entkommen, aber noch in ihr leben, wollen nicht jünger, sie wollen älter werden. Alt genug, um Sachen machen zu dürfen, die den Erwachsenen vorbehalten sind. Denn von selber käme ja der junge Mensch nicht drauf, seinen Lebensabschnitt festzuschreiben in Begriffen.

„Ich hab mir allaweil denkt, ich werde nie 18 Jahr. Hat das lang dauert, bis ich 18 Jahr alt worn bin. Mei war das was Langsames! Und jetzt bin ich auf einmal 83 ...", sagt ein alter Mann in einem Stück des Dichters A. aus Breitenbach. Was zwischen 18 und 83 war, erzählt er während des Stücks. Zumindest das, was in seiner Erinnerung hängen geblieben ist. In welchem Alter er jeweils war, als sich das Erzählte jeweils ereignete, das sagt er nicht. Es spielt für sein Erinnern keine Rolle. Erst die plötzliche Erkenntnis, schon 83 Jahre alt zu sein und das Leben gelebt, ohne das Altern gemerkt zu haben, zwingt ihn wieder in ein Zahlenordnungsprinzip: Nämlich das eigene Alter zu beziffern. Als wäre das der Beweis, gelebt zu haben. Dieser Mann war, gemessen an dem Attribut „Jungsein", entweder immer jung oder immer schon alt. Schwer zu sagen. Aber bevor er 18 war, gab es noch keine Einteilung in Teens und Twens. Es gab die kaiserliche Armee und die Reichswehr.

Es gab die familiäre Gewalt in den armen Familien, der endlich zu entkommen ein häufig und heftigst durchlebter Kindheitstraum gewesen sein dürfte. Es gab vor allem den Aufbruch vom Land in die sich bildenden großen Städte, ausgelöst durch die ungeheuren Kräfte des alles verdrängenden und gleichzeitig an sich reißenden und neu formenden Industriezeitalters. Aber nichts deutet darauf hin, dass dieser Trieb des aus der Kindheit drängenden Menschen, der unbedingt erwachsen werden will, um sich endlich selbst zu erkennen, jetzt anders beschaffen sein soll als damals. Noch ist, was heute anders scheint, als es mal früher war, nur Mode. Mag sein, dass das in Zukunft anders ist. Es hat sich das Neue oft über Jahrhunderte herausgebildet, bis es als das Neue erkennbar war, und tut das jetzt in gleichem Maße, oft mehrmals gar, schon in nur einer Generation. Es ist naheliegend, dass die äußeren Gründe für die Sehnsucht, die Kindheit hinter sich lassen zu wollen, die früher über Generationen die gleichen waren, unter den Bedingungen des schnellen Wandels ebenfalls dem schnellen Wandel unterworfen sind. Deshalb ist es unergiebig, nur auf der von den Gesetzen der Gesellschaft und der Technik geprägten Außenhaut des Menschen zu suchen, was vor allem unter ihr zu finden ist: dieses reizende Ungeheuer „Jungsein".

Eigentlich ist der Begriff ja lächerlich, denn er ist konstruiert. Das Sein ist umfassend und nicht zu reduzieren auf jung. Schon der junge Hamlet hat das gewusst. Wenn er gegrübelt hätte: Sein oder Jungsein, das ist die Frage, dann hätte dieser Stuss die Zeit nicht überdauert. Wenn das aber heute in weißer Schrift auf schwarzem T-Shirt vor der Brust eines von der betörend überflüssig bunten Warenwelt restlos zugedröhnten Wirtschaftswundersöhnchens im aktuellen Party-Spaß-Getriebe auftauchte, würde es supertoll genannt und als megagut ins Zeitbild passend gerühmt werden. So versinkt, durch das Wirken der Entropie, Qualität mit den dahingehenden Jahrhunderten, die sie einst hervorbrachten, immer mehr im Schlund der Zeit. Schwer zu trennen war das Wort „jung" immer von dem Wort „Freiheit". Immer lag es nahe am Wort „neu". Aber ungeheure Schlaumeier haben den Slogan „Freiheit oder Sozialismus" ausgebrütet. Als ob Sozialisation irgendeine Erfindung von Jugendverderbern wäre, eine Ideologie, und nicht das, was es ist: Die als äußerst schmerzhaft empfundenen Erfahrungen des heranwachsenden Menschen beim Versuch, sich in die Gesellschaft einzugliedern, um endlich in ihr und von ihr als gleichberechtigt wahrgenommen zu werden. Der junge Mensch fügt sich – oder aber er stemmt sich gegen einen gegenwärtigen Zustand, der von ihm, nachdem er ihn erkannt und gedeutet hat, nicht mehr ertragen werden will. Ob das die geistige oder die materielle Verfassung der Gesellschaft ist, die ihm widerstrebt, oder beides, das hängt davon ab, wie er sozialisiert worden ist. Wie viele junge Menschen den vielen überschüssigen, oft ruinenhaft ausharrenden, altmeisterlichen Schlaumeiern ihrer Zeit auf den Leim gehen bei diesem Prozess der Sozialisation oder nicht, das bestimmt dann jeweils den Lauf der kommenden Epoche einer Gesellschaft, das formt den politischen Weg der folgenden Generation.

Aber eines dürfte immer gleich sein: Dass mit dem Beginn der Wahrnehmung, ein geschlechtliches Wesen zu sein – das ist der Anfang des langen Prozesses gelingenden oder scheiternden Selbsterkennens –, alle neu zu machenden Erfahrungen nun einer bewussten Einteilung und Zuordnung unterworfen sind und die Gesetze der Menschen und die der menschlichen Existenz – die der Natur also – in einem viel stärkeren Maße als schmerzhaft und einengend empfunden werden, als das bei den gemachten Erfahrungen in der Kindheit der Fall war. Der Weg ins Bewusstsein ist der vom Zweifel in die Verzweiflung, hat Hegel herausgefunden, und mancher junge Mensch kommt sich eher alt als jung vor, wenn er in diese Phase seines Lebens gerutscht ist.

Der maschinenhaft stampfende Rhythmus der Musikanlagen in den Discos wirkt wie die Hilfe einer bereits sinnlich gewordenen Technik beim Niedertreten dieser Verzweiflung im Tanz. Einst haben das Manufaktur und Fließband geleistet. Und immer wieder, zwischendurch, die Kriege. Man muss ihr keine Träne nachweinen, der alten Zeit. Es reicht vollkommen, in ihr zu lesen. Und es wirkt wie unterlassene Körperpflege, wenn man es nicht tut: Es führt zu Selbstverwahrlosung. Kein Weg, außer der in den Tod, führt daran vorbei, dieses „Jungsein" ertragen zu müssen. Niemand wird in diesem Alter, so lange er in ihm zu leben hat oder gar darin gefangen ist, eine Qualität erkennen. Fast jeder und jede versucht herauszudrängen, und die wildesten Bewegungen sollen helfen, das zu erreichen. Deshalb sind in diesem Alter Entscheidungen möglich, die später nicht mehr fallen können, weil der Mensch nie mehr mit solcher Energie, Rücksichtslosigkeit und Unvorsichtigkeit sein Aufbegehren gegen die Unbill des Lebens zustande bringt wie in dieser Phase des sogenannten Jungseins. Das ist der Grund, warum beim späteren Rückblick das Junggewesensein oft verklärt wird. Herstellen lässt sich dieses ungeheure, das Kind zum erwachsenen Menschen formende Chaos nicht. Es ist oder ist nicht. Man kann nur versuchen, diese schiere Energie zu nutzen für alles, was die Neugier aufs Leben fördert – und immer wieder aufs Neue anstachelt. Dazu gehört auch, die Angst zu überwinden und die Trägheit. Viel Energie verpufft in diesem Alter, in diesen Zeiten, im Nachgeben gegenüber Angst und Trägheit. Viel Leere saugen junge Hirne aus Computerspielen, viel Zeit und Hirnzellen gehen für immer verloren vor den Fernsehern. Spaß haben wollen ist zum Berufsersatz geworden. Diese Komikveranstaltungen im Fernsehen, diese Spaßerzwingungssendungen, reinste Spaßzwangsmaßnahmen der Unterhaltungsindustrie, werden als Ausgleich für die ausgehende Arbeit akzeptiert. Man sieht schon die wachsende Verzweiflung dahinter. Aber anstatt dem Ernst ihrer Lage zu vertrauen, Zeugen eines gewaltigen Umbruchs zu sein, und dieser Zeit und denen, die sie zu verantworten haben, die eigene Existenz einzugravieren, möchten viele lieber selbst solche Spaßbolzen sein wie die da vorne, deren Unterhaltungskunst sich aber schon längst brutal abgesenkt hat zu niederster Unterhaltungspornografie, analog zur moralischen Verfassung derer, die sie bezahlen. Früher waren die meisten jungen Menschen Material. Heute sind sie sich selbst überlassen. Schwer zu sagen, was vorteilhafter ist. Es ist kein Vorteil, jung zu sein. Es ist nur eine Chance. Mehr nicht. Aber auch nicht weniger.

Josef Bierbichler, Schauspieler und Autor, spielte in vielen Filmen und Theaterstücken von Herbert Achternbusch wie „Ella" und „Gust". Auf der Bühne arbeitete er etwa mit Peter Palitzsch, Peter Zadek, B. K. Tragelehn, Christoph Marthaler, Christoph Schlingensief und Thomas Ostermeier. Er spielte in Filmen von Werner Herzog, Tom Tykwer, Jan Schütte, Hans Steinbichler und Michael Haneke. Bierbichler wurde mit zahlreichen Film- und Theaterpreisen ausgezeichnet, u.a. 2008 mit dem Theaterpreis der Stiftung Preußische Seehandlung. Sein Roman „Mittelreich" erschien 2011.
Die Rede „Jung muss man erst werden" hielt Josef Bierbichler 2006 anlässlich des Talentetreffens, einer gemeinsamen Veranstaltung von Stückemarkt, Internationalem Forum und TT-Festivalzeitung.

ISABELL LOREY
KREATIVE ZWISCHEN EIGENVERANTWORTUNG UND SELBSTAUSBEUTUNG

Der Titel hört sich an wie ein Dilemma. Es ist aber keins, sondern eine Gleichzeitigkeit.

Viele der selbst-prekarisierten Kulturproduzenten, um die es hier zunächst pauschalisierend geht, würden sich auf eine bewusste oder unbewusste Geschichte ehemals alternativer Existenzweisen beziehen, meist ohne einen direkten politischen Bezug dazu zu haben. Sie sind mehr oder weniger irritiert über ihre Verschiebung hin in die gesellschaftliche Mitte, also dorthin, wo sich das Normale und Hegemoniale reproduziert. Das heißt allerdings nicht, dass ehemals alternative Lebens- und Arbeitstechniken gesellschaftlich hegemonial werden. Es verhält sich eher genau andersherum: Die massenhafte Prekarisierung von Arbeitsverhältnissen wird mit der Verheißung, die eigene Kreativität zu verantworten, sich nach den eigenen Regeln selbst zu gestalten, für all diejenigen, die herausfallen aus dem Normalarbeitsverhältnis, als zu begehrende, vermeintlich normale Existenzweise erzwungen.

Sich zwischen Eigenverantwortung und Selbstausbeutung zu bewegen, ist nichts, was es nur im Theaterkontext gibt. Es betrifft den gesamten Kulturbereich ebenso wie den Wissenschaftsbetrieb. Noch größer oder gesellschaftlich breiter wird es, wenn man das Ganze, wie gesagt, im Zusammenhang mit Prekarität oder Prekarisierung denkt – einem Phänomen, das mittlerweile auch Thema der Feuilletons geworden ist, bezeichnenderweise aber noch nicht in den Wirtschafts- oder Politikteil vorgerückt ist: also etwas scheinbar nur Kulturelles.

Aber bleiben wir erstmal beim Theaterbetrieb. Die Situation für den Nachwuchs ist doch mehr oder weniger folgende: Die Budgets sind klein und können kaum noch von Theatern zur Verfügung gestellt werden. Vieles kann nur über Anträge bei Kulturfonds finanziert werden und/oder in Kooperation mehrerer Theater, mit dem Ergebnis, dass Antragsfristen das kreative Denken bestimmen. Man hat nur noch die Deadlines der einzelnen Fonds im Kopf, auf die hin man sich die Projekte überlegt. Dazu kommt, dass es einen enormen Druck gibt, ständig präsent zu sein, sonst ist man angeblich schnell weg vom Fenster. So produziert dieser Zwang, auf allen Hochzeiten tanzen zu müssen, dass Ideen oft nicht zu Ende gedacht werden. Dass kreatives Arbeiten vor allem Zeit braucht, versteht kaum noch jemand. In dieser Druckatmosphäre, ständig präsent sein zu müssen, entsteht manchmal genau das, was nicht passieren soll: Man macht ein paar weniger gute Sachen – die Zeit fehlt wie gesagt oft – und die Aufmerksamkeit zieht auch schon wieder an einem vorbei. Der Theaterbetrieb ist in Bezug auf die Etablierung des Nachwuchses ein nicht wirklich kreativitätsförderndes Geschäft geworden.

Dazu kommt, dass es fast keine Festanstellungen mehr gibt. Alles läuft über Honorare, und die sind oft so gering, dass sie gerade einmal für die Miete reichen. Vorausgesetzt, man hat regelmäßig Projekte, wodurch man wieder dem Zwang der Präsenz unterliegt. Gleichzeitig und in den Zeiten, in denen man nichts am Theater zu tun hat, muss man andere (prekäre) Arbeiten machen, oft Dinge, die mit Theater gar nichts zu tun haben. Aber auch das ist ja am Ende eine Kompetenz, die sich vielleicht noch mal verwerten lässt. Diese zusätzlichen Geldverdienjobs sind nicht wirklich regelmäßig. Man kann da auch gar nicht längerfristige Sachen zusagen, weil es immer passieren kann, dass man kurzfristig ein Engagement oder einen Auftrag vom Theater bekommt. Das geht natürlich vor, auch wenn's wieder kaum Geld gibt.

Dazu kommen am Theater nicht selten Arbeitsbedingungen, die an die Grenze des Aushaltbaren gehen. Nicht unbedingt wegen der geringen Honorare, sondern gar nicht so selten wegen den künstlerischen Leitern von Projekten, seien es Regisseure, Dramaturgen etc. Verwechseln doch einige ihre eigenen kreativen Prozesse mit cholerischen Ausbrüchen und dem Fertigmachen von Leuten. Es soll auch einige Schauspieler geben, die solche Verhaltensweisen annehmen und als Kreativität missverstehen.

An all diesen relativ miesen Bedingungen, die nicht wirklich eine gute Werbung dafür sind, im Theaterbetrieb zu arbeiten, verändert sich nicht wirklich etwas. Vor allem der Nachwuchs scheint kein großes Interesse daran zu haben. Warum eigentlich?

Jetzt kann man natürlich sagen: Was soll die Aufregung? Das war schon immer so. Wem das nicht passt, kann's ja sein lassen. Niemand zwingt die Leute, ans Theater zu gehen. Es ist die freie Entscheidung eines Jeden. Am Theater geht's eben anders zu als anderswo. Das sind keine normalen Jobs. Und hier genau sind wir am Kern des Problems.

Doch, Lebens- und Arbeitsverhältnisse am Theater werden *normal*. Die Zahl der prekären Jobs in künstlerischen Berufen ist in den vergangenen Jahren rapide in die Höhe geschnellt. Die Vorstellung,

man habe diese Lebens- und Arbeitsverhältnisse am und mit dem Theater frei gewählt und entscheide sich jedes Mal für ein Projekt oder dagegen, ist gerade ein nicht unwichtiger Grund dafür, weshalb die Selbstausbeutung bei Leuten bis ca. 35 Jahre, aber auch darüber, meist ohne Kinder, ins Unermessliche steigerbar zu sein scheint.
Wenn aber die Jobs am Theater normal werden, was soll man dann noch dagegen machen? Man kann das doch nur annehmen wie ein Schicksal. Anderen geht's schlimmer. Man selbst tut wenigstens was Kreatives, etwas, das Spaß macht und wobei man sich selbst verwirklichen kann. Geringe Bezahlung oder umsonst zu arbeiten muss man dann eben als Engagement verstehen oder als Chance, ein bisschen bekannt(er) zu werden. Ein solches Verhalten wird ja auch genauso von denen gefordert, die das Geld verteilen. Was wie honoriert wird, ist allerdings nicht festgelegt. Es gibt keine Regeln. Um alles muss gestritten und gekämpft werden. Aber egal, man kann ja das machen, was man leidenschaftlich gerne tut und womit man sich erhofft, irgendwann mal gänzlich seinen Lebensunterhalt verdienen zu können.
So wird ein Job nach dem anderen unter Bedingungen angenommen, unter denen in der Wirtschaft nur die Billiglohnverdiener arbeiten. Denen bleibt allerdings oft nichts anderes übrig. Im Kulturbetrieb dagegen sagen die meisten: „Ich habe mich selbst dafür entschieden." Das ist das, was ich gerne machen will, was mir am meisten Spaß macht, bei allem Stress, den es dabei auch immer gibt. Am Anfang ist es eben schwer, reinzukommen. Nicht alle werden schon in der Ausbildung entdeckt und bekommen ihre Chance oder sogar mehrere davon. Das Wichtige ist aber, dass ich mich frei dafür entschieden habe. In dem Job bin ich auf jeden Fall noch relativ autonom. Nie könnte ich zum Beispiel auf Dauer einen geregelten Job in einem Büro machen."
Mit solchen Denk- und Verhaltensweisen, mit solchen Praktiken reihen sich Theaterschaffende in die lange Reihe prekärer Kulturproduzenten ein. Für alle sind ein paar Eckdaten charakteristisch: Sie gehen befristeten Tätigkeiten nach, leben von Projekten und Honorarjobs, von mehreren gleichzeitig und einem nach dem anderen, meist ohne Kranken-, Urlaubs- und Arbeitslosengeld, ohne Kündigungsschutz, also ohne oder mit minimalen sozialen Absicherungen: Gut, dass es die Künstlersozialkasse gibt. Die Vierzig-Stunden-Woche ist eine Illusion. Arbeitszeit und freie Zeit finden nicht entlang klar definierter Grenzen statt. Arbeit und Freizeit lassen sich nicht mehr trennen. In der nicht bezahlten Zeit findet eine Anhäufung von Wissen statt, welches wiederum nicht extra honoriert, aber selbstverständlich in die bezahlte Arbeit eingebracht und abgerufen wird, usw.
Dies ist keine „Ökonomisierung des Lebens", die etwa von außen kommt, übermächtig und totalisierend. Es geht hier vielmehr um Praktiken, die sowohl mit Begehren als auch mit Anpassung verbunden sind. Denn diese Existenzweisen werden immer wieder auch in vorauseilendem Gehorsam antizipiert und mitproduziert. Die nicht existierenden oder geringen Bezahlungen, im Kultur- oder Wissenschaftsbetrieb zum Beispiel, werden allzu häufig als unveränderbare Tatsache hingenommen, anderes wird gar nicht erst eingefordert. Vor allem der Theaterbetrieb lebt von den Wünschen und Sehnsüchten des Nachwuchses, es irgendwann einmal zu schaffen. Am besten möglichst bald auf dieser oder jener Bühne zu stehen und mit dieser oder jener Regisseurin zu arbeiten, oder ein Stück zu diesem oder jenem Thema zu machen, an einem bestimmten Haus – erfolgreich natürlich. Dafür wird einiges in Kauf genommen, und diese Einstellung wird mittlerweile auch als Bedingung gefordert, überhaupt mitmachen zu dürfen.
Die Notwendigkeit, anderen, weniger kreativen, prekären Beschäftigungen nachzugehen, um sich die eigene Kulturproduktion finanzieren zu können, wird hingenommen. Diese erzwungene und gleichzeitig selbst gewählte Finanzierung des eigenen kreativen Schaffens stützt und reproduziert genau die Verhältnisse immer wieder, unter denen man leidet und deren Teil man zugleich sein will. Vielleicht sind die kreativ Arbeitenden, diese selbst gewählten, prekarisierten Kulturproduzenten, deshalb so gut ausbeutbare Subjekte, weil sie ihre Lebens- und Arbeitsverhältnisse wegen des Glaubens an die eigenen Freiheiten und Autonomien, wegen der Selbstverwirklichungsfantasien scheinbar unendlich ertragen.
Konkurrenz und Vorstellungen wie „ich muss allein damit klarkommen" und „ich muss eben kämpfen, auch mal was noch billiger als die anderen machen", ruinieren nicht nur die Preise, sondern sind ganz offensichtlich auch blind für ein strukturelles Problem nicht nur des Theaterbetriebs, nicht nur von Kulturproduzenten, sondern von etwas,

das sehr viele in dieser Gesellschaft betrifft. Ich spreche hier von gesamtgesellschaftlichen und auch internationalen neoliberalen ökonomischen und politischen Umstrukturierungsprozessen. Aus denen kann man sich nicht alleine verabschieden und hoffen, dass man, weil man so besondere Talente hat, davon nicht betroffen ist. Nicht umsonst sind die Kreativen von Schröder und Blair bereits Ende der 1990er Jahre als neue Role Models für die Umgestaltung des Sozialstaates angeführt worden. Und in einem der vielen Grundsatzpapiere zu Hartz IV wurden die Kreativen als Vorreiter der Ich-AG gehandelt, als Profis der Nation. Man kann das gut verstehen, wenn man sich die Bereitschaft zur Selbstausbeutung anschaut, verbunden mit diesen ganzen liberalen Ideen von Freiheit und Autonomie. Was kann in Zeiten des neoliberalen Umbaus des Sozialstaates attraktiver sein und von Regierungs- und Wirtschaftsseite willkommener? In den Zeiten nämlich, in denen viele Leistungen weg vom Staat, hin in die Verantwortung der Einzelnen verlagert werden und jeder und jede eigenverantwortlich für ihren Platz in der Gesellschaft zuständig ist. Wer scheitert, war nicht in der Lage, genügend Selbstverantwortung zu übernehmen, hat die eigenen Fähigkeiten, das eigene Können nicht richtig eingeschätzt und zu Markte getragen und nicht genug Leistung gezeigt, was immer auch heißt, man hat sich nicht genügend ausgebeutet und ausbeuten lassen.

Dass man die Angst, zu scheitern, herauszufallen, die immer wiederkommenden Existenzängste meist als individuelles Problem betrachtet, und sich sogar selbst die Schuld für solche Situationen gibt, ist gerade der Effekt solcher gesellschaftlichen Strukturierungsprozesse. Individualisierung ist aber immer etwas, das viele betrifft, was kollektiv ist. Zu glauben, es treffe einen alleine, man sei schuld und selbstverantwortlich und arbeite noch nicht genug, noch nicht mit den richtigen Leuten, habe zu hohe Ansprüche etc., um sich dann noch mehr selbst auszubeuten – das ist genau der Kreislauf, in dem sich neoliberale Subjektivierungen gerade entwickeln und was von ihnen gefordert wird. Das ist genau die Anrufung, die aktuell von Regierungs- und Wirtschaftsseite zu vernehmen ist. Sind die Kreativen mittlerweile die Konformsten und Normalsten in diesem Land?

Offensichtlich führen Selbstverwirklichungsfantasien in ein Paradox, in dem Leben und Arbeit zusammenfallen. Denn in der Vorstellung, durch das eigene kreative Schaffen zu sich selbst zu kommen, sich auszudrücken, körperlich, stimmlich, entsteht auf einmal die unstillbare Sehnsucht nach Regeneration, danach, sich zu entspannen, mal „loszulassen", nicht ständig „on speed" zu sein, kurz: „zu sich selbst zu kommen". Es geht um Regeneration, um Erneuerung, Aus-sich-selbst-Schöpfen, sich selbst aus eigener Kraft wiederherstellen: eigenverantwortlich. Die Selbstverwirklichung wird zur reproduktiven Aufgabe für das Selbst, und Arbeit soll die Reproduktion des Selbst gewährleisten.

Was folgt daraus? Es geht, glaube ich, erst einmal darum, kollektive Phänomene zu verstehen, wegzukommen von diesem extremen Einzelkämpfertum und darum, über Solidarisierungen und Organisierungen nachzudenken. Vor allem geht es darum, ein anderes Verhältnis zum Wert des eigenen Könnens und Arbeitens zu entwickeln. Nach dem Motto: „Es kann nicht sein, dass ich bei dem, was ich kann und wie viel ich arbeite, noch nicht einmal einigermaßen leben kann, sondern – let's face it – immer wieder in die Armut abgleite." Vielleicht müssen wir auch von Selbstrespekt und Selbstverantwortung reden. Warum nicht wirklich die Verantwortung für sich übernehmen und sagen: So will ich es nicht. Zusammen mit anderen: So wollen wir es nicht. Michel Foucault hat vor über dreißig Jahren bereits gefragt: „Wie ist es möglich, dass man nicht derartig, im Namen dieser Prinzipien da, zu solchen Zwecken und mit solchen Verfahren regiert wird – dass man nicht so und nicht dafür und nicht von denen da regiert wird?"

Das hieße womöglich, sich zu verweigern, sich nicht unter Wert zu verkaufen, oder das Verschwimmen von Leben und Arbeit wenigstens teuer zu verkaufen. Und es hieße zugleich, sich mit anderen gemeinsam gegen diese ganzen Zumutungen neoliberaler Produktion und Subjektivierung zu wehren, sich zu organisieren und neue Formen des Arbeitens und des Lebens auszuprobieren.

Isabell Lorey, Politologin, lehrt politische Theorie, Kulturwissenschaften und Gender Studies in Berlin, Wien und Basel. Zuletzt erschien von ihr und weiteren Autoren das Buch „Occupy!: Die aktuellen Kämpfe um die Besetzung des Politischen" (2012).
Die hier abgedruckte Rede hielt Lorey 2006 anlässlich des Talentetreffens, einer gemeinsamen Veranstaltung von Stückemarkt, Internationalem Forum und TT-Festivalzeitung.

FERIDUN ZAIMOGLU
DIE HALTBARKEIT VON ERFOLG

Im Sommer des Jahres 1994 saß ich an einem besonders heißen Tag auf einer Parkbank und schaute einem aufgebrachten Schwan dabei zu, wie er einen Mann quer über den Rasen jagte. Er gab dabei böse Laute von sich und der Mann schlug Haken und flitzte, als nichts zu helfen schien, bei Rot über die Straße. Komischerweise blieb der Schwan stehen, drehte sich um und watschelte zurück zum künstlichen Teich. Ich blieb noch lange sitzen und grübelte über das nach, was ich da gesehen hatte, dann stand ich auf, ging zurück zu meinem Zimmer in einer Sechser-Wohngemeinschaft, lieh mir von Felix, einem Mitbewohner, seine Schreibmaschine und einen Stapel Papier aus. Ich spannte einen Bogen in die Walze ein, starrte auf das weiße Blatt und schrieb einen ersten Satz. Ich schrieb einen zweiten und dritten Satz, ich schrieb ein Blatt, das zweite und etwas später das zehnte Blatt voll. Am nächsten und übernächsten Tag war ich mit Schreiben beschäftigt, ich aß nur Riegelschokolade und trank viele Tassen Kaffee, ich rauchte wie besessen und hackte auf die Tasten. Aus einer Laune heraus schickte ich die dreißig Seiten einem Hamburger Verlag und wenige Wochen später entschied der Lektor, das Wutkompendium zu drucken. Natürlich hatte ich nicht damit gerechnet, ich steckte damals fest in Kiel, ich hatte zwei Studien abgebrochen und mich darauf verlegt, Hartfaserplatten zu bemalen. Mein einziger Kunde war ein Autoanhänger-Verleiher aus Neumünster, der kam zwei Mal im Jahr vorbei und kaufte ein halbes Dutzend Bilder. Als ich also meinen Bekannten und Freunden erzählte, dass ich fast über Nacht Schriftsteller geworden war, zeigten sie mir den Vogel. Dann aber ging es los, ich las in Schulen, Jugendhäusern, in Hinterhof-Moscheen, ich wurde eingeladen von Frauenzirkeln, von anarchistischen Debattierclubs, von Rappern aus Kassel und Konstanz, von anthroposophisch angewehten Studenten, die mir ein paar Münzen in die Hand drückten. Mein Honorar belief sich im Schnitt auf fünfundzwanzig Mark und nach hundert Lesungen hatte ich das Gefühl, dass ich es wohl nicht richtig anpackte. Das Publikum im Saal bestand meist aus Männern und Frauen, die mich lautstark zum Teufel wünschten, es kam sogar vor, dass man die Bühne stürmte und mich davonjagte. Im Feuilleton kam ich nur als Kieler Provinzpoet oder der schreibende Arm der Kriminellen Bewegung vor, manchmal verirrte sich ein Kulturredakteur in eine Lesung und wankte verstört davon. Ich führte ein beschleunigtes Leben, ich war der Alptraum aller Schwiegermütter, ich war der Alptraum türkischstämmiger Studentinnen, die in mir den üblen Barbaren aus dem dunklen Wald sahen. Als mein zweites Buch erschien, strichen manche Literaturkritiker mich aus der Liste der hoffnungsvollen jungen Talente. Meine Unlust, über die Mittelstandsnarkose und die Neurosen junger Bürgerlicher zu schreiben, sprach sich herum. Man sprach in meinem Falle von Sprachmacht, von literarischen Ambitionen war selten die Rede, auch mein drittes Buch änderte nichts daran, dass die meisten Feuilletonisten meine Kompendien nicht einmal mit der Grillzange anpacken wollten. Der Ruf, ein wüster, wütender und nicht mehr ganz so junger Mann aus dem Kieler Getto zu sein, eilte mir voraus. Dabei hatte ich noch nie in einem sogenannten Getto gelebt. Dann traf ich auf Schriftstellerkollegen und lauschte ihren Erfolgsgeschichten: Sie sprachen von Preisen und Stipendien und Auslandsaufenthalten und von all jenen netten Menschen, die die Geldvergabe regelten; sie sprachen von der Leichtigkeit und vom leichten Sein, und tatsächlich war ich darüber äußerst verblüfft. In der Literatur geht es doch mit rechten Dingen zu, dachte ich, es ist eine Frage von Geschmack und Gespür, jeder hat seine Lieblinge, und wenn man einen üblen Verriss bekommt, bedeutet es noch lange nicht, dass man für den Rest seines Lebens vom Kritiker gedeckelt wird. Ich sprach diesen Gedanken aus, in Gegenwart von Kollegen, sie waren darüber sehr erheitert. Sie klärten mich auf über ihre Kontakte und ihre Kontaktpflege. Besonders auf den Buchmessen, die nichts anderes sind als Oktoberfeste der Literatur, schloss und erneuerte man Bündnisse, man schüttelte Hände, ging zu den abendlichen Stehempfängen, unterhielt sich mit den sogenannten Multiplikatoren. Das sind Männer und Frauen, die Einfluss haben und ihren Einfluss geltend machen. Das alles hörte sich sehr nach einem Thriller an, in dem dicke Männer in Herrensalons Entscheidungen treffen. Einige Jahre später kann ich sagen, dass es doch Schriftsteller gibt, die ihre Popularität gewissen medialen Inszenierungen zu verdanken haben. Sie hauen, zur rechten Zeit am rechten Ort, dem Wirt auf den Tisch, sie sprechen von Untergang und Abgesang, sie klagen über Lumpen im Kritikergewand, die sie exekutierten, und verschaffen sich damit eine Öffentlichkeit. Ich aber konnte in den Anfängen meiner

Schreiberkarriere nur davon träumen. Ich rappelte und zappelte in den Kultursalons, ich peitschte das Publikum an und man nahm es gnädig zur Kenntnis. Manch ein Moderator erzählte in seiner Einführung zu meiner Person, ich wäre ein mehrfach preisgekrönter Autor. Das stimmte aber nicht. Ich galt in den einflussreichen Kreisen als Bürgerschreck und Sprachterrorist und wenn ich auf einen Artikel stieß, in dem es hieß, man würde mich, den Kulturverächter, hofieren, wurde ich richtig wütend. Ich wurde immer noch als Sozialreporter bezeichnet, man wollte mir einen niedrigen Rang und eine niedere Gesinnung zusprechen. Es war die Zeit, da ich mit dem vierten Buch und meinem zweiten Roman auf Lesetour ging, ich las aus diesem meinem ruppigen Briefroman vor und langsam verirrten sich auch Literaturkenner in meine Lesungen. Ich bekam nach vier Jahren ununterbrochener Arbeit endlich ein höheres Honorar und ich dankte Gott dafür, dass ich nicht mehr nebenbei arbeiten musste. War ich nun hineingefallen in die Hochkultur? Ich stellte fest, dass mich die Literaturhäuser einluden, ich wunderte mich darüber, dass Schriftstellerkollegen meine Nähe suchten. Dann kam der Tag, dass ich im Feuilleton einer überregionalen Zeitung meinen Namen las, ich stand auf der Liste der jungen Gegenwartsautoren und der Kritiker hatte sechs Zeilen Lob unter meinen Namen geschrieben. Ich schnitt die Seite aus, fotokopierte sie ein dutzend Mal und las die sechs Zeilen dreißig Mal hintereinander. Ich war diesem Kritiker noch nie persönlich begegnet, er war mir keine Gefälligkeit schuldig, ich zählte ihn sofort zum weltbesten Literaturkenner des Landes und nahm mir vor, weiterhin fleißig zu sein. Darin nämlich liegt das Geheimnis. Es gibt Autoren, die es sehr sehr weit schaffen, obwohl man in ihren Büchern auf Spurenelemente von Qualität stößt. Es gibt Schreiber, die trotz ihrer überragenden Dichtkunst am äußersten Rand der Peripherie landen, weil sie auf Kontakte und die üblichen Spielchen pfeifen. Und es gibt schließlich Dichter, die zu Recht vom Feuilleton und von der Öffentlichkeit wahrgenommen und mit Preisen überschüttet werden. In der Regel muss man sich aber damit anfreunden, dass man sich die Fingerkuppen blutig schreibt, die Jahreszeiten vergehen und das Jahr ist um und man schreibt und schreibt und kann nicht anders als hunderte Blätter vollzuschreiben. Dann stößt man sich vom Grund hoch, taucht auf und steht oder sitzt auf der Bühne und man versteht, dass es nur darum geht, jene Menschen zu unterhalten, die Eintritt bezahlt haben. So erging es mir, und als ich dann doch meinen ersten Literaturpreis bekam, rieb ich mir die Augen. Was hatte sich geändert? Ein Kritiker sagte mir, er habe abgewartet, ob ich nach den Feuerwerken, die ich abgebrannt hatte, von der Bildfläche verschwinden würde. Ein anderer Kritiker sagte, es gäbe auch in der Literatur Moden und Helden der Saison und er habe mich zu den Jahrmarktsboxern gezählt, die sich eine Zeitlang raufen, um schließlich auf die Bretter geschickt zu werden. Toll, dachte ich, ich bin also in der Hochkultur, schreibe fast jedes Jahr ein Buch und man hält mich für einen Schläger mit einer großen Nase. Ich traf auf großartige Schriftstellerinnen und Schriftsteller, die es nicht bekümmerte, dass sie sich abrackerten und dass die höheren Kreise sie schlichtweg übergingen. An dieser Stelle seien mir ein paar Worte zum Alltag eines Schreibers an meinem Beispiel erlaubt. Alle meine Interessen und Neigungen sind dem Schreiben untergeordnet, ich habe es nicht darauf abgesehen, es hat sich im Laufe der Jahre so ergeben. Ich schreibe fast jeden Tag, wenn ich es nicht täte, würde ich durchdrehen. Also sitze ich fast jeden Tag nach dem Frühstück an der Schreibmaschine und glotze auf die leere Seite. Da ist keine Angst vor dem ersten Satz, da ist die Aufregung vor dem Anfang oder dem Verlauf der Geschichte, an der ich arbeite. Ich schreibe morgens mittags nachmittags abends und nachts. Ich schreibe in den frühen Morgenstunden. Zwischendurch esse ich eine Wurst oder nicht, ich verliebe mich oder nicht, ich kaufe eine Jeans oder nicht. Der Schreiber, also jener, der nicht nur Gebrauchsprosa tippt, jener, der das Schreiben nicht nur als Beruf, sondern auch als eine Sucht begreift, führt ein asoziales Leben. Das ist keineswegs eine melodramatische Kennzeichnung, das ist so und Punkt. Und immer dann, wenn er seinen Schreibplatz verlässt, mutet es ihn wie eine Verwandlung an. Meine Komplizen sind jene Kollegen, die sich damit abgefunden haben und nicht so viel Aufhebens darum machen. Im Augenblick, da ich nicht schreibe, verwandle ich mich in einen Zivilisten, der andere Abenteuer erleben will, wohlwissend, dass er zu seiner Schreibmaschine zurückkehren wird. Im Vergleich ist eine Verwandlung von einem Salon-Raubtier zum geschätzten deutschen Romancier zwar sehr toll, aber weniger spektakulär. Im Laufe der Jahre sind mir Freunde zugewachsen, Freunde in den Literaturredaktionen, Freunde in der Kulturbranche, Freunde, die Bücher schreiben. Es sind vornehmlich Solisten, aber solche, die gern unter Menschen sind, aber genauso gerne ihre Zeit alleine verbringen. Ich halte die Verbindung zu diesen Freunden, wir treffen uns auf Messen und Autorentagungen und wir erzählen uns dann ganz sicher nicht den neuesten Klatsch in der Branche. Ich habe mittlerweile zwölf Jahre als Schriftsteller voll und noch immer finde ich es etwas seltsam, wenn man davon spricht, dass ich in der Hochkultur angekommen sei. Sie ist kein fester Platz an der Sonne. Ich muss mich mit jedem neuen Buch beweisen, auf Schonung können sich die wenigsten verlassen. Manchmal kommt es vor, dass ich einen wütenden Leserbrief bekomme, in dem von meiner Eingemeindung die Rede ist. Vielleicht bin ich ein Partisanenkämpfer im Kultursektor, vielleicht hab ich einfach auch nur Lust, wegen meiner Bücher nicht etwa gelobt, nicht etwa gewürdigt, sondern geliebt zu werden. Es hat Jahre gedauert, bis ich es verstanden habe. Und es gibt noch eine andere Wahrheit: Es gibt Günstlingswirtschaft und Seilschaften auch in der Literatur, und über die Urteile der Preisvergabestellen kann ich zuweilen nur den Kopf schütteln – aber jeder geht seinen Weg allein.

Feridun Zaimoglu ist ein deutscher Schriftsteller und Journalist türkischer Herkunft. Er wurde mit seinem Roman „Kanak Sprak" (1995) bekannt und erhielt zahlreiche Auszeichnungen, darunter den Preis der Jury beim Ingeborg-Bachmann-Wettbewerb 2003. Seine Theaterstücke, die er zusammen mit Günter Senkel schrieb, wurden u.a. an den Münchner Kammerspielen, am Thalia Theater Hamburg und am Schauspiel Frankfurt inszeniert, zuletzt kam „Alpsegen" (2011) in München zur Uraufführung.
Die Rede „Die Haltbarkeit von Erfolg" hielt Zaimoglu 2007 anlässlich des Talentetreffens, einer gemeinsamen Veranstaltung von Stückemarkt, Internationalem Forum und TT-Festivalzeitung.

WLADIMIR KAMINER
ZWANZIG KILO DRAMEN

Einmal saß ich in einem ICE von Stuttgart nach Berlin, der auf einer kleinen Zwischenstation im Frühlingsschnee stecken geblieben war, Der Zug hatte schon 55 Minuten Verspätung, zwei Züge vor ihm waren ausgefallen. Der Waggon war mit schlafenden und schreienden Babys, Bundeswehrsoldaten, Rentnern und Bier trinkenden Vollbartträgern überfüllt, auf den zugeschneiten Bahnsteigen warteten noch viel mehr Menschen auf die hoffnungslos verspäteten Züge, Hessen sah auf einmal aus wie Russland, nur dass man hier diese Wetterlage nicht als Winter, sondern als „Schneechaos" bezeichnet. Die besorgte Schaffnerin warnte alle fünf Minuten durch die Lautsprechanlage, ja freundlich miteinander umzugehen, Mitleid mit den Passagieren der ausgefallenen Züge zu haben, die sich nun in unserem Zug befanden, und unser Gepäck von den Sitzen zu nehmen. Als Einziger freute ich mich über die Verspätung: Ich hatte bis Berlin noch genau 35 Theaterstücke zu lesen, Mein Gepäck – zwanzig Kilo Dramen – lag auf zwei Sitzen und zwei Haufen verteilt: „deutschsprachig" und „international". Niemand wagte es, sich draufzusetzen.

Theaterstücke taugen schlecht als Reiselektüre, spannende Abenteuer oder witzige Beobachtungen kommen in ihnen selten vor. Man muss starke Nerven haben, um wenigstens eines ganz durchzulesen. Theaterstücke bestehen in der Regel aus Dialogen, die sich über mehrere Seiten hinziehen und oft keinen Sinn ergeben. „Margot: Zieh! Zieh! Heinz: Ja ja. Margot: Zieh! Moritz: Stirb! (Orgasmus). Tot. Heinz: Gut. Margot: Danke. Heinz: Schon gut. Margot: Gut. Ja. Wie geht es dir?" – und so weiter und so fort. Jedes Mal, wenn mir Heinz und Moritz über den Kopf wuchsen, wechselte ich ins Raucherabteil, um den Kopf wieder frei zu bekommen, Dort saßen Menschen, die ganz ähnliche Dialoge führten, als wären sie einem der Theaterstücke auf meinem Sitz entsprungen. In solchen Phasen beginnender Verzweiflung stellte ich mir die Frage, wer oder was mich zum Teufel überhaupt in diese Stückemarkt-Jury reingeritten hatte. Ich bin weder Dramaturg, noch gehe ich oft ins Theater. Sofort fand ich, wie für alles im Leben, jede Menge Gründe für diese neue ulkige Beschäftigung, Zum einen ist Frau Büdenhölzer, die mich in die Jury eingeladen hatte, sehr sympathisch. Sie gehört zu den Menschen, denen man immer zustimmen möchte. Zum andere stellte ich mir eine Jury-Mitgliedschaft als eine ganz entspannte Tätigkeit vor. Ich dachte, meine Aufgabe wäre es, einige russische Dramen zu beurteilen und im Übrigen auf dem gemeinsamen Jury-Foto freundlich zu lächeln. Den Rest würden die anderen Juroren schon erledigen, eine hochprofessionelle Gruppe Menschen, die tagtäglich mit dem Wesentlichen des Theaters zu tun haben.

Ich habe das Ganze unterschätzt. Vor allem aber habe ich meine Landsleute unterschätzt. Die russischen Autoren, so scheint es, schreiben schon vor dem Frühstück und zu jedem Anlass Theaterstücke. Eine kleine Auseinandersetzung in der Straßenbahn? Schwups – ein Theaterstück. Eine unglückliche Liebesbeziehung? Zwei Theaterstücke und dazu ein Hörspiel. Auch die deutschen Autoren habe ich unterschätzt. 557 Einsendungen bekam der Stückemarkt.

Wir sollten aus diesem Stückemeer sechs Perlen auswählen. Jeder hatte am Ende eine Liste mit Favoriten, die verlangten, ausdiskutiert zu werden, Es war kein einziges Stück dabei, das mehr als drei Juroren-Stimmen bekam. Die Uneinigkeit kann man mit Recht als Charakteristikum unserer Jury bezeichnen.
Wir haben dann nach vielen Stunden sechs total verrückte Stücke ausgewählt und Champagner darauf getrunken. Und später noch Bier, Korn, Wein und Cognac – selbst bei der Getränkauswahl gab es keine Einigkeit in der Jury. Ich bin sehr froh, dass wir es geschafft haben.

Wladimir Kaminer, Schriftsteller, Publizist, studierte am Moskauer Theaterinstitut Dramaturgie und kam 1990 nach Berlin. Seine Romane „Russendisko" (2000), „Schönhauser Allee" (2001) und „Militärmusik" (2001) machten ihn international bekannt; es folgten weitere Erzählungen, zuletzt „Onkel Wanja kommt. Eine Reise durch die Nacht". Die regelmäßig von ihm veranstaltete „Russendisko" im Kaffee Burger wurde zu einer der bekanntesten Partys in Berlin.
Den Beitrag „Zwanzig Kilo Dramen" schrieb Kaminer 2006 als Juror beim Stückemarkt des Theatertreffens.

DEA LOHER
ÜBER HINDERNISSE

Am Anfang schien alles harmonisch und ich war total guter Dinge. Der erste Karton mit Stücken war gelesen, nein, durchgearbeitet worden, mit ausführlichen Notizen und dem Vorhaben eines auf ihnen basierenden ausgeklügelten Bewertungssystems. Das war vor Weihnachten. Ungefähr sieben Kilo Papier schleppte ich auf dem Rücken in die italienische Silvesterpause. Freunde warnten mich, weißt du, was da auf dich zukommt, kannst du noch absagen? Nee, wollte ich gar nicht; ich war voller Entdeckerfreude, Neugierde und erwartete die größtmögliche Einsicht in die gegenwärtige europäische Stückeproduktion. Während sich also die Freunde ihre Nächte in lustigen Bars um die Ohren schlugen, saß ich in der schlecht geheizten Wohnung und las. Und las. Und las am Morgen weiter. Und jeden Morgen konnte ich aufs Neue beobachten, wie pünktlich um zehn Uhr sich die ersten Junkies in der gegenüberliegenden Methadonausgabestelle ihre Ration für den Tag abholten; jeden Morgen dieselben, das tätowierte und gepiercte Pärchen, der Kerl mit dem Boxerhund, die Dünne mit dem ledrigen Gesicht, zwei immer schwarz gekleidete Freunde. Jeden Morgen trafen sie sich in der klirrenden Kälte eine halbe Stunde vor dem Öffnen des Hauses, um zu rauchen, zu tratschen und, manchmal, sich erregt zu streiten. Hin und wieder gesellte sich der ein oder andere lethargisch dreinschauende Polizist dazu, der Aufsicht halber. Jeden Morgen lernte ich sie ein bisschen besser kennen, und ich fragte mich, warum mich dieses Schauspiel vor meinem Fenster so interessierte, dass ich mich schon beim Aufstehen drauf zu freuen begann, während die Begeisterung für die Lektüre der Stücke auf meinem Tisch nach ein paar Seiten oft zusehends abflaute. Vielleicht, weil es ein Hindernis gab. Vielleicht, weil ich die Protagonisten meines Films da draußen nur sehen konnte, aber nicht verstehen? Es gibt einen tollen Film, zu dem Lars von Trier seinen dänischen Kollegen Jörgen Leth eingeladen hat. Leth drehte 1967 den Kurzfilm „Der perfekte Mensch", der Trier offensichtlich nachhaltig beeinflusst hat. 35 Jahre später – Leth lebt inzwischen als Honorarkonsul auf Haiti, hat dreißig weitere Dokufilme geschaffen – lädt Trier ihn ein, fünf Remakes des „Perfekten Menschen" zu machen, aber unter bestimmten Bedingungen, die er, Trier, aufstellen würde. Leth willigt ein; der Film, der die ungewöhnliche Arbeitsbeziehung zwischen den beiden begleitet und dokumentiert und aus dem am Ende selbst ein Kunstwerk wird, heißt „Die fünf Hindernisse".

Die fünf Hindernisse, das kann man aus dem Film schlussfolgern, standen nicht von Anfang an fest; sie entwickelten sich eines nach dem anderen aus den komplizierten, auch listigen Gesprächen zwischen den beiden Filmemachern und entsprechend der Auflösung der jeweils vorangegangenen „Aufgabe". Welche Taktiken und intellektuellen sowie psychologischen Volten die zwei so grundverschiedenen Kontrahenten sich da einfallen lassen, um den anderen zu überraschen, zu verblüffen und zu neuen Finten herauszufordern, die letztlich alle der künstlerischen Produktion – und natürlich auch dem eigenen Ego – zugute kommen, gehört zum Vergnüglichsten, was man sich über Eigenart und Prozess von (filmischer) Kreativität ansehen kann. Zu Jahresbeginn und im Verlauf der folgenden Wochen sollte sich das Verschickungsaufkommen der noch zu lesenden Stücke zunehmend steigern, und im proportionalen Verhältnis dazu versorgte uns die Organisation des Stückemarkts mit hintersinnigen Aufmerksamkeiten wie Tapferkeitsbonbons, Durchhaltekaugummis und mit abscheulichem, grünlichem Leuchtgel befüllten Augenkühlkissen, die den Nachteil haben, dass man mit ihnen nichts mehr sieht. Geheimnisvolle Ausfälle suchten die Jurymitglieder heim: Pakete mit Stücken gingen in der Post verloren, wurden von durchdrehenden Nachbarshunden bis zur Unleserlichkeit zerfetzt, Bindehäute, Mägen, Ohren und sogar Lungen entzündeten sich, die Lufthansa begann, Flüge nach Berlin zu streichen, und am Ende kam der Nahverkehrsstreik.

Die fünf Hindernisse in Triers und Leths Film sind folgende:
1 Gehe an einen dir vollkommen unbekannten Ort und drehe dort einen Film, bei dem keine Einstellung länger als eine halbe Sekunde dauert.
2 Suche dir den schlimmsten vorstellbaren Ort und tue etwas, was im Kontext dieses Elends Scham auslöst. (In diesem Fall: in einem Slum von Bombay einen Hummer verspeisen.)
3 Keine Regel. Die absolute Freiheit.
4 Wähle die Sparte, mit der du am wenigsten anfangen kannst. (Hier: Trickfilm)
5 Die Regeln werden auf den Kopf gestellt, die Rollen vertauscht. Trier verfasst einen Brief in Leths Namen, in dem Leth ein beißendes, ironisches Resümee zieht, und lässt Leth selbst den Brief vorlesen, während er, Trier, den Vorgang filmt.

Bei all der schmerzhaften, oft beinahe selbstzerfleischenden persönlichen Involviertheit von Trier und Leth wissen beide natürlich sehr genau, dass rigide Beschränkungen ein ungemein produktiver Katalysator in einem Arbeitsprozess sind. Auch deshalb spürt man die große Lust selbst in den absurd verzweifeltsten Momenten, sich den Bedingungen dieser gemeinsamen Arbeit zu unterwerfen; sich zu unterwerfen, um an ihnen zu scheitern oder um sie im nächsten Moment umso gewaltiger sprengen und neu aufstellen zu können.

Irgendwann nach Weihnachten kam mein Nachbar, Besitzer der schlechtgehenden Wirtschaft unter mir (theoretisch 24 Stunden geöffnet, praktisch höchstens 12), auf die Idee, sich einen Huskie zuzulegen. Genauer gesagt, einen Huskie-Welpen. Und ihn nachts in der dunklen Kneipe anzuleinen, und zwar an die Friteuse, und ihn dann bis zum nächsten Morgen allein zu lassen. Der Besitzer der schlechtgehenden Wirtschaft unter mir ist Mitglied eines weitläufigen türkischen Clans, zu dem ausschließlich wortkarge, sehr stämmige Männer gehören, denen jederzeit der exzessive Geruch verschiedener Heilkräuter aus den Kleidern steigt. Zielorientierte Gespräche sind da eher schwierig. Ich weiß nicht, ob irgendein Hausbewohner in der Zeit eine Nacht durchgeschlafen hat, der Huskie jedenfalls nicht, der heulte sich in die Heiserkeit. Und ich auch nicht. Aber ich hatte ja die Stücke. Und las. Nach mehreren so verbrachten Nächten schob ich mich in die Kneipe und versuchte, eine unverfängliche, aber doch problembewusste Unterredung über den neuen, tollen Hund anzubahnen:

– Der Welpe hält dich jetzt für seine Mama, sagte ich, innerlich grinsend, zu meinem Nachbarn. Den kannste nachts noch nich allein lassen.
– Weiß ich, sagt der, ich bin auch verzweifelt, ey. Und schaut mich aus seinen rotgeäderten Augen an, dass ich fast glauben mag, es kommt vom Heulen.
– Gestern hat er Friteuse umgeworfen und an der Leine hinter sich her gezogen, ganzes Fett is aufm Küchenboden, ich bin auch verzweifelt, ey.
– Hm, mache ich, hm. Huskies brauchen Bewegung, sollteste nich anleinen, sollteste echt nich machen.
– Weiß ich, morgens gehn wir immer Hasenheide.
– Hm, die gehören weit weg, ins Eis, die wollen Schnee, Wind, Wetter, Laufen.
– Mann, weißtu, was son Tier kostet, kann ich mir nich leisten, dass der stirbt.
– Wieso stirbt, die leben da. Und wie die leben!
– Nee, das Tier hat Scheiße gefressen, hat voll die Scheiße von sonem stinkenden Köter von der Straße gefressen, ich glaub, is krank jetz.
– Oje oje.
– Aber is voll süß. Hab schon immer auf Huskie gestanden, echt, Huskie is voll mein Ding.
– Hm. Wie heißt er überhaupt?
– Pascha.

Und wirklich kriegte Pascha voll hohes Fieber und wurde die nächsten zwei Wochen zwangsmedikamentiert, und im Haus war wieder Ruhe, und ich las weiter; Regen fiel in Neukölln, Füchse schnürten durch die Großstadt, auch im Süden Spaniens tauchten Problemhunde auf, und ich freute mich über die Stücke, die der Wahrheit im Klischee so nahe kamen, um es dann mühelos zu überwinden und uns mit der Freude an dem leuchtenden, bunten Leben zurückzulassen. Und hörte nicht auf, während meiner Lektüre an die „Fünf Hindernisse" zu denken. Ein Fall für Trier, sagte ich immer wieder zu mir.
In Abwandlung oder Präzisierung des ersten Trierschen Hindernisses könnte man in Bezug auf die Stücke sagen:

Erstes Hindernis: Das Bekannte verlassen. Was riskieren. Heißt auch: sich nicht mit dem begnügen, was man gesichert kann. Ein überwiegender Teil der von der Jury gelesenen Texte wagt zu wenig und versucht zu viel. Leider manchmal beides gleichzeitig. Selten kommen der Anspruch und die zur Verfügung stehenden Mittel zur Deckung (aber auch das muss kein gutes, kann ein langweiliges Stück sein). „Bulger" von Klaas Tindemans ist von den um Gewalt kreisenden Stücken sicher das schwärzeste, auch das kompromissloseste. Es wischt alle ausgeleierten Psychologeme beiseite und imaginiert eine Gedanken- und Bilderwelt von Kindern, die zutiefst vom Tod fasziniert ist und die zu erschreckenden realen Handlungen führt. Man taucht beim Lesen sehr tief ab in diese Welt, in der sich eine eigene Logik entfaltet, und wie in einem Vexierbild blitzen in dem Kinderuniversum eigene Gedanken auf, die man sich nicht gerne eingesteht, Atavismen und Fantasien, die einem die scheinbar unverständliche Grausamkeit der Kinder plötzlich unangenehm nahe rücken lässt.

Das zweite Hindernis: Geh nach Bombay und schäm dich. Ich meine damit, eine Fähigkeit, ganz bei sich zu sein, in dem was man tut, auch wenn es unangenehm ist. Schreiben hat mit Scham zu tun; es ist unendlich peinlich, sich zu entblößen und sein Innerstes öffentlich zu machen, anderen zur Verfügung zu stellen. (Innerstes gebrauche ich hier nicht sentimental-subjektiv, sondern es heißt der Kern dessen, was man zu erzählen hat.) Es ist peinlich auch noch in der allergrößten Verfremdung und beim Beherrschen sämtlicher Mittel der artifiziellen Kodierung, Unkenntlichmachung. Aber man spürt es, selbst und gerade in der höchst kunstvollen und sich selbst unbewusst werdenden Verschlüsselung spürt man instinktiv, ob dem eine eigene und unverwechselbare Stimme innewohnt, die ganz einfach weiß, wovon sie spricht. Geh nach Bombay und schäm dich: Bitte bitte nicht cool sein wollen; bitte nicht immer so sexy tun. Bitte nicht die gesamte SozioPhiloPolitologielektüre der überlebten Uniseminare zusammensampeln und so tun, als hätte man das gesamte Zeug verstanden. Das glaubt eh kein Mensch. Ich jedenfalls will gerne einen echten menschlichen Herzschlag hören und spüren, mit Fehlern, Zweifeln, mit Stolpern und Rasen und Aussetzern, schwach und zur Freude begabt, krank und stürmisch und verzagt und manchmal einfach nur müde; das ganze Programm, die ganzen Irrfahrten dieses pervers zähen Lebewesens Mensch.

Das dritte Hindernis: Ganz fies. Totale Freiheit. Leth wusste um die Gefahr der absoluten Freiheit und hebelte sie schlau aus, indem er etwas tat, was er immer schon tun wollte, mit bestimmten Schauspielern arbeiten. Und Esteve Solers Stück „Contra el progrès – Gegen den Fortschritt" ist so eines, das sich eine ungewohnte Freiheit nimmt im Nachdenken über die Beschaffenheit der Welt. Unkonventionell, anregend, theatralisch.

Das vierte Hindernis: Etwas tun, was einen nicht interessiert. Was praktisch völlig fehlt, sind heitere Texte, komische Stücke, prall lebensfrohe, bei denen große Lust am Fabulieren und an reichen Charakteren und die Not, etwas Erzählen zu wollen, umschlägt in Komik und satte Kapriolen. Ich muss gestehen, dass das einzige Stück, bei dem ich wirklich viel gelacht habe, „Die Friseuse" von Sergej Medwedew war, und das ist nun ein spezieller Fall von Verzweiflungskomik. Aber eben ungemein wohltuend. Also: mehr Komödie! Etwas, das ich mir auch immer sage.

Das fünfte Hindernis: Einen Überschuss erzeugen. Heißt auch, sich in das Gegenüber versetzen. Jemand muss dieses Stück machen wollen. Schauspieler müssen es spielen wollen. Und zwar im Notfall jeden Abend, immer wieder dieselben ein, zwei, drei Stunden Text, die gleichen Szenen, die gleichen Abläufe. Das ist viel, viel Lebenszeit. Und keiner kann wollen, dass Schauspieler sein heißt, den ödesten Beruf der Welt zu haben. Auffallend ist, dass die meisten Stücke sich mit einem Personal zwischen zwei und vier Personen begnügen. Stücke mit mehr als fünf Personen sind kaum zu haben. Die Schauplätze sind durchweg „zuhause", sprich in den europäischen Ländern, aus denen die Texte kommen, kleinere und größere Städte, gerne Straßen, Kneipen oder Wohnungen. Man gewinnt den Eindruck, es wird fürsorglich an das Machbare gedacht. Das ist nett, hilft aber nicht weiter. Eine große Anzahl von Stücken beschäftigt sich mit plötzlichen, sinnlosen Gewaltausbrüchen und Tötungsfällen, oft und gerne unter Jugendlichen. Und ebenso auffallend ist die geballte Qualität sämtlicher aus Spanien und Katalonien eingereichter Stücke. Wir hätten alleine zwei Reihen von Lesungen aus den oben genannten Gruppen bestücken können. Was wir stattdessen versucht haben, ist eine Reihe von Stücken vorzustellen, die nicht den repräsentativen Querschnitt bilden, sondern die jedes für sich eine ganz eigene Welt schaffen und die alle zusammen einen vielfältigen Kosmos ergeben. Dass es sich die Jury nicht leicht gemacht hat, ist ein Allgemeinplatz. Trotzdem kann ich sagen, dass der Anfang harmonisch war und alles gut und einfach schien. Tatsächlich konnten wir uns auf die ersten „Gewinner"-Stücke ziemlich schnell und eindeutig einigen. Dass am Ende doch noch heftig gestritten wurde, liegt auch in der Natur der Sache, und dass zu guter Letzt die Unversöhnlichkeiten nicht bestehen blieben, ist – nach Diskussionen, Kopfschütteln, Luftholen, alles noch mal von vorne bereden, dann endlich miteinander trinken gehen – vor allem ein Glück.

Dea Loher schrieb knapp zwanzig Theaterstücke. Nach „Olgas Raum" 1992, „Tätowierung" und „Leviathan" begann 1995 mit „Fremdes Haus" die Zusammenarbeit mit Andreas Kriegenburg, der seither fast alle Uraufführungen ihrer Texte inszenierte, zuletzt „Diebe", 2010 eingeladen zum Theatertreffen, und „Am schwarzen See" 2012. Loher erhielt zahlreiche Auszeichnungen, u.a. 2009 den Berliner Literaturpreis der Stiftung Preußische Seehandlung und zweimal den Mülheimer Dramatikerpreis. Ihr erster Roman „Bugatti taucht auf" erschien 2012.
Den Beitrag „Über Hindernisse" schrieb Dea Loher 2008 als Jurorin beim TT-Stückemarkt.

126 ZWISCHENRUFE

Sabine Bangert, Frank Baumbauer, Sebastian Baumgarten, Lina Beckmann, Sibylle Berg, Jürgen Berger, Wolfgang Bergmann, Sybille Blomeyer-Rudolph, Vasco Boenisch, Werner Buhss, Nuran David Calis, Davide Carnevali, Stefanie Carp, Gesine Danckwart, Robin Detje, Amelie Deuflhard, Meike Droste, Anke Dürr, Heinz Dürr, Lars Eidinger, Jenny Erpenbeck, Florian Fiedler, Samuel Finzi, Thomas Flierl, Barbara Frey, Werner Fritsch, Christoph Funke, Muriel Gerstner, Gob Squad, Dimiter Gotscheff, Monika Grütters, Jörg Gudzuhn, Maria Happel, Sebastian Hartmann, Volker Hassemer, Carl Hegemann, Friederike Heller, Karin Henkel, Nele Hertling, Dieter Hildebrandt, Anja Hilling, Fabian Hinrichs, Wolfgang Höbel, Traute Hoess, Jutta Hoffmann, Hannelore Hoger, Raimund Hoghe, Lutz Hübner, Ingo Hülsmann, Robert Hunger-Bühler, Elfriede Jelinek, Thomas Jonigk, André Jung, Ulrike Kahle-Steinweh, Navid Kermani, Ulrich Khuon, Reinhard Kill, Stephan Kimmig, Renate Klett, Karl Kneidl, Stefan Konarske, Wolfgang Kralicek, Rebekka Kricheldorf, Thomas Krüger, Norbert Lammert, Peter Laudenbach, Iris Laufenberg, Christoph Leibold, Anne Lepper, Börries von Liebermann, Götz Loepelmann, Sigrid Löffler, Dea Loher, Phillipp Löhle, Regine Lorenz, Joachim Lux, Torsten Maß, Simone Meier, Michael Merschmeier, Peter Müller, Daniele Muscionico, Bernd Neumann, Amélie Niermeyer, Katrin Nottrodt, Thomas Ostermeier, Caroline Peters, Karin Pfammatter, Walter Rasch, Peter Raue, Oliver Reese, Christine Richard, Falk Richter, Moritz Rinke, Kathrin Röggla, Lea Rosh, Andreas Rossmann, Claudia Roth, Hans-Joachim Ruckhäberle, Sebastian Rudolph, Joachim Sartorius, Rüdiger Schaper, Wolfgang Schäuble, Helmut Schödel, Götz Schubert, Martin Schwab, Michael Simon, Johan Simons, Esther Slevogt, Bernd Stegemann, Bettina Stucky, Bernhard Studlar, Rita Thiele, Jürgen Trittin, Andres Veiel, Klaus Völker, Nike Wagner, Christine Wahl, Lars-Ole Walburg, Sasha Waltz, Kazuko Watanabe, Christina Weiß, Andreas Wilink, Bernd Wilms, Robert Wilson, Angela Winkler, Klaus Wowereit

Mit Zwischenrufen wie dem „Heidegger"-Ruf des Schriftstellers und Ex-Jurors Dieter Hildebrandt hatte die Redaktion gerechnet, auch mit Geschichten, Fotos oder Zeichnungen. Aber offenbar fand ein nicht unbeträchtlicher Teil der angeschriebenen Künstler, Kritiker, Politiker und Theatertreffenunterstützer den 50-Fragen-Katalog anregend genug, um mit dem Beantworten bei Frage 1 anzufangen und bis zur letzten Frage den Stift nicht mehr abzusetzen. Manche haben vielleicht auch schlicht überlesen, dass nur um Antworten auf bis zu drei Fragen gebeten wurde, und fingen, wie die Schriftstellerin Sibylle Berg, erst ab Frage 29 höflich zu zweifeln an, ob alle 50 nicht doch eigentlich eine Zumutung seien. Wieder andere, wie der Regisseur Sebastian Baumgarten, warfen uns den Ball zurück und überließen der Redaktion die Auswahl der Antworten – was wiederum dazu führte, dass wir uns nicht entscheiden konnten und alle Antworten annahmen.

Wie dem auch sei: Herausgekommen ist eine umfangreiche Sammlung witziger, schlauer und substantieller, einsilbiger und umfassender, kontroverser und notwendiger, frecher und liebevoller und vor allem sympathisch persönlicher Äußerungen über das Theater und das Theatertreffen der vergangenen fünfzig Jahre. Dass manche Zwischenrufe kaum die Zustimmung aller Leser erhalten werden, liegt in der Natur der Sache. Ein fröhlich distanziertes „Hey", wie es die Schauspielerin Lina Beckmann bei Frage 33 vorschlägt, möge als Reaktion genügen.

Sabine Bangert

3. Welcher Zwischenruf von anderen hat Ihnen am besten gefallen?
„Können Sie nicht zum Schluss kommen, wir wollen nach Hause!" (Verzweifelter Zwischenruf einer Frau beim „Volksfeind" in der Schaubühne.)

12. Von wem würden Sie sich wünschen, dass sie oder er häufiger ins Theater geht?
Vom regierenden Kultursenator.

19. Was bleibt von Pina Bausch?
Die Begegnung mit ihr nach der Aufführung ihres grandiosen Stücks „Nefés" an der Volksbühne.

Sabine Bangert, Politikerin (Bündnis 90/Die Grünen) und Mitglied des Berliner Abgeordnetenhauses, Sprecherin für Arbeitsmarkt- und Kulturpolitik.

Frank Baumbauer

Nicht sofort, nicht gleich schon wieder ab Mitte Mai, auch nicht in den müden Monaten Juni und Juli, aber spätestens ab dem Start in die neue Spielzeit, nach dem Sommer also, wenn alle am neuen Spielplan werken, ist die Spannung wieder da.

Haben oder erwarten wir eine oder zwei oder drei neue Inszenierungen, auf die wir selbst stolz sein können und die unbedingt nach Berlin reisen sollten, ja müssten? Werden wir bis zur definitiven Auswahl der Jury im Februar – wann genau entscheiden die eigentlich, weiß das wer? – noch einige herausragende Höhepunkte im Programm haben? Wie setzt sich denn die Jury zusammen? Gibt's da neue Tendenzen? Wir kennen doch unsere Pappenheimer! Könnte diese Jury vermehrt auf unserer Seite stehen oder stinken wir bei dieser personellen Konstellation total ab? Wie machen wir die Juroren verstärkt auf unsere so bemerkenswerten Aufführungen aufmerksam? Was tut sich sonst so im deutschsprachigen Theater, wird es bei der diesjährigen Ernte viel Konkurrenz geben, ist die Auswahl besonderer Inszenierungen in dieser Saison üppig oder mager? Welcher Juror hat welche Vorstellung besucht, welche Jurorin muss unbedingt noch kommen?

Im Dezember sollte man die Trends schon gehört haben! Im Januar sollte man es eigentlich wissen, ganz sicher gehört haben, riechen, schmecken, jemandem aus der Nase ziehen können! Bekommt man raus, ob und mit welcher Inszenierung wir dabei sein könnten? Wie kann man diese tolle Aufführung unseres Theaters unter die glorreichen Zehn bugsieren, verdammt noch mal?

Dann *der* Tag bzw. *der* Abend der Entscheidung. Heute steigt der weiße Rauch auf in der Schaperstraße – aber für wen? Kommt der Anruf der Theatertreffen-Leitung oder ruft uns kein Schwein an? Haben die auch unsere Telefonnummern? Haben sie unsere Handy-Nummern, es ist ja schon bald nach acht Uhr! Ewig bleib ich nicht neben dem Telefon sitzen.

Na gut, merde, dann war es das eben. Ich war so sicher, dass wir dabei sein würden. Ok, raus mit dem Hund in den Park, durchatmen.

Dann der Anruf! Cool bleiben! Yippeehhh. Super. War doch eigentlich klar. Konnte ja gar nicht anders sein. Gleich zurück in die Intendanz und ans Telefon und sofort, möglichst als Erster, alle Beteiligten mit dieser Nachricht beglücken. Freude überall.
Jetzt wieder in den Park, aber schwebend, ca. zehn Zentimeter über dem Boden. Der Hund auch. Dann Rotwein, dann Bett. Ganz vergessen zu fragen, wer die anderen Auserwählten sind. Das kommt dann morgen schon noch. Da köpfen wir dann gleich morgens, statt des Morgen-Meetings, den in weiser Voraussicht schon gekühlten Champagner, stoßen an, stolz, mit enormer Freude. Wie im vergangenen Jahr …
Das war es dann aber auch. Wieder zurück auf Los bis zum nächsten Herbst.

Ach ja, gut, klar, logisch, dazwischen kommt dann noch das Theatertreffen selbst, im Mai, in Berlin. Aber ganz ehrlich: Das Spannendste ist die Zeit zwischen Theatertreffen und Theatertreffen :-) So zumindest hab ich's in Erinnerung, in allerbester!

Frank Baumbauer, Theaterintendant, leitete u.a. das Theater Basel, das Schauspielhaus Hamburg und die Münchner Kammerspiele, Inszenierungen seiner Theater wurden 24 Mal zum Theatertreffen eingeladen.

Sebastian Baumgarten

1. Haben Sie jemals im Theater einen Zwischenruf gemacht? Was haben Sie gerufen? Nein … fand es nie so aufregend, als dass ich meine Schamgrenze überwunden hätte … wie außerhalb des Theaters …

2. Haben Sie je mit dem Gedanken gespielt, eine Theatertreffen-Aufführung zu verlassen oder sind sogar rausgegangen? Warum? Ja, immer dann, wenn es wieder um das stehende, sensible Zelebrieren von Texten ging und am Ende die Darsteller von sich selbst zu Tränen gerührt waren …

3. Welcher Zwischenruf von anderen hat Ihnen am besten gefallen? Ich kann mich an keinen besonderen Zwischenruf erinnern. Eher an die Auslöser von Protest: Besonders waren Fritschs Heiratsantrag in „Frau vom Meer", der damals eine Stunde in der Vbühne dauerte und Schleefs Gruppendauerlauf Richtung Gut Puntila im BE in „Puntila und sein Knecht Matti", da wurden 5 km um die Drehscheibe absolviert, soweit ich mich erinnere.

4. Wann waren Sie zum ersten Mal beim Theatertreffen und an was erinnern Sie sich? 1990. „Miss Sara Sampson" (Castorf). Ich erinnere mich an eine Podiumsdiskussion danach, in der der Regisseur den damaligen Theater-Ostgott Heiner Müller mit ziemlich scharfem Humor in seiner Position relativierte. Das war befreiend.

5. Wenn Sie in der Jury wären, was würde anders? Das ist nicht so beantwortbar. Auf jeden Fall wär mein Interesse, Produktionen zu wählen, die eine politische und damit verbunden ästhetische Relevanz für die Zukunft hätten und nicht den gegenwärtigen Standard repräsentieren …

6. In welchem Bühnenbild hätten Sie gerne einmal gewohnt? In der Neustadt von Bert Neumann? Aber eigentlich bin ich froh, wenn ich ein Theater verlassen kann. Wieso soll ich da jetzt noch wohnen?

9. Welche Aufführung des Theatertreffens hat Theatergeschichte geschrieben? „Sportstück" (Jelinek), Regie Einar Schleef.

© T&T Fotografie

10. Definieren Sie „bemerkenswert". Bemerkenswert finde ich in Bezug auf Theater, wenn meine Erwartungen an einen Theaterabend in Frage gestellt werden. Ob da die Realität einbricht oder es sich um Realität handelt, ob es sich um eine performative Veranstaltung von Jonathan Meese handelt, immer wenn das Theater als konventionelle Repräsentationsveranstaltung neu gerahmt wird, finde ich es bemerkenswert. Diese Aufführungen finde ich im TT leider unterrepräsentiert.

11. Von welcher politischen Partei – glauben Sie – gehen die meisten Politiker ins Theater? Theater gehört doch zum guten Ton aller bürgerlichen Parteien … Genau wie Jazz …

12. Von wem würden Sie sich wünschen, dass sie oder er häufiger ins Theater geht? Leute, die sich Theater nicht leisten können …

13. Gibt es Situationen in Ihrem Leben, die Sie als Performance-nah bezeichnen würden? Keine Ahnung … mein Privatleben?

14. Was haben Sie in einem Spiegel im Spiegelzelt gesehen, das Sie niemals vergessen werden? Nie dagewesen.

15. War Ihnen schon einmal etwas peinlich, das Sie auf der Bühne gesehen oder gehört haben? Die falschen Töne, die misslungenen Szenen in meinen eigenen Arbeiten im Schauspiel.

16. Diskutieren Sie verschiedene „Othello"-Inszenierungen im Licht der sogenannten Blackfacing-Debatte. Eine unsägliche Debatte, in der Bote und Botschaft verwechselt werden … Schiller sagt: „Mitten in dem furchtbaren Reich der Kräfte und mitten in dem heiligen Reich der Gesetze baut der ästhetische Bildungstrieb unvermerkt an einem dritten, fröhlichen Reich des Spiels und des Scheins, worin er dem Menschen die Fesseln aller Verhältnisse abnimmt und ihn von allem, was Zwang heißt, sowohl im Physischen als im Moralischen entbindet."

17. Gehen Sie in die Kirche? Nein. Doch, um Musik zu hören, um Architektur zu sehen, um einen Ort zu erleben, an dem die Zeit nicht linear, sondern zirkulär verläuft … das bringt Entspannung.

18. Was verbinden Sie mit Einar Schleef? Schleef ist für mich der wichtigste Theatermann nach Brecht. Seine konsequenteste Fortsetzung.

19. Was bleibt von Pina Bausch? Ihre Arbeiten haben reale Vorgänge in den Kontrast zu theatralen Vorgängen gebracht, die gegenwärtige Grundfragestellungen brauchen, um sich an die Antike anzubinden.

20. Gibt es ein Zitat von Peter Zadek, das Sie nie vergessen werden? Nein.

21. Was an Christoph Schlingensief haben Sie zu spät verstanden? An Schlingensief war die wichtigste Erkenntnis für mich, dass das radikal Subjektive in der Herangehensweise eines Theatermachers mindestens ebenso wichtig ist, wie der Versuch, sich vom Grundmaterial zu distanzieren, es sich fremd zu machen und es zu ergründen. Und dass so ein Ansatz seine eigene Form entwickelt.

22. Glauben Sie, dass das Theatertreffen Tendenzen abbildet oder gar schafft? Beides. Das Theatertreffen setzt den Jahresstandard, und darin liegt auch ein Problem. Vor allem im mutlosen Handeln der Intendanten im Folgejahr. Der neue Trend ist gesetzt. Also einkaufen gehen! Oder: Wer die Lauscher offen hatte, hat schon vorher gekauft …

23. Gibt es ein Theater des 20. Jahrhunderts und eines des 21. Jahrhunderts? a) Mein Eindruck ist, dass sich Fiktion und Dokumentation noch im 20. Jahrhundert in einer „modernen" Inszenierung dicht ineinander verwoben haben, stärker voneinander absetzen und zu jeweils eigenen Theaterformen führen.

b) Es geht in Diskussionen ums Theater mehr um Begriffe wie „Theaterformate" – oder anders um „branding" – als um die Beurteilung von klassischem Handwerk in der einen oder anderen Inszenierung eines Textes. Das finde ich interessant.
c) Es wird wieder deutlich konventioneller, weil der finanzielle Druck auf die Häuser stärker geworden ist.
d) Es gibt den Versuch, auf den starken sozialen Druck in der Gesellschaft im Theater zu reagieren. Aber nur sehr selten wird dafür eine Form erfunden, die das Theatermachen in die ökonomischen Abläufe der Gesellschaft mit einschließt. (siehe c)

24. Bevorzugen Sie Texttreue oder den Seitensprung? Der Seitensprung ist schon deutlich interessanter …

25. Wird es in 25 Jahren noch Dramatiker geben? Ja, ganz sicher.

26. Ihr Lieblings-Klassikerzitat? Einar Schleef: „Ich glaube, dass das Theater jetzt an einem Endpunkt angelangt ist, und es wird noch schlechter. Das Fatale ist, dass es um nichts mehr geht. Jeder führt seine Handschrift vor, und damit hat es sich. Niemand spürt einen Schmerz, einen Inhalt."

27. Woran erkennt man einen Klassiker zu Lebzeiten? Kennen Sie einen? … der Klassiker verbindet das Zeit-Abbildende mit der Geschichte, integriert das bisher Nicht-Ästhetische in die ästhetischen Kriterien der Gegenwart, die es auf der Bühne braucht. Darum geht's im Theater. Um Wirkung! Nicht um Verinnerlichung!

28. Glauben Sie an Regie- und Autorenkollektive? Ja. Finde ich sehr wichtig. Wirklich. Aber man kann sich dem Theater auch als Despot aussetzen. „Auch schlagen tut weh!", hat Schleef gesagt. Das sind nur zwei Positionen, die letztlich beide herausfordern, sich mit den Strukturen von Texten, des Theatermachens, des „Regie"-rens auseinanderzusetzen.

29. Wer ist der unterschätzteste Theaterkünstler der letzten fünfzig Jahre? In Europa Reza Abdoh …

30. Wer ist der überschätzteste Theaterkünstler der letzten fünfzig Jahre? Eine Frage, die das Spektakel sucht. Möchte ich nicht beantworten.

31. Was bedeutet Ihnen die Theaterkantine? Nichts. Kaffee holen. Und wieder weg. Auf jeden Fall nicht zu viel Zeit drin verbringen …

32. Welcher verstorbene Regisseur und sein Stil haben Schule gemacht? Einar Schleef.

33. Was ist Ihre Standardfloskel, wenn Sie nach einer TT-Premiere, die Ihnen nicht gefallen hat, einen mitwirkenden Künstler treffen? (Die Antwort wird auf Wunsch anonym veröffentlicht.) Gibt's nicht. Ich gehe, wenn's mir nicht gefallen hat. Jede Arbeit ist ein immenser Kraftaufwand für alle, die beteiligt waren, der von außen nicht zu beurteilen ist. Der verdient erst mal Respekt. Wenn es mir nicht gefällt, hat das auch was mit mir zu tun und ist kein zu veröffentlichendes Wertkriterium.

34. Waren die Theaterexperimente der sechziger Jahre radikaler als heute? Mit großer Sicherheit. Gab ja auch noch viel einzustürzen … aber ich blicke schon neidvoll zurück.

35. Denken Sie an Theaterkünstler unter vierzig – was macht diese Generation anders? Das ist ja nicht generalisierbar. Ich habe allerdings schon den Eindruck, dass der Versuch, die massenhaften Eindrücke der Gegenwart abzubilden, mehr im Vordergrund steht, als das Interesse, gegenwärtige politische, soziale Prozesse historisch und dialektisch zu reflektieren und zu übersetzen …

36. Welche Theaterfamilie trennte sich am häufigsten? Weswegen? Warum ist das wichtig?

37. Wenn Sie eine freie Theatergruppe gründen wollten, wie würde sie heißen? Wenn ich eine freie Theatergruppe gründen würde, wären alle in der Gruppe an der Namensfindung beteiligt. Insofern kann ich die Frage nicht beantworten.

38. Was ist wichtiger: Uraufführungen oder Zweitaufführungen? Jeder Theaterabend sollte eine Einmaligkeit haben. Das gilt auch für die Textfassung jeder Aufführung. Insofern denke ich nicht in Zweitaufführungen. Für die Autoren ist zu wünschen, dass man sich mit ihrem Stoff wegen seiner Relevanz nicht nur einmal auseinandersetzt.

39. Nennen Sie eine Eigenart des österreichischen Theaters. Nennen Sie eine Eigenart des Schweizer Theaters. Kann ich nichts zu sagen.

41. Wann mussten Sie das letzte Mal im Theater weinen? Finale „Rosenkavalier", 3. Akt, Marschallin: „Hab mirs geschworn …", war 1999, jetzt bin ich abgehärtet.

42. Warum werden Kostüme meistens von Frauen gemacht? Das muss man historisch einordnen … und außerdem … wer hat schon Kostüme gemacht wie z.B. Bert Neumann oder Einar Schleef.

43. Schätzen Sie, wie oft Goethes „Faust" beim Theatertreffen gespielt wurde. … 50 Jahre Theatertreffen! … 8 mal?

44. Oft gehört: „War alles schon mal da" – was zum Beispiel? Nächste Frage bitte!

45. Mit Walter Benjamin gefragt: Was ist die Aufgabe der Kritik? Mein Ideal: Die Redaktion der „Cahiers du cinema" in den 50er Jahren in Paris. Da analysierten die damaligen Kritiker Godard, Chabrol, Rivette, Truffaut und Rohmer den französischen Gegenwartsfilm und gründeten, inzwischen selber Filmemacher, die „Nouvelle Vague".

46. Nennen Sie ein aktuelles Beispiel für ein Historienstück. „Die Wohlgesinnten" (Jonathan Littell, Fassung Armin Petras).

47. Nennen Sie jeweils Schlagworte für das Theater der siebziger, achtziger und neunziger Jahre. 70er: Mitbestimmungstheater, 80er: Bildertheater, 90er: Volksbühne, geprägt durch Castorfs Eklektizismus und Synkretismus.

48. Was am Theatertreffen ist vergleichbar mit anderen Festivals? Die Wirkung für die kommerzielle Verwertung …

49. Was war der wirkungsvollste Theaterskandal? Was ist ein wirkungsvoller Theaterskandal? Dass etwas daraufhin gesellschaftlich passiert? Dann kann ich mich an keinen wirkungsvollen Skandal erinnern … nicht mal historisch …

50. Welche Frage vermissen Sie? Fragen nach dem Zusammenhang von Autorität in der Arbeit, Geld und Theater.

Sebastian Baumgarten, Schauspiel- und Opernregisseur, wurde mit Brechts „Die heilige Johanna der Schlachthöfe" vom Zürcher Schauspielhaus 2013 zum ersten Mal zum Theatertreffen eingeladen.

Lina Beckmann

1. Haben Sie jemals im Theater einen Zwischenruf gemacht? Was haben Sie gerufen? nein, ich freu mich wenn ich im theater mal nicht rufen muss.

2. Haben Sie je mit dem Gedanken gespielt, eine Theatertreffen-Aufführung zu verlassen oder sind sogar rausgegangen? Warum? nein. das bring ich nicht übers herz. ich weiß zu genau, wie blöd das ist, wenn man oben auf der bühne menschen raus laufen sieht und man so tut, als würde man das nicht merken.

3. Welcher Zwischenruf von anderen hat ihnen am besten gefallen? „nicht so laut".

4. Wann waren Sie zum ersten Mal beim Theatertreffen und an was erinnern Sie sich? 2010, an alles, an das tolle essen, die schönen garderoben und so viele dinge.

5. Wenn Sie in der Jury wären, was würde anders? es gäbe eine jury-uniform, die man immer tragen müsste. so könnte man sich sofort vertrauensvoll an die verantwortlichen wenden. die uniform sollte natürlich sexy sein, sonst macht es ja keinen spaß.

6. In welchem Bühnenbild hätten sie gerne einmal gewohnt? ich geh immer recht gerne nach hause.

7. Haben Sie sich während des Theatertreffens einmal verliebt? oh ja!

9. Welche Aufführung des Theatertreffens hat Theatergeschichte geschrieben? alle.

10. Definieren Sie „bemerkenswert". wenns unter die hautschichten geht und tagelang dort liegen bleibt.

11. Von welcher politischen Partei – glauben Sie – gehen die meisten Politiker ins Theater? im theater sind doch alle gleich …

12. Von wem würden Sie sich wünschen, dass sie oder er häufiger ins Theater geht? alle von jung bis alt – alle.

13. Gibt es Situationen in ihrem Leben, die Sie als Performance-nah bezeichnen würden? Nö.

14. Was haben Sie in einem Spiegel im Spiegelzelt gesehen, das Sie niemals vergessen werden? meinen mann.

15. War Ihnen schon einmal etwas peinlich, das sie auf der Bühne gesehen oder gehört haben? das bleibt mein geheimnis.

16. Diskutieren Sie verschiedene „Othello"-Inszenierungen im Licht der sogenannten Blackfacing-Debatte. ich finde, man kann einen schauspieler schwarz anmalen, einen afrikanischstämmigen schauspieler besetzen, wichtig erscheint mir doch nur, was dieser othello dann mit mir macht. frauen spielen männer, männer spielen frauen, theater ist doch ein ort, wo sich das alles aufhebt.

17. Gehen Sie in die Kirche? nein.

18. Was verbinden Sie mit Einar Schleef? ich bin doch noch so so so jung. ich habe ihn leider nie erlebt, gesehen oder gesprochen.

19. Was bleibt von Pina Bausch? eine sehnsucht.

20. Gibt es ein Zitat von Peter Zadek, das Sie nie vergessen werden? „die hat schöne brüste."

21. Was an Christoph Schlingensief haben sie zu spät verstanden? christoph schlingensief kann man gar nicht missverstehen.

22. Glauben Sie, dass das Theatertreffen Tendenzen abbildet oder gar schafft? nein.

23. Gibt es ein Theater des 20. Jahrhunderts und eines des 21. Jahrhunderts?

24. Bevorzugen Sie Texttreue oder den Seitensprung? seitensprünge machen die texttreue doch erst zum vergnügen.

25. Wird es in 25 Jahren noch Dramatiker geben? ja klar.

26. Ihr Lieblings-Klassikerzitat? „ist es überhaupt möglich, unglücklich zu sein, was zählen mein leid und mein missgeschick, wenn es mir frei steht glücklich zu sein." („der idiot", dostojewski)

27. Woran erkennt man einen Klassiker zu Lebzeiten? kennen sie einen?

28. Glauben Sie an Regie- und Autorenkollektive? ja, natürlich.

29. Wer ist der unterschätzteste Theaterkünstler der letzten fünfzig Jahre? rosa von praunheim.

31. Was bedeutet Ihnen die Theaterkantine? die ist super, wenn die super ist.

32. Welcher verstorbene Regisseur und sein Stil haben Schule gemacht? jürgen gosch.

33. Was ist Ihre Standardfloskel, wenn Sie nach einer TT-Premiere, die Ihnen nicht gefallen hat, einen mitwirkenden Künstler treffen? (die antwort wird auf wunsch anonym veröffentlicht.) „hey".

37. Wenn Sie eine freie Theatergruppe gründen wollten, wie würde sie heißen? die ortolanis.

38. Was ist wichtiger: Uraufführungen oder Zweitaufführungen? ohne uraufführung gibt's keine zweitaufführung.

39. Nennen Sie eine Eigenart des österreichischen Theaters. leidenschaft.

zu schützen, dem zuschauer die empfindung und bewertung eines theaterabends nicht vorwegnehmen, neugierig machen.

46. Nennen Sie ein aktuelles Beispiel für ein Historienstück. „das werk/im bus/ein sturz" – jelinek.

47. Nennen Sie jeweils Schlagworte für das Theater der siebziger, achtziger und neunziger Jahre. ich wurde 1981 geboren.... das erste schlagwort, was ich mitbekommen habe, war die volksbühne berlin.

48. Was am Theatertreffen ist vergleichbar mit anderen Festivals? das bier. sonst seid ihr einmalig!

50. Welche Frage vermissen Sie? wonach sehnt sich ein schauspieler/in nach einer vorstellung? würd mich interessieren.

Lina Beckmann, Schauspielerin u.a. am Schauspiel Köln, erhielt 2011 den Alfred-Kerr-Darstellerpreis und war viermal beim Theatertreffen zu sehen, 2013 in Karin Henkels „Die Ratten".

40. Nennen Sie eine Eigenart des Schweizer Theaters. leidenschaft.

41. Wann mussten Sie das letzte Mal im Theater weinen? immer wenn ich meine geschwister auf der bühne sehe.

42. Warum werden Kostüme meistens von Frauen gemacht? ja. ist das denn so?

43. Schätzen Sie, wie oft Goethes „Faust" beim Theatertreffen gespielt wurde. 346mal, kann das hinkommen? ich bin mir aber nicht sicher.

44. Oft gehört: „war alles schon mal da" – was zum Beispiel? schauspieler, die ihre texte sprechen.

45. Mit Walter Benjamin gefragt: Was ist die Aufgabe der Kritik? theater als kulturelle einrichtung

Sibylle Berg

1. Haben Sie jemals im Theater einen Zwischenruf gemacht? Was haben Sie gerufen? **Niemals. Ich schreie ja auch nicht, wenn ich andere Kunstformen betrachte. Oder tut das wer, beim Anblick eines Richter-Bildes laut „hört, hört" oder „Frechheit!" rufen?**

2. Haben Sie je mit dem Gedanken gespielt, eine Theatertreffen-Aufführung zu verlassen oder sind sogar rausgegangen? Warum? **Zweimal – nicht am Theatertreffen, sondern irgendwann, irgendwo, vermutlich bei Wagner, und es war mir furchtbar unangenehm, weil so respektlos, all den auf und an der Bühne arbeitenden Menschen gegenüber. Aber zweimal war mein Körper vor Langeweile derart am zucken, dass ich gehen musste, sonst wäre ich umgefallen. Geschlafen habe ich aber schon sehr oft. Geschnarcht aber glaube ich nie.**

© Katharina Lütscher

3. Welcher Zwischenruf von anderen hat Ihnen am besten gefallen? **Find ich immer abstoßend, genauso wie Buhen am Ende (oder buht wer im Kino?), aber wenn schon, dann würde ich gerne hören:**

**„Ich möchte Leuchtturm sein
in Nacht und Wind –
für Dorsch und Stint –
für jedes Boot –
und bin doch selbst
ein Schiff in Not!"
(Borchert)**

10. Definieren Sie „bemerkenswert". **Das Wort muss von einer professoralen (definieren Sie professoral: klugscheißerisch) Person mit angehobener Braue ausgestoßen werden und meint: war ja grauenhaft.**

11. Von welcher politischen Partei – glauben Sie – gehen die meisten Politiker ins Theater? **CSU – in die Oper, oder zählt Oper nicht?**

15. War Ihnen schon einmal etwas peinlich, das Sie auf der Bühne gesehen oder gehört haben? **Es gibt nichts Verklemmteres als dieses neue Hobby des Fremdschämens.**

25. Wird es in 25 Jahren noch Dramatiker geben? **Die Frage ist: Wird es noch Dramaturgen geben?**

27. Woran erkennt man einen Klassiker zu Lebzeiten? Kennen Sie einen? **Mich.**

29. Wer ist der unterschätzteste Theaterkünstler der letzten fünfzig Jahre? **Ich, so, jetzt höre ich auf, ich wünsche euch einen großartigen Geburtstag und liebe Grüße ans Personal.**

41. Wann mussten Sie das letzte Mal im Theater weinen? **Bei Schlingensiefs letzter Arbeit in Zürich, als ich ahnte, dass es seine letzte Arbeit sein würde.**

42. Warum werden Kostüme meistens von Frauen gemacht? **Weil Frauen vermutlich früher besser nähen als herumschreien konnten. Und weil ...**

Sibylle Berg, Schriftstellerin. Ihre Theaterstücke wurden viermal zu den Mülheimer Theatertagen eingeladen.

Jürgen Berger

12. Von wem würden Sie sich wünschen, dass sie oder er häufiger ins Theater geht?
Von all jenen in den Printmedien, die das Theater für überflüssig halten, diesem Ort ihres Missvergnügens aber das letzte Mal nahegekommen sind, als sie vom Deutschlehrer wegen einer „Faust"-Inszenierung in Sippenhaft genommen wurden.

17. Gehen Sie in die Kirche?
Im Alter von acht Jahren wollte ich unbedingt Ministrant werden. Die Kostüme und Rituale der Schauspieler vorne am Altar waren so klasse. Mit achtzehn bin ich dann aus der Gemeinschaft der Katholiken ausgetreten und dachte: Das war's jetzt! Heute sieht es so aus, als ginge ich weiterhin in die Kirche, immer noch fasziniert von Momenten einer geglückten Inszenierung. Die Kirche heißt jetzt nur anders.

39. Nennen Sie eine Eigenart des österreichischen Theaters.
Dass sich dort mehr Brandenburger, Ruhrpöttler, Rheinländer, Badener und Bayern rumtreiben, als es in Berlin jemals Schwaben geben wird.

Jürgen Berger, freier Theaterkritiker für die „Süddeutsche Zeitung", „taz" und für „Theater heute", von 2008 bis 2010 Mitglied der Theatertreffen-Jury.

Wolfgang Bergmann

11. Von welcher politischen Partei – glauben Sie – gehen die meisten Politiker ins Theater?

Die Politiker, die nicht in einer Partei organisiert sind, bilden unter den Theatergängern die wohl größte Fraktion. Theater an sich ist nach meiner Auffassung eine zutiefst politische Veranstaltung, auch wenn wir das weitgehend aus den Augen verloren haben. In gewisser Weise wollten die alten Griechen die Verhältnisse in der Gesellschaft ja vom Himmel holen, um sie in ihrer Mitte auszustellen und zu verhandeln. Sie wollten die Ursachen und verborgenen Mechanismen dieser Verhältnisse vom Nebel der Götter befreien. Eine Komponente dieser Idee des Theaters als vom realen Raum und realen Zeit befreiter Ort der Verhandlung ist diejenige einer Gemeinschaft, die nicht nur die politisch organisiert Handelnden, also die Götter, als Politiker begreift, sondern uns Normalsterbliche auch. Als Zufluchtsort für Eskapisten war Theater eigentlich nicht gedacht.

18. Was verbinden Sie mit Einar Schleef?

Die längste intendierte Schwarzblende in der Geschichte des europäischen Fernsehens verbinde ich mit Einar Schleef. Bei der Übertragung seiner Inszenierung von „Ein Sportstück" verbat er sich jegliche Veränderung der Lichtstimmung und an einer bestimmten Stelle an diesem unendlich langen, kurzweiligen Abend war es halt dunkel, total rabenschwarz. Nichts und niemand konnte ihn davon abbringen, selbst ein vom damaligen Leiter des Theatertreffens Torsten Maß initiiertes gemeinsames Abendessen zum besseren gegenseitigen Verständnis war zwar lecker, blieb aber ohne jede Annäherung zwischen Fernsehen und Künstler. Auf dem Nachhauseweg hielt plötzlich ein von hinten kommendes, mittelalterlich anmutendes Fahrrad, Schleefs legendäres Fortbewegungsmittel, neben uns. Er halte sich für schwierig, bekannte er, doch lutherisch fügte er hinzu, er könne nicht anders, wünschte eine gute Nacht und trat in die klapprigen Pedale. Also blendeten wir bei der TV-Übertragung via 3sat eine Textzeile vor dem authentisch schwarzen Bühnengeschehen ein: „Auf Wunsch des Theaterregisseurs bleibt das Bild an dieser Stelle dunkel. Wir bitten um Ihr Verständnis." Nicht nur deshalb für mich eine unvergessliche Erinnerung an einen wahrhaftig bemerkenswerten Bühnenkünstler.

41. Wann mussten Sie das letzte Mal im Theater weinen?

Regelmäßig bei den Inszenierungen von Alain Platel. Erstmals bei „lets op Bach" (übrigens nicht beim Theatertreffen) aus schierer Überwältigung, Begeisterung, vor Glück, und dann immer wieder, zuletzt bei seiner Wagner-Verdi-Collage „Choeurs". Mehr und mehr übrigens von der tiefen Traurigkeit angeweht, die in seinen jüngeren Arbeiten so stark zu spüren ist. Er bringt wohl meinen persönlichen Verdrängungsmechanismus regelmäßig zum Einsturz. Warum genau, weiß ich nicht. Im Übrigen kann ich so noch zwei weitere Fragen gleich mitbeantworten. Was von Pina Bausch bleibt und was ich bei Christoph Schlingensief zu spät verstanden habe. Auch diese Fragen führen mich auf unterschiedliche Weise zu Alain Platel. Ansonsten wird nicht rumgeheult …

Wolfgang Bergmann, Arte-Koordinator, gründete den ZDF-Theaterkanal und initiierte in den neunziger Jahren die Zusammenarbeit zwischen 3sat und dem Theatertreffen.

Sybille Blomeyer

22. Glauben Sie, dass das Theatertreffen Tendenzen abbildet oder gar schafft?
Davon bin ich überzeugt, mindestens bis zur ersten Pause.

6. In welchem Bühnenbild hätten Sie gerne einmal gewohnt?
Unbedingt im genialen Bühnenbild zu Alvis Hermanis' Inszenierung des „Platonow", die im letzten Jahr beim Theatertreffen gezeigt wurde.

41. Wann mussten Sie das letzte Mal im Theater weinen?
Ich erinnere mich vor allen Dingen daran, nach Peter Steins „Drei Schwestern" in den 80er Jahren geweint zu haben, allerdings erst am darauffolgenden Tag – frühmorgens in der Badewanne. Im nächsten Moment musste ich natürlich über mich lachen. Aber es war ganz zweifellos die stärkste Nachwirkung einer Theateraufführung, die mir je widerfahren ist.

Sybille Blomeyer, Senatskanzlei Berlin, Mitglied im Aufsichtsrat der Kulturveranstaltungen des Bundes in Berlin GmbH.

Vasco Boenisch

6. In welchem Bühnenbild hätten Sie gerne einmal gewohnt?
Keine Frage: „Das Theater mit dem Waldhaus" (2009).

13. Gibt es Situationen in Ihrem Leben, die Sie als Performance-nah bezeichnen würden?
Die Sitzungen unserer TT-Jury.

26. Ihr Lieblings-Klassikerzitat?
„Ach!" (Kleist) / „Ach, was!?" (Loriot).

Vasco Boenisch, freier Theaterkritiker für die „Süddeutsche Zeitung", für „Theater der Zeit", „Theater heute" und den WDR, von 2008 bis 2013 Theatertreffen-Juror.

Werner Buhss

1. Haben Sie jemals im Theater einen Zwischenruf gemacht? Was haben Sie gerufen? Hallo, seid ihr noch da.

2. Haben Sie je mit dem Gedanken gespielt, eine Theatertreffen-Aufführung zu verlassen oder sind sogar rausgegangen? Warum? Ich musste aufs Klo. Weiß nicht mehr, kotzen oder naja, Sie wissen schon.

3. Welcher Zwischenruf von anderen hat Ihnen am besten gefallen? Es war kein Zwischenruf aus dem Publikum, sondern einer von der Bühne herunter. Als der Vorhang fiel, sagte einer der Darsteller deutlich wahrnehmbar: Endlich.

4. Wann waren Sie zum ersten Mal beim Theatertreffen und an was erinnern Sie sich? Keine Ahnung mehr. Irgendwas von Heiner Müller aus dem Westen.

5. Wenn Sie in der Jury wären, was würde anders? Sooooo schlecht ist es wiederum auch nicht.

6. In welchem Bühnenbild hätten Sie gerne einmal gewohnt? Ich wohne nicht, ich lebe ja noch.

7. Haben Sie sich während des Theatertreffens einmal verliebt? Gute Frage.

8. Hatten Sie – obwohl Sie in Berlin wohnten – eine Postadresse in „Westdeutschland", von der Sie sich TT-Karten bestellt haben? Wie lautete sie? Verfassungsschutz oder wat.

9. Welche Aufführung des Theatertreffens hat Theatergeschichte geschrieben? Dafür bin ich zu jung. Und zu Zoni.

10. Definieren Sie „bemerkenswert". Wenn ich einen lieben Menschen nicht davon abhalte, hinzugehen.

11. Von welcher politischen Partei – glauben Sie – gehen die meisten Politiker ins Theater? Die PIRATEN werden sich das wohl online reinziehen, oder.

12. Von wem würden Sie sich wünschen, dass sie oder er häufiger ins Theater geht? Von allen Kindern. Für die braucht man keine teuren Bühnenbilder.

13. Gibt es Situationen in Ihrem Leben, die Sie als Performance-nah bezeichnen würden? Was verdammt nochmal ist das nicht. Es sind nur nicht immer Zuschauer dabei.

14. Was haben Sie in einem Spiegel im Spiegelzelt gesehen, das Sie niemals vergessen werden? Mich. Allerdings hab ich mich auch schon mal vergessen.

15. War Ihnen schon einmal etwas peinlich, das Sie auf der Bühne gesehen oder gehört haben? Wieviel Platz haben wir?

16. Diskutieren Sie verschiedene „Othello"-Inszenierungen im Licht der sogenannten Blackfacing- Debatte. Wer selbst im Glashaus sitzt, soll nicht mit Dickmanns um sich schmeißen.

17. Gehen Sie in die Kirche? Aber ja. Wenn vorne der Tresen und dahinter ein anständiger Wirt ist.

18. Was verbinden Sie mit Einar Schleef? Schöner, höflicher Mann.

19. Was bleibt von Pina Bausch? Ich hoffe, viel.

20. Gibt es ein Zitat von Peter Zadek, das Sie nie vergessen werden? Ich mag den Mann, deswegen kenne ich lieber kein Zitat.

21. Was an Christoph Schlingensief haben Sie zu spät verstanden? Was verstanden?

22. Glauben Sie, dass das Theatertreffen Tendenzen abbildet oder gar schafft? a) Moden wohl ja. b) Die Schneidereien waren schon immer da.

23. Gibt es ein Theater des 20. Jahrhunderts und eines des 21. Jahrhunderts? Das einundzwanzigste ist ja noch in den Windeln. Das zwanzigste

© Privat

© Davide Carnevali

Davide Carnevali

6. In welchem Bühnenbild hätten Sie gerne einmal gewohnt?
In dem Bühnenbild von „Der Prozess" von Kriegenburg, in dem von „Der Weibsteufel" von Kušej und im Allgemeinen in allen Bühnenbildern, die erlauben, schräg und unstabil zu leben.

7. Haben Sie sich während des Theatertreffens einmal verliebt?
Jeden Jahr, mindestens zweimal pro Tag.

25. Wird es in 25 Jahren noch Dramatiker geben?
Ja, sie werden aber alle große Tanzbraunbär sein.

45. Mit Walter Benjamin gefragt: Was ist die Aufgabe der Kritik?
Große Tanzbraunbär abzurichten.

50. Welche Frage vermissen Sie?
Macht Theater dich glücklicher?

Davide Carnevali, italienischer Dramatiker, Kritiker, Übersetzer, gewann beim TT-Stückemarkt 2009 den Preis „Theatertext als Hörspiel", vergeben von Deutschlandradio Kultur.

hat viel geschafft, denke ich. Meyerhold, Wachtangow, Reinhardt, Artaud, Brecht, Strehler, Brook. Dann Oper, Operette und Ballett ohne Ende, wovon ich keine Ahnung habe. Aber vieles ist dann beliebig geworden.

24. Bevorzugen Sie Texttreue oder den Seitensprung? Meinen Sie Theater oder Ehe?

25. Wird es in 25 Jahren noch Dramatiker geben? Einige werden dann wohl noch leben.

26. Ihr Lieblings-Klassikerzitat? Ungeheuer ist viel. Doch nichts/Ungeheurer als der Mensch.

27. Woran erkennt man einen Klassiker zu Lebzeiten? Kennen Sie einen? Oh.

28. Glauben Sie an Regie- und Autorenkollektive? Eine Glaubensfrage zu viel.

29. Wer ist der unterschätzteste Theaterkünstler der letzten fünfzig Jahre? Wer zählt die Völker, nennt die Namen …

30. Wer ist der überschätzteste Theaterkünstler der letzten fünfzig Jahre? Dito.

31. Was bedeutet Ihnen die Theaterkantine? Am besten gefällt mir die im schick renovierten Düsseldorfer Schauspielhaus. Sie ist um ein zehnfaches trüber als die Mitropa von Jüterbog in den siebziger Jahren. Das ist ein Trost.

32. Welcher verstorbene Regisseur und sein Stil haben Schule gemacht? Schule machen war mal. Heute wird nachgeäfft.

33. Was ist Ihre Standardfloskel, wenn Sie nach einer TT-Premiere, die Ihnen nicht gefallen hat, einen mitwirkenden Künstler treffen? (Die Antwort wird auf Wunsch anonym veröffentlicht.) Haben Sie den Mist auch ansehen müssen?

34. Waren die Theaterexperimente der sechziger Jahre radikaler als heute? Keine Experimente, wählt CDU. Das erinnere ich noch. Und den Radikalenerlaß neunzehnhundertzweiundsiebzig. Gutes Theater ist radikal und versucht sich. Gutes Theater eben. Und das gabs damals gelegentlich und gibts heute auch noch ab und zu.

35. Denken Sie an Theaterkünstler unter vierzig – was macht diese Generation anders? Machen die nicht vorwiegend Video?

36. Welche Theaterfamilie trennte sich am häufigsten? Weswegen? Pfui.

37. Wenn Sie eine freie Theatergruppe gründen wollten, wie würde sie heißen? Nebel an der Marne ist nicht so gut. Pinocchio. Das mit der Nase gefällt mir als ästhetisches Prinzip.

38. Was ist wichtiger: Uraufführungen oder Zweitaufführungen? Fünftaufführungen. Aber sie kommen ohne Uraufführungen nicht aus.

39. Nennen Sie eine Eigenart des österreichischen Theaters. Vor Frau Jelinek gabs noch Humor. Entschuldigung, die gehört ja nicht zum Theater. Mal abwarten.

40. Nennen Sie eine Eigenart des Schweizer Theaters. Löchrig.

41. Wann mussten Sie das letzte Mal im Theater weinen? Fragt sich, um wen.

42. Warum werden Kostüme meistens von Frauen gemacht? Weil Männer Schürzenjäger sind?

43. Schätzen Sie, wie oft Goethes „Faust" beim Theatertreffen gespielt wurde. Gefühlte zweimal.

44. Oft gehört: „War alles schon mal da" – was zum Beispiel? Keine Tür.

45. Mit Walter Benjamin gefragt: Was ist die Aufgabe der Kritik? Einen so anzuscheißen, dass es nicht stinkt.

46. Nennen Sie ein aktuelles Beispiel für ein Historienstück. Een Stick, Stumbries, dat morjen jespielt wird, unn von vorjestern handelt, is det nu een Historiendrama odder nich.

47. Nennen Sie jeweils Schlagworte für das Theater der siebziger, achtziger und neunziger Jahre.
a) haute cuisine. b) cuisine. c) burger.

48. Was am Theatertreffen ist vergleichbar mit anderen Festivals? Ich hasse Häppchen.

49. Was war der wirkungsvollste Theaterskandal? Revolutionen. Vor allem friedliche.

50. Welche Frage vermissen Sie? Die wesentlichen.

Werner Buhss, Schriftsteller und Dramatiker, wurde 1991 zum TT-Stückemarkt eingeladen.

Nuran David Calis

6. In welchem Bühnenbild hätten Sie gerne einmal gewohnt?
In allen Bühnenbildern von Wilfried Minks in den 60er und 70er Jahren.

24. Bevorzugen Sie Texttreue oder den Seitensprung?
Darkroom.

26. Ihr Lieblings-Klassikerzitat?
**„lieber eine schlechte Erfahrung als gar keine."
(Wendla in „Frühlings Erwachen" von Frank Wedekind)**

Nuran David Calis, Autor, Theater- und Filmregisseur, Juror beim TT-Stückemarkt 2008.

Stefanie Carp

2. Haben Sie je mit dem Gedanken gespielt, eine Theatertreffen-Aufführung zu verlassen oder sind sogar rausgegangen? Warum? Zuschauer sollten raus- und reingehen können, ohne dass das was bedeutet. Die Volksbühne ist nach wie vor das einzige Theater (Stadttheater), in dem es keine Bedeutung hat, ob jemand rausgeht, weil er sich ein Bier holen will oder eine Zigarette rauchen oder weil er die Vorstellung für sich beenden möchte.

4. Wann waren Sie zum ersten Mal beim Theatertreffen und an was erinnern Sie sich? Ich erinnere mich an „Die Hermannsschlacht" in der Regie von Claus Peymann, vom Schauspielhaus Bochum. Ich erinnere mich an das Partisanen-Konzept der Aufführung und an die direkte, intelligente Spiel- und Sprechweise von Gert Voss und Kirsten Dene.

5. Wenn Sie in der Jury wären, was würde anders? Kann denn die Jury an den Strukturen etwas ändern? Ich würde die Auswahl der Inszenierung internationalisieren (dann müsste natürlich auch die Jury international besetzt sein), ich würde die Spartentrennung aufheben und auch die Trennung zwischen institutionell und unabhängig produzierten Inszenierungen.

9. Welche Aufführung des Theatertreffens hat Theatergeschichte geschrieben? Vermutlich hat Peter Steins „Tasso" Theatergeschichte geschrieben; vielleicht gab es damals aber noch kein Theatertreffen. Außerdem Peter Steins „Orestie", Claus Peymanns „Iphigenie", „Der Weltverbesserer", Klaus Michael Grübers „Die Backchen", „Empedokles", „Auf der großen Straße", Heiner Müllers „Macbeth", Heiner Müllers „Hamletmaschine" und „Der Auftrag" als Theatertexte mit schwieriger Aufführungspraxis, Georg Taboris „Warten auf Godot", Luc Bondys „Triumph der Liebe" (Marivaux), „Die Stunde, da wir nichts voneinander wußten" (Peter Handke), Peter Zadeks „Othello" und „Lulu", Andrea Breths „Süden", Rainald Goetz' „Krieg" und „Krieg" in „Festung", in jedem Fall als Theatertexte, die leider zu wenig inszeniert wurden. Frank Castorf „Die Weber", „Die Frau vom Meer", „Die Dämonen", Christoph Marthaler „Murx den Europäer", „Faust", „Stunde Null", „Kasimir und Karoline", „Die schöne Müllerin"; „Schutz vor der Zukunft", Einar Schleef, Elfriede Jelinek „Das Sportstück", Elfriede Jelinek/Jossi Wieler „Wolken.Heim", Elfriede Jelineks Theatertexte generell; auch wenn es nicht gleich alle gemerkt haben, gehört dazu schon „Burgtheater" (Regie Horst Zankl beim Theatertreffen), Jürgen Gosch „Der Menschenfeind", „Ödipus", „Onkel Wanja", „Macbeth", Luk Perceval „Schlachten", Christoph Schlingensief „Kunst und Gemüse", „Kirche der Angst", (natürlich auch „Rocky Dutschke" und „Chance 2000", die aber nicht eingeladen wurden), Thomas Ostermeier „Shoppen & Ficken" und „Fette Männer im Rock" und „Nora", Johan Simons „Titus Andronicus", vor allem Johan Simons „Fall der Götter" und „Zwei Stimmen" (Jeroen Willems), die aber weil sie keine deutschen Inszenierungen waren, nicht beim Theatertreffen erschienen. Nicolas Stemann „Hamlet", Nicolas Stemann/Elfriede Jelinek „Die Kontrakte des Kaufmanns", Nicolas Stemann „Faust", Nature Theatre of Oklahoma „Life and Times", Gotscheff „Iwanow", Ida Müller/Vegard Vinge „Borkman", Herbert Fritsch „Nora", Alvis Hermanis „Platonow", mehr noch natürlich seine Inszenierungen „Long Life" und „Sound of Silence", die aber nicht beim Theatertreffen waren, Rimini Protokoll hat in jedem Fall in den letzten zwölf Jahren Theatergeschichte geschrieben – eingeladen war vermutlich „Das Kapital", She She Pop „Testament" und Roland Schimmelpfennig als Theaterautor.

10. Definieren Sie „bemerkenswert". Bemerkenswert ist eine Inszenierung, die das Sehen, Empfinden, Denken verändert und ästhetische Zeichen setzt, neue Kontexte herstellt oder alte aufbricht.

16. Diskutieren Sie verschiedene „Othello"-Inszenierungen im Licht der sogenannten Blackfacing-Debatte. Vor einigen Jahren habe ich eine „Othello"-Inszenierung gesehen. Ein sehr guter westeuropäischer Darsteller spielte Othello. Er sah durch die perfekte Maske wie ein Afrikaner aus. Der Kollege war, wie gesagt, sehr gut und die Maske war auch sehr gut und je perfekter sie schien, desto mehr schämte ich mich für unsere europäische Borniertheit.

18. Was verbinden Sie mit Einar Schleef? Mit Einar Schleef verbinde ich eine Sprachbesessenheit und Sprach- und Denkgenauigkeit und Verrücktheit, für die er eine große und ganz und gar neue sprechmusikalische und leidenschaftliche Form gefunden hat, die es seither nie wieder gegeben hat. Aus Arbeitsgesprächen verbinde ich einen schönen provozierenden Humor mit ihm und seine Absicht, die Institutionen in jedem Fall zu überfordern.

19. Was bleibt von Pina Bausch? Pina Bausch hat den Tanz ohne die Konvention des Tanzes und das Schauspiel ohne die Konvention des Sprechtheaters erfunden: einen Raum mit einsamen und komischen, Situationen unter Menschen erzählt über die Körper und die Musik, verhaftet in der Empirie einer genau und fein beobachteten sozialen Welt.

21. Was an Christoph Schlingensief haben Sie zu spät verstanden? Unter anderem das Theatertreffen hat zu spät verstanden, ein wie wichtiger und unersetzbarer Künstler Christoph Schlingensief ist.

22. Glauben Sie, dass das Theatertreffen Tendenzen abbildet oder gar schafft? Das Theatertreffen bildet natürlich Tendenzen ab im schmalen Ausschnitt einer bestimmten Theaterform. Die Auswahl des Theatertreffens läuft Tendenzen eher hinterher als neue zu schaffen. Als Einrichtung hat es sich eine zweifelhafte Wichtigkeit geschaffen.

© Gerold Seidel

23. Gibt es ein Theater des 20. Jahrhunderts und eines des 21. Jahrhunderts? Im europäisch deutschsprachigen Kulturraum sind im 20. Jahrhundert viele künstlerische Innovationen in den Stadttheatern gemacht worden. Das 20. Jahrhundert ist das Jahrhundert der Regie-Großkünstler, die sich als Einzelne sehen, aber von Institutionen geschützt und getragen werden. Im 21. Jahrhundert entsteht Innovation außerhalb der großen Institutionen, sie kommt aus Verbindungen zwischen Schauspiel, Bildender Kunst, Film und Musik, die Produktionsformen ändern sich, die Form auf der Bühne wird fragiler, zitathafter, weniger reich und üppig. Es entsteht ein neues nomadisierendes, also unbehaustes Theater. Die Künstler sind Künstlergruppen, die zusammen einen Namen haben und die sich nicht als individuelle Einzelkünstler inszenieren und die sich nicht auf ein Genre festlegen lassen. Die Performer werden wichtiger als die Regie. Vielleicht wird es die Trennung zwischen Regie, Performen und Autorenschaft bald nicht mehr geben.

24. Bevorzugen Sie Texttreue oder den Seitensprung? Es kommt auf den Partner an. Manchmal braucht man den Seitensprung, manchmal lebt alles vom Seitensprung und manchmal wäre er total sinnlos.

27. Woran erkennt man einen Klassiker zu Lebzeiten? Kennen Sie einen? Wenn mit Klassiker ein Potential zum Hit, also Verständigungsmöglichkeit mit vielen gegenwärtigen und zukünftigen Menschen gemeint ist, dann sind zum Beispiel Elfriede Jelinek und Rainald Goetz Klassiker zu Lebzeiten, und natürlich war Heiner Müller ein Klassiker zu Lebzeiten.

28. Glauben Sie an Regie- und Autorenkollektive? Siehe Antwort 23.

35. Denken Sie an Theaterkünstler unter vierzig – was macht diese Generation anders? weniger Star-ig, kollektiver, politischer.

36. Welche Theaterfamilie trennte sich am häufigsten? Weswegen? Sogenannte Theaterfamilien trennen sich wegen Ego, Eifersucht und Eitelkeit.

37. Wenn Sie eine freie Theatergruppe gründen wollten, wie würde sie heißen? Alles Anders.

39. Nennen Sie eine Eigenart des österreichischen Theaters. Man geht hin, auch wenn es nicht gefällt, geht man hin. Es gehört zum gesellschaftlichen Leben, zum repräsentativen Theater zu gehen. Repräsentation ist in Österreich nicht hinterfragt. Repräsentative Kultur wie eben das Theater ersetzen für den Österreicher den Hof, der immer noch phantomschmerzhaft vermisst wird. Deshalb haben Burgtheater und Salzburger Festspiele für Österreicher einen so hohen Stellenwert, ein fast erotisches Prestige, das ganz unabhängig von der jeweiligen künstlerischen Qualität funktioniert.

40. Nennen Sie eine Eigenart des Schweizer Theaters. Dort ist es umgekehrt. Ein Theater wird in seinem Ansehen ganz und gar der Nützlichkeit unterworfen, wie eine Schwimmhalle oder öffentliche Bibliothek. Es soll auch wirtschaftlich effizient sein. Manchmal muss der Schweizer zugeben, dass dort auch ungewöhnliche Kunst stattfindet.

41. Wann mussten Sie das letzte Mal im Theater weinen? In der „Hiob"-Inszenierung von Johan Simons, gespielt von André Jung.

45. Mit Walter Benjamin gefragt: Was ist die Aufgabe der Kritik? Einen elaborierten Diskurs über eine Inszenierung, einen Künstler, eine Gruppe von Künstlern oder eine Kunstrichtung zu entfalten, und als Grundlage dieses Diskurses den Gegenstand gut zu beschreiben und zu analysieren.

47. Nennen Sie jeweils Schlagworte für das Theater der siebziger, achtziger und neunziger Jahre. Aufklärung, Protest, ästhetische und politische Provokation in den Siebzigern. Der Aufbruch des Privaten, der Gefühle, das Recht des subjektiven Faktors, die Elite der Nicht-Normalen in den Achtzigern. Innovation und Bruch der Formen und der Themen in den Neunzigern.

Stefanie Carp, Dramaturgin und seit 2007 Schauspieldirektorin der Wiener Festwochen, war an 14 Theatertreffen-Inszenierungen beteiligt, zehn davon waren Arbeiten von Christoph Marthaler.

Gesine Danckwart

© Danckwart

2. Haben Sie je mit dem Gedanken gespielt, eine Theatertreffen-Aufführung zu verlassen oder sind sogar rausgegangen? Warum?
Gelitten, gestorben, auf die Sekunden der Uhrzeit gewettet, immer zu früh wieder raufgeschaut, Elefantenbeine imaginiert, Programmheft und Publikum studiert, gebetet, gehasst, verachtet, ausführlichste Phantasien, von auf die Bühne gehen, rausgehen wollen müssen jetzt aber wirklich nach fünf Minuten ich halte es nicht mehr aus, das kann doch nicht wahr sein, warum warum warum macht jemand so was und wird dann noch ins TT eingeladen, durchgehalten, geblieben, weil mitten in der Reihe, Lebenszeit gegengerechnet, was tun die da, was tue ich hier, jetzt ist es schon wieder zu spät zum wirklichen Rausgehen, doch dableiben, um Applaus zu checken, die klatschen ja sogar, und jetzt, jetzt fällt mir keine einzige der Inszenierungen ein. Ach, nee.

4. Wann waren Sie zum ersten Mal beim Theatertreffen und an was erinnern Sie sich?
Anfang der Neunziger des letzten Jahrtausends. Ich war arme Studentin, also wirklich relativ ziemlich arm, und dass es ein exklusives Buffet für Buffetprofis gab, das habe ich damals nicht fassen können. Was für ein L U X U S, halloo, es geht doch um Kunst?!

50. Welche Frage vermissen Sie?
Warum gibt es so wenig Regisseurinnen bzw. so viele Regisseure im TT/deutschen (Staats-)Theater?

Gesine Danckwart, Autorin, Regisseurin für Theater- und Filmprojekte, gründete in Berlin Theaterdock, eine Spielstätte für Freies Theater.

Robin Detje

45. Mit Walter Benjamin gefragt: Was ist die Aufgabe der Kritik?

Kritik, die ihren Namen verdient, ist Asperger-Syndrom: eine Störung der Spiegelneuronen. Sie operiert möglichst nah am Herzen einer großen Maschine, die Mitgefühl produzieren will, weil sie im Mitgefühl höhere Wahrheit vermutet.
(Das kommt aus dem 19. Jahrhundert.)
Gleich neben dieser Maschine wummert noch eine Maschine: Maschine 2. Sie wird von den gleichen Maschinisten bedient. Maschine 2 dient der Verkitschung der Maschinisten.

Die Maschinisten wissen gar nicht, dass sie an zwei Maschinen arbeiten. Sie verwechseln die beiden Maschinen miteinander. Sie zerfühlen alle beide, um sich zu fühlen. Wenn sie besoffen sind, vermuten sie die höhere Wahrheit in der Selbstverkitschung.

Die Maschinisten haben kein Gefühl dafür, was die wütende Maschine 2 von der Produktion der braven Maschine 1 noch übriglässt und was sie zu Zuckerwatte zerzwirbelt. Kritik muss ihnen zu diesem Bewusstsein verhelfen wollen. Sie muss dabei mit äußerster Gefühlskälte vorgehen.

Die Motive von Kritik sind geradezu fiebrig romantisch: Sie will das gute Mitgefühl unbedingt retten! Bei den Maschinisten macht sie sich damit eher unbeliebt. Das Durchdrehen beider Maschinen gleichzeitig nennt man Theatertreffen. Wenn Theatertreffen Kritik für den Spielverderber hält, hat Kritik was richtig gemacht.

© Loredana Fritsch

Robin Detje, Theaterkritiker und ehemals Literaturchef der „Zeit", übersetzte Stücke von Mark Ravenhill und Neil LaBute und schrieb 2002 ein Buch über Frank Castorf.

Amelie Deuflhard

20. Gibt es ein Zitat von Peter Zadek, das Sie nie vergessen werden?
„Ich liebe die Ordnung, aber nicht die gewöhnliche, sondern die organische – sie ist wie ein Baum mit krummen Ästen." Peter Zadek

21. Was an Christoph Schlingensief haben Sie zu spät verstanden?
Christoph Schlingensiefs Kunst hat mich von Anfang an fasziniert. Seine Parteigründung, die frühen Filme, seine Stücke in der Volksbühne haben eine neue Art von Gesamtkunstwerk begründet. Ein wahres Highlight für mich war „Baden im Wolfgangsee", dem Ferienort von Helmut Kohl, eine raffiniert subversive künstlerische wie politische Aktion im Rahmen seiner Parteiaktivitäten rund um Chance 2000. Premieren von Schlingensief in Berlin waren aufregende Erlebnisse, immer voll Hoffnung auf die „ganz große Arbeit". Scheitern war selbstverständlich immer möglich und in das schlingensiefsche System eingearbeitet. Sein Spätwerk war künstlerisch herausragend, dauert mit großen Ausstellungen und dem Bau des Operndorfes an und führt zu wachsender internationaler Anerkennung.

28. Glauben Sie an Regie- und Autorenkollektive?
Kollektives Arbeiten beruht entgegen gängiger Idealisierung auch bei Regiekollektiven üblicherweise auf Arbeitsteilung. Nur sind es weniger Hierarchien als Heterarchien, die hier gelten. Es sind vor allem Arbeitsstrategien, in deren Zentrum Partizipation und Komplizenschaft stehen. Die Arbeitsteilung beruht auf Vereinbarungen, die ihrerseits auf einem Austausch auf Augenhöhe basieren.

Amelie Deuflhard war Künstlerische Leiterin und Geschäftsführerin der Sophiensæle in Berlin. Seit 2007 ist sie Intendantin der Internationalen Kulturfabrik Kampnagel in Hamburg.

© Sara Tabea Meier

Meike Droste

3. Welcher Zwischenruf von anderen hat Ihnen am besten gefallen?
„Nochmal!!"

13. Gibt es Situationen in Ihrem Leben, die Sie als Performance-nah bezeichnen würden?
Alltag mit Kindern.

50. Welche Frage vermissen Sie? Was wollten Sie Jürgen Gosch vor seinem Tod unbedingt noch fragen und haben es verpasst?

Meike Droste war u.a. als Mascha in Jürgen Goschs Inszenierung der „Möwe" beim Theatertreffen 2009 zu sehen. Seit 2007 ist sie Ensemblemitglied am Deutschen Theater Berlin.

© Nadja Klier

Anke Dürr

6. *In welchem Bühnenbild hätten Sie gerne einmal gewohnt?*
In der Schaumorgie von Katrin Brack, erschaffen für „Das große Fressen", Volksbühne Berlin 2006 (Regie Dimiter Gotscheff).

10. *Definieren Sie „bemerkenswert".* Im Idealfall: Alles, was noch nie da gewesen, noch nie gesehen, unerhört ist; was einen (klassischen) Theatertext in seinem Kern trifft und gleichzeitig im Heute verankert; atemberaubende Schauspielkunst – am besten alles zusammen. Und nicht nur ich erkenne das sofort, sondern auch alle Jury-Kollegen. In der Realität: ein Abend, der diesen völlig überzogenen Ansprüchen wenigstens in einigen Punkten nahekommt. Und die Jury-Kollegen davon zu überzeugen, gelingt selten.

50. *Welche Frage vermissen Sie?*
Warum gehen Sie noch ins Theater und wie erklären Sie das Ihren Freunden?

Anke Dürr, Theaterredakteurin beim „KulturSPIEGEL" und Kritikerin für die „Frankfurter Rundschau", seit 2012 Jurymitglied des Theatertreffens.

Heinz Dürr

10. *Definieren Sie „bemerkenswert".* Bemerkenswert sage ich dann, wenn ich zu faul bin, eine Sache oder ein Theaterstück näher zu beschreiben.

25. *Wird es in 25 Jahren noch Dramatiker geben?*
Ja. Und nicht wenige, die sich ihr Stück vom Computer schreiben lassen.

50. *Welche Frage vermissen Sie?* Was halten Sie vom Stückemarkt?

Heinz Dürr, Unternehmer. Die Heinz und Heide Dürr Stiftung unterstützt seit 2009 den TT-Stückemarkt.

Lars Eidinger

9. Welche Aufführung des Theatertreffens hat Theatergeschichte geschrieben?
Jürgen Goschs „Macbeth", weil die Inszenierung eine Rückbesinnung auf die Stärke des Theaters war, indem sie bewies, wie sehr oft die Effektmaschinerie die Konzentration auf das eigentliche Ereignis nimmt: einem Menschen beim Schauspielen zuzusehen. Jürgen Gosch zeigte offen die Mittel des Theaters und entlarvte damit die „perfekte Illusion" als Lüge.

26. Ihr Lieblings-Klassikerzitat?
„For there is nothing either good or bad, but thinking makes it so." Hamlet

41. Wann mussten Sie das letzte Mal im Theater weinen?
1) Als Jürgen Schitthelm verabschiedet wurde.
2) Als ich mit meiner Tochter im GRIPS Theater saß und mich während eines Songs der Millibillies zu den anderen Zuschauern umdrehte und sah, wie auch alle anderen Eltern mit ihren Kindern auf dem Schoß sangen: „Eines schönes Tages reißen wir die Zäune von den großen Gärten ein. Lassen alle Kinder rein. Das wird fein. Das wird fein. Das wird fein."
3) Als ich als Hamlet auf unserem Gastspiel in Ramallah das Publikum gefragt habe: „Soll man die wütenden Attacken des Schicksals über sich ergehen lassen oder zu den Waffen greifen gegen ein Meer von Plagen und sie im Widerstand beenden?"

Lars Eidinger, seit 1999 Ensemblemitglied an der Schaubühne Berlin, mit der er u.a. 2006 als Jørgen Tesman in Thomas Ostermeiers Inszenierung von „Hedda Gabler" beim Theatertreffen zu sehen war.

Jenny Erpenbeck

1. Haben Sie jemals im Theater einen Zwischenruf gemacht? Was haben Sie gerufen?
Bravo!

4. Wann waren Sie zum ersten Mal beim Theatertreffen und an was erinnern Sie sich?
Tatsächlich war ich erst vor vier Jahren zum ersten Mal beim Theatertreffen. Ich erinnere mich daran, wie beglückt ich war, als Marthaler das Geräusch eines Ballspiels in einer Turnhalle mich hat plötzlich neu hören lassen als das Geräusch eines Feuerwerks.

41. Wann mussten Sie das letzte Mal im Theater weinen?
Bei der „Wildente" in der Inszenierung von Thomas Langhoff am Berliner Ensemble.

45. Mit Walter Benjamin gefragt: Was ist die Aufgabe der Kritik?
Mehr Kenntnis von Stück und Autor haben als ein unprofessioneller Theaterzuschauer. Genauso viel Neugier und Respekt haben wie ein unprofessioneller Theaterzuschauer. Wahrheitsgemäß berichten, wie das Publikum reagiert hat. Sich zur eigenen Begeisterung bekennen, auf die Gefahr hin, selbst angreifbar zu werden. Einem Bonmot nicht das Leben anderer Leute opfern, aus der sicheren Deckung heraus.

Jenny Erpenbeck, Schriftstellerin, Regisseurin, inszenierte Musiktheater u.a. in Graz und Berlin. Ihr neuester Roman „Aller Tage Abend" erschien 2012.

Florian Fiedler

1. Haben Sie jemals im Theater einen Zwischenruf gemacht? Was haben Sie gerufen? Meinen ersten Zwischenruf im Theater habe ich in Schlingensiefs Wohltätigkeitsgala, die Eröffnungsveranstaltung für „Sieben Tage Notruf für Deutschland" - die Bahnhofsmission am Schauspielhaus Hamburg, damals noch unter der Leitung von Frank Baumbauer – gemacht. Ich war fasziniert und eben auch provoziert von ihm, ich hatte vorher noch nie etwas von ihm gesehen oder gehört, ich war gerade mal 20 Jahre alt. Der Kragen platzte mir, als er sich von der Bühne aus ein Taxi bestellen wollte, und über den Pförtner lästerte, dass dieser wohl nicht mal seinen Namen wisse. Also rief ich vom Rang aus: „Weißt du denn den Namen des Pförtners? Du Arschloch!" Später habe ich mich mit Christoph Schlingensief noch unterhalten und er hat sich wohl gefreut, dass ihm nach drei echolosen Stunden endlich eine Reaktion aus dem bildungsbürgerlichen Schauspielhauspublikum entgegenkam. Mir war es natürlich entsetzlich peinlich.

© Viviane Andereggen

2. Haben Sie je mit dem Gedanken gespielt, eine Theatertreffen-Aufführung zu verlassen oder sind sogar rausgegangen? Warum? Ich glaube, die Aufführungen, die ich verlassen hätte, habe ich gar nicht erst besucht.

3. Welcher Zwischenruf von anderen hat Ihnen am besten gefallen? Ich kann mich vor allem an einen der vielen Zwischenrufe erinnern, die in meiner „Volksfeind"-Inszenierung in Frankfurt passiert sind (wir hatten zwar vieles unternommen, um zu provozieren, waren aber auf eine Gegenreaktion überhaupt nicht vorbereitet): Bei der zweiten Vorstellung mischte sich ein Zuschauer ein, dass endlich der Badearzt (im vierten Akt) zu Wort kommen solle. Er schrie die Schauspieler an, dass alle Zuschauer ihr Abo kündigen werden, wenn der nicht reden dürfe, und um seine Forderung zu unterstreichen, forderte er das ganze Publikum auf, Lärm zu machen, was dieses auch tat – ich hatte für einen kurzen Moment das Gefühl, jetzt ist in diesem Theater und mit diesem Publikum gerade alles möglich. Das war beängstigend und beglückend zugleich. Das Tolle war, dass es nicht bei diesem Zwischenruf blieb, es kam in fast jeder Vorstellung an unterschiedlichen Stellen dazu und führte zu Diskussionen im Publikum und mit den Darsteller_innen. Ich mag das sehr, wenn Theater so handgreiflich wird.

4. Wann waren Sie zum ersten Mal beim Theatertreffen und an was erinnern Sie sich? Zum ersten Mal war ich beim Theatertreffen bei der Inszenierung von Stefan Bachmanns „Wahlverwandtschaften". Ich bin direkt nach meiner mündlichen Abiturprüfung dorthin gefahren und hatte das Glück, noch eine Karte zu bekommen. Dieser Theaterbesuch hat wahrscheinlich so nachhaltig mein Leben verändert wie keiner sonst. So im Theater lachen und weinen zu können und auf eine so wunderbare Phantasie zu treffen, hatte ich so noch nicht erlebt. Daraufhin beschloss ich, bei Stefan Bachmann lernen zu wollen und bin mit ihm nach Wien und später nach Basel gegangen. Heute bin ich in Hannover mit Lars-Ole Walburg, der der Dramaturg dieser Produktion war.

6. In welchem Bühnenbild hätten Sie gerne einmal gewohnt? Habe ich schon, hätte ich gern länger: Signa „Die Erscheinungen der Martha Rubin".

7. Haben Sie sich während des Theatertreffens einmal verliebt? Ja, in eine Schauspielerin, bei einem meiner ersten Theatertreffen-Besuche.

9. Welche Aufführung des Theatertreffens hat Theatergeschichte geschrieben? für mich die bereits erwähnten „Wahlverwandtschaften" von Stefan Bachmann, die ebenfalls bereits erwähnten „Erscheinungen der Martha Rubin", Signa, außerdem für mich „Wolf" von Alain Platel und „John Gabriel Borgman" von Vinge, Müller, Reinholdtsen, „Sommergäste" von Gosch, „Liliom" von Thalheimer und natürlich meine liebste Lieblingsinszenierung überhaupt, stellvertretend für alle Marthalers davor: „Kasimir und Karoline".

11. Von welcher politischen Partei – glauben Sie – gehen die meisten Politiker ins Theater? CDU. Bringt aber offenbar nix.

12. Von wem würden Sie sich wünschen, dass sie oder er häufiger ins Theater geht? Von 95% der Menschen.

24. Bevorzugen Sie Texttreue oder den Seitensprung? Für mich gibt es da gar keinen Unterschied. Es gibt nur schlechtes oder gutes Theater.

26. Ihr Lieblings-Klassikerzitat? „grad unter Menschen möchtest du ein Mensch zu sein verlernen", Lessing/Nathan.

28. Glauben Sie an Regie- und Autorenkollektive? Oh ja, Rimini, ist das prominenteste Beispiel, aber ich habe selbst auch schon drei Mal im Team/Kollektiv inszeniert, und ich versuche fast jede meiner Arbeiten zu einer Teamarbeit zu machen. Ich glaube, dem Theater tut ein Infragestellen der Hierarchie ziemlich gut und es ist damit leider kein Vorreiter in unserer Gesellschaft.

37. Wenn Sie eine Freie Theatergruppe gründen wollten, wie würde sie heißen? Wulst. (Weil Kunst von Können kommt.)

41. Wann mussten Sie das letzte Mal im Theater weinen? Ich weine ziemlich oft im Theater, besonders in Kinderstücken, zugegebenermaßen auch in meinen eigenen.

Florian Fiedler, Regisseur, arbeitete u.a. am Theater Basel, Münchner Volkstheater und am Schauspiel Frankfurt. Seit der Spielzeit 2009/10 ist er Hausregisseur am Schauspiel Hannover.

Samuel Finzi

13. Gibt es Situationen in Ihrem Leben, die Sie als Performance-nah bezeichnen würden?
Läuft gerade nicht der umgekehrte Prozess – das Theater bemüht sich ständig vergebens, Situationen aus dem Leben nachzuahmen? …

2. Haben Sie je mit dem Gedanken gespielt, eine Theatertreffen-Aufführung zu verlassen oder sind sogar rausgegangen? Warum?
Ich habe nicht mit dem Gedanken gespielt, ich habe es einfach getan. Ich war verwirrt von der Reaktion des Publikums und verärgert über den Text, die Inszenierung, das Spiel … Ich war der Einzige, der den Saal verlassen hat.

15. War Ihnen schon einmal etwas peinlich, das Sie auf der Bühne gesehen oder gehört haben?
Meine Bewegungen und meine Stimme.

26. Ihr Lieblings-Klassikerzitat?
Da ist was faul im Staate Dänemark.

Samuel Finzi, bulgarischer Film- und Theaterschauspieler, lange Zeit an der Volksbühne Berlin, war u.a. in der Regie von Dimiter Gotscheff in „Kampf des Negers und der Hunde" und „Iwanow" 2004 und 2006 beim Theatertreffen zu sehen.

© Roman Goebel

Thomas Flierl

Das erste Mal: Fünfundzwanzig Jahre lang nahmen am Theatertreffen keine Bühnen aus der DDR teil. Beteiligte sich die DDR an den Internationalen Filmfestspielen bereits seit Mitte der 1970er Jahre, galt das Theatertreffen den DDR-Oberen lange als verdächtig „gesamtdeutsch". Erst im Zuge von Glaznost und Perestrojka konnte im Mai 1989 die erstmalige Teilnahme der DDR am Theatertreffen ermöglicht werden (Kulturminister Hoffmann hatte gerade im Gespräch mit „Theater heute" 1988 seine Sympathie mit Gorbachevs Kurs bekundet und war deswegen hart mit Ideologie-Chef Kurt Hager aneinandergeraten). Der Formelkompromiss bestand in der verabredeten „Internationalität" des Theatertreffens deutschsprachiger Bühnen, d. h. der Zusicherung einer Teilnahme auch aus Österreich bzw. der Schweiz. Das Deutsche Theater reiste zum Gastspiel von Mitte nach Charlottenburg, von „Berlin/DDR" nach „Berlin (West)". Mit seinem „Lohndrücker" gab Heiner Müller damals Analyse und Kommentar zum Scheitern der DDR als staatssozialistischer Veranstaltung. Ich saß damals in der Freien Volksbühne neben Walter Momper in der ersten Reihe, und es war genau diese Dramatik der historisch offenen Situation, über die wir uns angesichts der alten-neuen Garbe-Geschichte unterhielten. Bereits ein Jahr später fand das Theatertreffen dann erstmals in ganz Berlin statt … Im Fünfzigsten Jahr ist ein Ostdeutscher Intendant der Festspiele, bedeutet das noch etwas?

Thomas Flierl, 2002 bis 2006 Berliner Senator für Wissenschaft, Forschung und Kultur, ehemals für DIE LINKE im Berliner Abgeordnetenhaus.

© Arlett Mattescheck

Barbara Frey

19. Was bleibt von Pina Bausch?

Dass ihre Form des Tanzes eine Synthese war aus allen Kunstgattungen und dementsprechend auch alle Kunstgattungen inspiriert hat.

26. Ihr Lieblings-Klassikerzitat?

Hamm: Ich bin nie dagewesen.
Clov: Du hast Schwein gehabt.

44. Oft gehört: „War alles schon mal da" – was zum Beispiel?

Zum Beispiel der Spruch: „War alles schon mal da."

Barbara Frey, Regisseurin und Künstlerische Leiterin des Schauspielhaus Zürich, 2004 gastierte ihre Inszenierung von „Onkel Wanja" aus München beim Theatertreffen.

Werner Fritsch

18. Was verbinden Sie mit Einar Schleef? 3. Welcher Zwischenruf von anderen hat Ihnen am besten gefallen?

1987: Mein Roman „Cherubim" war gerade erschienen, ich war zum ersten Mal auf der Buchmesse in Frankfurt und saß im Hause Unseld zwischen Cees Nooteboom und Einar Schleef.
Mit beiden habe ich mich sehr gut unterhalten! Und ich weiß noch, dass Schleef Interesse hatte, mein Stück „Fleischwolf" uraufzuführen. Er ließ es sich dann von Suhrkamp schicken, es gefiel ihm auch, aber der Verlag war (zu) vorsichtig. Schade.
Dann stand ich einmal, es war so 98/99 herum, neben ihm im Zuschauerraum des Staatstheaters Darmstadt, „Es gibt keine Sünde im Süden des Herzens" war gerade dort uraufgeführt worden. Auf dem Podium saß u.a. Marcel Reich-Ranicki, der einige wohlfeile Sottisen gegen irgendeine moderne „Faust"-Aufführung losließ (nicht die von Schleef). Da brüllte Schleef, ich schrak zusammen, ganz laut in den Saal: Immer nur hetzen!
Seine „Salome"-Aufführung gehört zu den eindringlichsten Theateraufführungen, die ich beim Theatertreffen sah.

21. Was an Christoph Schlingensief haben Sie zu spät verstanden?

Christoph Schlingensief lernte ich anno 2000 kennen, als ich zum Abschied von Frank Baumbauer ein Dramolett „Pollock malt Hitler" geschrieben hatte. Später sah ich ihn öfter in meinem Supermarkt (wie übrigens auch Rainald Goetz und Moritz Rinke).
Als ich verstanden hatte, dass Christoph Schlingensief sehr viel ostentativer und offensiver an Traditionen anschloss, die auch für mich prägend waren (Fassbinder, Achternbusch, Herzog, Nitsch, Pasolini) fragte ich ihn in der Kantine des Maxim-Gorki-Theaters, ob er in meinem Film „Faust Sonnengesang" einen Christus spielen will, der die Händler aus dem Tempel vertreibt. (Der Tempel ist die Welt.) Ich mailte ihm die Szene und er sagte zu. Leider kam es nicht mehr zu dem Dreh.

49. Was war der wirkungsvollste Theaterskandal?

Für mich der wirkungsvollste Theaterskandal war 1992 die Uraufführung meines Stücks „Fleischwolf" am Schauspiel Bonn. 32 Theater wollten das Stück nachspielen, von den Münchner Kammerspielen, die mich sieben (!) Jahre hingehalten hatten (damals konnte man nicht alt oder tot genug sein, heute nicht jung genug!), über das Deutsche Theater Berlin bis hin zu Senftenberg. Es war gerade der Herbst, wo in Hoyerswerda dieses Asylantenheim in Flammen aufging durch neonazistische Umtriebe der Ex-DDR.
Der eigentliche Skandal war aber, dass niemand im Westen wahrhaben wollte, dass es nicht nur in Ostdeutschland neonazistische Traditionen gab, sondern auch im Westen. Zum Beispiel die Haupt-Virenschleuder nazistischen Gedankenguts, das Militär, damals noch die Schule der Nation. Die „FAZ" suggerierte, „Fleischwolf" sei Theater von rechts unten, so als ob ICH der Rechte wäre. Fast alle Kritiken stimmten in diesen Tenor ein (Ausnahme „Theater heute"). Und siehe: Alle Theater, die „Fleischwolf" nachspielen wollten, sprangen ab.

Zum Glück erinnerte sich anno 98, als schlimme rechtsradikale Exzesse innerhalb der Bundeswehr ruchbar wurden, der „Spiegel" an „Fleischwolf" und ich konnte einen „Spiegel"-Artikel über meine Erfahrungen bei der Bundeswehr schreiben. Hätte man dem Theater als Frühwarnsystem geglaubt, hätte man weitaus eher diesem Ungeist wehren können…

Werner Fritsch, Autor, Regisseur und Filmemacher, war zwischen 1990 und 2001 sechsmal zum TT-Stückemarkt eingeladen.

Christoph Funke

Zu 1. bis 3.: Ausgerüstet mit dem Privileg einer Pressekarte, gilt gute Erziehung. Also: nicht randalieren, nicht weglaufen. Und wenn es schlimm kommt: „Das Schlafen ist eine Form der Kritik, vor allem im Theater." (George Bernard Shaw).

4. Wann waren Sie zum ersten Mal beim Theatertreffen und an was erinnern Sie sich? 1978, wenn mich meine Erinnerung nicht trügt. Und, ärgerlich: die schlechten Sichtverhältnisse im damals noch von der Freien Volksbühne betriebenen Theater.

5. Wenn Sie in der Jury wären, was würde anders? Ich würde den untauglichen Versuch machen, in der Jury daran zu erinnern, dass man auf dem Theater Geschichten erzählen kann.

6. In welchem Bühnenbild hätten Sie gerne einmal gewohnt? Da bleibe ich doch lieber zu Hause.

7. bis 9.: Unerheblich.

10. Definieren Sie „bemerkenswert". In den letzten Jahren: „Onkel Wanja", Deutsches Theater, Regie Jürgen Gosch, und „Kirche der Angst" von Christoph Schlingensief.

11. Von welcher politischen Partei – glauben Sie – gehen die meisten Politiker ins Theater? Von den Grünen.

12. Von wem würden Sie sich wünschen, dass sie oder er häufiger ins Theater geht? Alle politisch Verantwortlichen sollten sich, nicht nur gelegentlich, sehen lassen. Sie wüssten dann mehr – nicht nur, wenn es ums Geld geht.

13. bis 17.: Zwischenrufe sind für mich verzichtbar.

18. Was verbinden Sie mit Einar Schleef? Die unnachahmliche Genauigkeit in der Schilderung des Alltags in der DDR-Provinz.

19. Was bleibt von Pina Bausch? Belastbare Erfahrungen mit Tanztheater habe ich nicht.

20. Gibt es ein Zitat von Peter Zadek, das Sie nie vergessen werden? Kein Zitat, aber ein Bekenntnis: „Ich glaube, Theater kann ein Beispiel sein für Produktivität und damit auch eine Art von Produktivität erzeugen bei den Zuschauern." („My Way")

21. Was an Christoph Schlingensief haben Sie zu spät verstanden? Die tiefe Religiosität dieses Ausnahmekünstlers.

22. Glauben Sie, dass das Theatertreffen Tendenzen abbildet oder gar schafft? Das TT hat zu allen Zeiten seine Lieblinge gehabt – und auch wieder verstoßen.

23. Gibt es ein Theater des 20. Jahrhunderts und eines des 21. Jahrhunderts? Wenn Theater nicht heute anders wäre als gestern, könnten wir hier aufhören.

24. Bevorzugen Sie Texttreue oder den Seitensprung? Auch Texttreue verträgt sich mit Erotik.

25. Wird es in 25 Jahren noch Dramatiker geben? Die Regisseure werden es schon richten.

26. Ihr Lieblings-Klassikerzitat? Kein Mensch muss müssen. (Lessing)

27. Woran erkennt man einen Klassiker zu Lebzeiten? Kennen Sie einen? Ich warte lieber noch.

28. Glauben Sie an Regie- und Autorenkollektive? Glauben hilft nicht – man muss sehen, was sie machen.

29. und 30. Der Rest ist Schweigen.

31. Was bedeutet Ihnen die Theaterkantine? Nichts. Ich gehe still nach Hause.

32. Welcher verstorbene Regisseur und sein Stil haben Schule gemacht? Es gibt so viele, die uns bitter fehlen. Aufzählung wäre langweilig.

33. Was ist Ihre Standardfloskel, wenn Sie nach einer TT-Premiere, die Ihnen nicht gefallen hat, einen mitwirkenden Künstler treffen? (Die Antwort wird auf Wunsch anonym veröffentlicht.) Siehe 31.

34. Waren die Theaterexperimente der sechziger Jahre radikaler als heute? Wenn ja, dann vor allem deshalb, weil das Publikum in den Sechzigern weniger gut auf Experimente vorbereitet war.

39. Nennen Sie eine Eigenart des österreichischen Theaters. Der sorgsame, „weichere" Umgang mit der deutschen Sprache.

40. Nennen Sie eine Eigenart des Schweizer Theaters. Eine Experimentierlust, die an tradierten bürgerlichen Verhaltensweisen rüttelt (etwa: Theater am Neumarkt Zürich in seinen besten Jahren).

41. Wann mussten Sie das letzte Mal im Theater weinen? In Schlingensiefs „Kirche der Angst".

45. Mit Walter Benjamin gefragt: Was ist die Aufgabe der Kritik? Wenn man es denn wüsste nach mehr als fünfzig Jahren Kritikschreiberei: „Es ist angenehm, der beste Kritiker der besten Theaterzeit zu sein." Das schrieb Brecht. Doch die Verhältnisse, die sind nicht so. Also bleibe ich bescheiden.

46. bis 49.: Warum, um Himmels willen, wollen Sie das wissen?

50. Welche Frage vermissen Sie? Ob auch TT-Veteranen wie ich (Jahrgang 1934) noch gern ins Theater gehen. Die Antwort ist: Ja!

Christoph Funke war Präsidiumsmitglied des DDR-Theaterverbandes und von 1993 bis 1995 Jurymitglied des Theatertreffens. Er veröffentlichte mehrere Bücher zum Theater in der DDR und in Berlin. Als Theaterkritiker schrieb er für „Theater der Zeit" und den „Morgen", später für „Tagesspiegel" und „taz".

Muriel Gerstner

6. *In welchem Bühnenbild hätten Sie gerne einmal gewohnt?*
Sehr gerne wohnte (und wohne) ich in Axel Mantheys Bühnenbildern, immer wieder hingerissen von seinen Bilderfindungen.

10. *Definieren Sie „bemerkenswert".*

```
      b m rk nsw rt
       e e  e   e
```

Georges Perec fällt mir ein, dessen Roman „La Disparition" (Das Verschwinden) ohne den Buchstaben „e" auskommt. Durch diesen rigiden formalen Zugriff entsteht ein überaus merkwürdiges Sprachwerk, das permanent auf die ihm eigene Beschränkung verweist. Unsere Sprachen sind merkbar begrenzt und verstümmelt ohne die Verwendung des „e", und dieser Umstand strukturiert den gesamten Text. Wie der Nachname „Perec" ohne die verbindenden „e" zu einer Reihe von Konsonanten zerfällt, die klingen wie haltlos bröckelndes, knirschendes Mauerwerk, so ereilt das gleiche Schicksal die französischen Vokabeln für Mutter: mère und Vater: père. Verschwunden sind aus Georges Perecs Kinderleben seine Mutter, die nach Auschwitz deportiert und dort aller Wahrscheinlichkeit nach in den Gaskammern umgebracht wurde, und sein Vater, der als französischer Soldat niemals aus dem Krieg zurückkam. Auch wenn „La Disparition" (deutscher Titel: „Anton Voyls Fortgang" s. Frage 26) kein autobiografischer Roman ist und die wegen seiner Beschränkung notwendigen sprachlichen Ausbuchtungen mitunter drollige Züge aufweisen, so insistiert Georges Perec durch dieses rein formale Verfahren programmatisch auf dem Unsagbaren und Unsäglichen der eigenen Geschichte. Die Strenge der Form produziert auf verworrenen Umwegen eindrückliche Fragen.

26. *Ihr Lieblings-Klassikerzitat?*
Bemerkenswerterweise hat der Übersetzer Eugen Helmlé Georges Perecs e-losen Roman „La Disparation" ins Deutsche übersetzt unter dem Titel „Anton Voyls Fortgang" (s. Frage 10):
   „Und das Auto stand da, wo's auch sonst stand, im Autopavillon. Anzug an Anzug hing im
   Schrank. Nichts war fort. Auch Blut gabs nicht.
   Doch Anton Voyl war fort."

Muriel Gerstner, Schweizer Bühnen- und Kostümbildnerin. Sechs der von ihr ausgestatteten Inszenierungen wurden zum Theatertreffen eingeladen. 2007 erhielt sie mit Sebastian Nübling und Lars Wittershagen den 3sat-Preis zum Theatertreffen für „Dido und Aeneas".

Gob Squad

28. Glauben Sie an Regie- und Autorenkollektive?
Ja. Und je länger wir es leben, umso mehr fragen wir uns, wie man alleine arbeiten überhaupt aushalten kann. Dennoch war unser einziges Stück, bei dem wir nur als Regie- und Autorkollektiv fungiert haben („Before Your Very Eyes", 2012 beim Theatertreffen) für die Gruppe eine große Herausforderung. Vielleicht glauben wir vor allem an das kollektive Arbeiten an sich – bei dem die Grenzen zwischen den Bereichen verwischen –, anstatt an die Ausschließlichkeit der Funktion des Regisseurs oder Autors.

29. Wer ist der unterschätzteste Theaterkünstler der letzten fünfzig Jahre?
Die FLUXUS Bewegung. Ihr Einfluss auf Künstler wie Pina Bausch, Schlingensief, She She Pop und wahrscheinlich auch uns wurde oft unterschätzt. Doch die Direktheit, die viele der von der FLUXUS-Bewegung inspirierten Künstler dem Medium Theater (wieder-)gegeben haben, geht eindeutig auf diese spannende Kunstrichtung zurück. FLUXUS war/ist Theater.

41. Wann mussten Sie das letzte Mal im Theater weinen?
Als Zuschauer: Am 1. November 2012 im HAU EINS bei der Vorstellung von „Disabled Theater" Theater Hora/Jérôme Bel. Während des Tanzsolos zu dem Michael-Jackson-Song „They don't really care about us".
Als Performer: Am Morgen des 22. Dezember 2012 im HAU ZWEI nach unserer 9-Stundenversion der Performance „Are You With Us?". Beim Anblick der verbliebenen 40 Zuschauer, wie sie morgens um 7 Uhr klatschen und das Glücksgefühl, dass wir es geschafft haben, unter dem Vorwand der Kunst eine so seltsame Situation herzustellen, die fremde Menschen dazu gebracht hat, eine Nacht zusammen durchzumachen.

Gob Squad, Performancekollektiv, bestehend aus den englischen und deutschen Künstlern Johanna Freiburg, Sean Patten, Sharon Smith, Berit Stumpf, Sarah Thom, Bastian Trost und Simon Will. 2012 waren sie mit ihrer Produktion „Before Your Very Eyes" zum Theatertreffen eingeladen.

Dimiter Gotscheff

25. Wird es in 25 Jahren noch Dramatiker geben? 27. Woran erkennt man einen Klassiker zu Lebzeiten? Kennen Sie einen?

Ja, Müller.

Dimiter Gotscheff inszenierte in Bulgarien und der DDR, ab 1985 in Westdeutschland. Beim Theatertreffen waren vier seiner Inszenierungen zu sehen, zuletzt 2007 „Der Tartuffe" aus Hamburg und Salzburg. 2011 erhielt er zusammen mit den Schauspielern Almut Zilcher, Samuel Finzi und Wolfram Koch den Theaterpreis der Stiftung Preußische Seehandlung.

Monika Grütters

Sie fragen zwar nicht, **„Gehen Sie ins Theater?"** – das darf man bei denen gern voraussetzen, die sich hinsetzen und Ihre Fragen beantworten. Wohl aber fragen Sie **„Gehen Sie in die Kirche?"** (Frage 17)
Ja, kann ich Ihnen da nur antworten, ja, ich gehe in die Kirche, und zwar noch öfter, als ich ins Theater gehe. Warum? Dazu mag ein **Klassiker-Zitat** (Frage 26) die Antwort liefern:

> „Die Kirche ist`s,
> die heilige, die hohe,
> Die zu dem Himmel
> uns die Leiter baut …"
> (Friedrich Schiller,
> Maria Stuart,
> 5. Aufzug, 7. Auftritt).

Die Assoziation zwischen Theater – Theatertreffen – Kirche fordert mich, eine Kultur- und Theaterfreundin, eine katholische, zum Zwischenruf heraus.
Religion und Kirche stehen ja bei vielen unter dem Generalverdacht, konservativ, also nicht modern zu sein. Intellektuelle und Künstler stehen für die Ermöglichung der Avantgarde, des Fortschritts. Ist das ein Widerspruch?
Es sind doch Religion und Kirche, die kulturelle Identität weit über den Kreis ihrer Mitgliedschaft hinaus schaffen. Sie tun das seit 2000 Jahren mit einer Prägekraft, wie sie keine zweite Institution je entwickelt hat. Ohne die große künstlerische Inspirationskraft der christlichen Theologie wäre die Kultur des Abendlandes ärmer an Geist und Sinnlichkeit. Das fordert auch Intellektuelle und Künstler zur Auseinandersetzung heraus. Waren und sind es also – frei nach Friedrich Hölderlin – die Künstler, die den Sterblichen den Weg zu den Göttern ebnen? Oder behält Maria Stuart recht, für die es die Kirche ist, die „zum Himmel uns die Leiter baut"?
Kirche und Kultur sind zwar keineswegs deckungsgleich, sie haben vielmehr ein spannungsvolles Verhältnis zueinander. Gemeinsam aber ist beiden, dass sie neue Perspektiven eröffnen, den Blick über Vordergründiges hinaus lenken, das Leben deuten wollen. Und für beide gilt: Sie tun das mit allen kulturellen Ausdrucksformen, die Unbedingtheit, Authentizität und geistiges Ringen um letzte Fragen verkörpern.
Nicht zuletzt deshalb werden immer wieder die kulturbildenden Potenziale in der Überlieferung des Christentums auf ihre Leistungsfähigkeit und Inspirationskraft heute befragt.
Unser Heute, auch das des Theatertreffens, ist reich an Beweisen, wie stark nach wie vor die Kraft der Religion – und, ja, auch die Kraft der Kirche – ist, wenn es um Antworten, um künstlerische Antworten auf diese letzten Fragen geht.
Christoph Schlingensief (Frage 21) hat mit seinem grandiosen Stück „Eine Kirche der Angst vor dem Fremden in mir", das bei der Ruhrtriennale in Duisburg 2009 uraufgeführt und das dann beim Theatertreffen gezeigt wurde, eine Art „Fluxus-Oratorium" gezeigt, das „beseelt ist von der Idee, dass Kunst und Leben nicht voneinander zu trennen sind", so die Theatertreffen-Jury.
Dieses sein Oratorium spielt in einem Kirchenraum, eine Apsis gibt es, Kirchengestühl, eine Monstranz, Chöre ertönen in den Mauern – eine grandiose Theaterinszenierung in Kirchenkulissen. Schlingensief hat sich seine eigene Kirche gebaut, die ihm in seiner Entwicklung ja auch wirklich viel bedeutete, und von dort funkt er Gott an: „Denn der Organismus", so sagt er, „besteht auch aus Stammhirn, und das Stammhirn arbeitet auch dann noch weiter, wenn der andere bereits geschossen hat. Halleluja!" Die Krankenhausprotokolle dienen als Grundlage seiner Liturgie, und so wird das Stück zu einem Dokument eines großen Zorns, des Zorns auch auf Gott. Die „Kirche der Angst vor dem Fremden in mir" ist ein barockes, verrücktes Spiel mit dem Tod. Schlingensief inszeniert den Weg, den der Glauben uns verheißt, mit den Mitteln des Theaters, der Kirche: Sterben und Auferstehung.
Christoph Schlingensief hat mit seiner „Kirche der Angst" gezeigt, wie Glaube, Religion, Kirche heute Kunst und Künstler herausfordern, als Menschen und in ihrer Rolle auf dem Theater – sie antworten affirmativ, zornig, ablehnend, provozierend.
Sicher ist: Die Kunst, die in Europa aus dem Dienst an der Religion entstanden ist und immer auch in den Dienst der Verkündigung genommen wurde, hat sich im 20. Jahrhundert sowohl von den Auftraggebern der Kirche als auch von den Glaubensinhalten christlicher Überlieferung weitgehend entfernt und emanzipiert. Dieser Autonomieanspruch der Kunst, nichts als sie selbst zu sein, war lange der Grund vieler Konflikte zwischen Kunst und Kirche. Heute ist er eher in der Vielheit sehr individueller Konzepte zu suchen, die ihre eigene Wirklichkeit beanspruchen und das künstlerische und intellektuelle Material zwar durchaus fortschreiben, sich aber dessen komplexer theologischer und kunstgeschichtlicher Substanz oft gar nicht mehr vergewissern, zumindest nicht immer so intensiv wie Schlingensief das tat.
In diesem Sinne ist die Kirche sehr wohl und nach wie vor Teil der Kunst, der Kultur und des intellektuellen Diskurses. Für mich aber ist und bleibt sie noch viel mehr, denn mein Glaube ist meine Daseinsgrundlage, er gibt mir Orientierung und inneren Halt. Der hält sogar die Verfremdungen auf dem Theater aus.
Ich werde weiterhin ins Theater gehen und in die Kirche – hier gibt es die Zumutungen und das Vergnügen, dort komme ich dann wieder zur Besinnung.
„Die Kunst ist eine Zusammenarbeit zwischen Gott und den Menschen. Je weniger der Mensch dabei tut, umso besser."
(André Gide, 1869 – 1951)

Monika Grütters, CDU-Politikerin, Vorsitzende des Ausschusses für Kultur und Medien im Deutschen Bundestag.

© Christoph Rieken

Jörg Gudzuhn

11. Von welcher politischen Partei – glauben Sie – gehen die meisten Politiker ins Theater?
R. v. Weizsäcker und Thierse habe ich am häufigsten im DT gesehen.

18. Was verbinden Sie mit Einar Schleef?
Je länger er tot ist, desto mehr würdige ich seine Arbeit. Luxemburg-Projekt mit Jutta Hoffmann. Leider nur diese Arbeit und auch nur per Zwang von Th. Langhoff. Wie der Schleef den Nietzsche-Prolog gesprochen hat, war unvergesslich (beängstigend).

35. Denken Sie an Theaterkünstler unter vierzig – was macht diese Generation anders?
Es gibt so einen Slogan: „Wer für alles offen ist, muss nicht ganz dicht sein." Es ist ein Privileg der jungen Schauspieler, sich selbst und neue Formen und Möglichkeiten zu entdecken. Oft noch keinen Standpunkt! Nachteil: zu viel Scheiße verführbar!

25. Wird es in 25 Jahren noch Dramatiker geben?
„Dass der Mensch dem Menschen so gerne zuschaut, das macht das Theater unsterblich!" (Theresia Walser „Ein bisschen Ruhe vor dem Sturm")

Jörg Gudzuhn, Film- und Theaterschauspieler, bis 1987 im Ensemble des Maxim Gorki Theaters, seitdem am Deutschen Theater Berlin, war u.a. 1991 in Heiner Müllers „Hamletmaschine" beim Theatertreffen zu sehen.

Maria Happel

18. Was verbinden Sie mit Einar Schleef?

Einar Schleef hatte mit großem Erfolg „Sportstück" von Elfriede Jelinek am Burgtheater inszeniert. Allein schon die Premiere war ein Novum.
Nicht klar, wie die Reihenfolge der Szenen am Abend, nicht wissend, wie lange die einzelnen Szenen dauern würden, jongliert er auf der Hinterbühne die einzelnen Szenen und springt selbst zu einem beeindruckenden Auftritt auf die Bühne, die leer ist, und wo er über ein riesiges, großes Blatt Papier schreitet, über das geschriebene Wort von Jelinek. Kurz vor 23 Uhr wirft er sich mit einer Trillerpfeife im Mund auf die Knie vor der Loge, in der Peymann sitzt, und ruft: „Lassen Sie uns weiterspielen, Herr Peymann!" Ab 23 Uhr kostet jede Minute ein Vermögen. Die Techniker, die gewerkschaftlich geschützt sind, gehen dann eigentlich nach Hause. An diesem Premierenabend greift Peymann in die eigene Tasche und so kommt das „Sportstück" zu seiner Vollendung.
Ich kannte Schleef von ein paar skurrilen Abenden in der Kantine und vom Opernball. Die Künstler des Burgtheaters wurden damals noch eingeladen in den Teesalon, also in den angrenzenden Raum der Festloge in der Wiener Staatsoper. Ich bin schon zum zweiten Male da mit meinem Mann, der begeistert ist, dass Jürgen Flimm Otto Rehhagel im Schlepptau hat. Cornelia Froboess hat Elmar Wepper an ihrer Seite und Einar Schleef ist der Schwarm der gesamten 3. Etage des Hanuschhofes, unserer Gewandmeisterei, angeführt von Anette Beaufay.
Keinen Tanz lässt er aus, bis irgendwann auch er keuchend und völlig verschwitzt in der Loge auftaucht. Eine Schere ist sein Begehr. Die Frackordnung verlange einzig nach diesem Requisit: Schere! Natürlich hat eine der leitenden Damen aus der Kostümabteilung eine kleine Nagelschere bei sich und Einar Schleef zieht sich den Frack aus und trennt sich von seinen Hemdsärmeln, die samt Manschettenknöpfen in der Pailletten-Tasche von Frau Buxbaum, der ersten Schneiderin am Hause, landen. Und schon kommt der Frack wieder drüber und er schwitzt sich wieder in die Menge und schwoft bis zum Ende des Balles über das Parkett der Wiener Staatsoper.
Ich stehe oben an der Brüstung und beobachte den unermüdlichen Tänzer und es fällt mir die Geschichte von meiner Freundin Traute Hoess ein, die auf einer Premiere in Berlin immer wieder von Einar Schleef zum Tanz aufgefordert wurde. „Wir müssen mal ‚Totentanz' miteinander machen," hat er ihr am Ende einer Runde gesagt.
Schleef möchte mit mir arbeiten in „Der Golem in Bayreuth", die musikalischen Proben laufen bereits.
„Ich bin mir nicht so sicher ... das Stück ... und das Kind daheim ... kein Kindermädchen ... sorry!"

© Reinhard Werner

„Kind is kein Pro … blem!" Mir fällt auf, dass er nicht stottert, sondern nur aussetzt! „B … ringen sie einfach mit."
Der Dompteur, der ein strenges Dirigat und Diktat führt bei seinen Proben? Der die Schleef-Jünger morgens um 6.30 an der alten Donau antreten ließ zum Schwimmen und sich fit machen, sagt: „Kind is kein Pro blem?"
Ich bin überrascht. „Ich möchte, da S … ie eine Probe sehn!" Er sitzt im hinteren Drittel des Akademietheaters und beachtet mich nicht, als ich mit Paula, meiner zweijährigen Tochter den abgedunkelten Zuschauerraum betrete. Auf der Bühne haben sich bereits einige Sänger und Choristen versammelt. Ich setze mich in die fußfreie Reihe und pflastere den Boden vor mir vorsichtig mit Papier und lasse Paula zur einsetzenden Wagnermusik malen. Wie ungewohnt – galten Kinder doch bei uns immer als Störung, so stellten sie in seinem System nie ein Problem dar. Er unterbricht, arbeitet mit den Darstellern, ohne Pause. Nach vier Stunden verlasse ich die Probe, die weder mir noch meiner Tochter langweilig war, und komme ins Grübeln. Wir treffen uns am nächsten Tag im Café Eiles. Er kommt gerade vom Burgtheater, hat ein Hofer-Sackerl in der Hand. „Bitte erin … nern Sie m … ich nachher, d … aa ist meine Ga … ge drin."
„Natürlich."
Bayreuth sicher, ja – guter Stoff, aber ich denke, die Sänger stehen da immer noch im Vordergrund, ich habe das Stück noch nicht zur Gänze gelesen, aber können wir nicht anders zusammenkommen? Wir finden uns interessant und fangen an zu spinnen. Er sagt, er habe schon lange ein Stück im Kopf, und jetzt habe er seine Partnerin gefunden. Ich sage „Totentanz?" Er ist gleichermaßen überrascht und begeistert, dass ich ins Schwarze getroffen habe.
Ich erzähle ihm die Geschichte von Traute und vom Opernball, wir melden uns kurz darauf an bei der Tanzschule. „Totentanz" das Stück im Standard bis zur Erschöpfung zu bringen. Was für eine Aufgabe. Er zeigt mir noch voller Stolz die Lackschuhe, mit denen er zum großen Turnier antreten will.
Der Tod kam dem Tanz zuvor. Ich bin aber sicher, wir wären damit ins Finale eingezogen nach Berlin!

Maria Happel, Schauspielerin, u.a. am Schauspiel Köln, Berliner Ensemble, Burgtheater Wien. Sie war beim Theatertreffen u.a. 2001 in Claus Peymanns „Richard II." zu sehen.

Sebastian Hartmann

--- und **1-2-3**: „Liebste, die fragen unter 50, **welche Frage ich vermisse?!**"
Du bist schon im Bett – schläfst – eines unserer Kinder ist krank, der Kleinste – gestern hat er gekotzt und geschissen – heut fiebert er – am Nachmittag bekam ich in der Apotheke ein Mittel – China in der Potenz C30 – jetzt schläft auch er, der Kleinste – und ja, ich vermisse dich – und **1-2-3**, natürlich gehe ich in die Kirche – gern auf Hiddensee – da hängt ein Engel, oben, mittendrin – ich überlege, ob er grinst, ob er hasst – mein Handy klingelt, aber es klingelt, nicht old phone, wie überall in Europa, nein, es klingelt: Verrat – Verrat – und ich gehe nicht ran. Und ich gehe viel lieber in Textbücher – Stücke, mein ich, und Romane, die fühlen sich – die guten, mein ich – fühlen sich an wie Kirchen – die Architektur, mein ich – die gebrochenen Strahlen, mein ich – die kalten Taufbecken – und die harte Kirchenbank, neben mir Frank und Leander, beide mit schwarzem Kater – da wird Schlinge vorbeigetragen – ist das ein Eichensarg? – jedenfalls voller Blumen – von oben Orgelmusik –
Helge spielt – mein Handy klingelt – old phone – wie überall, und ich lese ‚Schneesturm' – es werden winzige Pferdchen umklammert, Wärme suchend – im schwangeren Bauch siedet Sonnenblumenöl – ich gehe ran: „Sebi, ‚Krieg und Frieden', Theatertreffen, ich gratulieren dir!"
„Ach so – aha – hmm ..." – „Freust du dich?" – „Ich lese gerade ‚Schneesturm', weißt du – das Ding ist gewaltig – es ist wie das Leben, weißt du – es ist, als hätte er das Leben aufgeblasen zu einem riesigen Kopf – und der steckt in einem Sturm, verstehst du ...?" „Freust du dich?" „..." Ja, ich vermisse dich – SPIEGELZELT, KANN EIN GEWALTIGES W-ORT SEIN!!!
... und **1-2-3** Zwischenrufe – immer – brüllen wollte ich – immer und wieder – doch es steckt da drinnen hinter meiner Haut – wenn Brasch fragt: „Was wird aus dem Theatertreffen, wenn ich nicht mehr da bin?" – halt ich die Fresse – wenn es stottert, höre ich Chöre – wenn Heiner starb, ein Fetzen Papier, darauf ich schrieb: „Wie tot ist man in der Legende, in der man lebt, wenn man noch lebt?"
--- und **1-2-3** – Mercutio rennt heut noch um die Dämonen – und über mir der Engel – wohl hohl unterm Kleid – grinsend – hassend. Krieg und Frieden – warum nicht mein „Faust" – „Krieg und Frieden", eben. Ich vermisse dich!

* *
*

Sebastian Hartmann, Schauspieler, Regisseur und von 2008 bis 2013 Intendant des Schauspiels Leipzig, mit „Krieg und Frieden" zum ersten Mal zum Theatertreffen 2013 eingeladen.

Volker Hassemer

1. Haben Sie jemals im Theater einen Zwischenruf gemacht? Was haben Sie gerufen?

Ich hasse und verachte Zwischenrufe. Da will eine oder einer sich über die auf der Bühne stellen. Traut sich gegenüber allen anderen um ihn herum öffentlich zu, es besser gekonnt oder verstanden zu haben. Hat sich abends den Anzug oder den Pullover angezogen, ist ins Theater gegangen, und wusste es schlagartig besser als die, die über Wochen nichts anderes getan haben, als ihr Bestes zu versuchen. Und sie versuchen es beim nächsten Mal wieder. Und er hält sich raus, zieht dann wieder abends seinen Anzug an, und schon weiß er es wieder besser ...

11. Von welcher politischen Partei – glauben Sie – gehen die meisten Politiker ins Theater?

Das ist eine ziemlich ekelhafte Frage: „Von welcher Partei ...?". Warum nicht auch „Von welchem Fußballverein, von welcher Industriesparte, von welcher Gewerkschaft, von welchem Unternehmen, von welcher Sorte Beruf ...?"
Hoffentlich gehen die doch alle ins Theater, weil sie das wollen. Manche aber gehen anscheinend deshalb ins Theater, weil sie „von politischen Parteien" kommen. Und sie gehen „als solche" dorthin. Komisch.

13. Gibt es Situationen in Ihrem Leben, die Sie als Performance-nah bezeichnen würden?

Jede Rede ist eine Performance. Wer sie nicht als Performance versteht oder hält, redet schlecht. Und Reden gehören merkwürdigerweise im Theater oder im Film nicht zu den besten schauspielerischen Leistungen. Ihre Performance ist fast ohne Ausnahme schlechter als die Performance der Redner in Wirklichkeit.
Vielleicht fällt es mir dort auch nur besonders auf. Ist vielleicht in Wahrheit jede gute „wirkliche" Performance besser als die im Theater gespielte?

Volker Hassemer, ehemals CDU-Politiker, bis 1989 Kultursenator in Berlin, bis 1996 Senator für Stadtentwicklung und Umweltschutz. Vorstandsvorsitzender der Stiftung Zukunft Berlin.

Carl Hegemann

7. Haben Sie sich während des Theatertreffens einmal verliebt? Im Mai 1993 im Spiegelzelt vor dem Deutschen Theater. Anschließend ging's in den Tresor, die Verliebtheit hielt immerhin mindestens 12 Jahre an und war insofern mein mit Abstand eindrucksvollstes und folgenreichstes TT-Erlebnis.

14. Was haben Sie in einem Spiegel im Spiegelzelt gesehen, das Sie niemals vergessen werden? Siehe Frage 7.

15. War Ihnen schon einmal etwas peinlich, das Sie auf der Bühne gesehen oder gehört haben? Fast immer. Kunst ist peinlich. Und der Kunstkontext auch.

16. Diskutieren Sie verschiedene „Othello"-Inszenierungen im Licht der sogenannten Blackfacing-Debatte. Zu peinlich.

25. Wird es in 25 Jahren noch Dramatiker geben? Drama ist Konflikt, Konflikt ist Conditio humana. Dramatik gibt es, solange es Menschen gibt, eigens ausgebildete Dramatiker und institutionalisiertes Theater sind dagegen nicht zwingend nötig.

27. Woran erkennt man einen Klassiker zu Lebzeiten? Gar nicht.

Kennen Sie einen?

Ja.

44. Oft gehört: „War alles schon mal da" – was zum Beispiel? Dieser Satz: „War alles schon mal da." Er steht bereits fast wörtlich im Alten Testament, Buch Prediger/Kohelet und da steht auch noch das Folgende:

> „Eine Generation geht, eine andere kommt. Die Sonne, die aufging und wieder unterging, atemlos jagt sie zurück an den Ort, wo sie wieder aufgeht. Er weht nach Süden, dreht nach Norden, dreht, dreht, weht, der Wind. Weil er sich immerzu dreht, kehrt er zurück, der Wind. Alle Flüsse fließen ins Meer, das Meer wird nicht voll. Alle Dinge sind rastlos tätig, kein Mensch kann alles ausdrücken, nie wird ein Auge satt, wenn es beobachtet, nie wird ein Ohr vom Hören voll. Was geschehen ist, wird wieder geschehen, was man getan hat, wird man wieder tun: Es gibt nichts Neues unter der Sonne. Zwar gibt es bisweilen ein Ding, von dem es heißt: Sieh dir das an, das ist etwas Neues – aber auch das gab es schon in den Zeiten, die vor uns gewesen sind. Nur gibt es keine Erinnerung an die Früheren und auch an die Späteren, die erst kommen werden, auch an sie wird es keine Erinnerung geben bei denen, die noch später kommen werden."

Carl Hegemann, Professor für Dramaturgie in Leipzig und bis 2013 Dramaturg am Thalia Theater Hamburg, vorher Dramaturg u.a. am Schauspiel Bochum und an der Volksbühne Berlin, regelmäßige Zusammenarbeit mit Christoph Schlingensief. Fünf Arbeiten, an denen er beteiligt war, wurden zum Theatertreffen eingeladen.

Friederike Heller

1. Haben Sie jemals im Theater einen Zwischenruf gemacht? Was haben Sie gerufen?
Bei Nicolas' „Kontrakten". Rief: „Hier!", wedelte mit dem 20-Euro-Schein und binnen 5 Minuten war er verbrannt. Geld verbrennen ist super.

13. Gibt es Situationen in Ihrem Leben, die Sie als Performance-nah bezeichnen würden?
Massenhaft, von früh bist spät. Kindergarten – U-Bahn – Probebühne – Spielplatz – Supermarkt – Kantine ... The torture never stops.

15. War Ihnen schon einmal etwas peinlich, das Sie auf der Bühne gesehen oder gehört haben?
Immer, wenn es zu Gesichtsgulasch kommt.

17. Gehen Sie in die Kirche?
Ich gehe ins Theater. Das ist praktisch das Gleiche.

20. Gibt es ein Zitat von Peter Zadek, das Sie nie vergessen werden?
„Interessiert mich nicht, wie Japaner ihren Kaffee trinken."

24. Bevorzugen Sie Texttreue oder den Seitensprung?
One Night Stands! Heiße Affären! Heimliche Küsse! Gang Bangs! Promiskuität at its best!

26. Ihr Lieblings-Klassikerzitat?
Es ist was faul im Staate D.

31. Was bedeutet Ihnen die Theaterkantine?
Liebe, Tod und Teufel. Und steter Quell der Erheiterung. Besonders, wenn die zuverlässigen Nörgeltiraden über die Qualität des Essens bei den Kollegen anheben.

32. Welcher verstorbene Regisseur und sein Stil haben Schule gemacht?
Brecht und Tabori. Eindeutig.

34. Waren die Theaterexperimente der sechziger Jahre radikaler als heute?
Nein, wir sind stumpfer heute.

39. Nennen Sie eine Eigenart des österreichischen Theaters./40. Nennen Sie eine Eigenart des Schweizer Theaters.
Geld.

42. Warum werden Kostüme meistens von Frauen gemacht?
Weil Kostümbild der schlechtbezahlteste Job im Team ist.

Friederike Heller, Regisseurin u.a. in Wien, Hamburg, Frankfurt, Köln und Dresden.

Karin Henkel

26. Ihr Lieblings-Klassikerzitat?

Ach!

33. Was ist Ihre Standardfloskel, wenn Sie nach einer TT-Premiere, die Ihnen nicht gefallen hat, einen mitwirkenden Künstler treffen? (Die Antwort wird auf Wunsch anonym veröffentlicht.)

Ach! ich fand's super.

42. Warum werden Kostüme meistens von Frauen gemacht?

Weil zu wenige Klaus Bruns kennen. Ach!

Karin Henkel, Regisseurin u.a. in Hamburg, Berlin, Stuttgart, Köln, Zürich. Vier ihrer Inszenierungen wurden zum Theatertreffen eingeladen, zuletzt 2013 „Die Ratten".

Nele Hertling

3. Welcher Zwischenruf von anderen hat Ihnen am besten gefallen?

In der Aufführung eines zeitgenössischen Werkes in der Oper gegen ein zunehmend laut störendes Publikum der erfolgreiche Ausruf: „Ruhe, ihr Spießer!"

9. Welche Aufführung des Theatertreffens hat Theatergeschichte geschrieben?

Peter Zadeks Inszenierung von Wedekinds „Lulu" 1988.

18. Was verbinden Sie mit Einar Schleef?

Unabdingbarkeit.

Nele Hertling leitete das Hebbel-Theater (heute das Hebbel am Ufer) in Berlin nach seiner Wiedereröffnung von 1989 bis 2003. Seit 2006 ist sie Vizepräsidentin der Akademie der Künste Berlin.

Dieter Hildebrandt

1. Haben Sie jemals im Theater einen Zwischenruf gemacht? Was haben Sie gerufen?

Der einzige, an den ich mich erinnere, war bei der Eröffnung eines Theatertreffens (68/69/70?), als der geschätzte Kritikerkollege Peter Iden die Begrüßungsrede hielt und sich entgegen der aufgewühlten Zeitstimmung einer (wie mir schien) zeremoniösen Grundsätzlichkeit hingab. Ich habe aber damals weder „Aufhören!" noch „Langweiler!" oder gar „Klugscheißer!" gerufen, was immerhin meiner Aufwallung entsprochen hätte, sondern „Heidegger!" Es wäre aber verlogen zu behaupten, dass ich mir viel dabei gedacht hätte (Jargon der Eigentlichkeit, Geworfenheit, Holzwege); mir schien einfach der Name als helles dreisilbiges attacca Einspruch genug. (Diese Reminiszenz soll gleichzeitig eine späte Entschuldigung bei Peter Iden sein.)

8. Hatten Sie eine Postadresse in ‚Westdeutschland', von der Sie sich TT-Karten bestellt haben? Wie lautete sie?

Gemeint ist offenbar der gewitzte Umweg, mit dem man als West-Berliner, weil Auswärtige bevorzugt wurden, leichter an Karten kam. Hier soll sie aber umgestellt und politischer beantwortet werden. Als Kulturkorrespondent der „FAZ" in Berlin hatte ich zehn Jahre lang eine Post- und Ausweisadresse in Frankfurt am Main, nicht um an TT-Tickets zu kommen, sondern um nach dem Bau der Mauer weiter

Anja Hilling

50 Zwischenrufe, und meiner antwortet auf die Nr. 24, Bevorzugen Sie Texttreue oder den Seitensprung?

Ich spreche nicht von Treue, aber von einer unfassbaren, bescheuerten, unerfüllten Liebe, von der Wahrheit einer unruhigen Zeit, in der man sich bindet, in diesen Zeilen, in diesem Raum, und schlaflos jede Überzeugung verrät, für die man bisher eingestanden ist. Das würde einem Text helfen, über sich und das ganze Theater hinaus.

Anja Hilling, Dramatikerin, 2003 zum TT-Stückemarkt eingeladen, 2005 zu den Mülheimer Theatertagen.

aus ganz Berlin berichten und auch im Osten ins Theater gehen zu können. Einige Jahre lang war die „FAZ" die einzige Zeitung, die über das BE und das Deutsche Theater informieren konnte. Bald schlossen sich etliche Zeitungskollegen dieser Praxis an. Die Postadresse in Westdeutschland – das will diese Antwort besagen – war mehr als ein Kartentrick, sie gehörte zu den Unterwanderungen der sechziger Jahre und zum oft unbequemen Versuch, „die Städte Berlin" (Uwe Johnson) immer noch als einen Ort wahrzunehmen und zu beschreiben.

34. Waren die Theaterexperimente der sechziger Jahre radikaler als heute?
Ja, für den, der sie damals begeistert und schockiert miterlebt hat und heute ein Oldtimer ist. Denn die Radikalität damals war Entdeckung, Spurensuche, Sprengkraft, Zerreißprobe und nicht „Seitensprung", wie Sie mit Frage 24 die heutige Praxis definieren. Regisseure machten ein Stück, nicht sich selbst, interessant. Als Theaterexperiment begann, was gegen Ende des Jahrzehnts die Straße eroberte und dann wiederum die Bühnen mobilisierte. Es war eine Zeit der Hochspannung, der lustvollsten Demontage – vor allem auch der Verstörung durchs politisches Theater. Im Zuschauerraum fast immer das Agitato einer erregungsbereiten Öffentlichkeit. Schuhe flogen von der Bühne ins Publikum, und Oratorien von Buhrufen drangen von unten herauf. Nur die Bäume ums Theater an der Schaperstraße spendeten beim Theatertreffen gleichmütig rauschenden Beifall.

Dieter Hildebrandt, Schriftsteller, Publizist, in den 1960ern Theaterkritiker bei der „Frankfurter Allgemeinen Zeitung", danach Lektor bei Suhrkamp, 1966 bis 1969 Theatertreffen-Juror.

Fabian Hinrichs

12. Von wem würden Sie sich wünschen, dass sie oder er häufiger ins Theater geht?

Wo sind die Leute, die ich dieses Jahr auf einem Thurston-Moore-Konzert in Berlin gesehen habe? Die Leute, die ich dort gesehen habe, interessieren sich zumeist nicht für Theater; ich verstehe das auch. Was kann man tun, verdammt? Es scheint ein zu weiter Weg zu sein, diese Leute erreichen zu können.

18. Was verbinden Sie mit Einar Schleef?

Ich habe damals „Salome" in Düsseldorf gesehen. Eine so kräftige, nach Resonanz schreiende Aufführung hatte ich bis dahin überhaupt noch nicht gesehen. So eine Sehnsucht nach dem Absoluten:
Schleef scheint in diesem Sinne Mystiker gewesen zu sein.
Ich war 23 und wirklich tief beeindruckt.
Gerade denke ich: Auch Leises, Sanftes könnte Ausdruck dieser Sehnsucht sein, heute.

© Kerstin Schomburg

45. Mit Walter Benjamin gefragt: Was ist die Aufgabe der Kritik?
Immer weiter immer weiter gegen die Barbarei anzugehen.
Außerdem hierzu Nietzsche: Nur wer mich liebt, darf mich kritisieren.

Fabian Hinrichs, Schauspieler, u.a. an der Berliner Volksbühne, den Münchner Kammerspielen und am Deutschen Schauspielhaus Hamburg. Beim Theatertreffen war er u.a. 2012 in René Polleschs „Kill your Darlings! Streets of Berladelphia" zu sehen und erhielt dafür den Alfred-Kerr-Darstellerpreis.

Wolfgang Höbel

21. Was an Christoph Schlingensief haben Sie zu spät verstanden?
Dass er kein schwer vermittlungsdürftiger Abseitskünstler ist, sondern der größte echte Popstar und wirklich geliebte Volksheld, den das deutschsprachige Theater zu meinen Lebzeiten hervorgebracht hat. Sorry, Claus Peymann, Gert Voss und Heidi Kabel.

44. Oft gehört: „War alles schon mal da" – was zum Beispiel?
Die Vernichtungskritik an der großartigen Erfindung Theatertreffen. Aberdutzende Male haben publizistische Schlaumeier in den vergangenen Jahrzehnten verkündet, das Festival sei töricht und überflüssig und kunstfeindlich (wie, sagen wir mal, sonst nur noch der Deutsche Buchpreis oder der Deutsche Filmpreis). Jedes noch so durchwachsene Theatertreffen allerdings hat das Gemecker strahlend widerlegt. Die Idee, die besten Theaterkünstler zu einer Leistungsschau zusammenzuzwingen vor dem undankbarsten Publikum weit und breit, war ein Geistesblitz. Sie hat dem deutschen, dem österreichischen und dem Schweizer Theater eine Kraft und eine Weltläufigkeit beschert, für die wir den Theatergöttern täglich danken wollen.

45. Mit Walter Benjamin gefragt: Was ist die Aufgabe der Kritik?
Die Rettung des Theaters vor den Schauspielern.
(Es ist nicht die mitunter missglückte Gedankenarbeit der Regisseurinnen und Regisseure, es ist nicht der Geiz der Politiker, es sind nicht die Unterhaltungssucht oder Denkunlust der Zuschauer, die einem die Theaterkunst manchmal verleiden können. Es sind die Schauspielerinnen und Schauspieler, die meinereinen in die Verzweiflung treiben, wenn sie ungebremst und ungehemmt all das geben, was sie zu können glauben – und wenn diese Klaus Maria Brandauers und Sven-Eric Bechtolfs dafür von Schwärmern, die sich zwar Kritiker nennen, aber keine sind, auch noch angehimmelt werden.)

Wolfgang Höbel, Musik- und Theaterkritiker beim „Spiegel", von 2009 bis 2011 Theatertreffen-Juror.

Traute Hoess

3. Welcher Zwischenruf von anderen hat Ihnen am besten gefallen? „Othello" im Hamburger Schauspielhaus mit Ulrich Wildgruber. Ein sehr aufgewühlter alter Herr wippt unruhig auf seinem Sessel hin und her und es bricht aus ihm heraus: „Der arme Gründgens! Der arme Gründgens! Der arme Gründgens!"

18. Was verbinden Sie mit Einar Schleef? Eine Premierenfeier im Berliner Ensemble 1994/95, auf jeden Fall noch die alte Kantine vom BE mit den knarrenden Schwingtüren zum Kantineneingang, wie in den Cowboyfilmen, wenn der Held durch dieselbige kommt und alles verstummt und nur noch eine Fliege mutig vor sich hinfliegt, wo die Rauchschwaden aufsteigen und der Whiskey gut eingeschenkt ist, die Holztische glatt poliert sind, der Kantinenkoch Hary (tatsächlich mit einem r) heißt und dem Koch vom eben eingeschlafenen Dornröschen verblüffend ähnelt und wo noch niemand von der FDP zum Mittagessen hinkommt.
Also genau in dieser Kantine tanze ich mit Schleef. Herr Schleef tanzte wahnsinnig gerne, ich auch und so tanzen wir wie verrückt. Wir drehen uns, wir stampfen im Rhythmus, wir flitzen durch die dichten Rauchschwaden quer durch die Kantine, wir stolzieren, wir verbiegen uns, wir tanzen gesittet im Walzerschritt, Foxtrott, dann mit Riesentangoschritten und Rock'n'roll-Figurenreißen. Irgendwann, nach etwa drei Stunden geht nix mehr, ich will mich kurz mal davonstehlen, um was zu trinken. Ich war ja schon fast wieder nüchtern. Er bemerkt mein Schwächeln, schwenkt mich zu sich herum und ruft: „T ... tanzen ..." Also er ruft nicht T-t-t-t-tanzen, sonder tatsächlich T ... tanzen. Ruft also: „T ... tanzen ist besser als r ... reden!"
Als wir beide dann nach einer weiteren Stunde endlich zum Trinken und Rauchen und Sitzen kommen, sagt er, dass er Strindbergs „Totentanz" am liebsten genauso mit mir inszenieren möchte, dass beide Hauptfiguren tanzen und immer weiter tanzen – bis zum Tod.

24. Bevorzugen Sie Texttreue oder den Seitensprung? Darauf möchte ich mit einem Zitat von Heiner Müller antworten aus „Quartett": „Die Treue ist die wildeste aller Ausschweifungen."

35. Denken Sie an Theaterkünstler unter vierzig – was macht diese Generation anders? Die saufen weniger!

37. Wenn Sie eine freie Theatergruppe gründen wollten, wie würde sie heißen? Ich war Gründungsmitglied einer Freien Theatergruppe und wir nannten uns Theaterkollektiv Rote Rübe.

45. Mit Walter Benjamin gefragt: Was ist die Aufgabe der Kritik?
keine persönlichen Rachefeldzüge führen?
keine Vorurteile?
genauer Hinschauen?
genauere Vorbereitung?
besser hinhören?
vermitteln zwischen dem Gesehenen und dem Publikum?
das Publikum reinschreiben und nicht rausschreiben aus dem Theater?
sich selbst die Leser nicht wegschreiben?
sich selbst nicht so wichtig nehmen?

Traute Hoess, Schauspielerin, war in den 1980ern in Fassbinders Filmen zu sehen, arbeitete später u.a. mit Leander Haußmann und Andreas Dresen, u.a. war sie 2000 mit „John Gabriel Borkman" zum Theatertreffen eingeladen.

Jutta Hoffmann

20. Gibt es ein Zitat von Peter Zadek, das Sie nie vergessen werden?
Mit Zadeks „Lulu" vom Deutschen Schauspielhaus Hamburg waren wir zum Theatertreffen eingeladen, das war noch vor dem Mauerfall '89. Nach der Vorstellung, die in Berlin nicht so bejubelt wurde wie in Hamburg, wartete ein Kollege aus der Hauptstadt, also Ost-Berlin, auf mich – am Bühneneingang, ziemlich lange – um mir zu sagen: „Dass du dich hergibst, in so einer Schweinerei mitzuspielen!" Als ich Zadek davon erzählte, sagte der: „Liebling, hier spricht der Neid, was du da machst, hab' ich noch nie auf dem Theater gesehen."

18. Was verbinden Sie mit Einar Schleef?
Beiliegendes Probenfoto!
(„Puntila", allerdings nicht zum TT gebeten)

Jutta Hoffmann, Schauspielerin, war am Berliner Ensemble 1975 Einar Schleefs Fräulein Julie und 1996 Eva in seiner Inszenierung „Herr Puntila und sein Knecht Matti", in Peter Zadeks „Lulu" war sie 1988 beim Theatertreffen zu sehen.

Hannelore Hoger

3. Welcher Zwischenruf von anderen hat Ihnen am besten gefallen? Als die Zigarettenhysterie ausbrach, betrat ein Schauspieler in Hamburg mit brennender Zigarette die Bühne und von unten kam in breitem Hamburgisch: „Machen Sie sofort die Zigarette aus." Großes Gelächter, der Darsteller paffte weiter.

4. Wann waren Sie zum ersten Mal beim Theatertreffen und an was erinnern Sie sich? Habe ich vergessen. Aber wir waren oft eingeladen. Bei „König Lear" (Zadek) zur Zeit der Lorenz-Entführung, danach, ich glaube, er saß im Zuschauerraum, wurden wir beschimpft und bespuckt. Zadek ging in die Seitenbühne, schnappte sich eine Forke (große Mistgabel) und kam zurück und dann standen alle feixend an der Rampe. (Die Aufführung haben wir in Bochum in einem Kino gespielt, sie wurde ein Hit.)

9. Welche Aufführung des Theatertreffens hat Theatergeschichte geschrieben? Ich habe nur einige gesehen. „Marija" von J. Babel, Regie Peter Palitzsch, „König Lear" (Zadek), mehrere andere Inszenierungen von ihm, u.a. „Othello". Augusto Fernandez mit „Atlantis" und andere. Peymann, Gosch, Schleef.

10. Definieren Sie „bemerkenswert". Aha!

11. Von welcher politischen Partei – glauben Sie – gehen die meisten Politiker ins Theater? Die Grünen, CDU vermutlich.

12. Von wem würden Sie sich wünschen, dass sie oder er häufiger ins Theater geht? Von allen, inklusive mir selber.

14. Was haben Sie in einem Spiegel im Spiegelzelt gesehen, das Sie niemals vergessen werden? Nächtens mich und die Bar

15. War Ihnen schon einmal etwas peinlich, das Sie auf der Bühne gesehen oder gehört haben? Darüber schweigen die Annalen.

16. Diskutieren Sie verschiedene „Othello"-Inszenierungen im Licht der sogenannten Blackfacing-Debatte. Nein, halte ich für Quatsch.

17. Gehen Sie in die Kirche? Ich besuche gerne Dome.

18. Was verbinden Sie mit Einar Schleef? Nichts, ich habe ihn nicht persönlich kennengelernt. „Gertrud" fand ich gut, seine Rede bei einer Feier anrührend.

19. Was bleibt von Pina Bausch? Ihre Werke, alles! Hoffentlich noch lange. Ich habe sie bewundert und ihre Truppe.

20. Gibt es ein Zitat von Peter Zadek, das Sie nie vergessen werden? „Liebling – " oder „Honigkuchen, das ist toll!"

21. Was an Christoph Schlingensief haben Sie zu spät verstanden? Ich habe ihn nicht verstanden, aber sehr gemocht, diesen Feuerkopf. Sein früher Tod ist eine Tragödie.

22. Glauben Sie, dass das Theatertreffen Tendenzen abbildet oder gar schafft? Was soll ich sagen dazu, vermutlich ja?

23. Gibt es ein Theater des 20. Jahrhunderts und eines des 21. Jahrhunderts? Es war, es ist, es wird sein!

24. Bevorzugen Sie Texttreue oder den Seitensprung? Ich bevorzuge den Seitensprung, aber nicht bei Kleist, das darf nur Alkmene.

25. Wird es in 25 Jahren noch Dramatiker geben? Wenn ich dann noch lebe, kann ich das besser beantworten. Euripides und Shakespeare waren ja auch schon vorm Zweiten Weltkrieg da. Rufen Sie beim Lieben Gott an, der weiß das sicher.

26. Ihr Lieblings-Klassikerzitat? Jetzt geh ich ins Maxim.

27. Woran erkennt man einen Klassiker zu Lebzeiten? Kennen Sie einen? An der Krawatte, oder?

28. Glauben Sie an Regie- und Autorenkollektive? Ja, warum nicht?

29. Wer ist der unterschätzteste Theaterkünstler der letzten fünfzig Jahre? Karl Valentin.

30. Wer ist der überschätzteste Theaterkünstler der letzten fünfzig Jahre? ---

31. Was bedeutet Ihnen die Theaterkantine? Kaffeepause mit Snack und Schnack.

32. Welcher verstorbene Regisseur und sein Stil haben Schule gemacht? Zadek.

33. Was ist Ihre Standardfloskel, wenn Sie nach einer TT-Premiere, die Ihnen nicht gefallen hat, einen mitwirkenden Künstler treffen? (Die Antwort wird auf Wunsch anonym veröffentlicht.) Entweder ich flüchte oder ich sage vorsichtig meine Ansicht der Dinge.

35. Denken Sie an Theaterkünstler unter vierzig – was macht diese Generation anders? Hoffentlich alles.

38. Was ist wichtiger: Uraufführungen oder Zweitaufführungen? Gute Aufführungen.

39. Nennen Sie eine Eigenart des österreichischen Theaters. Die sprechen so schön wienerisch.

40. Nennen Sie eine Eigenart des Schweizer Theaters. Die Berge.

41. Wann mussten Sie das letzte Mal im Theater weinen? Ich weine immer – so oder so.

42. Warum werden Kostüme meistens von Frauen gemacht? Frauen wissen, was Männer mögen.

43. Schätzen Sie, wie oft Goethes „Faust" beim Theatertreffen gespielt wurde. 423 x / gar nicht.

45. Mit Walter Benjamin gefragt: Was ist die Aufgabe der Kritik? Der hat bestimmt auch eine Antwort.

46. Nennen Sie ein aktuelles Beispiel für ein Historienstück. Warum?

47. Nennen Sie jeweils Schlagworte für das Theater der siebziger, achtziger und neunziger Jahre. Onanie, nur Nackte und Blut, Wilson geil.

48. Was am Theatertreffen ist vergleichbar mit anderen Festivals? Die Besäufnisse.

49. Was war der wirkungsvollste Theaterskandal? Für die Truppe um Kurt Hübner in Ulm die Premiere von „Die Geisel" (Zadek). Sie ging in Nebel und Tumulten unter und machte den ganzen Clan berühmt.

50. Welche Frage vermissen Sie? Wie geht es Ihnen, Frau Hoger?

Hannelore Hoger, Theater- und Filmschauspielerin („Bella Block"), Regisseurin, am Schauspiel Bochum enge Zusammenarbeit mit Peter Zadek. Sie war mehrmals am Theatertreffen zu sehen, u.a. in Inszenierungen von Peter Palitzsch, Peter Zadek und Hans Hollmann.

© Privat

Raimund Hoghe

5. Wenn Sie in der Jury wären, was würde anders?
Ich würde für eine noch stärkere Öffnung plädieren und dabei auch Tanz und Theater gleichberechtigt nebeneinander stellen.

19. Was bleibt von Pina Bausch?
Hoffentlich mehr als bunte Kalenderbilder, spektakuläre 3-D-Aufnahmen und realitätsferne Verklärung eines Menschen.

26. Ihr Lieblings-Klassikerzitat?
„Tanze, Rosetta, tanze" (Georg Büchner, „Leonce und Lena")

Raimund Hoghe, Choreograph, Tänzer, Dramaturg, von 1980 bis 1990 beim Tanztheater Wuppertal von Pina Bausch, Journalist für die „Zeit" und Autor zweier Bücher über Pina Bausch.

Lutz Hübner

10. Definieren Sie „bemerkenswert".
Eine Multifunktionswaffe. Ist nicht eindeutig positiv. („Ich finde es bemerkenswert, dass ein Halbbegabter wie der es so weit bringen kann.") Taugt nicht für direktes Lob. („Was du da gespielt hast, war echt bemerkenswert" – das klingt falsch.) Kann auf gemeine Weise differenzieren. (War ja ganz gut, aber bemerkenswert war es nicht.) Ein flüchtiger Begriff, kann formal wirken und damit ein Urteil offizieller machen. (Klingt seriöser als z.B. „richtig super".)

12. Von wem würden Sie sich wünschen, dass er öfters ins Theater geht?
Die Horden, die sich Samstagabend vor der Cinemaxx-Kasse drängeln, die gegelten Jungtürken mit den lustigen Sprüchen, die schüchternen Hip-Hop-Poser, die überschminkten Proletten, die Nerds, die nur für Actionfilme und Chipsnachschub den Computer verlassen, die Typen mit Dosenbier und Fighterfrisuren und die molligen Mädchen, die immer kichern. (Für die alle sollte man auch Geschichten auf dem Theater erzählen.)

15. War Ihnen schon mal etwas peinlich, dass Sie auf der Bühne gesehen oder gehört haben?
Wenn gute, aber nicht richtig gute, also redlich bemühte Schauspieler einen Moment großer Erschütterung spielen, der nur so halb begriffen, halb empfunden und halb gestaltet ist, aber dennoch mit großer Emphase über die Rampe gekübelt wird. (Bei schlechten ist es oft einfach nur rührend.) Die Grimassen, die da zu besichtigen sind, die fuchtelnde Gestik oder die Überzeugung zu stehen und zu wirken, wo doch nur Stillstand und Pose ist. Dieser Moment, wo ein Schauspieler fälschlicherweise glaubt, ihn durchströme der Jammer der ganzen Menschheit – das ist der Moment, wo ich gerne auf den Boden schaue oder das Programmheft falte.

16. Wird es in 25 Jahren noch Dramatiker geben?
Ja klar, warum denn nicht? Solange die Menschen Lust auf Geschichten haben, muss sie jemand erzählen.

31. Was bedeutet Ihnen die Theaterkantine?
Das Herz eines Theaters. Der Maschinenraum. Wenn man wissen will, ob ein Theater ein Ort ist, an dem sich die Mitarbeiter wohlfühlen, muss man in die Kantine. Hier werden mindestens ebenso viele Probleme künstlerischer Arbeit gelöst wie auf der Probebühne.

33. Standardfloskel nach einer Premiere, wenn es nicht gefallen hat?
a) An dir lag es nicht (zu Schauspielern).
b) Irgendwie haben die heute keinen gemeinsamen Rhythmus gefunden (zu Regisseuren) und der Klassiker: Das hatte schöne Momente.

38. Was ist wichtiger: Uraufführungen oder Zweitaufführungen?
Die Uraufführung ist die Visitenkarte, die man als Autor abgibt, mit der sollte man völlig einverstanden sein. Die Zweitaufführung zeigt, ob das Stück sich im Repertoire bewähren kann.

19. Was bleibt von Pina Bausch?
a) Ihre Tänzer b) Ihre Stücke c) Eine unendliche Bereicherung für jeden, der das Glück hat, eines ihrer Stücke zu sehen d) Eine Unzahl unerträglicher Epigonen.

Lutz Hübner, Autor von mehr als 35 Theaterstücken, teilweise in Zusammenarbeit mit Sarah Nemitz, mit „Hotel Paraiso" vom Schauspiel Hannover zum Theatertreffen 2005 eingeladen.

Ingo Hülsmann

3. Welcher Zwischenruf von anderen hat Ihnen am besten gefallen?
Eine Schauspielerin auf der Bühne rief: „Ich werde mich jetzt entkleiden."
Zwischenruf: „Oh nein, bitte nicht!"

9. Welche Aufführung des Theatertreffens hat Theatergeschichte geschrieben?
Eine, die nicht eingeladen war.

26. Ihr Lieblings-Klassikerzitat?
„Dumm sein und Arbeit haben, das ist das Glück!" (Gottfried Benn)

Ingo Hülsmann, Schauspieler, u.a. an der Volksbühne Berlin, am Schauspielhaus Hamburg, Burgtheater Wien, Deutschen Theater Berlin, heute an der Schaubühne Berlin, wirkte in zahlreichen Produktionen von Michael Thalheimer mit.

© Christoph Grunert

Robert Hunger-Bühler

© Xandra M. Linsin

1. Haben Sie jemals im Theater einen Zwischenruf gemacht? Was haben Sie gerufen?
„BRAVI"

2. Haben Sie je mit dem Gedanken gespielt, eine Theatertreffen-Aufführung zu verlassen oder sind sogar rausgegangen? Warum?
Nur in die Kantine, zwischen zwei Auftritten.

3. Welcher Zwischenruf von anderen hat Ihnen am besten gefallen?
1976 „Das ist des Ende des Theaters" (in österreichischem Tonfall) am Ende von „Othello" in der Regie Peter Zadeks. Man munkelte nachher, es sei K. M. Brandauer gewesen.

4. Wann waren Sie zum ersten Mal beim Theatertreffen und an was erinnern Sie sich?
1986 mit und als „Amphitryon" mit dem Schauspiel Bonn, Regie Jossi Wieler. Die kleine allerfeinste „Kellerproduktion" fiel durch. Ich turnte mich am Reck ums Leben, erblickte Minetti und Ganz in Publikum und ließ mich vom Berliner Frost anstecken. Die nächsten 6 Einladungen ging es von Mal zu Mal besser!

10. Definieren Sie „bemerkenswert".
Eine der hilflosesten Floskeln. Kann als Wort kaum stehen, geschweige denn gehen. Landauf landab von Kritikern bedient, (meistens ehemalige Lehrer), hat „respektierlich" und „nennenswert" abgelöst. Ein schönes Wort ist das als Partizip getarnte Adjektiv „beeindruckend", vor allem im Zusammenhang mit „kolossal". Was macht eigentlich das Wort „geflissentlich"?

16. Diskutieren Sie verschiedene „Othello"-Inszenierungen im Licht der sogenannten Blackfacing-Debatte.
Seitdem die schwarz-braune Schuhcreme von Uli Wildgrubers Schweiß-Othellokörper auf der bleich-weißen Desdemona-Haut von Eva Mattes abfärbte, habe ich kaum mehr einen sinnlicheren Moment auf der Bühne erfahren. Minstrel hin oder her. Es lebe das „Vaudeville"!

20. Gibt es ein Zitat von Peter Zadek, das Sie nie vergessen werden?
„Spiel einfach immer weiter, Robert!"

26. Ihr Lieblings-Klassikerzitat?
„Ach, wenn mir's nur gruselte." (Von einem der auszog, das Fürchten zu lernen, Grimms Märchen)

27. Woran erkennt man einen Klassiker zu Lebzeiten? Kennen Sie einen?
Botho Strauß „Die Ähnlichen" Szene „Halbentschlossenheit". (Genialer Dialog.)

39. Nennen Sie eine Eigenart des österreichischen Theaters.
Die Österreicher klatschen schon, wenn es dem Vorhang gelingt, aufzugehen!

40. Nennen Sie eine Eigenart des Schweizer Theaters.
Mitunter wird in der Schweiz geflissentlich unhörbar geklatscht. Auf meine Frage, im Zürcher Schauspielhaus sitzend am Ende einer Aufführung, warum meine Nachbarin denn nicht klatsche, ob es ihr denn nicht gefallen habe: „Doch", antwortete die Zürcherin, „es hat mir sogar sehr gefallen, aber ich klatsche inwendig". (Zwingli-Zen, dachte ich bei mir.)

41. Wann mussten Sie das letzte Mal im Theater weinen?
Immerzu bei Grüber: am meisten bei „Auf der großen Straße" (Tschechow) 1984 und der „Winterreise im Olympiastadion" (Hölderlin) 1977.

47. Nennen Sie jeweils Schlagworte für das Theater der siebziger, achtziger und neunziger Jahre.
70er Dionysos, 80er Apollon, 90er Äskulap.

49. Was war der wirkungsvollste Theaterskandal?
Der Schuhfettschwarzschwitzende Uli Wildgruber (Othello) hängt die nackte, sterbende Eva Mattes (Desdemona) über ein Wäscheseil.

50. Welche Frage vermissen Sie?
Was ich über Peter Fitz denke: Dass mit ihm einer der schlauesten, elegantesten, sprachakrobatischsten Mimen von uns gegangen ist. (Der größte Skandal ist, dass solche singulären Künstler wie Peter Fitz aussterben.) PS „Mercier und Camier" (Beckett) mit Peter Fitz und Otto Sander war beim Theatertreffen. So was Schönes, Zartes, Unsterbliches!

Robert Hunger-Bühler, Schauspieler, Regisseur, Autor, spielt seit 2002 am Schauspielhaus Zürich, war wiederholt zum Theatertreffen eingeladen, zum ersten Mal 1986 mit Jossi Wielers „Amphitryon", zuletzt 2011 mit Stefan Puchers „Tod eines Handlungsreisenden".

Elfriede Jelinek

2. Haben Sie je mit dem Gedanken gespielt, eine Theatertreffen-Aufführung zu verlassen oder sind sogar rausgegangen? Warum?
Bin zweimal dort gewesen und zweimal rausgegangen, aber nicht wegen der Aufführungen, sondern wegen Panik. Kann nicht im Zuschauerraum sitzen. Eine der Aufführungen habe ich dann von draußen, durch ein kleines Fenster in der Tür, ohne etwas zu hören, im Stehen zuende gesehen.

6. In welchem Bühnenbild hätten Sie gerne einmal gewohnt?
In jedem von Anna Viebrock.

10. Definieren Sie „bemerkenswert".
Ich bemerke leider nichts.

15. War Ihnen schon einmal etwas peinlich, das Sie auf der Bühne gesehen oder gehört haben?
Fast alles von mir. Ich schäme mich immer.

16. Diskutieren Sie verschiedene „Othello"-Inszenierungen im Licht der sogenannten Blackfacing-Debatte.
Nein.

18. Was verbinden Sie mit Einar Schleef?
Alles hat mich mit Einar Schleef verbunden. Er hat Sprach-Theater gemacht wie es, glaube ich zumindest, immer unwichtiger wird. Leider. Diese Sprach-Besessenheit haben wir geteilt. Manchmal glaube ich, Regisseure haben Angst vor ausformulierten Texten, weil sie sich dort nicht mehr hineinzwängen können. Das Sich-Hineinzwängen kann allerdings auch geniale Produkte hervorbringen, zum Beispiel bei Nicolas Stemann. Die Eingriffe Schleefs in meine Texte waren allerdings auch immer streng formalisiert, er hat sozusagen Ausgearbeitetes gegen Ausgearbeitetes gesetzt, während Stemann die Freiheit der Improvisation gegen die formale Strenge setzt. Beides ist sehr reizvoll, solange man das Stück leben und arbeiten lässt, gegen das (oder für das) man antritt und eintritt. So seh ich das.

21. Was an Christoph Schlingensief haben Sie zu spät verstanden?
Ich habe nichts von Schlingensief verstanden, bin aber zutiefst beeindruckt von seiner Arbeit, vielleicht gerade weil ich sie nicht verstehe. Ich weiß nicht, wie er es gemacht hat.

24. Bevorzugen Sie Texttreue oder den Seitensprung?
Das betrifft mich sehr, ist aber schwer zu beantworten. Die Texttreue IST der Seitensprung, sonst wäre der Text ja total uninteressant. So lernt man ihn aber immer wieder neu kennen, indem er fremdgeht.

25. Wird es in 25 Jahren noch Dramatiker geben?
Na ja, es gibt sie schon so lang, warum sollte es sie in einem so kleinen Zeitraum nicht mehr geben?

26. Ihr Lieblings-Klassikerzitat?
Die Axt im Haus erspart den Zimmermann.

33. Was ist Ihre Standardfloskel, wenn Sie nach einer TT-Premiere, die Ihnen nicht gefallen hat, einen mitwirkenden Künstler treffen? (Die Antwort wird auf Wunsch anonym veröffentlicht.)
Es war sehr interessant.

34. Waren die Theaterexperimente der sechziger Jahre radikaler als heute?
Sie waren neuer als das Neue heute.

39. Nennen Sie eine Eigenart des österreichischen Theaters.
Überhaupt eine Eigenschaft der österreichischen Literatur gegenüber der deutschen: Das Experiment mit der Sprache, eine Tradition seit der Wiener Gruppe in den 1950er Jahren, auch das Bewußtsein für die Brüchigkeit der tradierten Sprache. Das hat in Österreich immer schon die interessanteren Autoren und Autorinnen hervorgebracht, vor allem den großen Neuerer Werner Schwab. Ich habe den Eindruck, von den jungen Autorinnen und Autoren derzeit kommt keiner an ihm vorbei, und jeder, jede versucht, sich eine Scheibe von ihm abzuschneiden, nein, ein Stück aus ihm herauszufetzen.

40. Nennen Sie eine Eigenart des Schweizer Theaters.
Vieles, vielleicht der kauzige Witz? Das Verschmitzte? Die Souveränität? Das Verspielte (da sehe ich schon Gegensätze zu z. B. Schwab), diese Verbindung zwischen Wissen und dem Spielen damit wie Charlie Chaplin mit der Weltkugel? (Laederach, Widmer etc.) Auf jeden Fall ähnlich wie Österreich, allerdings nicht so verbohrt, vielleicht stärker der Wirklichkeit verhaftet, im Bewusstsein, daß man sowieso immer verhaftet werden könnte.

42. Warum werden Kostüme meistens von Frauen gemacht?
Schleef hat die wunderbarsten Kostüme gemacht!

46. Nennen Sie ein aktuelles Beispiel für ein Historienstück.
Ich sehe ja nichts. Ich glaube, die „Nibelungen" von Moritz Rinke.

49. Was war der wirkungsvollste Theaterskandal?
Für mich persönlich die Reaktionen damals in Bonn auf mein Clara-Schumann-Stück. Das ist zwar lange her, aber ich habe mich nur langsam davon erholt.

Elfriede Jelinek, Literaturnobelpreisträgerin, neunmal wurden ihre Stücke zum Theatertreffen eingeladen, zuletzt 2013 „Die Stadt. Die Straße. Der Überfall." in der Regie von Johan Simons.

© Karin Rocholl

Thomas Jonigk

25. Wird es in 25 Jahren noch Dramatiker geben?
Der „übergeordnete Autor" wird gerne als „überflüssig", den Probenprozess störend, anachronistisch oder Kassengift bezeichnet und weicht Romanbearbeitungen von Dramaturgen und Regisseuren, Projekten, Kollektiven, Experten des Alltags und Klassikern. Statt wie früher mit Gegenwartsdramatik spielt man jetzt die Häuser damit leer. Und verpasst die Gelegenheit, einen neuen Kanon von Repertoirestücken zu schaffen. Aber Autorenschaft ist etwas krisenunabhängiges, weil für den Schreibenden zum Überleben notwendiges. Das erste Interesse des (ohnehin chronisch unterbezahlten) Autors ist kein finanzielles, er ist in der Lage (und wird zunehmend bereit sein müssen), seinen Lebensunterhalt anders zu verdienen. Demnach wird es Dramatiker geben, auch wenn es schon längst keine Stadt- und Staatstheater, keine zahlenden Zuschauer (geschweige denn Abonnenten) oder Subventionen mehr gibt.

26. Ihr Lieblings-Klassikerzitat?
„Ach laß mich gehen. Dein Stock kann machen, daß ich nicht mehr bin; Doch nicht, daß ich nicht Ich bin, weil ich bin."
(Sosias in Heinrich von Kleists „Amphitryon")

45. Mit Walter Benjamin gefragt: Was ist die Aufgabe der Kritik?
Immobilienmakler sind eine Instanz, um die es zunehmend kein Herumkommen mehr gibt, wenn man versucht, eine Wohnung zu mieten oder zu kaufen. Dabei ist ein Vertragsabschluss zwischen potentiellem Mieter und Hausbesitzer bzw. Hausverwaltung auch ohne diese parasitäre Zwischenschaltung problemlos möglich. Immobilienmakler erhalten zwei bis drei Monatskaltmieten pro Vertragsabschluss (und sind oft bestechlich), müssen dafür aber wenig können und tun dies (wie ich gerade in München mehrfach erleben durfte) mit Überzeugung, Herablassung, Dünkel, Neid (auf Mieter, die sich Wohnungen leisten können, die für sie selbst nicht in Frage kämen) und oft auch schlecht vorbereitet: Inhaltliche Fragen des ihnen zugewiesenen Objektes können nicht beantwortet werden, Namen von sich bewerbenden Mietern werden verwechselt und überhaupt wird der ganze Beruf missmutig, geschmäcklerisch bis gequält ausgeübt, weil man doch viel lieber Hausbesitzer als Makler wäre. Von Demut keine Spur, erst recht nicht von Dankbarkeit gegenüber Besitzer bzw. Mieter, ohne die es die als Beruf bezeichnete Zumutung „Immobilienmakler" nicht gäbe. Neulich weigerte sich mein Frisör, mir die Haare im Nacken auszurasieren, da er nur mit der Schere arbeite und den Einsatz von Maschinen nicht mit seinem künstlerischen Verständnis und kreativem Selbstausdruck vereinbaren könne. Punkt 1 und 2 dienen vorrangig dazu, darzulegen, was die Aufgabe der Kritik sein könnte. Und dass diese zunehmend weniger wahrgenommen wird.

Thomas Jonigk, Schriftsteller, Dramaturg, 1994 zum TT-Stückemarkt eingeladen. Sein neuester Roman „Melodram" erschien im Februar 2013.

© Privat

André Jung

4. Wann waren Sie zum ersten Mal beim Theatertreffen und an was erinnern Sie sich?
1982 war ich das erste mal beim berliner theatertreffen. ich spielte die titelrolle in „edward II" von christopher marlowe, inszeniert von david mouchtar-samorai (heidelberg). bei der premiere in berlin wurde die aufführung irgendwann durch zwischenrufe, nicht nur ein paar, unterbrochen.
wir wurden lauthals aufgefordert, „heim in die provinz" zu fahren. Was wir auch gerne taten, nach zwei weiteren aufführungen.

6. In welchem Bühnenbild hätten Sie gerne einmal gewohnt?
in anna viebrocks portugiesischer weinstube in „faust. eine subjektive tragödie", eine inszenierung von christoph marthaler am theater basel.

7. Haben Sie sich während des Theatertreffens einmal verliebt?
ja!! als werschinin in mascha.

24. Bevorzugen Sie Texttreue oder den Seitensprung?
eindeutig den seitensprung.

André Jung, Schauspieler, war u.a. in Marthalers „Kasimir und Karoline" aus Hamburg und zahlreichen Inszenierungen aus Zürich sowie in Johan Simons „Anatomie Titus Fall of Rome" und Luk Percevals „Kleiner Mann – was nun?" von den Münchner Kammerspielen beim Theatertreffen zu sehen.

Ulrike Kahle-Steinweh

1. Haben Sie jemals im Theater einen Zwischenruf gemacht? Was haben Sie gerufen?

Ich fühle mich im Theater wie Zuhause. Und das hat Folgen. Ich rufe dazwischen. Wie neulich, in Berlin im Maxim Gorki Theater, beim „Volksfeind", Regie Jorinde Dröse.

Wohlwollen zwischen Bühne und Zuschauerraum. Alle sind erleichtert, denn beinahe wäre die Vorstellung geplatzt. Eine Schauspielerin musste unvorbereitet einspringen, für die Rolle der großen Tochter, sie macht das charmant, mit Text in der Hand und alle helfen ihr. Auch die Atmosphäre auf der Bühne ist ungezwungen. Musik spielt, Wohngemeinschaftsatmosphäre.

Ein riesiges Sofa steht direkt an der Bühnenkante. Die Schauspieler müssen turnen, hopsen, um draufzukommen. Schauspieler Ronald Kukulies, der böse Bruder vom Volksfeind, schafft es nicht. Nach vielen verzweifelt-komischen Ansätzen gibt er auf. Ich rufe ohne zu überlegen: „Das Sofa steht ja auch völlig falsch!" Schlagfertig antwortet Kukulies: „Ja, das kann man leicht sagen, jetzt ist es zu spät!" Und spielt ungerührt weiter. Soll ich mich schämen oder stolz sein auf meine sagenhafte Spontanität? Das Sofa steht natürlich hochsymbolisch direkt am Abgrund und ist ebenso hochsymbolisch überdimensioniert, repräsentiert den Wunsch sowohl nach sozialer Kuschelei wie Großbürgerlichkeit. Das Sofa soll irritieren, aber deshalb gleich krakeelen?

Kurz danach in Frankfurt im theaterperipherie, im neuen Stück von Alexander Brill, „radikalextrem[2]". Auch hier alles locker, ungezwungen. Fünf Schauspieler verschiedener Herkunft, so richtig Multikulti, spielen, reden ins Publikum. Es geht um die verblüffenden Ähnlichkeiten zwischen Rechtsradikalen und Islamisten und es geht natürlich um unsere Haltung dazu. Zwei Schauspieler müssen die deutsche Nationalhymne singen, sie singen die falsche Strophe „Von der Etsch bis an die Memel …", und ich rufe entsetzt: „Die Strophe ist doch verboten!" Keine Reaktion. Ich schäme mich jetzt wirklich. Muss ich immer wild drauflos kommentieren? Die Schauspieler stören? Das ist doch ein absolut verbotener Eingriff in die künstlerische Arbeit.

Etwas später wird den beiden jungen Schauspielerinnen befohlen, die Schuhe der Zuschauer zu lecken. Weil das moslemische Frauen ja so machen. Die tun das tatsächlich! Ich erschrecke, warte, halte es nicht aus und rufe: „Das ist doch Scheiße, was ihr da macht, aufhören!" Einer der Schauspieler sagt verlegen: „Es ist doch nur Theater." Aber sie hören auf. Verdammt, was mache ich da bloß? Großes Unbehagen.

In der anschließenden Publikumsdiskussion werde ich erstaunlicherweise rehabilitiert. Der Regisseur wollte nicht nur in diesem Moment provozieren, Reaktionen hervorrufen. Andere Zuschauer loben „die Dame aus dem Publikum". Nur – wie soll das weitergehen? Will ich als Zwischenruferin in die Geschichte eingehen, wie Ex-Bürgermeister Klaus von Dohnanyi im Dezember 2000 am Hamburger Thalia Theater? Bisher ungeschlagen mit seinem hanseatischen Zwischenruf zu Thalheimers Inszenierung von „Liliom": „Das ist doch'n ans-tändiges Stück! Das muss man doch nicht so spielen." Ein anständiger Zuschauer zu sein ist manchmal schwer. Vielleicht braucht das Theater mehr Zwischenrufer, mehr Unanständigkeit auch im Publikum, mehr Tumult. Oder?

7. Haben Sie sich während des Theatertreffens einmal verliebt?

Verliebt? Und wie. Ein Blitzschlag, eine Betörung. Karin Beiers „Romeo und Julia" beim Theatertreffen 1994. Was war mir Romeo, wer Julia? Verflüchtigt, verflogen. Nur die Schaukel sehe ich noch, poetisches Bild ihrer luftigen Liebe, frei schwebend, ungebunden, losgelöst von Regeln und Verboten, auf Erden nicht zu halten. Unvergesslich war Mercutio. Was für eine Stimme! Ein nie gehörtes Timbre, leicht angeraut, angekratzt und wohltönend zugleich. Was für ein Mercutio! Kraftvoll und zart. Was für eine Eleganz in den Bewegungen, was für eine Melodie in der Sprache!

Der Schauspieler Bernd Grawert schlurfte am nächsten Tag in langem grauen Mantel durchs Spiegelzelt vorm Schiller Theater, düster umwölkt. Der war Mercutio? Der strahlende, tänzelnde, siegesgewohnte Mercutio? Sah eher aus wie übrig geblieben aus einer Roten Zelle an der Münchner Uni, ein narzistischer Revolutionär. Solche kannte ich, die wollten erlöst werden. Und irrte, natürlich.

Bernd Grawert fiel auch Frank Baumbauer auf, er holte ihn nach Hamburg. Grawert war der Prinz von Homburg in Martin Kušejs klarer Inszenierung am Hamburger Schauspielhaus. Grawert war wieder athletisch und zerbrechlich, siegesgewiss und verzweifelt, klarsichtig und träumend. Ich träumte auch. War das nicht mein Prinz? Doch in die Realität holen ließen sich die Shakespeare- und Kleistfiguren des Bernd Grawert nicht.

Und heute, neunzehn Jahre später, ist die liebevolle Bewunderung für den Schauspieler Bernd Grawert ungebrochen. Nie enttäuschte er. Und triumphiert hoffentlich bei diesem, dem 50. Theatertreffen mit seiner absolut einmaligen Schöpfung des Paul John in „Die Ratten". Inszeniert von Karin Henkel. Wieder diese Verletzlichkeit, Zartheit in der eher schlichten, fast groben Figur, dazu Wärme, Menschlichkeit. Und darüber hinaus lässt Bernd Grawert etwas ganz Tiefes, ganz Umfassendes spüren, die Verzweiflung eines Büchnerschen Woyzeck. Die Verzweiflung der armen Kreatur Mensch. Woyzeck hat Grawert natürlich auch gespielt. Ein großer Schauspieler. Am Theater verliebe ich mich eben immer in die Richtigen.

P.S. Auch in Frauen natürlich. Schon als Kind in Ingrid Andree, später Therese Affolter, Ilse Ritter, Sunnyi Melles, Nina Kunzendorf, Nina Hoss und – auch zuerst beim Theatertreffen und immer wieder: Sandra Hüller.

Ulrike Kahle-Steinweh, Filmautorin, Theaterkritikerin für Fernsehen, Hörfunk und Print, u.a. SWR, NDR, „Theater heute". Von 2011 bis 2013 war sie Mitglied der Theatertreffen-Jury.

Navid Kermani

Wann waren Sie zum ersten Mal beim Theatertreffen und an was erinnern Sie sich? 1988 als Hospitant des Theaters an der Ruhr, das kurz vorher auch zum Theater des Jahres gewählt worden war. Obwohl ich nur beim Verkauf der Programmhefte mithelfen durfte, fühlte ich mich wie ein Star.

Haben Sie sich während des Theatertreffens einmal verliebt? Ja, aber die Liebesgeschichte, die bestimmt wunderbar geworden wäre, fand noch am gleichen Abend ein jähes, vorzeitiges Ende, als ich meiner Begleiterin das Gefühl gestand.

Welche Frage vermissen Sie? Welche Aufführung hat Ihr Leben verändert?

Navid Kermani, Publizist, Schriftsteller, Orientalist, inszenierte 2005 in Köln „Hosea" nach Bibeltexten und Friedrich Hebbel.

Ulrich Khuon

3. Welcher Zwischenruf von anderen hat Ihnen am besten gefallen?
„Das ist doch ein anständiges Stück. Das kann man doch anständig inszenieren!" (Klaus von Dohnanyi zu Thalheimers „Liliom")

11. Von welcher politischen Partei – glauben Sie – gehen die meisten Politiker ins Theater?
CDU und Die Linke.

12. Von wem würden Sie sich wünschen, dass sie oder er häufiger ins Theater geht?
Von den Grünen.

23. Gibt es ein Theater des 20. Jahrhunderts und eines des 21. Jahrhunderts?
Ja, es gibt eines des 21. Jahrh., weil sich in jeweils neuen Varianten die Frage stellt und anders zu beantworten ist: Wie tief hinein in die Wirklichkeit kann Theater und wie sehr gelangt es über sich hinaus? Also: Es geht um Nähe und Transzendenz.

26. Ihr Lieblings-Klassikerzitat?
„Geht einmal euren Phrasen nach bis zu dem Punkt, wo sie verkörpert werden." (Büchner „Dantons Tod")

34. Waren die Theaterexperimente der sechziger Jahre radikaler als heute?
Nein. Aber die Theaterwirklichkeit, von der sie sich abstießen, war einförmiger, homogener.

38. Was ist wichtiger: Uraufführungen oder Zweitaufführungen?
Viele Aufführungen!

41. Wann mussten Sie das letzte Mal im Theater weinen?
„Am schwarzen See" von Dea Loher.

49. Was war der wirkungsvollste Theaterskandal?
Vielleicht Zadeks „Othello".

Ulrich Khuon, seit 2009 Intendant des Deutschen Theaters Berlin, zuvor Intendant am Thalia Theater Hamburg, in Hannover und in Konstanz. Inszenierungen seiner Theater wurden 13-mal zum Theatertreffen eingeladen.

Reinhard Kill

Das Theater der sechziger, siebziger, achtziger und teilweise der neunziger Jahre stellt alles in den Schatten, was da derzeit an deutschsprachigen Theatern in seiner unsinnlichen, gedankenarmen, Texte kastrierenden, sich anbiedernden Art als Avantgarde ausgegeben wird.
Die Gegenposition hat Peter Zadek bereits 1990 formuliert: „Ich träume von einem Theater, das Mut macht. Es ist ein Theater der Fantasie, der befreienden Gefühle und der gewagten Gedanken – ein romantisches Theater also. Es ist auch ein Theater, das die Realität unseres Lebens und Sterbens beschreibt. Es ist ein farbiges, vielschichtiges Theater, naiv, weil wir alle lernen müssen, unsere Kindheit und die Unschuld wiederzufinden, kompliziert und differenziert, weil wir so viel erlebt haben, Dinge, die unsere kindliche Naivität erschüttert und vernebelt haben. Es ist ein Theater, das sucht, nicht eines, das vorgibt, Antworten zu wissen … ."
Jajaja, wann endlich wird dieses wunderbare Plädoyer Zadeks für ein Menschentheater wieder eine Sollforderung des deutschsprachigen Theaters, etwa durch die Jury des Theatertreffens?

Reinhard Kill, Theaterkritiker und langjähriger Feuilletonchef der „Rheinischen Post", von 1990 bis 1993 Theatertreffen-Juror.

Stephan Kimmig

Meine Stichworte:
- Glückwunsch zum runden Geburtstag!
- Ohren, Augen, Hirn und Herz.
- Ambivalenter kucken und denken lernen. Theater schauen.

Stephan Kimmig, Regisseur, war viermal zum Theatertreffen eingeladen. 2008 erhielt er zusammen mit der Bühnenbildnerin Katja Haß für „Maria Stuart" den 3sat-Preis zum Theatertreffen.

Renate Klett

26. Ihr Lieblings-Klassikerzitat?

For if the king like not the comedy,
When then, belike, – he likes it not, perdy.
(Hamlet, III, 2)

Wenn alle RegisseurInnen so klug wären wie dieser, hätten die KritikerInnen weniger Macht.

29. Wer ist der unterschätzteste Theaterkünstler der letzten fünfzig Jahre?

Rolf Borzik, bis zu seinem jähen Tod 1980 Lebenspartner und kongenialer Bühnenbildner von Pina Bausch. Er stattete alle ihre frühen Stücke aus und schuf mit seiner radikalen Ästhetik erst die Voraussetzung für die Entwicklung der neuen Tanzsprache. Seine Räume aus Alltag und Abstraktion, Leere, Verheißung und Liederlichkeit machten den Tänzern das Tanzen schwer und den Zuschauern die Phantasie weit. Borzik schuf Bühnen aus Torf oder Wasser, verstreuten Herbstblättern, toten Ästen oder Straßenbelag. Sie waren allesamt trist und trotzdem poetisch, und in „Café Müller", in dem Bausch und Borzik gemeinsam auftraten, räumte er ihr die Tische und Stühle aus dem Weg, damit sie somnambul und wissend tanzträumen konnte. Im Leben war es genauso.

34. Waren die Theaterexperimente der sechziger Jahre radikaler als heute?

Und ob! Weil sie leidenschaftlich waren statt cool, intelligent statt eitel und, halten zu Gnaden, einfach besser. Nur etwas nicht zu können, reicht halt nicht, und auch wenn jeder Mensch ein Künstler ist, will man das Ergebnis vielleicht nicht von jedem sehen. In den 60ern und vor allem den 70ern ging es um etwas, wüst, ungerecht, wundervoll und ansteckend. Man konnte sich aufregen, kühne Prophezeiungen wagen (die manchmal sogar eintrafen) und nächtelang über das Gesehene diskutieren. Geht alles nicht mehr, weil heute nur noch geplänkelt wird, selbst das sog. Radikale vor allem bekömmlich sein will und deshalb so schnell langweilig wird. „Theaterfeuer, das keine Pfeife Tabak anzündet" („Schiller, Räuber", I,2) – noch ein Lieblingszitat.

Renate Klett, Theater- und Tanzkritikerin, Dramaturgin, Kulturkorrespondentin in Paris, London, Rom, New York, zwischen 1981 und 1993 mehrmals Künstlerische Leiterin des Festivals Theater der Welt

Karl Kneidl

4. Wann waren Sie zum ersten Mal beim Theatertreffen und an was erinnern Sie sich?

An Roswitha Rieger als Klara Hühnerwadel in „Musik" von Frank Wedekind in der Inszenierung von Hans-Joachim Heyse beim Theatertreffen 1965.

20. Gibt es ein Zitat von Peter Zadek, das Sie nie vergessen werden?

Eine Woche vor seinem Tod. Er liegt auf seinem Bett, ich sitze auf dem Bett: „Ich will nicht sterben, Karl. Hab einen Einfall!"

19. Was bleibt von Pina Bausch?

Mir ihr Lächeln.

Karl Kneidl, Bühnen- und Kostümbildner, Regisseur. Achtmal waren seine Bühnen beim Theatertreffen zu sehen, zuletzt 2001 in Zadeks „Rosmersholm". Bei der Uraufführung von Franz Xaver Kroetz' „Stallerhof" – beim Theatertreffen 1973 – führte er außerdem zusammen mit Ulrich Heising Regie.

Stefan Konarske

3. Welcher Zwischenruf von anderen hat Ihnen am besten gefallen? Der Zwischenruf von Klaus von Dohnanyi im Jahre 2000 zur Premiere von „Liliom" (Franz Molnar) in der Inszenierung von Michael Thalheimer. „Das ist doch ein anständiges Stück, das muss man doch nicht so spielen!" – Ein wunderbarer Karriereauftakt!

4. Wann waren Sie zum ersten Mal beim Theatertreffen und an was erinnern Sie sich? Im Jahr 2002 – „Drei Schwestern" von Anton Tschechow in der Regie von Stefan Pucher.

17. Gehen Sie in die Kirche? Ich glaube an eine ‚Art göttlicher Energie', aber nicht an die Institution Kirche.

26. Ihr Lieblings-Klassikerzitat? Die Zeit, wenn sie alt wird, macht alles heil. (Aischylos)

Stefan Konarske, war u.a. beim Theatertreffen 2007 Michael Thalheimers Orest in „Die Orestie" und wurde für die Rolle von „Theater heute" zum Nachwuchsschauspieler des Jahres gewählt. Seit 2011 ist er Ensemblemitglied am Residenztheater München.

Wolfgang Kralicek

4. Wann waren Sie zum ersten Mal beim Theatertreffen und an was erinnern Sie sich?

Zum ersten Mal war ich 1986 beim Theatertreffen. Ich reiste als Student nach Berlin und sah mir unter anderem Claus Peymanns Bochumer „Theatermacher"-Inszenierung an, mit der er wenig später seine Direktion am Burgtheater eröffnen sollte. Beim Publikumsgespräch im Spiegelzelt polterte Peymann gegen die Theatertreffen-Jury, weil diese nur sieben Inszenierungen nominiert hatte. Ich witterte eine gute Geschichte und verfasste für ein Wiener Magazin einen meiner ersten Artikel. Weil Peymann unter anderem die damalige TT-Jurorin Sigrid Löffler attackiert hatte, rief ich bei ihr an, um ihr Gelegenheit zu geben, Stellung zu beziehen. Sie war eher kurz angebunden, was ich ihr heute nachfühlen kann. Die theatergeschichtliche Dimension des kleinen Skandals war mir damals jedenfalls noch nicht bewusst: Es war vermutlich das einzige Mal in 50 Jahren Theatertreffen, dass ein EINGELADENER Regisseur auf die Jury schimpfte.

10. Definieren Sie „bemerkenswert".

„Bemerkenswert" ist undefinierbar, das ist ja der Trick! Das Wort bezeichnet den kleinsten gemeinsamen Nenner, auf den sich die Theatertreffen-Jury einigen kann. Natürlich geht es theoretisch darum, die zehn besten Inszenierungen nach Berlin einzuladen. Aber weil das praktisch unmöglich ist, hat man sich eben auf „bemerkenswert" geeinigt. Übrigens ist „bemerkenswert" ein Eigenschaftswort, das außerhalb des Theatertreffens nur selten verwendet wird – schon gar nicht in Zusammenhang mit einer Inszenierung. Nur wer einen Künstler beleidigen will, nennt seine Inszenierung auf der Premierenfeier „bemerkenswert". Auch in Liebesdingen ist vom Gebrauch abzuraten: Das Kompliment „Du bist so ... bemerkenswert" hat vermutlich noch niemandem Glück gebracht.

© Erich Reismann

15. War Ihnen schon einmal etwas peinlich, das Sie auf der Bühne gesehen oder gehört haben?

Natürlich ist mir immer wieder etwas peinlich, was ich auf der Bühne sehe oder höre. Aber das gehört dazu. Wenn Theater nicht zumindest in Kauf nimmt, peinlich zu werden, ist es uninteressant. Auch im Leben wird es doch oft gerade dann spannend, wenn es peinlich wird – oder zumindest peinlich werden könnte. Das wäre doch mal ein guter Theater-Werbeslogan: „Uns ist wirklich nichts peinlich!"

Wolfgang Kralicek, Kulturredakteur und Theaterkritiker beim Wiener „Falter", von 1992 bis 1995 sowie von 2003 bis 2005 Theatertreffen-Juror.

Rebekka Kricheldorf

12. Von wem würden Sie sich wünschen, dass sie oder er häufiger ins Theater geht?
Von mir.

33. Was ist Ihre Standardfloskel, wenn Sie nach einer TT-Premiere, die Ihnen nicht gefallen hat, einen mitwirkenden Künstler treffen? (Die Antwort wird auf Wunsch anonym veröffentlicht.)
Irgendwie interessant, aber ich habs nicht verstanden.

41. Wann mussten Sie das letzte Mal im Theater weinen?
Noch nie. Ich weine nur im Kino oder in der Oper.

Rebekka Kricheldorf, Dramatikerin, 2004 Hausautorin in Mannheim, 2009 in Jena, nahm 2002 am TT-Stückemarkt teil.

© privat

Thomas Krüger

1. Haben Sie jemals im Theater einen Zwischenruf gemacht? Was haben Sie gerufen?
Mehrfach, aber tendentiell abnehmend. In der Inszenierung „Paris, Paris" in der Regie von Frank Castorf am Deutschen Theater Ende der 80er Jahre ruft die Protagonistin unter Bezugnahme auf ihre von Sicherheitskräften verwanzte Wohnung permanent und immer lauter, schließlich fast schreiend: „Ich fühle mich wohl in dieser Wohnung." Seinerzeit hab ich ein solidarisches „Ich auch" zurückgeschrien.

8. Hatten Sie – obwohl Sie in Berlin wohnten – eine Postadresse in „Westdeutschland", von der Sie sich TT-Karten bestellt haben? Wie lautete sie?
Nein, meine Kartenbestellungen aus dem Bezirk Prenzlauer Berg waren (bis 1989) nicht gerade von Erfolg gekrönt.

9. Welche Aufführung des Theatertreffens hat Theatergeschichte geschrieben?
Mit Vorsprung: Einar Schleefs „Sportstück".

11. Von welcher politischen Partei – glauben Sie – gehen die meisten Politiker ins Theater?
Ich glaube, die Sozialdemokraten zusammen genommen sind beim Theatertreffen mit knappem Vorsprung etwas öfter anzutreffen als Jürgen Trittin alleine.

17. Gehen Sie in die Kirche?
Immer weniger.

© Ulf Dahl

22. Glauben Sie, dass das Theatertreffen Tendenzen abbildet oder gar schafft?
Am Theatertreffen schätze ich, dass es sich nie um hypertrophe Anmaßungen bemüht.

24. Bevorzugen Sie Texttreue oder den Seitensprung?
Immer das Aufregendere!

26. Ihr Lieblings-Klassikerzitat?
„Eine Hand wäscht die andere/Und den will ich sehn/Der sich die Hände wäscht/ Mit einer Hand" (Heiner Müller, „Wolokolamsker Chaussee V")

27. Woran erkennt man einen Klassiker zu Lebzeiten? Kennen Sie einen?
An einem prägnanten Satz, siehe 26.

31. Was bedeutet Ihnen die Theaterkantine?
Das Hintergrundrauschen, die Lautsprechanlage und gewagte Interpretationsversuche lauschender Bühnenarbeiter, die einfach näher dran sind …

37. Wenn Sie eine freie Theatergruppe gründen wollten, wie würde sie heißen?
„Hirnschrot" (nach einer Figur aus dem Werk von Hans Sachs)

48. Was am Theatertreffen ist vergleichbar mit anderen Festivals?
Die obligatorische Eröffnungsrede.

Thomas Krüger, Präsident der Bundeszentrale für politische Bildung, Theologe, Gründungsmitglied der SPD in der DDR. Die bpb fördert seit 2004 den TT-Stückemarkt.

Norbert Lammert

50. Welche Frage vermissen Sie?
Brauchen jetzt auch Festivals Fragebögen?

Norbert Lammert, CDU-Politiker, Präsident des deutschen Bundestages, war Eröffnungsredner des 45. Theatertreffens.

PETER LAUDENBACH

15. War Ihnen schon einmal etwas peinlich, das Sie auf der Bühne gesehen oder gehört haben? DAUERND.

25. Wird es in 25 Jahren noch Dramatiker geben? DAS IST ZU BEFÜRCHTEN.

9. Welche Aufführung des Theatertreffens hat Theatergeschichte geschrieben? IN MEINER EIGENEN THEATERZUSCHAUER-BIOGRAFIE HABEN u.a. die Inszenierungen „Vor Sonnenaufgang", Regie Einar Scheef (Theatertreffen 1988), „Die Kirche der Angst vor dem Fremden in mir", Regie Christoph Schlingensief (Theatertreffen 2009) und die Videoaufzeichnungen der Inszenierungen „Drei Schwestern", Regie Rudolf Noelte (Theatertreffen 1965) und „Der Kirschgarten", Regie Rudolf Noelte (Theatertreffen 1971) SPUREN HINTERLASSEN.

41. Wann mussten Sie das letzte Mal im Theater weinen? NICHT IM THEATER UND AUCH NUR FAST: VOR DREI TAGEN BEI DER LEKTÜRE VON „Demenz Depression und Revolution" VON FRITZ KATER.

Peter Laudenbach, Berliner Journalist, Theaterkritiker u.a. für „tip", „Tagesspiegel", „Süddeutsche Zeitung", „Theater heute", „brand eins". Ab 2014 ist er Mitglied der Theatertreffen-Jury.

© Bettina Keller

Iris Laufenberg

Zu den Fragen 21 bis 23 : Was an Christoph Schlingensief haben Sie zu spät verstanden?/Gibt es ein Theater des 20. Jahrhunderts und eines des 21. Jahrhunderts?/Glauben Sie, dass das Theatertreffen Tendenzen abbildet oder gar schafft?

Ich war aufgeregt, ihn kennen zu lernen. Und hatte ein wenig Angst. Die dpa-Meldung vor einigen Jahren, dass er schwer erkrankt sei, ging mir nah, obschon ich ihn nicht persönlich kannte. Nur ein gratulierendes Händeschütteln bei der Theatertreffen-Premiere von „Kunst und Gemüse" in der Volksbühne. Zu mehr fehlte mir damals der Mut. Vor fast 20 Jahren sah ich ihn das erste Mal und zwar im Fernsehen. Strubbelhaare in alle Richtungen und eine unglaublich freche Schnauze im freundlichen Lächeln. Und die Augen lächelten immer mit, wenn er hochrangige Persönlichkeiten öffentlich sezierte. Das war schon im entfernungssicheren Fernsehsessel eine ergreifende Sensation. Dann die etwas verspätete Entdeckung seiner Filme, wie die Satire zur Wendezeit „Das deutsche Kettensägenmassaker". Und dann die erste wirkliche Begegnung.

Ich hatte die „Kirche der Angst vor dem Fremden in mir" schon bei der Ruhrtriennale gesehen. Ein Kirchenhaus nachgebaut in einer riesigen Industriehalle, in der Christoph Schlingensief eine Messe seiner selbst feierte und sein Publikum auf Kirchenbänken tief berührte. Jetzt waren wir am Berghain verabredet, um einen geeigneten Gastspielort für die Aufführung beim tt09 zu finden. Ich hatte von der tt-Jury schon vor der eigentlichen Entscheidung grünes Licht, um Ort und Finanzierung zu checken.

Er kam mit Aino, beim Aussteigen aus seinem Mercedes fest Hand in Hand gehend. Er war sehr dünn, blass. Es war kalt. Wir froren und staunten über das Monumentale, Brüchige des Ortes im Osten Berlins.

Die nächste Verabredung war in seiner Schöneberger Altbauwohnung zum Tee und zur Klärung der Finanzen. Also, was braucht so ein Gastspiel wirklich, was kann man sich sparen, ohne dass ihm der Transfer schadet.

Als ich durch die geöffnete Tür schließlich in die Küche kam, massierte Antje Vollmer ihm geraden den Nacken, während beide über Gott, die Welt und die Krankheit debattierten. Ich bekam eine Führung durch die Wohnung. Er machte makabre Witze, wie der, dass der transparente Lampenschirm im Wohnzimmer aus seinem linken Lungenflügel gearbeitet sei. Er sagte, ohne Aino hätte er nicht überlebt. Und dass sie arbeiten sei, dass sie auch raus müsse, um sich von ihm zu erholen.

Dann beteiligte ich mich so gut ich konnte an dem Küchengespräch. Es ging um Wunderheiler, Mediziner, um Patti Smith. Um die Finanzierung des Gastspiels ging es nicht. Schließlich und unerfreulich für alle, drängte ich dieses profane Thema in den spirituell aufgeladenen Raum. Antje Vollmer trug es tapfer wieder raus und telefonierte im Flur mit einem Spitzenpolitiker über die Möglichkeit der Bezuschussung des geplanten Gastspiels. Derweil fragte Christoph, ob der Realisierbarkeit geholfen sei, wenn wir in einem Theaterhaus spielten. Er könne sich das gut vorstellen. Eigentlich sei es ihm sogar lieber, aus der Industriewelt zurück ins Theater.

Es wurde ein wochenlanges Fest, das wir feierten. Alle Künstler, Kleindarsteller, Kinder, der Gospel-Chor vor und im gesamten Haus der Berliner Festspiele sorgten im Angesicht des Todes für eine eigentümlich heitere Atmosphäre.

Christoph Schlingensief sagte einmal vor langer Zeit in einem Interview, dass das Theatertreffen ein weiterer Nagel in seinem Sarg sein werde. Das war etwas heillos und dazu übertrieben. Das Theatertreffen hatte keinen Einfluss auf sein Leben und Werk, wohl aber die Chance genutzt, diesen Künstler aus dem 20. hinein ins 21. Jahrhundert hochleben zu lassen. Es konnte bei einer Publikumsdiskussion noch einmal Talk 2000 und eine alte Partei, somit Weggefährten aus alten Zeiten zusammenbringen. Scheitern als Chance. Wähle dich selbst. Viele kamen, um ihn zu hören und zu ihm zu sprechen. Er verstand es meisterhaft, den gesamten Zuschauersaal im Festspielhaus zu einem beseelten gemeinsamen Lachen zu bringen.

„Die Kirche der Angst" konnten wir noch gemeinsam feiern. „Via Intolleranza" nicht mehr.

Iris Laufenberg, Schauspieldirektorin am Konzert Theater Bern, von 2003 bis 2011 Leiterin des Theatertreffens.

Christoph Leibold

3. Welcher Zwischenruf von anderen hat Ihnen am besten gefallen?

TT2011, Gerhart Hauptmanns „Biberpelz", Inszenierung: Herbert Fritsch, Mecklenburgisches Staatstheater Schwerin. Beim Schlussapplaus der tt-Premiere ruft Claus Peymann dem Regisseur zu: „Werd wieder Schauspieler, Herbert! Das ist doch Volksverdummung!" – oder so ähnlich; ich zitiere aus meinem Gedächtnis. Jedenfalls ist danach ordentlich Stimmung in der Bude. Die Premiere zuvor hat nicht recht gezündet, aber Peymanns polemischer Zwischenruf mobilisiert die Fritsch-Fans, die nun die sich selbst (unter nicht enden wollenden Verbeugungen und dem unermüdlichen Absingen eines Shantys) feiernden Schweriner Schauspieler begeistert anfeuern. Angeheizt von Peymann springt der Funke also doch noch über. Soll noch einer sagen, seine Pöbeleien, die mittlerweile fest zur TT-Folklore zählen, wären zu nichts gut. Man sollte ihm dankbar sein, dass er sich immer wieder dafür hergibt!

6. In welchem Bühnenbild hätten Sie gerne einmal gewohnt?

Auf dem Landgut der Anna Petrovna in Tschechows „Platonov" in der Inszenierung von Alvis Hermanis (Bühne: Monika Pormale). Vor allem im zweiten Akt, wenn im Speisezimmer hinter den Flügeltüren, also im Halb-Off, eine knappe Theaterstunde lang getafelt und getrunken wird, wäre ich gern mal dabei gewesen.

7. Haben Sie sich während des Theatertreffens einmal verliebt?

Immer und immer wieder. Bei jedem Theatertreffen zwei, drei oder mehrere Male: in großartige SchauspielerInnen. Zuletzt, beim TT2012, in Thomas Schmauser, Sebastian Rudolph und Sandra Hüller.

Christoph Leibold, Theaterkritiker und Hörfunkjournalist für „Theater der Zeit", Deutschlandradio Kultur, Bayerischer Rundfunk, seit 2012 Theatertreffen-Juror.

Anne Lepper

26. Lieblingsklassikerzitat: Nachmittag Schwimmschule
29. Unterschätztester Theaterkünstler: Robert Walser
40. Eigenart des Schweizer Theaters: Alpennähe

Anne Lepper nahm 2011 am TT-Stückemarkt teil und war Nachwuchsdramatikerin des Jahres bei „Theater heute" 2012. 2011 erhielt sie den Werkauftrag des TT-Stückemarkts.

Börries von Liebermann

20. Kein Zitat aber ein Erlebnis mit Peter Zadek

1988 wurde „Lulu" vom Schauspielhaus Hamburg eingeladen mit den leider bereits verstorbenen Susanne Lothar und Ulrich Wildgruber im Bühnenbild von Johannes Grützke. Die Aufführung war in Berlin schon vor dem Gastspiel berühmt, die Kartennachfrage enorm und am Abend der Premiere eine riesige Menge an Menschen in der Kassenhalle der damaligen Freien Volksbühne, heute Haus der Berliner Festspiele, ohne Eintrittskarten – und alle wollten die Aufführung sehen. Die Kartenkontrolle erfolgte an den Glastüren zum Hauptgebäude, alles stand dichtgedrängt davor, Leute mit Karten kamen nicht mehr durch.

Peter Zadek und ich als Leiter des Theatertreffens entschieden gemeinsam angesichts eines drohenden Unfalls, die Glastüren zu öffnen, und alle strömten in den Theatersaal, standen in den Gängen, saßen auf den Treppenstufen, mindestens 300 Personen mehr als offiziell zugelassen – und mit ca. 15 Minuten Verspätung ließen wir die Aufführung beginnen.

Draußen im Foyer hatte sich mittlerweile der Verantwortliche der Bauaufsicht eingefunden, der die Fluchtwege versperrt sah und alle möglichen Regelverletzungen bemängelte. Er informierte uns, dass er die Polizei rufen werde und den Saal räumen lassen wolle.

Nach wenigen Minuten trafen tatsächlich mehrere Polizeibeamte ein, um die angeordnete Maßnahme der Räumung durchzuführen. Zadek und ich redeten auf die Beamten ein, wir verwiesen auf die spannende Stille im Saal, auf die Anwesenheit vieler Journalisten, auf die Gefahr eines Tumultes, wenn geräumt würde – wir redeten mit Engelszungen und hatten – was mir heute völlig undenkbar scheint – Erfolg. Die Polizeibeamten blieben im Foyer zusammen mit dem Verantwortlichen der Bauaufsicht, um gegebenenfalls einzugreifen, aber die Aufführung konnte problemlos zu Ende gespielt werden. Im Saal hatte natürlich niemand etwas mitbekommen von der Dramatik im Foyer. Überzeugend war ein diszipliniertes, theaterbegeistertes Publikum und übrig blieb eine maßvolle Geldstrafe für uns als Veranstalter des Theatertreffens.

9. Welche Aufführung des TT hat Theatergeschichte geschrieben?

Ich denke „Lulu" von Wedekind mit Susanne Lothar und Ulrich Wildgruber, inszeniert von Peter Zadek, sämtliche Thomas-Bernhard-Inszenierungen von Claus Peymann mit Bernhard Minetti, Ilse Ritter, Kirsten Dene und Gert Voss. Die „Hermannsschlacht" von Kleist, inszeniert von Claus Peymann am Schauspielhaus Bochum und natürlich Gert Voss in „Richard III" vom Burgtheater Wien. Und vor allem die „Drei Schwestern" von der Schaubühne Berlin, inszeniert von Peter Stein.

14. Was haben Sie in einem Spiegel im Spiegelzelt gesehen, das Sie niemals vergessen werden?

In den Spiegeln des Spiegelzeltes konnte man immer vieles beobachten, mit Leuten in der Nachbar-Koje flirten. Wir haben das Spiegelzelt als Treffpunkt für das Theatertreffen entwickelt – ein solch charmanter Ort der Begegnung fehlt dem heutigen Theatertreffen eindeutig.

32. Welcher verstorbene Regisseur und sein Stil haben Schule gemacht?

Der Stil von George Tabori als Regisseur und Stücke-Entwickler hat eindeutig Schule gemacht.

Börries von Liebermann, Autor, Kulturmanager, von 1979 bis 1988 Leiter des Theatertreffens, 1991 Programmdirektor von Theater der Welt.

Götz Loepelmann

1. Haben Sie jemals im Theater einen Zwischenruf gemacht? Was haben Sie gerufen? BUUUH und BRAVO, immer mit B.

2. Haben Sie je mit dem Gedanken gespielt, eine Theatertreffen-Aufführung zu verlassen oder sind sogar rausgegangen? Warum? Aus Langeweile, weil ich lieber ins Kino wollte.

3. Welcher Zwischenruf von anderen hat Ihnen am besten gefallen? „Dett jloobste ja nich ma selbst, Männeken!"

4. Wann waren Sie zum ersten Mal beim Theatertreffen und an was erinnern Sie sich? An „König Lear", Peter Zadek, Schauspielhaus Bochum. Schlussverbeugung. Die Berliner tobten vor Wut. Zadek schulterte die Pappsense des Todes und verbeugte sich lächelnd. Die Zuschauer sprangen auf und wollten die Bühne stürmen. Da gab es einen Kurzschluss und alles war schwarz. Aus. Fin. Es war aber ein Zufall und nicht auch noch Absicht, wie manche meinten.

7. Haben Sie sich während des Theatertreffens einmal verliebt? In eine reizende und glücklose Theaterautorin.

9. Welche Aufführung des Theatertreffens hat Theatergeschichte geschrieben? Die Geschichte der Sieger wird von denen ausgedruckt und ist da nachzulesen.

11. Von welcher politischen Partei – glauben Sie – gehen die meisten Politiker ins Theater? Ich fürchte von der CDU. Das gibt zu denken.

12. Von wem würden Sie sich wünschen, dass sie oder er häufiger ins Theater geht? Von der Unterschicht, von den Kindern, den Jugendlichen.

13. Gibt es Situationen in Ihrem Leben, die Sie als Performance-nah bezeichnen würden? Meine standesamtliche Trauung.

14. Was haben Sie in einem Spiegel im Spiegelzelt gesehen, das Sie niemals vergessen werden? Die unverhüllte Fress- und Raffgier der Reichen und Schönen am Gratisbuffet bei Premieren.

15. War Ihnen schon einmal etwas peinlich, das Sie auf der Bühne gesehen oder gehört haben? Ja, endlos viele dumme Eitelkeiten, aufgeregtes Chargieren und leeres Geschrei und Gerenne.

17. Gehen Sie in die Kirche? Ja, wenn sie leer, warm und still ist.

18. Was verbinden Sie mit Einar Schleef? Alte Wehrmachtsmäntel, Onanie und traurige tief-deutsche Predigten.

19. Was bleibt von Pina Bausch? Ihr beseeltes zartes Gesicht.

20. Gibt es ein Zitat von Peter Zadek, das Sie nie vergessen werden? „Wenn es dir glückt, 10 Minuten gutes Theater zu machen, kannst du zufrieden sein!"

21. Was an Christoph Schlingensief haben Sie zu spät verstanden? Dass er unbedingt nach Bayreuth zu den Wagners wollte.

22. Glauben Sie, dass das Theatertreffen Tendenzen abbildet oder gar schafft? Was sind denn Tendenzen? Moden etwa? Wer will denn schon hinterherhinken?

23. Gibt es ein Theater des 20. Jahrhunderts und eines des 21. Jahrhunderts? Der sogenannte ZEITGEIST hinterlässt seine Spuren. Vielleicht war Shakespeares Theater viel spannender als das, was wir heute sehen. Und kein Kunst-Getue.

24. Bevorzugen Sie Texttreue oder den Seitensprung? Das hängt von der Sensibilität, Intelligenz, Phantasie und Empathie des Seitenspringers ab.

25. Wird es in 25 Jahren noch Dramatiker geben? Das unermessliche Anwachsen des globalen Dramas wird immer mehr Dramatiker schaffen. Ob die einen Verleger und Theater finden, bezweifle ich.

26. Ihr Lieblings-Klassikerzitat? „Wer nicht zum Menschen spricht, spricht zu niemand" (Antonio Machada).

28. Glauben Sie an Regie- und Autorenkollektive? Es soll Glücksfälle geben.

31. Was bedeutet Ihnen die Theaterkantine? Einen Bienenkorb voll Eitelkeit, Depressionen, Geschwätz, schlechtem Essen, aber auch von Gelächter, Witz und Begegnung.

32. Welcher verstorbene Regisseur und sein Stil haben Schule gemacht? Oft kopiert und nie erreicht: Peter Zadek. Aber bitte keine Schulen!

33. Was ist Ihre Standardfloskel, wenn Sie nach einer TT-Premiere, die Ihnen nicht gefallen hat, einen mitwirkenden Künstler treffen? (Die Antwort wird auf Wunsch anonym veröffentlicht.) Langweiliges Theater tut nicht weh, es ist besser als Granaten drehen.

34. Waren die Theaterexperimente der sechziger Jahre radikaler als heute? Ja, absolut. Es gab Themen, Ziele, Utopien.

35. Denken Sie an Theaterkünstler unter vierzig – was macht diese Generation anders? Die Medien, der Markt, die Ersetzung von Empathie durch Abstraktionen.

37. Wenn Sie eine freie Theatergruppe gründen wollten, wie würde sie heißen? STUNDE NULL oder bloß NULL oder NIX.

38. Was ist wichtiger: Uraufführungen oder Zweitaufführungen? Beides.

39. Nennen Sie eine Eigenart des österreichischen Theaters. Österreich investiert viel mehr in die Kultur.

40. Nennen Sie eine Eigenart des Schweizer Theaters. Langsam aber sicher.

41. Wann mussten Sie das letzte Mal im Theater weinen? Lange her, vor Freude aber, Teatro stabile de Bologna, „Ruzante", Gastspiel in Hamburg.

42. Warum werden Kostüme meistens von Frauen gemacht? Weil FRAUEN viel weniger verdienen und nicht aufmucken.

44. Oft gehört: „War alles schon mal da„ – was zum Beispiel? Die langweiligen, wenig überzeugenden weil lustlosen Begattungen.

45. Mit Walter Benjamin gefragt: Was ist die Aufgabe der Kritik? Empathische Analyse.

49. Was war der wirkungsvollste Theaterskandal? Der von George W. Bush inszenierte Einsturz der Neubauten am 11. September in NY.

50. Welche Frage vermissen Sie? A) Das Verhältnis Theater und Geld B) Warum ist Theater nur noch für ein gebildetes bürgerliches Publikum da? C) Warum ist Kindertheater drittrangig? D) Machokacke am Theater.

Götz Loepelmann, Regisseur, Maler und Bühnenbildner, arbeitete oft mit Peter Zadek. Neunmal wurden von ihm ausgestattete Inszenierungen zum Theatertreffen eingeladen.

Sigrid Löffler

18. Was verbinden Sie mit Einar Schleef?
Ein humorloser, egomanischer, tyrannischer Popanz, der seine eigenen Tagebücher umschrieb und von Masochisten maßlos überschätzt wurde (wird?).

20. Gibt es ein Zitat von Peter Zadek, das Sie nie vergessen werden?
Nach der „Richard III"-Premiere am Wiener Burgtheater mit Gert Voss soll Zadek geäußert haben, nun sei ihm klar geworden, welches Vergnügen es bereite, zu morden. Das kann ich bestätigen: Man geht unter anderem auch deshalb ins Theater, um anderen beim vergnügten Morden zuzuschauen.

26. Ihr Lieblings-Klassikerzitat?
„There is a world elsewhere" (Shakespeare: „Coriolanus")

Sigrid Löffler, Publizistin und Literaturkritikerin, u.a. bekannt aus dem „Literarischen Quartett", von 1996 bis 1999 Feuilletonchefin der „Zeit" und Gründungsherausgeberin von „Literaturen", Theatertreffen-Jurorin 1984 bis 1987 und 1996 bis 1998.

Dea Loher

19. Was bleibt von Pina Bausch?
Pina Bausch hat den Körpern ein Gesicht gegeben. Bei ihr durften, sollten die Tänzer über sich sprechen, von sich erzählen; sie hat sie aus der Anonymität der reinen Körperlichkeit befreit und zu Personen mit einer Geschichte werden lassen. Wohl deswegen wird sich jeder, der einmal ein Stück von ihr gesehen hat, an jeden einzelnen der Tänzer erinnern können. Sie sind nicht austauschbar.

25. Wird es in 25 Jahren noch Dramatiker geben?
Das ist keine Frage.

31. Was bedeutet Ihnen die Theaterkantine?
„So und jetzt kauft sich der Merkl Franz eine Tasse Bier. Von wegen der lieblicheren Gedanken. Kasimir, geh mit!"

Dea Loher, Autorin von fast 20 Theaterstücken, arbeitet seit 1995 eng mit Andreas Kriegenburg zusammen, war 2012 mit „Diebe" in Kriegenburgs Inszenierung zum Theatertreffen eingeladen.

Philipp Löhle

Fragebogen für Leute, die das Theatertreffen nicht kennen, aber trotzdem gerne Fragebögen beantworten

1. Beantworten Sie diese Frage?
2. Wenn ja, warum?
3. Wenn nein, wieso nicht?
4. Glauben Sie, dass ihre Antwort aggressiv oder provozierend ist?
5. Heißt das, Sie fühlen sich angegriffen oder provoziert?
6. Oder eben nicht?
7. In beiden Fällen: Woran können Sie das festmachen?
8. Glauben Sie, in Ihrem Inneren gibt es einen Ort für Aggression und einen anderen für Provokation?
9. Liegen diese Orte dicht beieinander oder weit entfernt?
10. In welcher Weise haben Sie Zugriff auf diese Orte?
11. In welcher Weise können Sie diesen Zugriff steuern oder kontrollieren?
12. Halten Sie sich demnach eher für zurückhaltend oder eher für impulsiv?
13. Das wissen Sie nicht?
14. Haben Sie denn überhaupt alle Fragen bis hierher beantwortet? (Falls nicht, fangen Sie bitte noch mal bei Frage 1 an.)
15. Und? Waren Sie ehrlich zu sich?
16. Wieso haben Sie dann den Fragebogen noch nicht zerrissen?
17. Und wieso können Sie dann diese Frage lesen?
18. Belügen Sie sich eigentlich häufiger selbst?
19. Wieso tun Sie das?
20. Lassen Sie sich denn alles gefallen?

Philipp Löhle, Dramatiker und Theaterregisseur, gewann 2007 den Werkauftrag des TT-Stückemarkts.

© Fernando Perez Re

© Michael Fahrig

Regine Lorenz

31. Was bedeutet Ihnen die Theaterkantine?

Die Kantine des Nationaltheaters Mannheim war für mich wie eine Kinderstube. Es war der Ort des Heran- und Hineinwachsens in die Welt, ein Ort, an dem ich viel Zeit verbrachte, da ich im Alter von 10 bis 25 als Mitglied des Kinderchores und der Statisterie oft dreimal in der Woche Vorstellung hatte, wenn meine Mitschüler durch die Discos tobten. Ich war dort an dem Abend, als in der Schule feierlich die Abiturzeugnisse verteilt wurden, weil ich „meine ‚Parsifal'-Vorstellung" nicht schwänzen wollte, und ich habe mich im mir so vertrauten Kantinentrubel in den Pausen zwischen den Auftritten auf mein Examen vorbereitet. Es war auch der Ort, um meinen Vater, Hanns Maier, 20 Jahre lang bis zu seinem Tod Verwaltungsdirektor des Nationaltheaters, zu treffen – hier jedenfalls öfter als zu Hause. Und dann standen wir oft nach einer Vorstellung gemeinsam am Tresen und aßen die von uns beiden so geliebten Wiener Würstchen, die ob der stetig wiederholten Beurteilung meines Vaters: „Für so ein Würstchen lasse ich jedes Steak stehen", kantinen-intern als „Maier-Steaks" liefen. Wenn ich heute – selten genug – am Nationaltheater in Mannheim vorbeifahre, einen Blick in die verglaste und von der Straße aus einsehbare Kantine werfe, schmecke ich eher ein anderes Futter im Gemüt: eine Art Lasagne aus Klein-Sein, wüst-wildem Horizont vergangener Wünsche und einer Vater-Liebe ... ganz leicht immer noch Wiener Würstchen ... Senf dazu?

Regine Lorenz, Leiterin des Allianz Stiftungsforums Pariser Platz. Das Stiftungsforum veranstaltet im Herbst 2013 in der Reihe „Pariser Platz der Kulturen" einen Abend zu fünfzig Jahren Theatertreffen.

Joachim Lux

22. Glauben Sie, dass das Theatertreffen Tendenzen abbildet oder gar schafft?

Im Idealfall beleuchtet das Theatertreffen „nur" das, was sowieso da ist, und pinselt nicht selbst Bilder. Und wenn es doch Bilder pinselt, dann nur nach den Phänomenen dessen, was die Theaterlandschaftswirklichkeit derzeit hergibt – so ähnlich ist es mit Intendanten im Übrigen auch. Sie können verstärken, hinweisen, kraftvoll gestalten, aber sie sollen nicht zu sehr Gott spielen, die Juroren und Intendanten. Im Falle des Theatertreffens kommt dann schnell die Kaugummiqualitätsmarke „bemerkenswert" nach oben und stößt Jahr für Jahr in anderen Varianten übel auf. Andererseits: Was sollen die Kritiker auch machen? Normative Kriterien gibt es nicht mehr und subjektive Kriterien ohne jeglichen Referenzraum sind ebenfalls kein hinreichender Maßstab. Auch ein Themen- oder Mottofestival, das Stücke zum Gegenstand Kapitalismus oder junge Regisseure oder alte Meister oder „Vor- und Nachteile der freien Szene" oder whatever versammelt, darf das Theatertreffen nicht werden. Was bleibt ist: in den Grauzonen nach Licht suchen und weiterwurschteln – hat doch 50 Jahre lang eigentlich ganz gut geklappt.

Tendenzen entstehen so eigentümlicherweise trotzdem immer wieder, so z.B. der antiideologische Stil eines Peter Zadek, der historistische von Peter Stein, der dekonstruktive, an die Avantgarden der 1920er Jahre anknüpfende Castorfs, der Stil von Christoph Marthaler, der die Welt als Wartesaal und Devianz als Normbeschreibung entdeckte, der postdramatische eines Nicolas Stemann, um nur einige zu nennen. So entstanden immer wieder großartige Aufführungen wie „Othello" oder „Ghetto" von Peter Zadek, die „Orestie" oder „Drei Schwestern" von Peter Stein, „Salome" und „Sportstück" von Einar Schleef, Marthalers „Murx", der Dostojewski-Zyklus von Castorf oder die Jelinek-Uraufführungen von Nicolas Stemann. Sie alle lassen sich gewiss in ihre jeweiligen gesellschaftlichen Kontexte einordnen, aber trotzdem sind es vor allem und zuallererst Einzelleistungen starker künstlerischer Persönlichkeiten. Dass dies der Kern ist (und nicht irgendwelche Trends) sollten wir vielleicht einfach mal mit Genugtuung hinnehmen ...

43. Schätzen Sie, wie oft Goethes „Faust" beim Theatertreffen gespielt wurde.

Das ist eine interessante Frage. Allerdings muss ich hier nicht schätzen, denn ich habe sie mir im Jahr 2012, als das Thalia Theater mit Nicolas Stemanns Inszenierung von „Faust I" und „Faust II" zum Theatertreffen eingeladen war, spaßeshalber selbst gestellt.

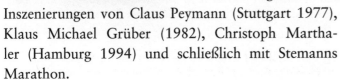

In 50 Jahren Theatertreffen war das deutsche „Stück der Stücke" insgesamt vier Mal zum Theatertreffen eingeladen. In Inszenierungen von Claus Peymann (Stuttgart 1977), Klaus Michael Grüber (1982), Christoph Marthaler (Hamburg 1994) und schließlich mit Stemanns Marathon.

Eine Liste, die zweierlei zeigt: 1. Falls die Jury recht hat, gab es offenbar nicht sehr häufig „bemerkenswerte" „Faust"-Inszenierungen. Hat sie aber recht? Könnte sehr wohl sein. Da das Theatertreffen bei Gründgens „Faust" noch nicht existierte, kam diese Aufführung nicht in Betracht. So ganz recht hat sie aber doch nicht: Wolfgang Engels Dresdner „Faust", der in der Wendezeit einen nochmals vollkommen anderen und politischen Blick auf „Faust" warf, der Forschertum und Gelderfindung und die Goldgräberstimmung nach dem Zusammenbruch der DDR zusammendachte und Faust und Mephisto beim Pakt die Rollen wechseln ließ – er fehlt leider. Bleibt noch Schleefs „Faust"…

2. Die vier ausgewählten Aufführungen zeigen, zu welcher Kraft und Entschiedenheit, zu welcher Subjektivität im Zugriff das deutsche Regietheater der letzten Jahrzehnte immer wieder in der Lage war. Und sie zeigen im Übrigen auch, welche Leistungskraft das viel gescholtene Stadttheater immer wieder hatte und immer noch hat.

Joachim Lux, seit 2009 Intendant des Thalia Theaters Hamburg, zuvor Chefdramaturg am Wiener Burgtheater, 2004 in der Jury des TT-Stückemarkts und von 2004 bis 2008 Leiter des Dramatikersalons des TT-Stückemarkts. Vom Thalia Theater kamen zuletzt u.a. 2012 Stemanns „Faust"-Inszenierung und 2013 Luk Percevals Inszenierung von „Jeder stirbt für sich allein".

Torsten Maß

Only You, ein Geburtstagsständchen für einen Sehnsuchtsort

Mitte der 1970er Jahre kam ich nach Berlin – wegen des Theaters. Wegen Peter Stein, Klaus Michael Grüber und wegen des Theatertreffens.
Da ich nicht das Geld hatte, Aufführungen des Theatertreffens zu sehen und es aber unbedingt wollte, verkleidete ich mich als Bühnenarbeiter, um so in den Sehnsuchtsort „Freie Volksbühne im Mai" hineinzukommen.
Ich wurde erwischt und gerügt. Zur nächsten Aufführung versuchte ich es erneut, wurde aber wieder erkannt und erhielt ein lautstark ausgesprochenes Hausverbot. Jemand aus der Festspielleitung hatte den Vorfall, der zum Vorgang geworden war, beobachtet und intervenierte: „Moment mal, wenn ein junger Mensch so viel Energie für das Theater entwickelt, sollte man ihn für uns und für das Theater arbeiten lassen."
Das tat ich dann auch. Nicht nur ein Theatertreffen lang.

Torsten Maß war von 1989 bis 2001 Leiter des Theatertreffens, seit 2002 ist er der Leiter der Allgemeinen Projektförderung der Kulturstiftung des Bundes.

Simone Meier

2. Haben Sie je mit dem Gedanken gespielt, eine Theatertreffen-Aufführung zu verlassen oder sind sogar rausgegangen? Warum?
Grundsätzlich finde ich: Freiheit ist, ein Essen, für das man selbst bezahlt, nicht aufessen zu müssen, und ein Theater auch einmal vor Ende der Vorstellung zu verlassen. Was ich auch gerne tue, besonders bei besonders langen Stücken, also Castorf. Da ich die zwei Theatertreffen, bei denen ich war, aber mitzuverantworten hatte, ging das natürlich nicht.

4. Wann waren Sie zum ersten Mal beim Theatertreffen und an was erinnern Sie sich?
Am besten in Erinnerung sind mir aus meinem ersten Theatertreffen-Jahr 2001/2002 die belegten Brote, die es bei den Jury-Sitzungen immer gab. Viiiiel zu groß! Aber schließlich waren wir in Deutschland. Da müssen die Portionen groß sein, sonst denken die Leute, sie sind noch im Krieg.

5. Wenn Sie in der Jury wären, was würde anders?
Ich habe damals oft Champagner-Truffes von Sprüngli aus Zürich zu den Jury-Sitzungen mitgebracht. Das fand ich eine sinnvolle Änderung. Ansonsten: tipptoppe Arbeit, in diesen Jurys, ehrlich.

31. Was bedeutet Ihnen die Theaterkantine?
Viel! Irgendwann, irgendwo habe ich in der Basler Theaterkantine, wo's übrigens allgemein das beste Theaterkantinen-Essen gibt, vor der Lachsbrötchenauslage den Satz „Na? Ein Schnittchen für meine Schnitte?" aufgeschnappt. Und ich dachte: Sind wir hier in einem Theater oder im Puff? Und ist der Unterschied zwischen beiden wirklich so groß?

41. Wann mussten Sie das letzte Mal im Theater weinen?
Leider nicht im Theater. Aber direkt nach einer Theatertreffen-Jurysitzung im Winter 2003, als ich in der Berliner U-Bahn „Anna Karenina" las und Kitty und Levin endlich zueinander fanden. Danach setzte ich mich in der Kastanienallee in ein Café und aß ein riesiges Stück Kirschkuchen. Noch nie hat mir ein Kirschkuchen so gut geschmeckt, ich schwör's. Gute Kunst macht Appetit, schlechte verdirbt ihn, so ist das.

Simone Meier, Schriftstellerin und Theaterkritikerin beim „Tagesanzeiger" und der „Süddeutschen Zeitung", 2002 und 2003 Theatertreffen-Jurorin.

Michael Merschmeier

4. Wann waren Sie zum ersten Mal beim Theatertreffen und an was erinnern Sie sich?
1977. Ein Glücksjahr. Es gab zweimal „Hedda Gabler" zu sehen, Regie Peter Zadek und Niels-Peter Rudolph – Inszenierungen, wie sie unterschiedlicher nicht sein konnten; der Kontrast war spannend und lehrreich. Rosel Zech und Gisela Stein waren keine Zwillingsschwestern, sondern unvergleichlich und, wie Zadek gesagt hätte, einfach umwerfend „toll"; beide sind inzwischen tot, aber ihre Heddas sind in meinem Kopf weiterhin quicklebendig.
Und es wurden zwei Produktionen eingeladen, die in ihren „Heimat"städten heiß umkämpft waren: Zadeks „Othello" vom Deutschen Schauspielhaus in Hamburg mit Ulrich Wildgruber und Eva Mattes; und Hans Neuenfels' „Medea" vom Schauspiel Frankfurt mit Elisabeth Trissenaar. Beide Inszenierungen haben Theatergeschichte geschrieben, und das Theatertreffen und ich als Zuschauer dürfen sagen: „Wir sind dabei gewesen ..." (Womit Frage 9, „Welche Aufführung hat Theatergeschichte geschrieben?", auch schon beantwortet wäre!)

50. Welche Frage vermissen Sie?
Wann wird eigentlich Claus Peymann endlich einzig-und-allein-entscheidender Juror des Theatertreffens?

Michael Merschmeier, Theaterkritiker, Autor, Verleger und Geschäftsführer der Theaterverlag – Friedrich Berlin GmbH. 1988 bis 1990 sowie 1996 bis 1998 war er Theatertreffen-Juror.

Peter Müller

4. Wann waren Sie zum ersten Mal beim Theatertreffen und an was erinnern Sie sich?
1985. An die wilden Zootiere hinter den Fenstern der damaligen tt-Büros in der Budapester Straße.

6. In welchem Bühnenbild hätten Sie gerne einmal gewohnt?
Zwischen den Birken, die Karl-Ernst Herrmann für Gorkis „Sommergäste" fällen ließ.

15. War Ihnen schon einmal etwas peinlich, das Sie auf der Bühne gesehen oder gehört haben?
Alles. Da benehmen sich erwachsene Leute wie Kinder. Die Peinlichkeit ist die Kraft des Theaters.

20. Gibt es ein Zitat von Peter Zadek, das Sie nie vergessen werden?
„Wenn *Sie* das sagen, tönt es natürlich doof."

Peter Müller, Theaterkritiker beim Schweizer „Tages-Anzeiger", Theatertreffen-Juror 2007 bis 2009.

© anonymer Fotoautomat

Daniele Muscionico

26. Lieblings-Klassikerzitat: „Du bist so blass, Luise!"

40. Schweizer Theater ist, wenn alle fragen: Wie viel hat das denn gekostet?

41. Geweint: Bei Hans Falladas „Jeder stirbt für sich allein" in der Regie von Luk Perceval am Thalia Theater Hamburg.

© Thomas Flechtner

Daniele Muscionico, Kulturjournalistin und Theaterkritikerin u.a. für „Die Zeit", „Neue Zürcher Zeitung", „Weltwoche", „Süddeutsche Zeitung", seit 2013 Theatertreffen-Jurorin.

Bernd Neumann, 16 Thesen zu Kultur und Theater in Deutschland

1. **Kultur ist nicht Luxus**, der in weniger guten Zeiten verzichtbar wäre, sondern elementarer Bestandteil des städtischen Lebens.
2. **Kunst ist nicht das Sahnehäubchen, sondern die Hefe im Teig.** Der kulturelle Reichtum unseres Landes und seine Attraktivität auch im Ausland hängen nicht zuletzt mit unserer vielfältigen und dichten Kulturlandschaft zusammen.
3. **Kultur bildet unser Wertefundament,** die Künste ermuntern uns zum Reflektieren und Besinnen, sie bilden ganz wesentlich die Basis unseres Gemeinwesens.
4. **Kultur ist ein nicht zu übersehender Standortfaktor** – kein „weicher", sondern mittlerweile ein „harter"!
5. **Die föderal verfasste Kulturlandschaft Deutschlands fußt wesentlich auf dem Theater.** Auch wenn Berlin inzwischen durchaus den Rang einer Kulturmetropole beanspruchen kann – die Qualität des Kulturschaffens in Deutschland hat sich bis heute immer aus einer Vielfalt von Städten und Regionen gespeist. Das System des Stadttheaters ermöglicht ein qualitativ hoch stehendes, kontinuierliches und nahezu flächendeckendes Angebot.
6. **Das breite Angebot in allen Regionen ist das Fundament unserer Kulturnation.** Hier wird vieles durch hohen, bürgerschaftlichen Einsatz geleistet. Diese Verbindung von öffentlicher Förderung mit privater Verantwortung für die Kultur in unserem Lande ist unabdingbar, auch wenn keine Krisenszenarien drohen.
7. **Das Theater bildet die umfassendste Kunstform**, denn es resultiert aus dem Zusammenspiel ganz unterschiedlicher künstlerischer Elemente und Rollen – vom Autor über den Regisseur und die Darsteller bis zum Masken- und Bühnenbildner.
8. **Das Theater stellt eine spezifisch öffentliche Sparte der Kunst dar**, indem es immer an die Unmittelbarkeit des Geschehens auf der Bühne und im Zuschauerraum gebunden ist. Diese Form der Öffentlichkeit hat stets einen ausgeprägten Bezug zum kommunalen Leben, zum Ort des Theaters, zum Stadtgespräch. Auch dies trägt zu seiner Faszination und zu seiner gesellschaftlichen Wertschätzung bei.
9. **Theater haben eine zentrale gesellschaftliche Funktion.** Die Stoffe der abendländischen Theatertradition berühren unmittelbar, sie spiegeln die ewigen Fragen, die uns Menschen umtreiben. Darum kann man mit einer Euripides-Inszenierung in der Gegenwart ebenso berühren und aufwühlen wie mit Lessing oder Lukas Bärfuss. Ich würde mir wünschen, dass diese immense Eindringlichkeit und Kraft des Theaters noch mehr Menschen erreicht, insbesondere jene, für die die Schwelle zur Nutzung von Kulturangeboten zu hoch liegt.
10. **Die zeitgenössische Kunst bietet einen Zugang zur Welt.** Sie ist mehr als nur ein ästhetisches Phänomen.
11. **Das Theater ist höchst lebendig** – das zeigen schon die beeindruckenden Zuschauer-Zahlen im deutschsprachigen Raum. Mit 19 Millionen Besucherinnen und Besuchern von öffentlichen geförderten Theatern übertreffen diese bei Weitem die der Fußball-Bundesliga mit 13 Millionen.
12. **Die deutsche Theaterszene ist in ihrer Vielfalt weltweit einzigartig** – eigentlich ein Fall für das immaterielle UNESCO-Welterbe.
13. **Wir müssen uns die umfangreiche, öffentlich finanzierte kulturelle Infrastruktur weiterhin leisten.** Wir brauchen sie alle, die 150 Theater, aber auch die 130 Orchester, die die öffentliche Hand finanziert, die tausenden von Museen, Galerien und Ausstellungshallen. Es ist die Kultur, die unser Wertefundament bildet, es sind die Künste,

die uns zum Reflektieren und Besinnen ermuntern, es ist dieses gleichsam überflüssig Scheinende, das ganz wesentlich die Basis unseres Gemeinwesens bildet.

14. **Schont die Kultur!** Wer heute Spielstätten schließt und Ensembles ausdünnt, der richtet einen unvergleichlichen Flurschaden in unserer reichen Kulturlandschaft an. Sparmaßnahmen sind unverzichtbar – aber mit Kürzungen bei der Kultur kann man keinen Haushalt sanieren, liegt doch der Anteil in Ländern und Gemeinden bei mageren 1,9 Prozent.

15. **Kulturschaffende, erhebt eure Stimme** nicht nur im geschützten Raum des eigenen Milieus und des eigenen Diskurses. Wir brauchen Regisseure, Schauspieler und Intendanten, die schlüssig und allgemeinverständlich vermitteln, warum die Gesellschaft nicht auf die Bühnen verzichten kann, ob in Wuppertal oder Stuttgart.

16. **Das Theatertreffen setzt Maßstäbe.** Es belegt mit den zehn bemerkenswertesten Inszenierungen der Saison in bemerkenswerter Weise die Vielfalt und Bandbreite des deutschsprachigen Theaterschaffens und wirkt als wichtigstes Theaterfestival hierzulande auf die Theaterszene zurück. Weil das so ist, wird das Festival mit der Unterstützung des Bundes auch weiter eine Zukunft haben.

Bernd Neumann, seit 2005 Staatsminister für Kultur und Medien, CDU.

Amélie Niermeyer

11. Von welcher politischen Partei – glauben Sie – gehen die meisten Politiker ins Theater?
Die meisten, wahrscheinlich noch immer, von der CDU, weil Kultur Auftrag ist, die zweitmeisten, wahrscheinlich aus schlechtem Gewissen, von den Grünen, weil für sie Kultur kein Auftrag ist. Für alle andern ist das Theater, leider, unerreichbarer als die 5-Prozent-Hürde.

41. Wann mussten Sie das letzte Mal im Theater weinen?
Letztens auf einer „Kabale und Liebe"-Endprobe im Resi, als die Schauspieler so großartig spielten, dass der geniale Melodramatiker Schiller alle überwältigte.

14. Was haben Sie in einem Spiegel im Spiegelzelt gesehen, das Sie niemals vergessen werden?
Ein in der Ecke mit einer eingeladenen Schauspielerin knutschendes Jury-Mitglied, unzulänglich vor den diversen Spiegelungen geschützt durch zwei Kollegen, deren hochgeistiges Gespräch ihnen selber in dieser Situation als mühsame Camouflage vorgekommen sein muss. Und all die anderen Theaterleute spielten mit und guckten angestrengt woanders hin. Prima Theater.

Amélie Niermeyer, Regisseurin, Intendantin am Freiburger Theater und Düsseldorfer Schauspielhaus bis 2011, Professorin und Leiterin der Abteilung Schauspiel und Regie am Salzburger Mozarteum.

☐ Berliner Festspiele ~~2013~~ *2002, Hamlet* — *das Foto fehlt!*
Theatertreffen

3. – 19. Mai 2013

50 Zwischenrufe

Diese 50 Fragen, die in einem Buch zum 50. Theatertreffen abgedruckt werden, sollen Sie zu einem, zwei oder drei Zwischenrufen anregen. Nicht immer sind die Fragen ganz ernst formuliert, bedürfen aber vielleicht einer ernsten Antwort. Nicht alle sind einfach, brauchen aber trotzdem keine komplizierte Antwort. Manche Fragen können sachlich, andere ironisch und wieder andere mit einer ganzen Geschichte, einem Foto oder einer Zeichnung beantwortet werden. Der Länge Ihrer Antworten sind keine Grenzen gesetzt, der Kürze auch nicht. Viel Vergnügen bei der Suche nach IHREN drei Fragen.

1. Haben Sie jemals im Theater einen Zwischenruf gemacht? Was haben Sie gerufen?
2. Haben Sie je mit dem Gedanken gespielt, eine Theatertreffen-Aufführung zu verlassen oder sind sogar rausgegangen? Warum?
3. Welcher Zwischenruf von anderen hat Ihnen am besten gefallen?
4. (○) Wann waren Sie zum ersten Mal beim Theatertreffen und an was erinnern Sie sich?
5. Wenn Sie in der Jury wären, was würde anders?
6. (○) In welchem Bühnenbild hätten Sie gerne einmal gewohnt? — *Im Wohnzimmer von Hamlets Familie, 800qm feinster Velours-Teppichboden als Auslegeware*
7. Haben Sie sich während des Theatertreffens einmal verliebt?
8. Hatten Sie – obwohl Sie in Berlin wohnten – eine Postadresse in „Westdeutschland", von der Sie sich TT-Karten bestellt haben. Wie lautete sie?
9. Welche Aufführung des Theatertreffens hat Theatergeschichte geschrieben?
10. Definieren Sie „bemerkenswert".
11. Von welcher politisc
12. Von wem würden S
13. Gibt es Situationen
14. Was haben Sie in ei
15. War Ihnen schon ei
16. Diskutieren Sie vers Debatte.
17. Gehen Sie in die Ki
18. Was verbinden Sie
19. Was bleibt von Pin
20. Gibt es ein Zitat vo
21. Was an Christoph S
22. Glauben Sie, dass
23. Gibt es ein Theater
24. Bevorzugen Sie Tex
25. Wird es in 25 Jahren noch Dramatiker geben?

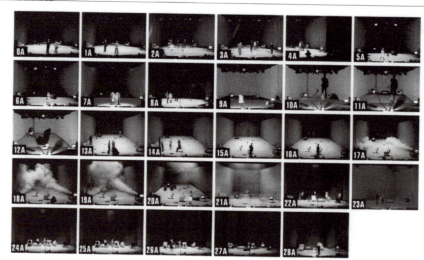

2001

Katrin Nottrodt

Berliner Festspiele
Theatertreffen

3. – 19. Mai 2013

50 Zwischenrufe

26. Ihr Lieblings-Klassikerzitat?
27. Woran erkennt man einen Klassiker zu Lebzeiten? Kennen Sie einen?
28. Glauben Sie an Regie- und Autorenkollektive?
29. Wer ist der unterschätzteste Theaterkünstler der letzten 50 Jahre?
30. Wer ist der überschätzteste Theaterkünstler der letzten 50 Jahre?
31. Was bedeutet Ihnen die Theaterkantine?
32. Welcher verstorbene Regisseur und sein Stil haben Schule gemacht?
33. Was ist Ihre Standardfloskel, wenn Sie nach einer TT Premiere, die Ihnen nicht gefallen hat, einen mitwirkenden Künstler treffen? (Die Antwort wird auf Wunsch anonym veröffentlicht.)
34. Waren die Theaterexperimente der 60er Jahre radikaler als heute?
35. Denken Sie an Theaterkünstler unter 40 – was macht diese Generation anders?
36. Welche Theaterfamilie trennte sich am häufigsten? Weswegen?
37. Wenn Sie eine freie Theatergruppe gründen wollten, wie würde sie heißen?
38. Was ist wichtiger: Uraufführungen oder Zweitaufführungen?
39. Nennen Sie eine Eigenart des österreichischen Theaters.
40. Nennen Sie eine Eigenart des S...

Bitte schicken Sie Ihre Antwort bis zum **7. Januar** per E-Mail an:
TT50@berlinerfestspiele.de

oder auf dem Postweg an:
Berliner Festspiele, Redaktion TT50, Schaperstr. 24, 10719 Berlin

Bitte fügen Sie – wenn möglich – auch ein honorarfreies Porträt von Ihnen bei. Bitte den Foto-Credit nicht vergessen.

Thomas Ostermeier

1. Haben Sie jemals im Theater einen Zwischenruf gemacht? Was haben Sie gerufen?
Ich rufe auf jeder Probe dazwischen, meistens: „Super schön gespielt."

2. Haben Sie je mit dem Gedanken gespielt, eine Theatertreffen-Aufführung zu verlassen oder sind sogar rausgegangen? Warum?
Ich bin ein Mal in der Pause gegangen, weil ich krank wurde.

3. Welcher Zwischenruf von anderen hat Ihnen am besten gefallen?
Bei meiner „Blauen Vogel"-Premiere hat jemand im Black nach vorne gerufen: „Warum?"

5. Wenn Sie in der Jury wären, was würde anders?
Ich würde nicht versuchen, mit der Theatertreffen-Einladung Kulturpolitik zu machen.

6. In welchem Bühnenbild hätten Sie gerne einmal gewohnt?
In allen Bühnenbildern von Anna Viebrock.

9. Welche Aufführung des Theatertreffens hat Theatergeschichte geschrieben?
Alle oder keine.

11. Von welcher politischen Partei – glauben Sie – gehen die meisten Politiker ins Theater?
Wahrscheinlich die von der CDU.

15. War Ihnen schon einmal etwas peinlich, das Sie auf der Bühne gesehen oder gehört haben?
Das passiert ständig.

18. Was verbinden Sie mit Einar Schleef?
Ich habe bei Einar Schleef als Schauspieler angefangen.

19. Was bleibt von Pina Bausch?
Die Erfindung des Tanztheaters.

20. Gibt es ein Zitat von Peter Zadek, das Sie nie vergessen werden?
Ein Fax von Peter Zadek kurz vor seinem Tod, in dem er sagt, dass er dringend „Timon von Athen" inszenieren will, „dazu brauche ich ein junges Ensemble. Das Stück ist so heutig, und Dein Ensemble ist so frisch. Es müsste Spaß machen".

21. Was an Christoph Schlingensief haben Sie zu spät verstanden?
Zu spät?

24. Bevorzugen Sie Texttreue oder den Seitensprung?
Was soll das sein?

25. Wird es in 25 Jahren noch Dramatiker geben?
Natürlich!

26. Ihr Lieblings-Klassikerzitat?
Hamlet: „Es gibt nichts Gutes oder Schlechtes, außer das Denken macht es dazu."

31. Was bedeutet Ihnen die Theaterkantine?
Meistens bedeutet Theaterkantine schlechtes Essen.

45. Mit Walter Benjamin gefragt: Was ist die Aufgabe der Kritik?
Genau zu <u>beschreiben</u>.

Thomas Ostermeier, Regisseur, seit 1999 Künstlerischer Leiter der Schaubühne Berlin, fünfmal beim Theatertreffen eingeladen – zum ersten Mal 1998 mit zwei Inszenierungen der Baracke am Deutschen Theater und zuletzt 2008 mit „Die Ehe der Maria Braun" von den Münchner Kammerspielen.

© Paolo Pellegrin

Caroline Peters

4. Wann waren Sie zum ersten Mal beim Theatertreffen und an was erinnern Sie sich?

Mein schönstes Zuschauer-Erlebnis war mein erstes Theatertreffen 1995. Ich war gerade von der Schauspielschule an die Schaubühne engagiert worden und lebte seit ein paar Wochen in Berlin. Ich hatte keine Ahnung, wie man zum Theatertreffen kommt und stand jeden Abend vor einem anderen Theater in der Schlange für Karten. Dort stand immer schon eine aufgeregt-jung-intellektuelle Kassenschlange mit Reclam-Heftchen in den Jackentaschen und ich dachte, nun hat das Theater für mich endlich angefangen.

Richtig angefangen hat es beim Theatertreffen dann mit Polleschs „Prater-Trilogie". Unser Gastspiel waren die Zuschauer. Wir waren zuhause in der Wohnbühne, wie immer, und diese Menschen aus dem ehemaligen Westen reisten an. Der Blick in den Zuschauerraum war ein ganz anderer als sonst. Das Publikum im Spiegelzelt oder vor allem zur Eröffnung in der ehemaligen Freien Volksbühne hat mich immer beschäftigt. Welches Berlin, in dem ich nie gelebt habe, da ich 1995 gleich nach Mitte gezogen bin, formiert und präsentiert sich da, und was machen die eigentlich den Rest des Jahres?

Caroline Peters, Schauspielerin im Ensemble des Wiener Burgtheaters, u.a. 2002 in René Polleschs „Prater-Trilogie" und 2011 in „Das Werk/Im Bus/Ein Sturz" (Regie Karin Beier) beim Theatertreffen zu sehen.

Karin Pfammatter

13. Gibt es Situationen in Ihrem Leben, die Sie als Performance-nah bezeichnen würden? **Die Geburt meines Sohnes.**

14. Was haben Sie in einem Spiegel im Spiegelzelt gesehen, das Sie niemals vergessen werden? **Das Buffet.**

15. War Ihnen schon einmal etwas peinlich, das Sie auf der Bühne gesehen oder gehört haben? **Nackte Titten beim Applaus.**

35. Denken Sie an Theaterkünstler unter vierzig – was macht diese Generation anders? **Sie trinken weniger Alkohol.**

41. Wann mussten Sie das letzte Mal im Theater weinen? **Bei Gert Voss als Othello.**

50. Welche Frage vermissen Sie? **Macht's noch Spaß?**

Karin Pfammatter, Schauspielerin, u.a. 2010 mit Karin Beiers „Die Schmutzigen, die Hässlichen und die Gemeinen" aus Köln zum Theatertreffen eingeladen.

Walter Rasch

Walter Rasch ist seit der Gründung vor 30 Jahren Vorstandsvorsitzender der Stiftung Preußische Seehandlung, die Stiftung vergibt seit 1988 den Theaterpreis Berlin.

STIFTUNG PREUSSISCHE SEEHANDLUNG

Der Vorstandsvorsitzende

Stiftung Preußische Seehandlung · Spandauer Damm 19 · 14059 Berlin

Frau Yvonne Büdenhölzer
Berliner Festspiele
Leiterin des Theatertreffens
Schaperstraße 24
10719 Berlin

Spandauer Damm 19
D-14059 Berlin
(gegenüber dem Schloß Charlottenburg)
Telefon +49 (0)30 325 5545
Telefax +49 (0)30 325 7003
mail@stiftung-seehandlung.de
www.stiftung-seehandlung.de

Berlin, am 28. Dezember 2012

Sehr geehrte Frau Büdenhölzer,

ich bedanke mich für Ihre Einladung, an der Geschichte des Theatertreffens mitzuschreiben. Das tue ich gern. Mein "Zwischenruf" beantwortet die von mir vermisste Frage Nummer 50, jene nach der 'Liaison' von Theatertreffen und Theaterpreis Berlin:

"Die Sterne der Theatermuse Thalia stehen zur Zeit in Berlin besonders günstig" - jubelte die *Berliner Morgenpost* 1988, als berichtet werden konnte, dass die Stiftung Preußische Seehandlung aus Anlass des fünfundzwanzigjährigen Bestehens des Theatertreffens den **Theaterpreis Berlin** gestiftet hat. Angeregt vom damaligen Intendanten der Berliner Festspiele, Ulrich Eckhardt, errichtete die (damals gerade fünf Jahre junge) Stiftung Preußische Seehandlung, die durch die Förderung von Kultur und Wissenschaft in und für Berlin ihren Hauptzweck verwirklicht, diesen seinerzeit mit 30.000 DM dotierten Preis.
Der erste Preisträger war George Tabori.
Als der Preis zum 20. Mal vergeben wurde (den Preis erhielt Ulrich Matthes), wurde die Dotation auf 20.000 EUR erhöht.
Nun, im Jahr 2013, feiern wir den 50. Geburtstag des Theatertreffens und den 30. der Stiftung.
Jene Veranstaltung, in der der Regierende Bürgermeister von Berlin (der ex officio auch der Vorsitzende unseres Stiftungsrates ist) den Theaterpreis Berlin verleiht, gehört inzwischen als fester Bestandteil und fröhliches Theaterfest zum Programm des Theatertreffens.
Auf Beschluss einer unabhängigen Jury wird der Preis an Theaterleute verliehen, die - so legt es die Satzung fest - "sich in besonderer Weise um das deutschsprachige Theater verdient gemacht haben". Und weil der Preis in Ausnahmefällen geteilt werden darf, gibt es inzwischen 33 Preisträgerinnen und Preisträger, deren Namen hier zu nennen, mir eine große Freude und Ehre ist:

George Tabori, Peter Stein und Karl-Ernst Herrmann, Johann Kresnik, Peter Palitzsch, Jutta Lampe, Botho Strauß, Bernhard Minetti, Claus Peymann und Hermann Beil, Heiner Müller, Pina Bausch, Luc Bondy, Henning Rischbieter, Frank Castorf und Henry Hübchen, Bruno Ganz, Elfriede Jelinek, Bert Neumann, Christoph Marthaler und Anna Viebrock, Peter Konwitschny, Andrea Breth, Ulrich Matthes, Josef Bierbichler, Jürgen Gosch und Johannes Schütz, Margit Bendokat, Dimiter Gotscheff und Almut Zilcher und Samuel Finzi und Wolfram Koch, Sophie Rois.

Ich freue mich, dass das Theatertreffen und der Theaterpreis Berlin eine so glückliche und - das darf man nach fünfundzwanzig Jahren sagen - dauerhafte Beziehung pflegen.
Im Namen der Stiftung Preußische Seehandlung gratuliere ich sehr herzlich zum 50. Jubiläum des Theatertreffens und wünsche Ihnen und uns auch weiterhin ein so angenehmes Zusammenwirken, wenn es darum geht, die nächsten Theaterpreisträger zu ehren und zu feiern.

Walter Rasch, Senator a. D.
Vorstandsvorsitzender der Stiftung Preußische Seehandlung

Peter Raue

1. Haben Sie jemals im Theater einen Zwischenruf gemacht? Was haben Sie gerufen? Jedenfalls nicht „aufhören".

2. Haben Sie je mit dem Gedanken gespielt, eine Theatertreffen-Aufführung zu verlassen oder sind sogar rausgegangen? Warum? Gedanken, eine Theatertreffen-Aufführung zu verlassen? In den ersten Jahren nie, in den letzten Jahren immer öfter, aber gehen geht nicht. Im Ersten (Hingehen) sind wir frei, im Zweiten (Bleiben!) Knechte.

3. Welcher Zwischenruf von anderen hat Ihnen am besten gefallen? Einen schönsten gab es nicht, den schlimmsten erinnere ich bei Klaus Michael Grübers „Faust" mit Minetti – da brüllte einer „lauter!" und vernichtete einen ganzen Abend.

4. Wann waren Sie zum ersten Mal beim Theatertreffen und an was erinnern Sie sich? Vor 50 Jahren – an viel zu viel und an viel zu Herrliches – und immer laue Maiennächte bei der Eröffnung.

5. Wenn Sie in der Jury wären, was würde anders? Ich würde auch solche Aufführungen einladen, bei denen die Regisseure an den Text glauben; deshalb z. B. das jahrelang praktizierte Andrea-Breth-Verbot aufheben.

6. In welchem Bühnenbild hätten Sie gerne einmal gewohnt? Im „Sommergäste"-Wald des Karl-Ernst Herrmann (in dessen Bühnenbildern wohnt es sich oft sehr gut).

7. Haben Sie sich während des Theatertreffens einmal verliebt? Und wie!

8. Hatten Sie – obwohl Sie in Berlin wohnten – eine Postadresse in „Westdeutschland", von der Sie sich TT-Karten bestellt haben? Wie lautete sie? Die Theaterkasse der unvergessenen Frau Sasse hat diesen Trick überflüssig gemacht.

9. Welche Aufführung des Theatertreffens hat Theatergeschichte geschrieben? Zu viele, aber vielleicht am entschiedensten Fritz Kortners „Clavigo" und Peter Zadeks „Lear"-Inszenierung – extreme Positionen, zwei „Schulen", Theater zu machen.

10. Definieren Sie „bemerkenswert". Bemerkenswert ist eine Inszenierung, wenn es sich lohnt, sie sich zu merken.

11. Von welcher politischen Partei – glauben Sie – gehen die meisten Politiker ins Theater? In Berlin: von jeder Partei ein ziemliches Gleich(leicht)gewicht.

12. Von wem würden Sie sich wünschen, dass sie oder er häufiger ins Theater geht? Von den Mitgliedern der Kulturausschüsse, Bund, Land, Kommune.

13. Gibt es Situationen in Ihrem Leben, die Sie als Performance-nah bezeichnen würden? Jeden Tag gibt es Performance-nahe Erlebnisse.

14. Was haben Sie in einem Spiegel im Spiegelzelt gesehen, das Sie niemals vergessen werden? Ein küssendes Paar, das sich gar nicht hätte küssen dürfen.

15. War Ihnen schon einmal etwas peinlich, das Sie auf der Bühne gesehen oder gehört haben? Peinlich ist alles, was Pein bereitet. So z. B. die zum Theatertreffen 2010 eingeladene Inszenierung von Peter Handke „Die Stunde, da wir nichts voneinander wußten", die mit Peter Handkes Stück nur den Titel gemeinsam hatte.

16. Diskutieren Sie verschiedene „Othello"-Inszenierungen im Licht der sogenannten Blackfacing-Debatte. Da gibt es nichts zu diskutieren. Ein Säufer muss von keinem Säufer, ein Prolet nicht von einem Proleten und Othello nicht von einem Afroamerikaner (korrekt?) gespielt werden.

17. Gehen Sie in die Kirche? Ich gehe in Kirchen und in die Kirche.

18. Was verbinden Sie mit Einar Schleef? Vor allem seine Rede anlässlich der Schließung des Schiller Theaters.

19. Was bleibt von Pina Bausch? Sie! Ihr Gesicht, ihre Hände, ihre Schönheit.

20. Gibt es ein Zitat von Peter Zadek, das Sie nie vergessen werden? „Gert Voss wollte mich während einer Probe mit einem Aschenbecher ermorden."

21. Was an Christoph Schlingensief haben Sie zu spät verstanden? Seine Liebesfähigkeit.

22. Glauben Sie, dass das Theatertreffen Tendenzen abbildet oder gar schafft? Da jedes Theatertreffen – leider – das Ergebnis ungezählter Kompromisse ist, weder das eine noch das andere.

23. Gibt es ein Theater des 20. Jahrhunderts und eines des 21. Jahrhunderts? Da schaun mer mal!

24. Bevorzugen Sie Texttreue oder den Seitensprung? Was hat denn Seitensprung mit Texttreue zu tun? Dass ich nicht lache!

25. Wird es in 25 Jahren noch Dramatiker geben? Solange es Dramen in dieser Welt gibt, wird es Dramatiker geben.

26. Ihr Lieblings-Klassikerzitat? „Den lieb ich, der Unmögliches begehrt." („Faust II")

27. Woran erkennt man einen Klassiker zu Lebzeiten? Kennen Sie einen? Gar nicht. Alle Lebenden haben immer ihre Zeitgenossen falsch eingeschätzt. Anouilh, Dürrenmatt, O'Neill – galten alle zu Lebzeiten als Klassiker – und heute?

28. Glauben Sie an Regie- und Autorenkollektive? Mal „Ja", mal „Nein".

29. Wer ist der unterschätzteste Theaterkünstler der letzten fünfzig Jahre? Dieter Dorn.

30. Wer ist der überschätzteste Theaterkünstler der letzten fünfzig Jahre? Warten wir mal ab!

31. Was bedeutet Ihnen die Theaterkantine? Backstage-Atmosphäre. Bouletten, schlechter Rotwein, Lügen, Lügen, Lügen.

32. Welcher verstorbene Regisseur und sein Stil haben Schule gemacht? Fritz Kortner und Rudolf Noelte, Peter Zadek und Jürgen Gosch.

33. Was ist Ihre Standardfloskel, wenn Sie nach einer TT-Premiere, die Ihnen nicht gefallen hat, einen mitwirkenden Künstler treffen? (Die Antwort wird auf Wunsch anonym veröffentlicht.) „Was für eine Aufführung!"

34. Waren die Theaterexperimente der sechziger Jahre radikaler als heute? Ich sehe keine jungen Radikalinskis, weder an der Schaubühne noch an der Volksbühne. Und wer ist denn heute radikaler und genauer als Hans Neuenfels?

35. Denken Sie an Theaterkünstler unter vierzig – was macht diese Generation anders? Sie spricht ihre Sprache, wie jede Generation ihre Sprache spricht, – und die ist mir oft fremd. z. B. Ostermeiers weltweit umjubelter „Hamlet" – mir ein Graus, den Jungen ein Schmaus!

36. Welche Theaterfamilie trennte sich am häufigsten? Weswegen? Darf ich nicht sagen.

37. Wenn Sie eine freie Theatergruppe gründen wollten, wie würde sie heißen? Ich gründe keine!

38. Was ist wichtiger: Uraufführungen oder Zweitaufführungen? Die Bessere.

39. Nennen Sie eine Eigenart des österreichischen Theaters. Hat keine.

40. Nennen Sie eine Eigenart des Schweizer Theaters. Hat erst recht keine.

41. Wann mussten Sie das letzte Mal im Theater weinen? Verrate ich nicht.

42. Warum werden Kostüme meistens von Frauen gemacht? Wenn ich das wahrheitsgemäß beantworte, kündigt mir Alice Schwarzer ihre Freundschaft.

43. Schätzen Sie, wie oft Goethes „Faust" beim Theatertreffen gespielt wurde. Zehn Mal.

44. Oft gehört: „War alles schon mal da" – was zum Beispiel? „Das diesjährige Theatertreffen war das Schlechteste, das es je gab …"

45. Mit Walter Benjamin gefragt: Was ist die Aufgabe der Kritik? Mitzuteilen, was auf der Bühne geschieht – und bei einem Verriss wenigstens zu verraten, dass das Publikum gejubelt hat.

46. Nennen Sie ein aktuelles Beispiel für ein Historienstück. Nicht Rolf Hochhuths Stücke – keines!

47. Nennen Sie jeweils Schlagworte für das Theater der siebziger, achtziger und neunziger Jahre. Schlagworte sind auch Schläge. Darauf verzichte ich.

48. Was am Theatertreffen ist vergleichbar mit anderen Festivals? Nichts.

49. Was war der wirkungsvollste Theaterskandal? Alle von der „durchschlagenden Wirkungslosigkeit eines Klassikers".

50. Welche Frage vermissen Sie? Wären Sie gern in der Jury zum Theatertreffen?

Peter Raue, Rechtsanwalt, Kunstförderer und -sammler, Theaterliebhaber.

© Silke vom Wege

Oliver Reese

Die Blackfacing-Debatte kommt mir wirklich wie das Musterbild politischer Correctness vor – zwei extrem unterschiedliche „Othello"-Inszenierungen, die Theatergeschichte geschrieben haben, sind der beste Beweis für ihre Überflüssigkeit. Denn Luk Perceval hat gezeigt, wie ein Othello ganz ohne Farbigen funktioniert (schwarz und weiß waren nur die Flügel, an denen und auf denen gespielt wurde – nämlich Klavier und Theater). Aber bei Gert Voss' radikaler Darstellung des Othello unter Taboris Regie, schwarz angemalt, tänzelnd und mit kehlig aufgerauter Stimme, war es im Nachhinein fast wie ein Argument, wie überzeugend die theatrale Auseinandersetzung mit ganz fremden Elementen sein kann. Inklusive schwarzer Körperschminke. Als ich mit Andrea Breth über Blackfacing sprach, sagte sie (sehr überrascht, sinngemäß), dass wir dann künftig die Toten auf dem Theater auch richtig sterben lassen müssen.

Für mich ganz **ohne Frage: Jürgen Gosch** hat „Schule gemacht" – und zugleich die größte Lücke aufgerissen (und hinterlassen). Gosch fehlt uns am meisten. Auch wenn wir den Auftritten aus der ersten Reihe, der Körperbemalung, der Nacktheit als Kostüm und der dogmahaften Reduktion von Licht und Ton hier und da, mal mehr, mal weniger, begegnen. Aber was nicht kopiert werden kann, das ist sein schonungslos direkter Zugriff auf den Menschen, den Schauspieler, sowie die wahre Archaik seines Theaters. Gosch hat uns gezeigt, womit wir uns beschäftigen müssen. Und er hat – durch seine Weisheit – bewiesen, wie schwer das ist. Die Arbeit mit Jürgen Gosch zumindest war die beste denkbare Schule.

Interessante Frage, die nach der **Generation Theatermacher unter 40**. Was diese besonders macht? Vielleicht: weniger Machtkampf. Weniger Pranke haben-Müssen. Weniger beweisen müssen. Mehr Leichtigkeit. Schnellere Karriere, auch das leichter. Wohl auch: weniger Verbindlichkeit. Hop on, hop off. (clavigohaft gebrochene Zusagen – das habe ich bei einigen der jungen Herren schmerzlich erlebt). Je jünger, je mehr. Mal sehen, wo das hinführt.

Oliver Reese, Dramaturg, Regisseur, Intendant am Schauspiel Frankfurt. 2013 wurde „Medea" in der Regie von Michael Thalheimer aus seinem Haus zum Theatertreffen eingeladen.

Christine Richard

18. Was verbinden Sie mit Einar Schleef?
Alles schläft, Einar wacht.

23. Gibt es ein Theater des 20. Jahrhunderts und eines des 21. Jahrhunderts?
Theater im 21. Jahrhundert: Willkommen in der Referenzhölle! Bis in die 1990er Jahre wurzelte das Theater in der Lebenswelt, von dort bezog es seinen Konfliktstoff, seine Affekte, seine Deutungsmöglichkeiten. Das Theater spielte Wirklichkeit. Heute spielt die Wirklichkeit Theater. Jeder ist auf Selbstdarsteller getrimmt, am gewieftesten ist der Nulltyp. Der gesellschaftliche Trend geht zum Antitrending. Nonkonformismus kann mit breiter Zustimmung rechnen. 365 Tage Fratzenkarneval. Armes Theater – wozu gibt es dich überhaupt noch?

Das Theater des 21. Jahrhunderts muss nicht nur die Wirklichkeit, sondern auch noch deren Wirklichkeitstheater übertreffen. Ein Theater aber, das sich permanent beweisen muss, spielt zwanghaft Theater-Theater. Es hebt ab. Nur noch die Zeichen und Zitate verständigen sich. Die Innovationslogik des entkernten Theaters gehorcht vor allem den Regeln kreativwirtschaftlicher Selbstvermarktung. Um auf den Boden zu kommen, ist derzeit krasse Körperarbeit angesagt. Reality-TV hatten wir schon. Um Anschluss zu finden, schließt sich das Theater mit anderen Medien und Moden kurz. Um als Zuschauer am Ende noch Zusammenhänge erkennen zu können, muss ich mir einen Termin beim Hirnelektriker besorgen. Alles so schön bunt und verschlüsselt hier! Ja, René Pollesch ist genial. Es funkt! Leider nur bei Insidern.

26. Ihr Lieblings-Klassikerzitat?
Ein Zitat von Henry James ist mein Leitmotiv und eine Art Lebensmelodie geworden; es betrifft die Theaterkritiker: „Wir arbeiten im Dunkeln – wir tun, was wir können – wir geben, was wir haben. Unser Zweifel ist unsere Leidenschaft, und die Leidenschaft ist unsere Aufgabe. Der Rest ist der Wahnsinn der Kunst."

„WIR ARBEITEN IM DUNKELN": Wir Kritiker sitzen im dunklen Zuschauerraum, wir sind geborgen; wir müssen nicht aufs Stichwort Seelenarbeit leisten wie die Menschen auf der Bühne. Schauspieler müssen in diesem (DIESEM!) Augenblick präsent sein. Realpräsenz! Das Abwesende vergegenwärtigen! Das ist die Kunst! Wir müssen uns als Kritiker von diesem besonderen Moment, diesem jähen Blitz (der Erkenntnis?) berühren lassen können, von der hochschießenden Lust und vom Schmerz-Apriori. Wir müssen „TUN, WAS WIR KÖNNEN, tun, was nur wir als Zeitungsschreiber können: Dieses Berührtsein über Nacht bewahren und in unsere Rezension einschießen lassen, so dass es wiederum die Leser berührt. Das ist das Schwerste. Manchmal verkümmern wir in der Routine. Wenn wir dann nur einen als Sachverstand kostümierten Kleingeist in unserer Zeitung zum Besten geben, sollten wir den Beruf wechseln. Wir tragen alle die Larve der Routine als Selbstschutz, auch die „Maske der Scham", wie Léon Wurmser es formuliert; mein Kollege Till Briegleb untersuchte „Die diskrete Scham" in einem lesenswerten Büchlein. Sich eine Blöße zu geben, ist tabu in der permissiven Gesellschaft. Und in diesem Punkt, diesem wunden, also wichtigen Punkt, sind Schauspieler einzigartig. Eine Rolle spielend entblößen sie sich und gehen jeden Abend bewusst das Risiko ein, sich beim Entblößen elend bloßzustellen. Das wagt sonst niemand. Ein Schauspieler stellt sich immer aus. Er stellt sich notfalls dafür auch bloß. Er gibt eine Vorstellung von dem, was passiert, wenn Maske um Maske fällt. Er stellt sich. Öffentlich, offensiv. Wir aber arbeiten im Dunkeln.

„WIR ARBEITEN IM DUNKELN – WIR GEBEN, WAS WIR HABEN." Meist haben wir nicht viel. Als ich meine erste Theaterkritik schrieb, hatte ich kein Telefon, kein Auto, keinen Computer. Wir geben, was wir haben. Nerven, Zeit, Neugier. Nach der Redaktionsarbeit abends fünf Stunden ins Theater, inklusive Fahrt; zweimal pro Woche. Geht alles. Damals hatten wir den Glauben, es sei unbedingt wichtig, in „Theater heute" zu veröffentlichen und in die Jury des Berliner Theatertreffens zu kommen. Deshalb: alles sehen, alles rezensieren, überall präsent sein. Freie Gruppen entdecken, verkannte Genies. So blöd ist heute keiner mehr. „WIR GEBEN, WAS WIR HABEN."

„UNSER ZWEIFEL IST UNSERE LEIDENSCHAFT". Wie das Zweifeln geht, kann man von Samuel Beckett lernen. Auch so ein Lebensmotto: „Ever tried. Ever failed. No matter. Try Again. Fail again. Fail better."

Unser Zweifel ist so sehr unsere Leidenschaft, dass wir mit Begeisterung auch an uns selber zweifeln, ohne zu verzweifeln. Und wenn wir sehr gut schreiben können, dann fließt dieser Selbstzweifel in unsere Rezension ein und wird – Stil: Distanz, Selbstironie, Leichtigkeit, Flüssigkeit, Perspektivenwechsel, Beweglichkeit, Spiel. Spiel?

Spiel, auch das. Wir müssen auf Augenhöhe mit dem Theater sein. Wir dürfen nicht dümmer schreiben als das Theater spielt. „DIE LEIDENSCHAFT IST UNSERE AUFGABE." Wir müssen uns der Leidenschaft stellen. jederzeit. Aber weil „DER ZWEIFEL UNSERE LEIDENSCHAFT IST", dürfen wir uns nicht mit dem Theater vereinigen.

Zuletzt gilt eine ganz einfache Regel. Wir müssen eine Nähe herstellen, die nicht verschlingend ist, und eine Distanz wahren, die nicht trennt.

Diese Regel gilt für Künstler wie für Liebende oder für Schreibende.

Das ist es.

„DER REST IST DER WAHNSINN DER KUNST."

Christine Richard, Theaterkritikerin und Kulturredakteurin bei der „Basler Zeitung", von 1999 bis 2001 Theatertreffen-Jurorin.

Falk

2. Haben Sie je mit dem Gedanken gespielt, eine Theatertreffen-Aufführung zu verlassen oder sind sogar rausgegangen? Warum?
ja, das war „weibsteufel" und das fand ich wirklich schrecklich. diese grauenhaft überkommenen altherren männer frauen konstrukte, unglaublich reaktionär: die frau als das böse verführende, das die männer belügt und kaputt macht (was sind das denn für angstfantasien?) und diese schreckliche art der österreichischen herren, da selbstverliebt herumzudeklamieren, standbein, spielbein und knatter knatter knatter. aber das bühnenbild war beeindruckend und birgit minichmayr ist ja wirklich ein ereignis, dann wurde auch noch portishead eingespielt, und so bin ich dann geblieben und habe mir den frenetischen beifallsturm der anderen zuschauer bis zum ende angehört und ich glaube, das ganze wurde dann auch noch inszenierung des jahres. und in der rückschau bleiben nun die ausnahmeschauspielerin birgit minichmayr und beeindruckende baumstümpfe, insofern bin ich wieder versöhnt.

4. Wann waren Sie zum ersten Mal beim Theatertreffen und an was erinnern Sie sich?
das war in der oberstufe mit unserer englisch referendarin claire montgomery vom albert einstein gymnasium in buchholz in der nordheide. wir sind durch berlin gewandert und kamen plötzlich irgendwo vorbei, wo uns zwei genervte zuschauer, die das theater gerade verlassen hatten, karten für „timon von athen" von steckel in die hand drückten. da waren die schauspieler alle unter sehr bemerkenswerten masken versteckt und sprachen shakespeare texte. das haben wir uns eine weile angeschaut, danach bin ich dann jedes jahr zum theatertreffen gekommen.

7. Haben Sie sich während des Theatertreffens einmal verliebt?
ja, erstaunlich, aber es ist passiert, gar nicht so lange her und es hat sogar relativ lange gehalten. es war unter der treppe im foyer des hauses der berliner festspiele nach den „drei schwestern" aus münchen.

10. Definieren Sie „bemerkenswert".
das heißt, dass die aufführung nicht in allen punkten gut und herausragend oder fehlerfrei sein muss, sondern dass irgendein aspekt an ihr absolut sehenswert ist und den zuschauern in berlin nicht vorenthalten werden sollte.

12. Von wem würden Sie sich wünschen, dass sie oder er häufiger ins Theater geht?
von mir selbst.

© Bernhard Musil

Richter

13. Gibt es Situationen in Ihrem Leben, die Sie als Performance-nah bezeichnen würden?
der versuch, einem anderen menschen wirklich nahezukommen, ist meist ein ziemlich komplexer performativer akt.

14. Was haben Sie in einem Spiegel im Spiegelzelt gesehen, das Sie niemals vergessen werden?
ich habe mal gesehen – da war ich noch regiestudent – wie ein autor, der damals beim tt vertreten war, seine auffallend schöne blonde freundin, die neben ihm saß, in so einem unglaublich brutalen borderline anfall vor allen leuten im zelt zusammengebrüllt und fertiggemacht hat – das hat mich schwer beeindruckt. der typ war so vom schlage zigarre rauchen, offenes hemd mit behaarter brust und whiskyglas und war einfach unglaublich laut und wenn keiner dazwischengegangen wäre, hätte er der frau auch noch die fresse poliert. am selben abend hat ein recht bekannter verleger versucht, der schönen jungen schauspielerin, mit der ich da war, seine zunge in den hals zu stecken und sie hat ihm ein paar gescheuert. eigentlich hätte da nur noch katja ebstein mit THEATER THEATER gefehlt.

18. Was verbinden Sie mit Einar Schleef?
einer der besten theatermacher, die es überhaupt je in deutschland gegeben hat. und ich erinnere mich, dass er unentwegt von kritikern nur fertiggemacht und wegen seines stotterns diffamiert wurde und ihm faschismus vorgeworfen wurde und ich weiß nicht, was noch alles. ähnlich wie bei fassbinder. alles gute muss vernichtet werden.

20. Gibt es ein Zitat von Peter Zadek, das Sie nie vergessen werden?
ja, das war auf der nestroy preisverleihung. da waren wir beide nominiert und er hat den preis bekommen. und dann gleich noch einen für sein lebenswerk. und er sagte damals so etwas wie „also pause ich pause habe pause pause ähm damals pause das ähm pause körpertheater erfunden und dann ähm haben alle ähm plötzlich körpertheater gemacht und dann habe ich pause pause ähm später das ähm pause pause texttheater erfunden pause und dann haben alle ähm ähm plötzlich texttheater gemacht und ähm ich denke heute ist wieder so eine zeit wo sich wieder alle blicke auf mich richten und ich pause pause äh ich punkt punkt punkt". das war schon eine sehr bemerkenswerte performance, die hätte ich z. B. nach berlin zum tt eingeladen. aber mich fragt ja keiner.

32. Welcher verstorbene Regisseur und sein Stil haben Schule gemacht?
schleef, bausch, zadek. die drei besten zu meinen lebzeiten. ohne frage.

Falk Richter, Autor und Regisseur, „Nothing Hurts" von Richter und Anouk van Dijk wurde zum Theatertreffen 2000 eingeladen.

Moritz Rinke

1. Haben Sie jemals im Theater einen Zwischenruf gemacht? Ich finde Zwischenrufe wichtigtuerisch, mich nerven ja sogar die Fanzwischenrufe im Fußballstadion.

2. Haben Sie je mit dem Gedanken gespielt, eine Theatertreffen-Aufführung zu verlassen oder sind sogar rausgegangen? Warum? Ja! Ich gehe aber leise, so dass mich niemand bemerkt. Manchmal nehme ich sogar eine Mütze mit zum Theatertreffen und ziehe sie mir über den Kopf, wenn ich das Theater vorzeitig verlassen muss, weil mir meine Zeit kostbar ist.

3. Welcher Zwischenruf von anderen hat Ihnen am besten gefallen? Keiner.

4. Wann waren Sie zum ersten Mal beim Theatertreffen und an was erinnern Sie sich? 1992. Günther Rühle lud mich nach Berlin ein, um für den „Tagesspiegel" über das gesamte Theatertreffen zu schreiben. Ich war 24 und sah am Kurfürstendamm Ecke Fasanenstraße eine Frau, die genauso aussah wie Nell aus Becketts „Endspiel", das Jürgen Gosch inszenierte und das ich auf dem Theatertreffen gesehen hatte. Sie saß in einem Einkaufswagen zwischen ihren Habseligkeiten und beobachtete die Menschen. Nach jeder Aufführung: „Im Dickicht der Städte", „Das Ende des Armenhauses" von Isaak Babel oder „Woyzeck" lief ich zur Beckettfrau auf dem Kurfürstendamm.

5. Wenn Sie in der Jury wären, was würde anders? Es würde natürlich ALLES viel besser werden! Mehr Doppeltöne!

6. In welchem Bühnenbild hätten Sie gerne einmal gewohnt? In einem dieser Wunderräume von Daniele Lievi.

7. Haben Sie sich während des Theatertreffens einmal verliebt? Ja, in Angela Winkler.

9. Welche Aufführung des Theatertreffens hat Theatergeschichte geschrieben? Ich habe immer in all den Jahren die Älteren über Rudolf Noelte schwärmen gehört. Ganz bestimmt hat auch Zadeks „Maß für Maß"-Aufführung aus Bremen mit dem Bühnenbild von Minks Geschichte geschrieben. Das habe ich aber alles nicht gesehen. Mein historischer Höhepunkt: „Kirschgarten", Zadek, 1996.

10. Definieren Sie „bemerkenswert". Sagte mein Opa immer, wenn er auf etwas antworten musste, worauf er keine passende Antwort wusste oder es ihm sogar egal war.

11. Von welcher politischen Partei – glauben Sie – gehen die meisten Politiker ins Theater? CDU. Es stimmt leider.

12. Von wem würden Sie sich wünschen, dass sie oder er häufiger ins Theater geht? Moritz Rinke.

13. Gibt es Situationen in Ihrem Leben, die Sie als Performance-nah bezeichnen würden? Sie müssten fragen, welche Situation in meinem Leben nicht Performance-nah war.

14. Was haben Sie in einem Spiegel im Spiegelzelt gesehen, das Sie niemals vergessen werden? Ivan Nagel, der von hinten auf mich zukam und mir die ersten Lorbeeren meines Lebens brachte.

15. War Ihnen schon einmal etwas peinlich, das Sie auf der Bühne gesehen oder gehört haben? Ja, aber es ist nicht mehr in meinem Kopf.

16. Diskutieren Sie verschiedene „Othello"-Inszenierungen im Licht der sogenannten Blackfacing-Debatte. Schwer darüber so kurz zu antworten, ich kenne auch nicht die neuesten Enthüllungen von Bühnenwatch. Der Rassismus auf der Bühne ist, glaube ich, auch noch einmal ein anderer als der in der Kneipe oder in der U-Bahn. Grundsätzlich war vielleicht Zadeks Ansatz richtig, bei dem man in Wildgrubers Gesicht sah, dass die Farbe nur ein Theatermittel war und am Ende eigentlich derjenige schwarz war, der mit Wildgruber in Berührung kam. Am Ende war jeder fremd oder jeder ein bisschen weiß und ein bisschen Ausländer. Vielleicht wäre das ein gutes Bild, dass der Rassimus auf den Gesichtern aller Menschen oder Figuren zerfließt wie Theaterfarbe.

17. Gehen Sie in die Kirche? Nein. Obwohl es sich Katrin Göring-Eckardt zum Ziel gemacht hat, mich bis zum Lutherjahr 2017 wieder in die Kirche zu holen.

18. Was verbinden Sie mit Einar Schleef? Anstrengende Proben.

19. Was bleibt von Pina Bausch? Sie ist überall. Auch im Schreiben. Pina Bausch war eine wundervolle Poetin.

20. Gibt es ein Zitat von Peter Zadek, das Sie nie vergessen werden? „Mein Weihnachtsbaum brannte." (Spätere Erklärung von Zadek im Januar 2006, als ich ihn für eine mögliche „Peer-Gynt"-Dramaturgie in Hamburg/Winterhude telefonisch nicht erreichen konnte.)

21. Was an Christoph Schlingensief haben Sie zu spät verstanden? Seine Bescheidenheit. Wir hatten leider ein sehr ruppiges Verhältnis.

22. Glauben Sie, dass das Theatertreffen Tendenzen abbildet oder gar schafft? Es schafft einen Hype für Namen, Theater etc., das ist ja schon fast das, was wir heute unter Tendenzen verstehen, aber es kommt und geht alles so schnell, dass man wohl kaum von prägenden Entwicklungen sprechen kann.

23. Gibt es ein Theater des 20. Jahrhunderts und eines des 21. Jahrhunderts? Fragen Sie mich das noch einmal im 22. Jahrhundert.

24. Bevorzugen Sie Texttreue oder den Seitensprung? Sie werden es nicht glauben, aber es gibt für einen Dramatiker auch einen Seitensprung in Treue.

25. Wird es in 25 Jahren noch Dramatiker geben? Ja. Aber was ist mit den Regisseuren?

26. Ihr Lieblings-Klassikerzitat? „Schlafen, vielleicht auch träumen."

27. Woran erkennt man einen Klassiker zu Lebzeiten? Kennen Sie einen? Handke, Botho Strauß. Sie werden nicht müde.

28. Glauben Sie an Regie- und Autorenkollektive? Nicht so wirklich.

29. Wer ist der unterschätzteste Theaterkünstler der letzten fünfzig Jahre? Da könnte ich Ihnen einige aufzählen.

30. Wer ist der überschätzteste Theaterkünstler der letzten fünfzig Jahre? Da könnte ich auch einige aufzählen.

31. Was bedeutet Ihnen die Theaterkantine? Der Übergang vom Leben in die Fiktion.

32. Welcher verstorbene Regisseur und sein Stil haben Schule gemacht? Ich wünschte, der Stil von Zadek oder Bondy hätte Schule gemacht.

33. Was ist Ihre Standardfloskel, wenn Sie nach einer TT-Premiere, die Ihnen nicht gefallen hat, einen mitwirkenden Künstler treffen? (Die Antwort wird auf Wunsch anonym veröffentlicht.) Ich gratuliere dir zu dieser Arbeit. Hast du morgen Zeit?

34. Waren die Theaterexperimente der sechziger Jahre radikaler als heute? Vielleicht waren sie etwas dringlicher, ehrlicher.

35. Denken Sie an Theaterkünstler unter vierzig – was macht diese Generation anders? Vermutlich macht sie gar nicht so viel anders.

36. Welche Theaterfamilie trennte sich am häufigsten? Weswegen? Keine Ahnung.

37. Wenn Sie eine freie Theatergruppe gründen wollten, wie würde sie heißen? Darüber denke ich jetzt nach. Dramatic diamonds oder so.

38. Was ist wichtiger: Uraufführungen oder Zweitaufführungen? Zweitaufführungen.

39. Nennen Sie eine Eigenart des österreichischen Theaters. Mehr Hüte!

40. Nennen Sie eine Eigenart des Schweizer Theaters. Machen ja fast nur noch Deutsche.

41. Wann mussten Sie das letzte Mal im Theater weinen? Als bei einem Weihnachtsmärchen der Schauspieler, der den Engel spielte, von einer Theaterwolke tragisch abstürzte und die Vorstellung deswegen abgebrochen wurde. Das war in Bremen im Goethe-Theater und ich war 5.

42. Warum werden Kostüme meistens von Frauen gemacht? Wäre ein Fall für Fragenkomplex 16!

43. Schätzen Sie, wie oft Goethes „Faust" beim Theatertreffen gespielt wurde. Ich könnte mir vorstellen weniger als Fritz Kater ... Beim „Faust" muss man doch sehr viel erzählen und in der Sprache bleiben, da ist nicht viel Raum für das „Bemerkenswerte".

44. Oft gehört: „War alles schon mal da" – was zum Beispiel? Ich glaube, es war fast alles schon mal da.

45. Mit Walter Benjamin gefragt: Was ist die Aufgabe der Kritik? Lieben lernen.

46. Nennen Sie ein aktuelles Beispiel für ein Historienstück. „Nibelungen".

47. Nennen Sie jeweils Schlagworte für das Theater der siebziger, achtziger und neunziger Jahre. Mir fällt noch die Poptheaterkrise ein. Die fand ich sehr lustig.

48. Was am Theatertreffen ist vergleichbar mit anderen Festivals? Nichts. Nirgendwo gibt es so viele Irre.

49. Was war der wirkungsvollste Theaterskandal? Ein Theatertreffen ohne Regisseure.

50. Welche Frage vermissen Sie? Ja, die Frage nach den blühenden Kastanien. Ich liebe die Kastanien, wenn das Theatertreffen blüht.

Moritz Rinke, Dramatiker, Schriftsteller und Publizist, schrieb u.a. „Der graue Engel", „Der Mann, der noch keiner Frau Blöße entdeckte", „Republik Vineta" und zuletzt „Wir lieben und wissen nichts". Rinke war viermal zum TT-Stückemarkt eingeladen.

Kathrin Röggla

24. Bevorzugen Sie Texttreue oder den Seitensprung?
So was wie Texttreue ist eine Fiktion, aber das, was hier mit einem Seitensprung gemeint ist, ebenfalls. Wenn ich es als Autorin nicht schaffe, unterschiedliche Inszenierungen meiner Texte zu provozieren, dann steht es schlecht um mich. Nachflüstern hilft meist nicht weiter. Drüber stolpern ist aber auch nicht immer die beste Option. Dialog? Geht so gerade …

25. Wird es in 25 Jahren noch Dramatiker geben?
Wird es in 25 Jahren noch Dramatiker geben? Was für eine Frage: Wir wissen derzeit nicht, ob es in 25 Jahren überhaupt noch öffentliche Theaterhäuser gibt, die mit den heutigen zu vergleichen sind. Aber natürlich, ja. Wäre ja noch schöner. Ist nur die Frage: Welche Sprachen stehen uns dann zur Verfügung?

37. Wenn Sie eine freie Theatergruppe gründen wollten, wie würde sie heißen?
Vielleicht „Der allgemeine Abgesang", „Flughafen-Verschiebemasse-Monster-Anhäufung", hmmm, naja, „versteckte Kosten" – nee, geht nach hinten los: „Z", „die Ängstlichen und Erschöpften", ganz old school, besser „Fluglärm", „die Einstweiligen", „Behandlungsfehler", „Facehook" – ich weiß nicht, ich weiß nicht, es ist verdammt schwer geworden. Vielleicht liegt es an zu vielen Unworten des Jahres, die einer Namensgebungen entgegenstehen, zu vielen Facebook-Witzigkeiten. Ich bin namensmüde, sorry, das wusste ich nicht. Vielleicht „Die Unwitzigen"?

Kathrin Röggla, Dramatikerin, Schriftstellerin, 2011 mit „Die Beteiligten" unter der Regie von Stefan Bachmann zum Theatertreffen eingeladen.

Lea Rosh

2. Haben Sie je mit dem Gedanken gespielt, eine Theatertreffen-Aufführung zu verlassen oder sind sogar rausgegangen? Warum?
Nicht nur mit dem Gedanken, rauszugehen, „gespielt", sondern es auch tatsächlich getan: bei Elfriede Jelineks Stück „Das Werk/Im Bus/Ein Sturz" zum Theatertreffen 2011. Diese suada war für mich einfach nicht auszuhalten. Reine Wortkaskaden, sie fließen, sie fließen … (dabei gehe ich nicht gerne raus, könnte ja immer noch was kommen, was man denn doch hören und sehen möchte). Aber hier bin ich lieber einen Salat essen gegangen.

19. Was bleibt von Pina Bausch?
Pina Bausch hat uns so unvergleichliche, unvergessene Tanzproduktionen geschenkt, dass sie die höchsten Ansprüche geprägt hat, woran sich jede/jeder messen lassen muss. Um so dankbarer sind wir für den Film „Pina" von Wim Wenders, das bleibt, bleibt auch im Regal stehen.

31. Was bedeutet Ihnen die Theaterkantine?
An Theaterkantinen mag ich das einfache Essen und die Chance, die Schauspieler zu treffen und ihnen sagen zu können, wie wunderbar sie gespielt haben, wenn sie wunderbar gespielt haben. So zum Beispiel in der Kantine des Deutschen Theaters, nach einer „Faust"-Aufführung, da saß Sven Lehmann, der den Mephisto gespielt hat und ich konnte ihm sagen, wie herrlich ich ihn gefunden hatte. Und er hat sich gefreut. Und darüber habe ich mich wieder gefreut. Man lobt doch so gerne, wenn's was zu loben gibt.

Lea Rosh, Publizistin, Fernsehjournalistin, Moderatorin.

Andreas Rossmann

4. Wann waren Sie zum ersten Mal beim Theatertreffen und an was erinnern Sie sich?

Mein erstes Theatertreffen war 1979. Am 1. Mai hatte ich eine Stelle an der Freien Universität angetreten, das Theatertreffen begann am 12. Mai, für einen aus Heidelberg zugezogenen Literaturwissenschaftler eine ganz schön üppige Begrüßung. Lehrverpflichtung hatte ich noch keine, das Semester hatte bereits angefangen, und so schaute ich mich an der Universität um. Vor der Tür des Instituts für Publizistik in der Hagenstraße, wo wir auf ein Seminar, das dann ausfiel, warteten, lernte ich Matthias Matussek kennen, der gerade beim „Abend" angefangen hatte und mich nach fünf Minuten, vielleicht auch früher, fragte, ob ich nicht seine Magisterarbeit schreiben könnte, er käme einfach nicht dazu. Im Institut für Theaterwissenschaft in der Riemeisterstraße steckte ich die Nase in ein Seminar von Henning Rischbieter, das so überfüllt war, dass noch in den geöffneten Fenstern Studenten standen, was sie, zäh, wie es lief, vermutlich nicht lange durchgehalten haben.

Weil ich für „Theater heute" schreiben wollte, putzte ich dort die Klinke. Die Redaktion saß am Lützowplatz, Rischbieter lud mich in sein Haus in die Tempelherrenstraße ein. Vier- oder fünfmal kam ich hin, doch er hatte den Termin vergessen und war nicht da. Als es dann endlich klappte, saß da noch einer, so dass ich kaum zu Wort kam: Michael Merschmeier überlegte damals, ob er statt Kritiken nicht doch besser Stücke, zwei habe er, so behauptete er, schon in der Schublade, schreiben solle. Wohnung hatte ich noch keine, nur ein WG-Zimmer in Schöneberg; am Institut traf ich Hans-Thies Lehmann, der mir seine Wohnung anbot, weil er im gleichen Haus in die Beletage zog: schöner Altbau im vorderen Kreuzberg, vierter Stock.

Das Wetter war prächtig, West-Berlin zeigte sich von der allerbesten Seite. Die Feuilletonchefs (und das waren damals fast immer auch die Theaterkritiker) der großen Regionalzeitungen in „Westdeutschland" (Reinhard Kill aus Düsseldorf, Erich Emigholz aus Bremen, Gerhard Jörder aus Freiburg) sollten, eingeflogen von den Berliner Festspielen, voll auf ihre Kosten kommen, die ihnen, die Frontstadt hing üppig alimentiert am Bonner Tropf, weitgehend – Anreise und Hotel – erstattet wurden. Und ein paar ausgesuchte Theaterkritiker aus „Berlin, Hauptstadt der DDR", der seinen bajuwarischen Tonfall pflegende Ernst Schumacher, Professor für Theaterwissenschaft an der Humboldt-Universität, Brecht-Biograph und Kritiker der „Berliner Zeitung", sowie Dieter Kranz und Christoph Funke, der eine vom Berliner Rundfunk, der andere vom „Morgen", die immer gemeinsam und in Kunstlederjacken auftraten und deshalb – so jedenfalls Manfred Karge, aber das erfuhr ich erst später – unter dem Spitznamen „Rosenkranz und Güldenstern" liefen, durften ausreisen. Nach der Vorstellung ging's wieder rüber. Friedrich Luft machte Reklame für die BVG und fuhr auch mit ihr: Am Nollendorfplatz stieg er in den Bus, setzte sich gleich hinter den Fahrer, am Ernst-Reuter-Platz wieder aus.

Das Spiegelzelt gab es noch nicht, das Theater der Freien Volksbühne, nur in Gelsenkirchen wurde nach dem Zweiten Weltkrieg ein noch schöneres Theater gebaut, war auch so einladend genug. Intendant war damals Kurt Hübner, ein ganz wunderbarer (wie mir damals schien: älterer) Herr, der knorrig und weltläufig damit haderte, dass er an seine große Zeit in Bremen, das schon damals legendäre Theaterwunder, in Berlin nicht noch einmal anschließen konnte: Noelte, Zadek, Grüber, Schroeter und wen immer er als Regisseur gewann zum Trotz. Bernhard Minetti fuhr im offenen Mercedes 220 SL vor, was den feuerroten, betonfesten Haaren seiner Frau nichts anhaben konnte, und spielte auf dem Weg vom Parkplatz ins Foyer lässig mit dem Autoschlüssel.

Es war das Theatertreffen mit den drei „Antigones": aus Frankfurt von Christof Nel, aus Bremen von Ernst Wendt und aus Berlin (Schiller Theater) von Hans Neuenfels. Die Schaubühne am Halleschen Ufer war mit „Death Destruction & Detroit" von Robert Wilson, das schon abgespielt war, und mit „Groß und klein" von Botho Strauß vertreten, für mich – mit der grandiosen Edith Clever als Lottekotte – die maßgebliche und überragende Aufführung, Zeitdiagnose und Gesellschaftsbild zugleich. Fußläufig von meiner Wohnung erreichbar, habe ich sie mir nach der Pause mindestens fünfmal angesehen.

Was ich bei meinem ersten Theatertreffen noch nicht ahnte, wurde mir erst in den folgenden Jahren bewusst: Dass diese Bestenschau, trotz Schaubühne und anderen Ausnahmen, Berlin auch seine Provinzialität vorführte. Das hiesige Publikum war auf Wiedererkennungsrealismus geeicht. Bekam er den nicht, reagierte Bolle unwillig bis verstört.

20. Gibt es ein Zitat von Peter Zadek, das Sie nie vergessen werden?

Ich habe Peter Zadek nur einmal getroffen, das war 1996, als er, Volker Canaris war dabei, in einem Studio des WDR in Köln, „Mondlicht" von Harold Pinter fürs Fernsehen inszenierte, was dann live gesendet wurde. Da näselte er nur sehr angelsächsisch freundlich: „Wir haben uns noch nicht persönlich kennengelernt."

Das Zitat von ihm, das ich nie vergessen werde, ist ein Bild: Da saß er, es war im Herbst 1998, nach einer Podiumsdiskussion im Schauspielhaus Bochum, an einem kleinen Tisch im Foyer, und signierte – nein, nicht seine Autobiographie, sondern Programmhefte aus der Zeit, als er im Ruhrgebiet, von 1972 bis 1977, Intendant war. Die Zuschauer hatten sie mitgebracht und standen geduldig Schlange, um sie ihm vorzulegen und mit ihm ins Gespräch zu kommen – als wollten sie die Erinnerungen an Aufführungen, die sich ihnen eingeprägt hatten, autorisieren lassen. Zadek saß, etwas ungläubig staunend, da und genoss das in vollen Zügen: Wie ein alter König, der in sein Reich zurückgekehrt ist.

38. Was ist wichtiger: Uraufführungen oder Zweitaufführungen?

Die Frage passt besser auf die Mülheimer Theatertage als auf das Berliner Theatertreffen. Wichtiger für wen? Für die Theater sind Uraufführungen offenbar wichtiger. Doch die meisten Uraufführungen sind auch schon die – manchmal pompösen, manchmal auch nur armseligen – Begräbnisse der Stücke. Erst die Zweitaufführung gibt einem Stück die Aussicht, wenn auch nicht bereits die Garantie auf ein langes Leben. Deshalb sind sie für Autoren, Zuschauer und die Dramatik wichtiger. Und letztendlich auch für das Theater, das dafür seine Deflorationsfixierung überwinden müsste.

Andreas Rossmann, Theaterkritiker, Kulturkorrespondent der „Frankfurter Allgemeinen Zeitung" in Nordrhein-Westfalen, 1990 bis 1995 Mitglied im Auswahlgremium der Mülheimer Theatertage.

Claudia Roth

Gibt es Situationen in Ihrem Leben, die Sie als Performance-nah bezeichnen würden? Als Politikerin sehe ich schon, dass mein Job ziemlich „Performance-nah" ist – und zwar in einer ziemlich subtilen Weise. Denn es sollte in der Politik und der Performance ja nicht darum gehen, etwas vorzutäuschen und eine leere Show abzuziehen, sondern darum, in einer Rolle, in einem Akt des Darstellens und Zeigens etwas Wesentliches zu transportieren. Genau da kann Politik von der Performancekunst einiges lernen: Kein Schmierentheater abziehen, sondern ein wichtiges Anliegen so zur Darstellung bringen, dass es Menschen bewegt.

Was an Christoph Schlingensief haben Sie zu spät verstanden? Zu spät verstanden habe ich, was für ein heftiger Seiltanz es ist, ein zeitgenössisches Performancetheater zu machen, das auch eine weitgehende mediale Selbstausbeutung mit einbezieht. Christoph Schlingensief war ja schonungslos mit sich selbst - und manchmal auch mit anderen. Er agierte dort, wo Rolle und Selbstsein kaum mehr auseinanderzuhalten sind: Bin ich das noch oder tue ich nur so? Diese Spannung hat er genial, mit Witz und großer Sensibilität überbrückt. Aber wenn das einmal nicht gelang, konnte es auch wirklich weh tun.

Theaterskandal? Ein kleiner Skandal für die Theaterwelt, aber ein äußerst wirkungsvoller für mich persönlich, ereignete sich 1974 in Memmingen, wo ich als Dramaturgieassistentin an der Aufführung von Johann Nestroys „Freiheit in Krähwinkel" beteiligt war. In unserer Inszenierung haben wir die hinter bürgerlichen Konventionen versteckte Welt der materiellen Interessen und der politischen Herrschaft so schonungslos entlarvt, dass sich der damalige Bürgermeister Memmingens im Stück wiedererkannte und sich – zu Recht – angegriffen fühlte. Er wurde stinksauer und schmiss den Regisseur Peter Ritz raus und löste dadurch in der Stadt eine Welle der Solidarisierung mit dem Theater aus. Es kam zur ersten Demonstration in Memmingen seit den Bauernkriegen. Meine Familie reihte sich ein. Meine Großmutter ging vor der Demo sogar extra zum Friseur, um ihrem politischen Protest Nachdruck zu verleihen.

Claudia Roth, Bundesvorsitzende von Bündnis 90/Die Grünen. Ende der siebziger Jahre war sie Dramaturgieassistentin in Memmingen, Dortmund und Unna.

© Bündnis 90/Die Grünen, www.gruene.de

Hans-Joachim Ruckhäberle

23. Zum Theater des 21. Jahrhunderts
Es könnte sein, dass der Schein des Theaters mit der Bühne und dem Portal, den Rollen und Masken, seinen Geschichten und seiner Dramatik von den theatralischen Scheinwelten der Ökonomie, des Politikbetriebs, des Virtuellen und Medialen verdrängt wird oder sich selbst durch Anpassung unkenntlich macht. Es kann aber auch sein, dass es gerade als Scheinwelt real bleibt. Authentisch ist im Theater der Darsteller, der sich in einer Welt bewegt, die es so nicht gibt. In der die Verfremdung und Verdinglichung des existierenden Lebens nicht illustriert oder abgebildet werden, sondern dramatisiert. Dazu gehört Distanz, die das Publikum nicht als Konsumenten vereinnahmt, sondern ernst nimmt. (Kritik ist nach Walter Benjamin „eine Sache des rechten Abstands", das Auf-den-Leib-Rücken ist Sache des Konsums.) Abstand als Voraussetzung für beides, Erkenntnis und Vergnügen, vertritt Schiller: „Der Schein der Dinge ist des Menschen Werk, und ein Gemüt, das sich am Scheine weidet, ergötzt sich schon nicht mehr an dem, was es empfängt, sondern an dem, was es tut." Die Radikalität und die Ferne des ästhetischen Scheins sind – auch – die Voraussetzung dafür, Menschen zu zeigen, die nicht spielen können, die in den bestehenden Welten nicht leben können. Woyzeck und Penthesilea gehören dazu.

26. Ihr Lieblings-Klassikerzitat?
„Die Forderung, die Illusionen über seinen Zustand aufzugeben ist die Forderung, einen Zustand aufzugeben, der der Illusionen bedarf." (Karl Marx, Zur Kritik der Hegelschen Rechtsphilosophie. Einleitung)

Hans-Joachim Ruckhäberle, 1983 bis 1993 Chefdramaturg bei Dieter Dorn an den Münchner Kammerspielen und später am Residenztheater München, war sechsmal zum Theatertreffen eingeladen, u.a. 1987 mit „Troilus und Cressida".

Sebastian Rudolph

1. Haben Sie jemals im Theater einen Zwischenruf gemacht? **Nö.**
2. Haben Sie je mit dem Gedanken gespielt, eine Theatertreffen-Aufführung zu verlassen oder sind sogar rausgegangen? Warum? **Wenn man rausgeht war man dabei ohne eingeladen worden zu sein. Wie geil! Nee ich guck gern bis zum Ende.**
3. Welcher Zwischenruf von anderen hat Ihnen am besten gefallen? **„He wohnt bi me." Aber ich weiß nicht obs den wirklich gab.**
5. Wenn Sie in der Jury wären, was würde anders? **Von wegen.**
6. In welchem Bühnenbild hätten Sie gerne einmal gewohnt? **Im „IMMER" des Bühnenbildes von „Leonce und Lena" von Christof Nel, als das Haus der Festspiele noch die Freie Volksbühne war ...**
7. Haben Sie sich während des Theatertreffens einmal verliebt? **In mich. Ist aber nichts draus geworden.**
9. Welche Aufführung des Theatertreffens hat Theatergeschichte geschrieben? **Theatergeschichte schreiben doch Leute die keine Ahnung haben .... Uuhhuuh!**
10. Definieren Sie „bemerkenswert". **Gut.**
11. Von welcher politischen Partei – glauben Sie – gehen die meisten Politiker ins Theater? **CDU, logisch. Leider. Immerhin.**
12. Von wem würden Sie sich wünschen, dass sie oder er häufiger ins Theater geht? **ZUSCHAUER!!!! Leider ...**
14. Was haben Sie in einem Spiegel im Spiegelzelt gesehen, das Sie niemals vergessen werden? **Nix.**
15. War Ihnen schon einmal etwas peinlich, das Sie auf der Bühne gesehen oder gehört haben? **Zum Glück.**
18. Was verbinden Sie mit Einar Schleef? **Nietzsche Monolog. Das werde ich niemals vergessen.**
20. Gibt es ein Zitat von Peter Zadek, das Sie nie vergessen werden? **Hab ich vergessen.**
22. Glauben Sie, dass das Theatertreffen Tendenzen abbildet oder gar schafft? **Ja bestimmt ...**
24. Bevorzugen Sie Texttreue oder den Seitensprung? **UND.**
25. Wird es in 25 Jahren noch Dramatiker geben? **Vielleicht keine schreibenden ... aber sonst schon.**
26. Ihr Lieblings-Klassikerzitat? **Ich habe nichts, wovon ich sagen möchte, es sey mein eigen. (Hölderlin)**
31. Was bedeutet Ihnen die Theaterkantine? **Bauchschmerzen, meistens. Ohne geht gar nicht (ohne Kantine).**
33. Was ist Ihre Standardfloskel, wenn Sie nach einer TT-Premiere, die Ihnen nicht gefallen hat, einen mitwirkenden Künstler treffen? (Die Antwort wird auf Wunsch anonym veröffentlicht.) **Das war spannend und du hast das total schön gemacht ... so in dem Dreh.**
34. Waren die Theaterexperimente der sechziger Jahre radikaler als heute? **Die Macher haben sich einfach mehr drauf eingebildet, und tun das heute noch.**
35. Denken Sie an Theaterkünstler unter vierzig – was macht diese Generation anders? **Keine Ahnung. Jugend.**
36. Welche Theaterfamilie trennte sich am häufigsten? Weswegen? **68er. Wohl WG-Gründe denke ich. Heute kommen ja gar nicht mehr so viele so lange zusammen, das man sich trennen muss ...**
37. Wenn Sie eine freie Theatergruppe gründen wollten, wie würde sie heißen? **Notausgang.**
39. Nennen Sie eine Eigenart des österreichischen Theaters. **Geld.**
40. Nennen Sie eine Eigenart des Schweizer Theaters. **Franken.**
41. Wann mussten Sie das letzte Mal im Theater weinen? **Seitdem mich diese fetten Hollywood Blockbuster so manipulativ zum Heulen bringen können misstraue ich dem Weinen im öffentlichen Raum als Maßstab eigentlich eher ...**
42. Warum werden Kostüme meistens von Frauen gemacht? **Weil die Theaterexperimente der 60er eben doch nicht so radikal waren.**
43. Schätzen Sie, wie oft Goethes „Faust" beim Theatertreffen gespielt wurde. **5.**
44. Oft gehört: „War alles schon mal da" – was zum Beispiel? **Alles, aber halt nicht so.**
45. Mit Walter Benjamin gefragt: Was ist die Aufgabe der Kritik? **Offen subjektiv sein.**

Sebastian Rudolph, seit 2009/10 Ensemblemitglied am Thalia Theater Hamburg, war u.a. in Stemanns „Ulrike Maria Stuart"-Inszenierung und 2012 in dessen „Faust" beim Theatertreffen zu sehen. In „Theater heute" wurde er 2012 zum Schauspieler des Jahres gewählt.

© Privat

Joachim Sartorius

6. In welchem Bühnenbild hätten Sie gerne einmal gewohnt?

Ohne Zögern: Im Bühnenbild, das Andreas Kriegenburg für seine Inszenierung des „Prozess" nach Franz Kafka (Münchner Kammerspiele 2009) gebaut hat. Für den Bewohner stelle ich mir vor: Schwindelgefühle, abgelöst von angenehmer Balance.

9. Welche Aufführung des Theatertreffens hat Theatergeschichte geschrieben?

Theatergeschichte, das ist ein großes Wort. Und doch fallen mir da viele Inszenierungen ein, „Anatomie Titus Fall of Rome" von den Münchner Kammerspielen in der Regie von Johan Simons zum Beispiel, der mozartdurchtränkte „Wolf" von Alain Platel, Marthalers „Schöne Müllerin" oder Schlingensiefs „Eine Kirche der Angst vor dem Fremden in mir" im Mai 2009. Vielleicht den stärksten Eindruck auf mich machte „Macbeth" vom Düsseldorfer Schauspielhaus (Theatertreffen 2006). Der Regisseur lässt die großartigen Schauspieler alle splitternackt auftreten. Eine Tour de force. Ich fragte Herrn Bergmann, zuständig für den Theaterkanal des ZDF und Fernsehaufzeichnungen der zum tt eingeladenen Stücke, warum er diese Inszenierung nicht aufzeichne. „Wir wissen nicht, wo wir die Mikros befestigen könnten", war seine Antwort. Ich witterte Prüderie, aber vielleicht ging es wirklich nicht. Schade, denn die kompromisslose Ästhetik dieser Inszenierung hätte für die Nachwelt erhalten bleiben müssen.

Joachim Sartorius, Jurist, Diplomat, Schriftsteller, Intendant der Berliner Festspiele von 2001 bis 2011.

Rüdiger Schaper

zu Frage 4. Mein erstes Theatertreffen – 1981. Die stärksten Erinnerungen produziert die Bochumer Georg-Büchner-Schau „Marie–Woyzeck" von Manfred Karge und Matthias Langhoff. Es war laut, ordinär, dreckig, heute würde man sagen: Es war Unterschicht, wenn auch ohne Fernsehen. Es war ein brutaler Jahrmarkt, und ich dachte damals: Das wird Büchner gerecht, so muss man ihn machen. An Castorf war noch nicht zu denken, wohl aber an Peymann und Bondy, die natürlich auch zu diesem Theatertreffen anno 1981 eingeladen waren. Wenn die Erinnerung nicht trügt, was sie ja immer tut, ein wenig jedenfalls, dann war ich ungeheuer stolz, als Zuschauer dabei zu sein. Peymanns Theater hatte damals im Grunde auch schon etwas Morbid-Statisches, man hat es nur nicht so wahrgenommen, weil die Stücke frisch (Thomas Bernhards „Weltverbesserer") und die Schauspieler (Minetti & Co.) beeindruckende Tyrannen waren. Das ist das Wichtigste, aus der heutigen Distanz: Man betrat als junger Mensch eine Wunderwelt von mächtigen Herrschern, schillernden Potentaten, die den Eindruck erweckten, sie könnten den Lauf der Dinge beeinflussen. In Wahrheit waren sie alle wie der Zauberer von Oz: standen hinterm Vorhang und kurbelten an ihrer Humbug-Maschine. Jede Generation braucht diese Wizards. Sie scheinen jetzt ausgestorben zu sein.

Zu Frage 21. Ich habe lange nicht gesehen, dass Christoph Schlingensief woandershin wollte. Dass er voller Empathie war, erfüllt von der Sehnsucht danach. Dass er mit Gott und Menschen experimentierte. Ich habe ihn viel zu lange für einen Zyniker gehalten. Das war er nicht. Aber vielleicht hat Schlingensief das selbst alles nicht so genau gewusst. Wenn ich heute seine Autobiografie lese, denke ich: Auch er kannte sich selbst nicht immer so gut. Es war ein Experiment am eigenen Leib, mit offenem Ausgang.

Zu Frage 41. Habe lange nicht im Theater geweint. Ich weine im Kino, im Flugzeug, wenn ich einen traurigen Film sehe. Ich hasse Filme ohne Happy End, vermisse aber im Theater genau das: das Berührtwerden, das Zerrissensein.

Rüdiger Schaper, Journalist, Theaterkritiker, Leiter des Kulturressorts beim „Tagesspiegel".

Wolfgang Schäuble

Zu Frage 48: Was am Theatertreffen ist vergleichbar mit anderen Festivals? und 50: Welche Frage vermissen Sie?

Ganz offensichtlich fehlt eine Frage, nämlich die Frage, was für mich beim Berliner Theatertreffen nicht vergleichbar ist mit anderen Festivals. Ist das Berliner Theatertreffen ein deutsches Theatertreffen? Oder eine Bühne deutscher Bühnen? In jedem Fall ein Theatertreffen, das die Vielfalt des deutschsprachigen Theaters wie kein anderes Treffen zu zeigen vermag. Und – fast ganz deutsch – kann hier ein jeder nach seiner Fasson selig werden. Es ist die Vielfalt, die unser Land und unser deutsches Theater reich macht. Ich freue mich deshalb auf noch viele Berliner Theatertreffen.

Wolfgang Schäuble, Bundesminister der Finanzen, CDU, diskutierte beim Theatertreffen 2004 u.a. mit Johan Simons und Armin Petras über „mörderisches Theater."

Helmut Schödel

29. Wer ist der unterschätzteste Theaterkünstler der letzten fünfzig Jahre?
Armin Holz. Er hat einen bewahrenden Blick, ein absolutes Gespür für Qualität und bewiesen, dass Dekadenz auch ein Anfang sein kann. Vor allem in diesen Zeiten der Quotenhelden. Er reist solistisch durch die Theaterwelt und ist in die „all inclusive"-Gruppe nicht einzubauen. Man redet viel Blödsinn über ihn, um nicht zugeben zu müssen, dass man ihn eigentlich fürchtet. Aber wie sollte das auch anders sein, wenn die geltende Währung der Schimmelpfennig ist. Holz ist ein Opfer der Deppen des Durchschnitts.

39. Nennen Sie eine Eigenart des österreichischen Theaters.
Seine einzigartige Lust auf Verblödung.

45. Mit Walter Benjamin gefragt: Was ist die Aufgabe der Kritik?
Beschreiben, was war. In einer Sprache, die das Erlebte nacherlebbar macht. Beurteilung gehört dazu, ist aber nicht die Hauptsache, und Debatten haben ihren eigenen Platz. Dafür braucht es Raum und ausreichend Geld für ausreichend begabte Schreiber. Seit immer weniger zur Verfügung steht, hat die Theaterkritik ihren Rang als Königsdisziplin des Feuilletons verloren. Sie ist nach meiner Auffassung, zusammen mit dem Theater, ein Stück weit abgestürzt. In den Redaktionen steht eine Entscheidung an: Wie soll es weitergehen? Die Antwort ist eigentlich klar: Wie vor dem Absturz und zugleich heutiger. Alles auf Anfang für eine zukunftsfähige Theaterkritik.

Helmut Schödel, Autor, Dramaturg, Theaterkritiker für „Die Zeit", „Süddeutsche Zeitung" und „Der Freitag", veröffentlichte u.a. „Seele brennt. Der Dichter Werner Schwab".

Götz Schubert

Wann waren Sie zum ersten Mal beim Theatertreffen und woran erinnern Sie sich?
1990 eingeladen mit „Mein Kampf" und ich erinnere mich in erster Linie an die unglaubliche Neugier, die wir West- und Ostdeutsche aufeinander hatten, auch auf unsere Theater.

Ihr Lieblingsklassikerzitat?
„Nur nichts zwingen, nur nichts zwingen, sonst geht´s gar nicht." (Beckett „Endspiel")

Welcher verstorbene Regisseur und sein Stil haben Schule gemacht?
Zu einer bestimmten Zeit, an einem bestimmten Ort für mich: Thomas Langhoff.

Von wem würden Sie sich wünschen, dass sie oder er häufiger ins Theater geht?
Von mir selbst.

Was ist Ihre Standardfloskel, wenn Sie nach einer TT-Premiere, die Ihnen nicht gefallen hat, einen mitwirkenden Künstler treffen?
(Ist nicht von mir!): Habe ich Ihnen schon zur Premiere gratuliert? Nein? Ich gratuliere Ihnen.

Götz Schubert, Schauspieler u.a. am Maxim Gorki Theater und am Deutschen Theater Berlin, war 1990 in Thomas Langhoffs „Mein Kampf" beim Theatertreffen zu sehen.

Martin Schwab

© Reinhard Werner, Burgtheater

3. Welcher Zwischenruf von anderen hat Ihnen am besten gefallen?
Als wir Ende der 70er-Jahre beim TT mit unserer Stuttgarter „FAUST"-Aufführung (Regie: Claus Peymann/Achim Freyer) eingeladen waren, hatte ich beim „Osterspaziergang" den Satz zu sagen: „NEIN, er gefällt mir nicht, der neue Bürgermeister!" -- Eine Minute tosender Applaus. Was war passiert? – Wenige Tage zuvor hatten die West-Berliner Eberhard Diepgen als ihren Regierenden Bürgermeister gewählt. Und am nächsten Tag war in der „BZ" ein Rollenfoto von mir mit der Unterschrift: „Er sprach den bedeutungsvollen Satz."

20. Gibt es ein Zitat von Peter Zadek, das Sie nie vergessen werden?
Bei einer Probe zu „Der Kaufmann von Venedig" beklagte ich mich bei PETER ZADEK, dass er zu einer Szene mit mir nie etwas sage, diese Szene sei doch auch sehr wichtig!! – Darauf Peter Zadek: „NEIN, diese Szene ist überhaupt nicht wichtig; Du kannst sie spielen von mir aus wie du willst. Diese Szene hat Shakespeare nur geschrieben, damit sich die PORZIA inzwischen umziehen kann."

26. Ihr Lieblings-Klassikerzitat?
„Beschäftigen wir am Theater ein weibliches Wesen – beschäftigen wir einen Theaterhemmschuh!" (Thomas Bernhard „Theatermacher")

29. Wer ist der unterschätzteste Theaterkünstler der letzten fünfzig Jahre?
NATÜRLICH ICH!!!

45. Mit Walter Benjamin gefragt: Was ist die Aufgabe der Kritik?
Kein INKOMPETENZSCHMIERER zu sein! (Thomas Bernhard)

Martin Schwab, Schauspieler, u.a in Thomas Bernhards „Claus Peymann kauft sich eine Hose und geht mit mir essen" oder in Luc Bondys „Die Möwe" beim Theatertreffen zu Gast.

Michael Simon

6. In welchem Bühnenbild hätten Sie gerne einmal gewohnt?
He, die sind nicht zum drin Wohnen da, sondern zum Performen. Wenn sich da jemand wohnlich drin fühlt, sind es schlechte Bühnenbilder.

10. Definieren Sie „bemerkenswert".
Grauenhafte Höflichkeitsfloskel ... „Super" heißt für mich: Es hat mich etwas berührt, erreicht, mitgerissen, umgehauen. Zum Beispiel saß ich schon in langen Castorf-Abenden und dachte, die könnten doch auch tagelang weiterspielen... wirklich eine Woche alle Dostojewskis aneinander ...

12. Von wem würden Sie sich wünschen, dass sie oder er häufiger ins Theater geht?
Die sogenannten Normalos ... Mittelschicht mit Kindern zwischen 30 und 50. Die haben sich leider total verabschiedet...

13. Gibt es Situationen in Ihrem Leben, die Sie als Performance-nah bezeichnen würden?
Ich habe mir schon den Kopf kahl rasiert, nachdem bei der technischen Einrichtung mein Bühnenbild zusammen gebrochen war ...

21. Was an Christoph Schlingensief haben Sie zu spät verstanden?
Habe ihn, Gott sei dank, früh entdeckt. Schon der „Kettensägemassakerfilm" war toll, dann Chance 2000 mit das Beste. Spät verstanden oder gesehen habe ich, dass ein Schlingensiefabend nur einer ist, wenn er auf der Bühne mitmacht.

23. Gibt es ein Theater des 20. Jahrhunderts und eines des 21. Jahrhunderts?
Ich bin wahnsinnig froh über den Stilpluralismus, der sich seit den 90er Jahren etabliert hat. Für mich ist das Theater des 21. Jahrhunderts gekennzeichnet von der Individualisierung also Abbild unserer Gesellschaft: 1 zu 1 Theater 1 Zuschauer 1 Performer ist die extremste Form zu Zeit ... Dagegen füllt „Murmel Murmel" die Volksbühne – grandioses 21. Jahrhundert.

27. Woran erkennt man einen Klassiker zu Lebzeiten? Kennen Sie einen?
Wenn man eine Aufführung nach 20 Jahren sieht und sie ist immer noch gut. „LIMB'S THEOREM" von William Forsythe von 1990 lief gerade noch in Oslo.

28. Glauben Sie an Regie- und Autorenkollektive?
Natürlich. Nur solange das „Starsystem" den Einzelnen überbewertet haben sie es schwer. Hoffentlich halten Rimini Protokoll und She she Pop noch lange durch ... Kühnel/Schuster waren zusammen gut.

39. Nennen Sie eine Eigenart des österreichischen Theaters
Grenzüberschreitung in jede Richtung, zwei Namen: Otto Schenk und Elfriede Jelinek.
Ein tolles kleines Land der Extreme.

40. Nennen Sie eine Eigenart des Schweizer Theaters.
Ja nicht auffallen ... und wenn es jemand wie Christoph Marthaler in Zürich versucht ... gleich wieder rausschmeißen.

41. Wann mussten Sie das letzte Mal im Theater weinen? Fast immer bei Puccini. Im Schauspiel nie ... leider.

Michael Simon, Bühnenbildner, Choreograph, Regisseur, unterrichtet an der Zürcher Hochschule der Künste Bühnenbild, 1995 mit „The Black Rider" zum Theatertreffen eingeladen.

Johan Simons

3. Welcher Zwischenruf von anderen hat Ihnen am besten gefallen?
Bei den Salzburger Festspielen 2001 wurde zum Abschluss des Festivals meine Inszenierung von „DER FALL DER GÖTTER" gezeigt. Eine zweieinhalbstündige Vorstellung. Es herrschte eine unglaubliche Ruhe. Aber 5 Minuten vor dem Ende hörte ich eine leise Stimme, wie von einer kleinen Maus. „Aufhören bitte." Und das nach über 2 Stunden Vorstellung. Eigentlich kein schöner Zwischenruf, aber dieses „Aufhören bitte" war so komisch und ehrlich zugleich. Das hat mir schon sehr gut gefallen.

4. Wann waren Sie zum ersten Mal beim Theatertreffen und an was erinnern Sie sich?
Mit meiner ersten Inszenierung an den Münchner Kammerspielen „ANATOMIE TITUS FALL OF ROME" wurde ich 2004 auch gleich zum ersten Mal als Regisseur zum Berliner Theatertreffen eingeladen. Meine Produktion war sogar die Eröffnung des Festivals. Das war ein wirklich wichtiger Moment für mich. Ich fühlte mich wie ein Kind im Porzellankasten. Eine tolle Erinnerung.

6. In welchem Bühnenbild hätten Sie gerne einmal gewohnt?
Da denke ich an das Bühnenbild von „WASSA", eine Inszenierung von Alvis Hermanis, die letzte Spielzeit an den Münchner Kammerspielen Premiere hatte. Das Bühnenbild von Kristine Jurjane ist ein detailgetreues Abbild eines russischen Großbürgerhauses, sehr realistisch und mit vielen liebevollen Elementen ausgestattet. Richtig beeindruckend. Und eigentlich habe ich sogar schon in diesem Bühnenbild gewohnt. Meine Frau spielt in dieser Produktion die „WASSA SCHELESNOWA" und ich habe für einige Vorstellungen die Rolle ihres kranken Mannes übernommen und bin im Schlafanzug während der gesamten Vorstellung im Bett gelegen.

31. Was bedeutet Ihnen die Theaterkantine?
Die Kantine der Münchner Kammerspiele ist für mich beispielhaft. Tagsüber bietet sie den Künstlerinnen und Künstlern sowie den Mitarbeiterinnen und Mitarbeitern einen eigenen Rückzugsort. Doch abends nach der Vorstellung wird die Kantine zu einem Restaurant für alle. Dadurch entsteht eine Verbindung zwischen den Zuschauern und Mitwirkenden und es gibt die Möglichkeit, ins Gespräch zu kommen. Das finde ich toll. Darüber hinaus hört man in der Kantine die unterschiedlichsten Sprachen. Durch die vielen internationalen Gäste wird der Menüplan täglich ins Englische übersetzt. Somit wird durch die Kantine auch das Konzept der Münchner Kammerspiele sichtbar.

49. Was war der wirkungsvollste Theaterskandal?
2006 habe ich „SIMON BOCCANEGRA" an der Bastille-Oper in Paris inszeniert und das war ein richtiges Desaster. Mindestens 1500 Zuschauer von ungefähr 2500 haben „Buh" gerufen. Die Kritik richtete sich gegen die gesamte Inszenierung, auch gegen das Bühnenbild und die Kostüme. Wirkungsvoll war dieser Moment vor allem für mich selbst, denn obwohl die Reaktionen auf meine Arbeit so heftig waren, traf es mich nicht. Es war wie eine große Welle, die über mir zusammenbrach, ich konnte nichts dagegen tun. Es machte mich nicht traurig oder depressiv. Im Gegenteil, es hat mich eher gestärkt.

© Andrea Huber

Johan Simons, niederländischer Regisseur und Intendant der Münchner Kammerspiele, fünfmal zum Theatertreffen eingeladen, zuletzt 2013 mit Elfriede Jelineks „Die Straße. Die Stadt. Der Überfall."

Esther Slevogt

Die Antwort passt und passt vielleicht auch nicht auf die Fragen **4, 22 und 41**.
Anfang der 1980er Jahre gab es am Institut für Theaterwissenschaften der Freien Universität in jedem Sommersemester ein sehr beliebtes Seminar. Es hieß „Aufführungsanalysen anhand ausgewählter Inszenierungen des Theatertreffens" oder so ähnlich und wurde von Henning Rischbieter geleitet. Henning Rischbieter war in jener Zeit nicht nur der Direktor dieses Instituts, sondern auch der Chef der Zeitschrift „Theater heute", deren innige Beziehung zum Theatertreffen auch damals schon bestand. Und so erlebte Rischbieters Seminar in jedem Sommersemester einen enormen Zulauf. Denn es bot sich hier die einmalige Chance, in den Besitz einer Karte für das Theatertreffen zu gelangen. Das jedoch auch nur dann, wenn man auch ein Referat zugeteilt bekam: eben jene Aufführungsanalyse anhand der ausgewählten Inszenierung zu erstellen, zu der man aber zunächst selbst erwählt werden musste.

Die frühen 1980er Jahre, das waren auch die Jahre, als Inszenierungen von Claus Peymann noch zum Theatertreffen eingeladen wurden. Claus Peymann stand dann nicht nur an den Tagen, in denen seine eigene Inszenierung in der Freien Volksbühne lief, (wie damals das heutige Haus der Berliner Festspiele noch hieß), an den gläsernen Türen, die Kassenhalle und Foyer (und damit Kartenlose und Karteninhaber) fast ebenso unerbittlich voneinander trennten, wie die Berliner Mauer in jenen Jahren Ost- und West-Berlin. Peymann stand auch an allen anderen Tagen, die er in der Stadt und beim Theatertreffen weilte, an dieser Tür, und wartete, bis die Karteninhaber vollzählig diese Demarkationslinie überschritten hatten. Dann nötigte er die gestrengen Karten- und Passierscheinkontrolleure, auch uns jungen Kartenlosen Zutritt zu gewähren. Das rechneten wir ihm damals sehr hoch an und wünschten deshalb, Claus Peymann möge doch jedes Jahr zum Theatertreffen eingeladen werden.

Nun ein Zeitsprung von mehr als einem Vierteljahrhundert: Es war wieder einmal Mai und Theatertreffen. Inzwischen schrieben wir das Jahr 2011. Die damals 17-jährige Tochter hatte ihren Hausschlüssel vergessen und passte die das Theatertreffen besuchende Mutter also zwecks Schlüsselübergabe in der Pause ab, (ich glaube, es war „Don Carlos" aus Dresden). Später, beim nach Hause kommen, wurde die Mutter von der Tochter mit der entgeisterten Frage begrüßt: „Mama! Was war denn da los? Wo kamen denn all diese alten Leute her, die da vor dem Theater unter den Bäumen herumstanden?"

Esther Slevogt, Kulturjournalistin für „taz", „Theater heute", 2007 gehörte sie zu den Mitgründern des Online-Feuilletons „nachtkritik.de".

Bernd Stegemann

9. Welche Aufführung des Theatertreffens hat Theatergeschichte geschrieben?
Einar Schleefs Inszenierung von Gerhart Hauptmanns „Vor Sonnenaufgang".

10. Definieren Sie „bemerkenswert".
Wenn etwas mein Bemerken weckt und das auch wert ist.

45. Mit Walter Benjamin gefragt: Was ist die Aufgabe der Kritik?
Das Bemerkenswerte erkennen und es so darstellen zu können, dass andere die Chance haben, es auch bemerken zu können.

Bernd Stegemann, 2009 bis 2011 Chefdramaturg an der Berliner Schaubühne, Professor für Schauspielgeschichte und Dramaturgie an der Hochschule für Schauspielkunst „Ernst Busch".

Bettina Stucky

1. Haben Sie jemals im Theater einen Zwischenruf gemacht? Was haben Sie gerufen? Nein.

2. Haben Sie je mit dem Gedanken gespielt, eine Theatertreffen-Aufführung zu verlassen oder sind sogar rausgegangen? Warum? Damit „gespielt" schon oft, aber bis jetzt nie getan, vermutlich eine Mischung aus Korrektheit und letztlich Respekt vor den Kollegen. Vielleicht auch nur Feigheit oder Harmoniebedürfnis.

3. Welcher Zwischenruf von anderen hat Ihnen am besten gefallen? Es gab einen Zwischenruf und ich saß direkt neben der schreienden Person und ich musste sehr lachen, aber ich komme beim besten Willen nicht mehr darauf, was es war. Irgendeine freie Replik auf den Bühnentext, ich komm nicht mehr darauf, pardon.

4. Wann waren Sie zum ersten Mal beim Theatertreffen und an was erinnern Sie sich? 2002, und dass alle sagten, mehr oder weniger direkt, dass es doch sehr erstaunlich sei, warum ausgerechnet wir eingeladen worden seien und nicht …

5. Wenn Sie in der Jury wären, was würde anders? Man wird oft den Verdacht nicht los, es würden immer nur die gleichen Theater abgeklappert und die üblichen Verdächtigen überhaupt nur in Betracht gezogen, alles andere müsste sich exorbitant abheben und durchsetzen, aber vielleicht täuscht der Schein total.

7. Haben Sie sich während des Theatertreffens einmal verliebt? Nein.

10. Definieren Sie „bemerkenswert". Ich glaube, dass dem TT genauso wie in vielen anderen Kunstformen der „Fehler" unterläuft, Stücke und Regisseure erst dann zu wählen, wenn die interessantesten Projekte jener Leute schon stattgefunden haben, ohne eingeladen worden zu sein. Sie werden meist erst nach Berlin geladen, nachdem sie sich „bewährt" haben, ob das tatsächlich dann die besten Arbeiten sind, ist somit vielleicht fraglich.

16. Diskutieren Sie verschiedene „Othello"-Inszenierungen im Licht der sogenannten Blackfacing-Debatte. Ich glaube nicht, dass es dikriminierend ist, einen weißen Menschen schwarz anzumalen und man somit die farbige Bevölkerung beleidigt, ich glaube viel eher, dass diese Position der Othello-Figur durch diese andere Hautfarbe resultiert. Es ist das Anders-Sein, was ihn exponiert und auf einer sehr banalen Ebene angreifbar macht. Ob das die Hautfarbe ist oder eine sozial tiefere Stellung oder eine Behinderung oder ein Geburtsfehler oder sogar exorbitante Schönheit oder oder … schön wär's, wenn die Gesellschaft in der Lage wäre, Andersartigkeit so komplett zu integrieren, dass sie keine Angriffsfläche bietet, aber ich vermute, dies ist an sich illusorisch und es macht eben was aus, schwarz unter Weißen zu sein, wie umgekehrt übrigens auch. Das ist Teil der Rolle im größten Sinne des Wortes.

17. Gehen Sie in die Kirche? Ja, manchmal. Ich mag Kirchen grundsätzlich sehr und ich mag die Ruhe, die sie meist ausstrahlen.

18. Was verbinden Sie mit Einar Schleef? Leider nur aus der Betrachter- und Leserposition, ich kann mich gut erinnern, wie er sehr ausgelassen und lange tanzte an einer Premierenfeier resp. an der Eröffnung vom Schiffbau.

19. Was bleibt von Pina Bausch? Mein erstes Engagement war in Wuppertal, und bin sehr froh, dass ich Pina Bauschs Abende dadurch sehr ausgiebig gesehen habe, und auch ein paar Bilder aus der Kantine und ihrer Arbeit sehr deutlich haften geblieben sind. Ich bemerkte dies, als ich Wim Wenders Film im Kino sah und überrascht war, wie stark meine Erinnerung an diese Zeit war. Und natürlich auch die Begegnungen mit ihren Tänzern. Ich vergesse nie mehr 1984 und den Tanz mit der Sprenkelanlage von Helène oder die strahlende Reihe durch die Zuschauer bei „Palermo" oder „Nelken" oder „Schopenhauer, Adenauer, Beckenbauer" oder „Le Sacre du Printemps". Ja, war atemberaubend und ihre Tänzer waren so schön, so schöne Menschen auf der Bühne.

21. Was an Christoph Schlingensief haben Sie zu spät verstanden? Ich glaube nicht zu spät, aber ich war sehr gerührt von seiner „kleinen" Arbeit, fast Skizze, im Studio vom Gorki Theater, sehr, das blieb auch am stärksten haften, wenn ich über ihn nachdenke. Aber auch zuletzt, seine Prozession durch Zürich zum Schauspielhaus vom Neumarkttheater aus und seine „Unterbrechung" des Pollesch-Abends im Pfauen. Ich war auch tief beeindruckt von seinem extrem dichten GER/EGO-MANIA Pavillon in Venedig.

22. Glauben Sie, dass das Theatertreffen Tendenzen abbildet oder gar schafft? Siehe auch 10., aber sicher sieht man Tendenzen am TT, sicher ist die Auswahl trotzdem immer irgendwie repräsentativ. Es mutet immer nur etwas komisch an, wenn die Jury einen dramaturgischen Faden durch einen Theaterjahrgang ziehen will, das ist meiner Meinung nach nicht die richtige Plattform. Darum geht es gar nicht.

24. Bevorzugen Sie Texttreue oder den Seitensprung? Hab nix gegen Seitensprünge.

25. Wird es in 25 Jahren noch Dramatiker geben? Gehe schwer davon aus, zumindest wird das Sprechtheater ohne Texte nicht auskommen, ob dramatische oder in Romanform oder …

28. Glauben Sie an Regie- und Autorenkollektive? Ja, warum nicht.

34. Waren die Theaterexperimente der sechziger Jahre radikaler als heute? Ich glaube schon, zumindest, wenn ich all den Geschichten meiner älteren Kollegen zuhöre und nach allem, was ich darüber lese und noch sehen kann.

38. Was ist wichtiger: Uraufführungen oder Zweitaufführungen? Zweit vermute ich doch mal. Denn ohne Ur- keine Zweit-!

40. Nennen Sie eine Eigenart des Schweizer Theaters. Ach, schwer zu sagen, die Schweiz hat deutlich flachere Hierarchien, das ist sicher ein Unterschied, und der ist doch sehr klar wahrnehmbar.

41. Wann mussten Sie das letzte Mal im Theater weinen? Beim Kuss zwischen zwei Tänzern der Gruppe Peeping Tom in Salzburg.

42. Warum werden Kostüme meistens von Frauen gemacht? Es gibt sicher auch Männer mit feinem, spezifischem Geschmack … Aber warum fragt man sich nicht, weshalb doch noch immer entschieden mehr Männer auf deutlich wesentlicheren Posten sitzen.

45. Mit Walter Benjamin gefragt: Was ist die Aufgabe der Kritik? Ernsthaft zu beschreiben, was an diesem Abend versucht wurde. Ob gut, ob schlecht ist wiederum komplett egal. Ein guter Verriss ist doch total in Ordnung, im Gegenteil, oft interessanter als Lobhudelei, aber klar ist die Eitelkeit gekränkt. Und trotzdem würden sich manche Kritiker freundlicherweise zwischendurch vor Augen führen, dass man sich als Spieler zwar gerne freiwillig exponiert, aber bis zur öffentlichen Beleidigung und Respektlosigkeit ist doch noch ein langer Weg. Kommt selten vor, aber na ja!

48. Was am Theatertreffen ist vergleichbar mit anderen Festivals? Das TT ist eben kein Festival, es ist letztlich eher eine Olympiade. Höher, besser, weiter. Und jeder freut sich total, wenn er hinfahren darf!!

Bettina Stucky war beim Theatertreffen 2002 in Christoph Marthalers „Die schöne Müllerin" und Stefan Puchers „Drei Schwestern" zu sehen und erhielt den Alfred-Kerr-Darstellerpreis. 2008 und 2010 war sie mit den Marthaler-Inszenierungen „Platz Mangel" und „Riesenbutzbach. Eine Dauerkolonie" zum Theatertreffen eingeladen.

Bernhard Studlar

25. Wird es in 25 Jahren noch Dramatiker geben?

Diese Frage ist natürlich eine Gemeinheit! Eine Provokation, auf die ich „grimm-ig" antworte: Und wenn sie nicht gestorben sind, dann schreiben sie noch heute! (und morgen und in tausend Jahren)

31. Was bedeutet Ihnen die Theaterkantine?

„Fett, Rauch und Alkohol!" Oder anders gesagt: „Himmel und Hölle auf Erden."

38. Was ist wichtiger: Uraufführungen oder Zweitaufführungen?

Na ja, ohne Ur- keine Zweitaufführung, oder? Also klares Votum für die Uraufführung! Grundsätzlich wäre es jedoch wünschenswert, wenn das Tamtam um Erstaufführungen weniger im Mittelpunkt stünde und die Theater sich auch ein paar Spielzeiten später noch an Stücke erinnerten, um sie nachzuspielen.

Bernhard Studlar, Dramatiker, war 2001 zum TT-Stückemarkt eingeladen. Seine Texte werden u.a. am Schauspielhaus Hamburg und am Wiener Burgtheater inszeniert.

© Sonja Rothweiler

Rita Thiele

Zu den Fragen 18 und 20

Dunkle Erinnerungen habe ich an Zadeks Aversionen gegenüber Schleef. Da gab es einige harte Äußerungen, die Schleef noch Jahre später empörten, eine böse Geschichte, die zum ewigen Frieden begraben bleiben soll. Als Mahnung vor vergleichbaren Respektlosigkeiten unter Theaterkollegen sollte aber nicht unerwähnt bleiben, dass sich Schleef diesbezüglich auch an eine Replik Heiner Müllers erinnerte: „Der Umgang mit Schleef ist ein Gangsterstück und ein Eigentor … Ich werde in diesem Stück, wenn es wirklich so aufgeführt werden soll, wie es inszeniert ist, nicht mitspielen." (1994)

Zu den Fragen 4 (und 7)

1986 war ich zum ersten Mal beim Theatertreffen – als Regieassistentin des Landestheaters Tübingen war ich Gast des Forums junger Bühnenangehöriger. Eingeladen waren Bernhards „Theatermacher" in der Regie von Claus Peymann (Schauspielhaus Bochum), Jürgen Goschs „Ödipus"-Inszenierung (Schauspiel Köln), Dieter Giesing mit dem Mamet/Pinter-Abend „Hanglage Meerblick"/„Noch einen Letzten" (Staatstheater Stuttgart), Jossi Wieler mit Kleists „Amphitryon" (Schauspiel Bonn). Unsere Helden waren Achternbusch und Bierbichler, die mit „Gust" vom Münchener Residenztheater eingeladen waren. In „Gust" fällt der Satz: „Der letzte Terrorist ist mir noch lieber als der erste von der CSU." Als Bierbichler während einer Vorstellung in München auch noch die südafrikanische Apartheidspolitik angriff, verlangte der damalige bayerische Kultusminister Maier, das Staatsschauspiel hätte „politische Sonderveranstaltungen" künftig vorher anzumelden. (Dessen Intendant war zu dieser Zeit Frank Baumbauer.) Allgemein galt das Theaterjahr 86 als „flau"; Kritiker sprachen von einer Theaterkrise. Schleefs „Mütter" am Schauspiel Frankfurt werteten viele in der „Theater heute"-Umfrage als das ärgerlichste Ereignis der Saison. Fassbinders Stück „Die Stadt, der Müll und der Tod", ebenfalls unter Rühles Intendanz in Frankfurt entstanden, musste vom Spielplan abgesetzt werden. In Tschernobyl war es zum GAU gekommen. Misstrauisch betrachteten wir den Berliner Frühling, die Natur kam uns zu grün, zu üppig wuchernd vor. Ach ja, verliebt war ich auch. Ich hatte mich in einen jungen Schauspieler aus Helsinki verguckt, der ebenfalls zum Forum eingeladen war. Deshalb habe ich den Tanzabend von Reinhild Hoffmann, „Föhn", während des Theatertreffens verpasst und bin mit Arttu durch Berlin gezogen.

Zu Frage 1

Während einer „Leonce und Lena"-Aufführung, inszeniert von Jürgen Flimm in Köln, ist mir einmal begeistert, laut und vernehmlich für die anderen Zuschauer, „Der Osterhase!" rausgerutscht. Des Rätsels Lösung: König Peter vom Reiche Popo spielte Heinz Schacht, der im Kinderfunk der 60er Jahren einem kranken Osterhasen seine Stimme verliehen hatte – meine absolute Lieblingssendung, die meine Eltern für mich und meine Geschwister mitgeschnitten hatten, und nun hatte ich den Osterhasen in ebendieser Vorstellung an seiner Stimme wiedererkannt und wiedergefunden.

Rita Thiele, Chefdramaturgin bei Karin Beier am Schauspiel Köln, ab 2013/14 am Schauspielhaus Hamburg, als Dramaturgin am Burgtheater Wien, Düsseldorfer Schauspielhaus und Schauspiel Köln war sie siebenmal an Theatertreffen-Inszenierungen beteiligt.

Jürgen Trittin

10. Definieren Sie „bemerkenswert".
Wenn die eine Hälfte des Publikums jubelt und die andere pfeift.

20. Gibt es ein Zitat von Peter Zadek, das Sie nie vergessen werden?
„Ich bin ein Elefant, Madame."

33. Was ist Ihre Standardfloskel, wenn Sie nach einer TT-Premiere, die Ihnen nicht gefallen hat, einen mitwirkenden Künstler treffen? (Die Antwort wird auf Wunsch anonym veröffentlicht.)
Sie haben sich bemüht.

Jürgen Trittin, Fraktionsvorsitzender der Bundestagsfraktion Bündnis 90/Die Grünen. Häufig Gast beim Theatertreffen.

© Rainer Rosenow

Andres Veiel

10. Definieren Sie bemerkenswert.
Es war nach Sarah Kanes „Gier / Gesäubert / 4.48 Psychose" im letzten Jahr. Da waren diese Vogelstimmen draußen, sie waren schmerzhaft laut, ich wusste nicht, ob sich die Inszenierung hier nach draußen fortsetzte, immerhin gab es Lautsprecher in den Kastanien oder waren die nur in meinem Hirn? Hatten sich die Stirnlappen entzündet? Welche Vögel waren das? Ich hatte es im deutschen Bund für Vogelschutz zum Schriftführer des Ortsverbandes Stuttgart-Filder gebracht. Ich hätte die Stimmen eigentlich auseinanderhalten können. Warum gelang das nicht? Vielleicht ist es das, was ich auf der Bühne wie im Leben immer wieder suche – und ab und an beim Theatertreffen finde: dass etwas Bekanntes aus den Fugen gerät und sich bemerkenswert neu anfühlt.

Andres Veiel, Autor, Film- und Theaterregisseur, wurde mit dem Dokumentarstück „Der Kick" 2006 zum Theatertreffen eingeladen.

Klaus Völker

Acht Zwischenrufe

1.
Die Theaterexperimente der 1960er Jahre waren viel radikaler als heute, weil sie Gegenentwürfe zu bestehenden Theaterkonzepten und einem vorherrschenden traditionellen Theaterverständnis sein konnten. Heute fehlt dem experimentellen Theater der Widerstand, die produktive Reibungsfläche, es spiegelt nur den Traditions- und Substanzverlust des Theaters überhaupt.

2.
Schlagworte, Markenzeichen, die beliebten Kritiker-Schubladen: Theater der 60er, 70er, 80er Jahre, Theater des 20. oder 21. Jahrhunderts interessieren mich nicht besonders.

3.
Einige Aufführungen seit 1964, die Theatergeschichte geschrieben haben: „Der Snob" (Sternheim/Rudolf Noelte), „Maria" (Babel/Peter Palitzsch), „Peer Gynt" (Ibsen/Peter Stein), „Triumph der Liebe" (Marivaux/Luc Bondy), „Die Hermannsschlacht" (Kleist/Claus Peymann), „Im Süden" (J. Green/Andrea Breth), „Ivanov" (Tschechow/Peter Zadek), „Murx den Europäer" (Christoph Marthaler), „Platonov" (Alvis Hermanis). Herausragende Aufführungen dieser Art, bei denen Tradition und Moderne kein Widerspruch sind, gibt es weiterhin; nur gibt es kaum noch Kritiker, die überhaupt wissen, was Theater sein kann und was es zu leisten vermag.

4.
„Bemerkenswert" ist kein Qualitätskriterium. Die Verantwortlichen fürs Theatertreffen sollten es durch „sehenswert" ersetzen. Qualität (nicht Routine) ist das Entscheidende.

5. „Texttreue" ist nicht das Schlechteste, genaue Stücklektüre halte ich für wichtiger. Eine gute Ehe hält den „Seitensprung" aus, in der Regel tut er ihr sogar gut.

6.
Es braucht Regie, aber kein Regisseurstheater. Für Peter Zadek war die stimmige Besetzung das A und O des Theatermachens. Das Komplizierteste für den Schauspieler, sagte er, ist das Herstellen des Gleichgewichts zwischen der Wirkung und dem eigenen Wesen, dem eigenen Empfinden.

7.
Das Theatertreffen ist nicht mehr das, was es einmal gewesen ist. Das ist nicht unbedingt ein Nachteil. Es darf immer anders sein. Dazu passt mein Lieblings-Klassikerzitat von Karl Valentin: „Auch die Zukunft ist leider nicht mehr das, was sie einmal gewesen ist." Allerdings meint Alexander Kluge, diesen Ausspruch, den er seiner „Schlachtbeschreibung" als Motto vorangestellt hat, bei Paul Valéry gefunden zu haben. Liegt eine Fehlleistung vor? Oder war auch Karl Valentin Valéry-Leser? Unwahrscheinlicher ist die Möglichkeit, dass Paul Valéry ein Kenner der Gedankenflüge Valentins war. Obwohl Valéry ständig auf der Suche nach einem Methodiker war, dem er auf die Nerven fallen könnte: „Ich hätte ihn wirklich nötig", gestand er André Gide. „In diesem Augenblick, da ich zufälligerweise an meine Tricks und Systeme denke, brauchte ich ihn, um sie laut darzulegen, um Verschiedenes zu klären, was noch ganz wirr in mir ist." Und immerhin war Paul Valéry ja Tatzeuge beim wirkungsvollsten Theaterskandal der Theatergeschichte: der Uraufführung des „Ubu roi" von Alfred Jarry, 1896 im Pariser Théatre de l'Œuvre.

© Privat

8.
Mein Zwischenruf, wenn Schauspieler nur noch Regieeinfälle ausführen, lautet: „Üben Sie Ihren Beruf aus! Oder haben Sie ihn verlernt?" (Jüngstes Beispiel: „Coriolanus" in den Kammerspielen des Deutschen Theaters. Wird hoffentlich nicht als „bemerkenswert" zum 50. Theatertreffen eingeladen.)

Klaus Völker, Theaterhistoriker, Dramaturg und Publizist, leitete von 1986 bis 2002 den TT-Stückemarkt. Von 1993 bis 2005 war er Rektor der Hochschule für Schauspielkunst „Ernst Busch".

Nike Wagner

33. Was ist Ihre Standardfloskel, wenn Sie nach einer TT-Premiere, die Ihnen nicht gefallen hat, einen mitwirkenden Künstler treffen? (Die Antwort wird auf Wunsch anonym veröffentlicht.)
Zur Wahl: - „Nein, wirklich … !!!"
             - Stumm umarmen.
             - „Darüber müssen wir noch einmal sprechen."

26. Ihr Lieblings-Klassikerzitat?
„Spät kommt Ihr – Doch Ihr kommt […] Graf Isolan!"
Häufig verwendbar. Es kommt immer einer zu spät.

44. Oft gehört: „War alles schon mal da" – was zum Beispiel?
Koffer, Hitler, Staubmantel.

18. Was verbinden Sie mit Einar Schleef?
Eine der stärksten Theateraufführungen meines Lebens: „Sportstück" von Elfriede Jelinek am Burgtheater. Die berühmten Textflächen mit ungeheurer Wucht und Gestaltungsphantasie choreographiert: sechs Stunden mit hochrotem Kopf dagesessen.

13. Gibt es Situationen in Ihrem Leben, die Sie als Performance-nah bezeichnen würden?
Eröffnung der Wagner-Ausstellung in der Akademie der Künste. Wenige Treppen zur Bühne. Mit der rechten Hand das Vortrags-Manuskript umklammert. Dieselbe Hand will das Treppengeländer ergreifen. Daraufhin geraten die Füße in Verwirrung. Hinaufgestolpert, mit Krach und Verrenkung. Hic Wagner, hic salta. Freud hätte genickt, Karl Valentin den Sturz zu einer Kette von Stürzen ausgebaut.

12. Von wem würden Sie sich wünschen, dass sie oder er häufiger ins Theater geht?
Von unserer Bundeskanzlerin. Sie sollte TT- Abonnentin werden. Da kommt sie runter von dem Als-ob ihrer Bühne und lernt das richtige Leben (ohne Wagner) kennen.

27. Woran erkennt man einen Klassiker zu Lebzeiten? Kennen Sie einen?
Er ist freundlich und besitzt die Aura der Unnahbarkeit – obwohl durchaus an den Bars dieser Welt anzutreffen: Durs Grünbein.

Nike Wagner, Publizistin, Dramaturgin und seit 2004 Leiterin des Kunstfestes Weimar.

Christine Wahl

9. Welche Aufführung hat Theatergeschichte geschrieben?
Nicht die einzige, aber die jüngste: „John Gabriel Borkman" von Vegard Vinge, Ida Müller und Trond Reinholdtsen beim Theatertreffen 2012.

26. Lieblings-Klassikerzitat:
„Unglücklicher, Sie scheinen auch an Idealen zu laborieren."

24. Bevorzugen Sie Texttreue oder den Seitensprung?
Den Seitensprung – sofern er den Intelligenz- und den Originalitätsquotienten des Stammobjekts nicht wesentlich unterbietet.

Christine Wahl, Journalistin und Theaterkritikerin für den „Tagesspiegel", „Theater heute", „Spiegel online", von 2011 bis 2013 Mitglied der Theatertreffen-Jury.

Lars-Ole Walburg

33 Standardfloskel
Es war in den 90er Jahren. Wir waren in Berlin und hatten Theater Affekt gegründet. Wir, das waren Stefan Bachmann, Thomas Jonigk, Ricarda Beilharz, Tom Till und ich. Wir schrieben ein Manifest und überlegten insgeheim, irgendwann das Neumarkt-Theater in Zürich zu übernehmen. Dazu kam es aber nie. In dieser Zeit stellten wir uns die Frage, ob es wohl ein einziges Wort gibt, mit welchem man auf einer Premiere auf alles reagieren kann. Wir kamen auf „Donnerwetter". Es ist ein schönes Wort, und wenn Sie es jetzt einmal leise vor sich hinsprechen, werden Sie erstaunt sein, wie vieldeutig es ist und dennoch unangreifbar: Donnerwetter!

31 Theaterkantine
Das Herz des Theaters. Wenn sie funktioniert, ist sie das geheime Kommunikationszentrum. Wenn nicht, ist es so, als würde man zu einer Party einladen und hat keine Küche.

Lars-Ole Walburg, Regisseur, Intendant am Schauspiel Hannover, war zuletzt mit „Ein Volksfeind" 2000 zum Theatertreffen eingeladen.

Sasha Waltz

1. Haben Sie jemals im Theater einen Zwischenruf gemacht? Was haben Sie gerufen?
Ich rief „Hold the Balloon!", das war in Avignon im Cour d'honneur im Sommer 2002, als wir dort unter freiem Himmel unsere Produktion „noBody" spielten und der Mistral die weiße Wolke ins Publikum trieb. Ich musste vor 2.000 Zuschauern dazwischenrufen und dafür sorgen, dass das Objekt wieder mit gemeinsamer Kraft auf die Bühne gebracht wurde und nicht in die Stadt geweht wurde.

5. Wenn Sie in der Jury wären, was würde anders?
Ich würde noch stärker die grenzüberschreitenden Stücke und Projekte beachten. Bemerkenswerte Arbeiten finden sich gerade auch im zeitgenössischen Tanz und im Musiktheater, die mir in der Jury-Auswahl oft zu kurz kommen. Ich habe einen Theaterbegriff, der weit über das konventionelle Sprechtheater hinausgeht. Die Sprachen des Körpers und der Musik sind Sprachen des Unterbewussten und können von unglaublicher emotionaler und kathartischer Wirkung sein.

19. Was bleibt von Pina Bausch?
Pina Bausch war eine der einflussreichsten Künstlerinnen des 20. Jahrhunderts. Ihr Repertoire lebt weiter, ihre Art des Theatermachens haben sich viele andere Künstler zu eigen gemacht und findet so auch weiterhin ihre Verbreitung, interessanterweise gerade auch im Sprechtheater.

41. Wann mussten Sie das letzte Mal im Theater weinen?
Die letzten beiden Male, dass mir im Theater die Tränen kamen, war beim „Human Requiem" mit dem Rundfunkchor Berlin unter der Leitung von Simon Halsey, einer szenischen Umsetzung des Deutschen Requiems, op 45 von Johannes Brahms in der Regie von Jochen Sandig im Radialsystem und beim Tschaikowsky-Violinkonzert op. 35 mit Sergej Krilov an der Mailänder Scala.

Sasha Waltz, Choreographin, Tänzerin und Opernregisseurin, Mitbegründerin und Ko-Leiterin der Tanzkompanie Sasha Waltz & Guests, war 1997 mit „Allee der Kosmonauten" und 2000 mit „Körper" zum Theatertreffen eingeladen.

© André Rival

Kazuko Watanabe

1. Haben Sie jemals im Theater einen Zwischenruf gemacht? Was haben Sie gerufen? **Zwischenrufe können sehr wichtig sein. Im Kabuki-Theater ist es Tradition. Egal, ob Zwischenrufe positiv oder negativ sind, sie machen Theater immer lebendig.**

4. Wann waren Sie zum ersten Mal beim Theatertreffen und an was erinnern Sie sich? **„Fegefeuer in Ingolstadt" von Peter Stein/Schaubühne: Eine bis heute unvergessliche Aufführung.**

6. In welchem Bühnenbild hätten Sie gerne einmal gewohnt? **Ich fühle mich in meiner Wohnung zuhause am wohlsten.**

10. Definieren Sie „bemerkenswert". **Experiment, nicht Nostalgie.**

15. War Ihnen schon einmal etwas peinlich, das Sie auf der Bühne gesehen oder gehört haben? **Ich habe niemals was Peinliches gesehen, weil alle frei sind im Theater.**

17. Gehen Sie in die Kirche? **Nein. Ich bin nicht christlich, obwohl ich Kirchenmusik sehr liebe und in Kirchenkonzerte gehe.**

18. Was verbinden Sie mit Einar Schleef? **Deutsche Vergangenheit. Geschichte.**

19. Was bleibt von Pina Bausch? **Ihre Erfindung Theater und Tanz bleibt ewig, aber das kann niemand weiter nachmachen, denke ich.**

28. Glauben Sie an Regie- und Autorenkollektive? **Ja, aber selten.**

32. Welcher verstorbene Regisseur und sein Stil haben Schule gemacht? **Zadek.**

33. Was ist Ihre Standardfloskel, wenn Sie nach einer TT-Premiere, die Ihnen nicht gefallen hat, einen mitwirkenden Künstler treffen? (Die Antwort wird auf Wunsch anonym veröffentlicht.) **Stille. Schweigen. „Nimms nicht schwer."**

37. Wenn Sie eine freie Theatergruppe gründen wollten, wie würde sie heißen? **„Kontra", „Kibo" (Hoffnung), „Mirai" (Zukunft), „Shin" (Wahrheit, Herz, Neuigkeit)**

Kazuko Watanabe, Kostüm- und Bühnenbildnerin, Regisseurin, vier ihrer Bühnenbilder wurden zum Theatertreffen eingeladen, bei Jelineks „Stecken, Stab und Stangl" führte sie 1998 auch Regie.

© Thomas Kierok

Christina Weiss

10. Definieren Sie „bemerkenswert".
Das Wort „bemerkenswert" ist der Kunstrezeption gar nicht angemessen, weil es viel zu schwach benennt, was passieren kann und sollte: Von einem Theaterstück, einer Szene will ich so gepackt, irritiert und berührt werden, dass die Bilder, Klänge und Sätze dauerhaft ins Gedächtnis einsickern und von dort aus den Blick auf alle nachfolgenden Wahrnehmungen verändern – Rainer Maria Rilke hat die Wirkung der Kunst in seinem Gedicht „Archaischer Torso Apollos" auf den Satz gebracht: „Du musst dein Leben ändern." Das Energiefeld der Künste wirkt radikal subjektiv und bei gelungener intensiver Rezeption eines Werkes dauerhaft.

12. Von wem würden Sie sich wünschen, dass sie oder er häufiger ins Theater geht?
Alle Menschen, die sich selbst eitel immer nur im Mittelpunkt sehen, sollten öfter ins Theater gehen. Das Geschehen auf der Bühne, das mich in die Distanz zu mir selbst zwingt, relativiert den Blick auf die eigene Wichtigkeit und befreit von jeder engstirnigen Binnensicht. Im Theater wird klar, dass alles immer ganz anders gedacht und gemacht werden kann.

13. Gibt es Situationen in Ihrem Leben, die Sie als Performance-nah bezeichnen würden?
Seit vielen Jahren liebe ich es, schwierige Verhandlungen oder komplizierte Momente des privaten Lebens als Theaterspiel zu denken – als Spiel, in dem jeder seine Rolle einnimmt und sie mehr oder weniger gut durchhält. Diese Imagination erleichtert es wunderbar, auf Distanz zu sich selbst zu gehen und die Möglichkeiten der anderen einzuschätzen.

20. Gibt es ein Zitat von Peter Zadek, das Sie nie vergessen werden?
Vor Jahren habe ich mir einen Satz von Peter Zadek aus einem Interview notiert und immer mit mir getragen: „Jeder Mensch lebt in einem abgesteckten Raum; ob das jetzt in einem Geschäft ist, das er führt oder in dem er arbeitet, oder in einer Fabrik; oder er lebt auf dem Dorf – er lebt innerhalb bestimmter Grenzen. Diese Grenzen sind im Theater immer zu überspringen. Das Theater gibt einem die Möglichkeit, über das Spiel diese Grenzen zu erweitern. Ich glaube, dass die Erfüllung der Träume von Menschen, wenigstens als Spiel, eine ungeheure Entlastung von negativen Spannungen ist. Das Wegdrängen von allem finde ich immer schlecht; aber das Wegdrängen von Träumen find' ich am schrecklichsten. Aber unsere Gesellschaft verlangt das andauernd."

24. Bevorzugen Sie Texttreue oder den Seitensprung?
Theatertexte sind wie jedes Kunstwerk Bedeutung-in-Möglichkeit. Wenn sie gut sind, können sie unendlich viele Lesarten verkraften. Ich jedenfalls bin neugierig auf jeden Seitensprung. Das jeweils zeitgenössische Kunstwerk bleibt verhaftet dem Moment der Tradition, in dem es entstanden ist, aber kann uns, immer wieder in neuen Zusammenhängen erlebt, Neues offenbaren und uns in seinen Bann ziehen. Wenn wir von der Sinnlichkeit eines Kunstwerks gepackt werden, löst es Staunen aus, Irritation, packt uns am Schlafittchen, provoziert einen neuen Blick auf die Welt, eine neue Einsicht, sortiert die Dinge der Alltagsrealität neu. Eine gute Inszenierung lässt den ursprünglichen Text lebendig werden, indem sie uns eine neue Sichtweise, eine neue Be-Deutung so anbietet, dass die erzählte Geschichte als Modell menschlichen Verhaltens immer wieder aufs Neue sich den Weg über die Sinne bahnt und eine neue Reflexion über uns selbst in der selbsterlebten Zeit anstößt.

Christina Weiss, Publizistin, Politikerin, von 1991 bis 2001 Kultursenatorin in Hamburg, von 2002 bis 2005 Staatsministerin und Beauftragte der Bundesregierung für Kultur und Medien im Kanzleramt.

Andreas Wilink

6. In welchem Bühnenbild hätten Sie gerne einmal gewohnt? In einer von Jürgen Kruses halluzinatorischen Rumpelkammern, auf dem Plattenspieler müsste sich eine Scheibe von Esther Ofarim drehen – und Wolfram Koch Mitbewohner sein.

18. Was verbinden Sie mit Einar Schleef? Den Frack. Die Zartheit des wuchtigen Mannes. Die Wunde des Amfortas.

21. Was an Christoph Schlingensief haben Sie zu spät verstanden? Sein Kreuz.

26. Ihr Lieblings-Klassikerzitat? „Ist denn nur die Tugend getauft, sind denn alle Leidenschaften Heiden?" (Schiller, Ferdinand in „Kabale und Liebe")

31. Was bedeutet Ihnen die Theaterkantine? Zu viel Rauch.

Andreas Wilink, Journalist, Theaterkritiker u.a. für den „Tagesspiegel", „nachtkritik.de" und „Die Welt", von 2005 bis 2007 und ab 2014 Jurymitglied des Theatertreffens.

Bernd Wilms

Die wichtigste ist, vermute ich, die Frage 33, und da muss nichts anonym veröffentlicht werden. Was also tue ich? Es ist eine wortlose Floskel, sehr ernst und sehr verlogen: Ich fasse den Künstler bei den Schultern, schaue ihm in die Augen, nicke und schüttele ihn kurz und herzlich. Aus.

Bernd Wilms, Dramaturg, Journalist, ehemaliger Intendant des Deutschen Theaters Berlin und des Maxim Gorki Theaters, war mit sechs Arbeiten zum Theatertreffen eingeladen.

Angela Winkler

> Betrifft 50 Zwischenrufe
>
> Frage 20.
> Zitat Peter Zadek
> "Gerd, sei doch mal langweilig"
> zu Gerd Voss
> bei 'Rosmersholm'
>
> Frage 18 – Einar Schleef
> ein Spaziergang im
> Regen vom Bahnhof
> Zoo zu Billa
>
> Frage 1 – Leiser!
>
> lieben Gruß Angela Winkler
>
> Berliner Festspiele
> Redaktion TT 50,
> Schaperstr. 24
> 107 19 Berlin

Angela Winkler, Schauspielerin, arbeitete regelmäßig mit Peter Zadek und war in drei Inszenierungen beim Theatertreffen zu sehen, zuletzt 2009 in Schlingensiefs „Eine Kirche der Angst vor dem Fremden in mir".

Klaus Wowereit

Von wem würden Sie sich wünschen, dass er oder sie häufiger ins Theater geht?

Von jungen Leuten. Sie sind die Zukunft des Theaters. Aber in den großen Sälen der berühmten Häuser sind sie eher rar. Oft glaubt man, dass die junge Generation eher auf der Bühne steht als im Publikum sitzt. An jungen talentierten Schauspielerinnen und Schauspielern herrscht in Berlin jedenfalls kein Mangel. Aber wo ist das junge Publikum? Früher wurden Schulklassen dazu verdonnert, Klassiker zu gucken. Das war gewiss nicht immer die beste Werbung fürs Theater.

Heute jedoch, wo das Theater weniger bildungslastig als welthaltig ist (oder Letzteres zumindest für sich in Anspruch nimmt), sollte es für junge Leute doch deutlich attraktiver sein. Vielleicht sollte sich das Theater noch etwas mehr der Welt und den Erfahrungen der Menschen – und besonders der jungen Menschen – öffnen. Denn ohne ein junges Publikum kann das Theater nicht jung sein.

Mit Walter Benjamin gefragt: Was ist die Aufgabe der Kritik?

Alles besser zu wissen, ohne es besser zu können. Aber im Ernst: Wenn sich eine Kritik nicht von ihrem Gegenstand entfernt, sondern ihn genau betrachtet und sich folglich nicht von Vorurteilen leiten lässt, sondern von Erfahrung und Sachverstand, dann trägt diese Kritik zur Horizonterweiterung bei und kann jeden, der sich mit ihr beschäftigt (auch den Kritisierten) auf neue Gedanken bringen.

Welche Frage vermissen Sie?

Gehen Sie gerne ins Theater?

Klaus Wowereit, Regierender Bürgermeister von Berlin und Kultursenator, verleiht beim Theatertreffen den Theaterpreis der Stiftung Preußische Seehandlung.

DIE AUSWAHL 1964 BIS 2013

1964

Peter Weiss: Die Verfolgung und Ermordung Jean Paul Marats
R: Konrad Swinarski / B: Peter Weiss
Schiller Theater Berlin

Edward Albee: Wer hat Angst vor Virginia Woolf?
R: Boleslaw Barlog / B: Eva Schwarz
Schlosspark Theater Berlin

Brendan Behan: Der Spaßvogel
R: Peter Zadek / B: Wilfried Minks
Bühnen der Freien Hansestadt Bremen

Konrad Wünsche: Der Unbelehrbare
R: Gerhard F. Hering / B: Ruodi Barth
Landestheater Darmstadt

Eugène Ionesco: Der König stirbt
R: Karl Heinz Stroux / B: Teo Otto
Schauspielhaus Düsseldorf

Hugh Leonard: Stephen Daedalus*
R: Hans Schweikart / B: Karl Gröning
Deutsches Schauspielhaus Hamburg

Roger Vitrac: Victor oder Die Kinder an die Macht*
R: Jean Anouilh, Roland Pietri / B: Jacques Noël
Kammerspiele München

Carl Sternheim: Der Snob*
R: Rudolf Noelte / B: Hanna Jordan
Staatstheater Stuttgart

Georg Büchner: Woyzeck*
R: Erich Neuberg / B: Stefan Hlawa
Burgtheater im Akademietheater Wien

Ödön von Horváth: Geschichten aus dem Wienerwald*
R: Michael Kehlmann / B: Teo Otto
Schauspielhaus Zürich

Jury: Elisabeth Brock-Sulzer, Joachim Kaiser, Walther Karsch, Friedrich Luft, Siegfried Melchinger, Henning Rischbieter, Albert Schulze Vellinghausen, Friedrich Torberg

1965

Carl Sternheim: Der Snob
R: Rudolf Noelte / B: Jürgen Rose
Renaissance-Theater Berlin

Samuel Beckett: Warten auf Godot*
R: Deryk Mendel / B: H. W. Lenneweit
Schiller Theater Berlin

Wladimir Majakowski: Die Wanze
R: Konrad Swinarski / B: Ewa Starowieyska
Schiller Theater Berlin

Frank Wedekind: Musik
R: Hans-Joachim Heyse / B: Karl Kneidl
Schauspielhaus Bochum

Federico García Lorca: Doña Rosita oder die Sprache der Blumen
R: Hans Bauer / B: Ruodi Barth
Landestheater Darmstadt

William Shakespeare: Hamlet
R: Harry Buckwitz / B: Michel Raffaelli
Städtische Bühnen Frankfurt/Main

Bertolt Brecht: Herr Puntila und sein Knecht Matti*
R: August Everding / B: Jörg Zimmermann
Münchner Kammerspiele

Anton P. Tschechow: Drei Schwestern
R: Rudolf Noelte / B: Hanna Jordan
Württembergische Staatstheater Stuttgart

Martin Walser: Der schwarze Schwan
R: Peter Palitzsch / B: Gerd Richter
Württembergische Staatstheater Stuttgart

Ödön von Horváth: Kasimir und Karoline*
R: Otto Schenk / B: Günther Schneider-Siemssen
Theater in der Josefstadt Wien

Peter Weiss: Die Verfolgung und Ermordung Jean Paul Marats
R: Hansgünther Heyme / B: Frank Schultes
Hessische Staatstheater Wiesbaden

Jury: Elisabeth Brock-Sulzer, Georg Hensel, Walther Karsch, Friedrich Luft, Siegfried Melchinger, Henning Rischbieter, Albert Schulze Vellinghausen, Friedrich Torberg, Klaus Wagner

1966

Harold Pinter: Die Heimkehr
R: Hans Schweikart / B: Siegfried Stepanek
Schlosspark Theater Berlin

Shakespeare/Brecht: Die Tragödie des Coriolan*
R: Manfred Wekwerth, Joachim Tenschert / B: Karl von Appen
Berliner Ensemble

Jewgeni Schwarz: Der Drache*
R: Benno Besson / B: Horst Sagert
Deutsches Theater Berlin

William Shakespeare: Dreikönigsabend oder Was ihr wollt
R: Hans Schalla / B: Walter Gondolf
Schauspielhaus Bochum

Frank Wedekind: Frühlings Erwachen
R: Peter Zadek / B: Wilfried Minks
Theater der Freien Hansestadt Bremen

Slawomir Mrożek: Tango
R: Erwin Axer / B: Eva Starowieyska
Schauspielhaus Düsseldorf

Edward Albee: Winzige Alice*
R: Heinrich Koch / B: Ita Maximowna
Deutsches Schauspielhaus Hamburg

Arthur Schnitzler: Professor Bernhardi*
R: Kurt Meisel / B: Lois Egg
Burgtheater im Akademietheater Wien

Friedrich Dürrenmatt: Der Meteor*
R: Leopold Lindtberg / B: Teo Otto
Schauspielhaus Zürich

Jury: Elisabeth Brock-Sulzer, Georg Hensel, Dieter Hildebrandt, Joachim Kaiser, Walther Karsch, Henning Rischbieter, Albert Schulze Vellinghausen, Hans Schwab-Felisch, Friedrich Torberg, Klaus Wagner

1967

Molière: Der Menschenfeind
R: Hans Schweikart / B: Filippo Sanjust
Schlosspark Theater Berlin

Roger Vitrac: Victor oder Die Kinder an die Macht
R: Hansjörg Utzerath / B: H. W. Lenneweit
Schlosspark Theater Berlin

Sean O'Casey: Pupurstaub
R: Hans-Georg Simmgen / B: Andreas Reinhardt
Berliner Ensemble

Sophokles: Ödipus Tyrann
R: Benno Besson / B: Horst Sagert
Deutsches Theater Berlin

John Osborne: Blick zurück im Zorn
R: Hans Bauer / B: Hein Heckroth
Städtische Bühnen Frankfurt/Main

Fernando de Rojas/Carlo Terron: Celestina
R: Karl Paryla / B: Max Bignens
Bühnen der Stadt Köln

249

Eugène Ionesco: Die Stühle
R: Hans Lietzau / B: Jürgen Rose
Bayerisches Staatsschauspiel München

Ödön von Horváth: Geschichten aus
dem Wienerwald
R: Otto Schenk / B: Günther Schneider-Siemssen
Münchner Kammerspiele

Thomas S. Eliot: Sweeney Agonistes /
Sweeney's Kampf
R: Alfred Erich Sistig / B: Carl Wilhelm Vogel
Städtische Bühnen Münster

Peter Handke: Selbstbezichtigung/
Weissagung
R: Günther Büch
Städtische Bühnen Oberhausen

William Shakespeare: Der Krieg der Rosen:
1. Teil Heinrich VI. ; 2. Teil Eduard IV.
R: Peter Palitzsch / B: Wilfried Minks
Württembergische Staatstheater Stuttgart

Else Lasker-Schüler: Die Wupper
R: Hans Bauer / B: Teo Otto
Wuppertaler Bühnen

Friedrich Dürrenmatt: Der Meteor
R: Leopold Lindtberg / B: Teo Otto
Schauspielhaus Zürich

Jury: Georg Hensel, Dieter Hildebrandt, Urs
Jenny, Walther Karsch, Hugo Leber, Henning
Rischbieter, Albert Schulze Vellinghausen, Hans
Schwab-Felisch, Friedrich Torberg, Klaus Wagner

1968

Georg Büchner: Dantons Tod
R: Liviu Ciulei / B: Liviu Ciulei
Schiller Theater Berlin

Samuel Beckett: Endspiel
R: Samuel Beckett / B: Matias
Schiller Theater Berlin (Werkstatt)

Bertolt Brecht: Der Brotladen*
R: Manfred Karge, Matthias Langhoff /
B: Karl von Appen
Berliner Ensemble

William Shakespeare: Maß für Maß
R: Peter Zadek / B: Wilfried Minks
Theater der Freien Hansestadt Bremen

Jean Genet: Die Wände
R: Roger Blin / B: André Acquart
Städtische Bühnen Essen

August Strindberg: Der Vater
R: Fritz Kortner / B: Wolfgang Znamenacek
Deutsches Schauspielhaus Hamburg

Edward Bond: Gerettet*
R: Peter Stein / B: Jürgen Rose
Münchner Kammerspiele

Bertolt Brecht: Im Dickicht der Städte
R: Peter Stein / B: Karl-Ernst Herrmann
Münchner Kammerspiele

Ödön von Horváth: Italienische Nacht
R: Hans Hollmann / B: Thomas Richter-Forgach
Württembergische Staatstheater Stuttgart

Isaak Babel: Marija
R: Peter Palitzsch / B: Wilfried Minks
Württembergische Staatstheater Stuttgart

Sean O'Casey: Der Pott
R: Peter Zadek / B: Wilfried Sakowitz
Wuppertaler Bühnen

Peter Hacks: Moritz Tassow*
R: Günter Ballhausen/ B: Jürgen Dreier
Wuppertaler Bühnen

Jury: Paul Blaha, Georg Hensel, Dieter
Hildebrandt, Urs Jenny, Walther Karsch,
Hugo Leber, Rolf Michaelis, Henning Rischbieter,
Hans Schwab-Felisch, Klaus Wagner

1969

Ödön von Horváth: Kasimir und Karoline
R: Hans Hollmann / B: Hannes Meyer
Theater Basel

Johann Wolfgang von Goethe: Faust.
Der Tragödie erster Teil*
R: Adolf Dresen, Wolfgang Heinz /
B: Andreas Reinhardt
Deutsches Theater Berlin

Peter Handke: Das Mündel will Vormund sein
R: Claus Peymann / B: Moidele Bickel
Theater am Turm Frankfurt/Main

Peter Handke: Kaspar
R: Claus Peymann / B: Eberhard Matthies
Theater am Turm Frankfurt/Main

Peter Terson: Zicke-Zacke
R: Hans Neuenfels / B: Klaus Gelhaar
Städtische Bühnen Heidelberg

Sophokles: Antigone
R: Kai Braak / B: Almir Mavignier
Staatstheater Kassel

Sophokles: Antigonae
(Dt. von Friedrich Hölderlin)
R: Ulrich Brecht / B: Almir Mavignier
Staatstheater Kassel

Friedrich Schiller: Die Räuber
R: Hans Lietzau / B: Jürgen Rose
Bayerisches Staatsschauspiel München

Heiner Müller: Philoktet
R: Hans Lietzau / B: Jürgen Rose
Bayerisches Staatsschauspiel München

Tankred Dorst: Toller
R: Peter Palitzsch / B: Wilfried Minks
Württembergische Staatstheater Stuttgart

Else Lasker-Schüler: Arthur Aronymus und
seine Väter
R: Hans Bauer / B: Teo Otto
Wuppertaler Bühnen

Jury: Paul Blaha, Georg Hensel, Dieter
Hildebrandt, Urs Jenny, Hellmuth Karasek,
Hugo Leber, Friedrich Luft, Rolf Michaelis,
Hans Schwab-Felisch, Klaus Wagner

1970

Samuel Beckett: Warten auf Godot
R: Hans Bauer / B: Hannes Meyer
Theater Basel

Samuel Beckett: Das letzte Band
R: Samuel Beckett / B: Matias
Schiller Theater Berlin (Werkstatt)

George Tabori: Die Kannibalen
R: Martin Fried, George Tabori / B: Wolfgang Roth
Schiller Theater Berlin (Werkstatt)

Friedrich Schiller: Kabale und Liebe
R: Hans Hollmann / B: Thomas Richter-Forgach
Schiller Theater Berlin

Johann Wolfgang von Goethe: Torquato Tasso
R: Peter Stein / B: Wilfried Minks
Theater der Freien Hansestadt Bremen

Johann Wolfgang von Goethe: Clavigo
R: Fritz Kortner / B: Ekkehard Grübler
Deutsches Schauspielhaus Hamburg

William Shakespeare: Was Ihr wollt
R: Johannes Schaaf / B: Wilfried Minks
Bayerisches Staatsschauspiel München

John Hopkins: Diese Geschichte von Ihnen
R: Peter Palitzsch / B: Wilfried Minks
Württembergische Staatstheater Stuttgart

Wolfgang Bauer: Change
R: Bernd Fischerauer / B: Gerhard Janda
Volkstheater Wien

Edward Bond: Early Morning*
R: Peter Stein / B: Uwe Lausen,
Günter Kuschmann
Schauspielhaus Zürich

Jury: Paul Blaha, Georg Hensel, Peter Iden, Joachim Kaiser, Hellmuth Karasek, Hugo Leber, Friedrich Luft, Rolf Michaelis, Hans Schwab-Felisch, Klaus Wagner

1971

Peter Handke: Das Mündel will Vormund sein
R: Hans Peter Fitzi / B: Jochen Luft
Forum-Theater Berin

Peter Handke: Der Ritt über den Bodensee
R: Claus Peymann, Wolfgang Wiens / B: Karl-Ernst Herrmann
Schaubühne am Halleschen Ufer Berlin

Bertolt Brecht: Die Mutter
R: Peter Stein, Wolfgang Schwiedrzik, Frank-Patrick Steckel / B: Klaus Weiffenbach
Schaubühne am Halleschen Ufer Berlin

Christopher Hampton: Der Menschenfreund
R: Dieter Dorn / B: Karl Gröning
Deutsches Schauspielhaus Hamburg

Anton Tschechow: Der Kirschgarten
R: Rudolf Noelte / B: Hanna Jordan
Bayerisches Staatsschauspiel München

Bertolt Brecht: Leben Eduards des Zweiten von England
R: Hans Hollmann / B: Bert Kistner
Münchner Kammerspiele

Sean O'Casey: Der Pott
R: Peter Zadek / B: Guy Peellaert
Württembergische Staatstheater Stuttgart

Gotthold Ephraim Lessing: Emilia Galotti*
R: Fritz Kortner / B: Monika Zallinger
Theater in der Josefstadt Wien

Jury: Paul Blaha, Peter Iden, Joachim Kaiser, Hellmuth Karasek, Hugo Leber, Friedrich Luft, Rolf Michaelis, Ivan Nagel, Henning Rischbieter, Hans Schwab-Felisch

1972

Anton Tschechow: Die Möwe
R: Jan Kačer / B: Luboš Hrůza
Theater Basel

Henrik Ibsen: Peer Gynt
R: Peter Stein / B: Karl-Ernst Herrmann
Schaubühne am Halleschen Ufer Berlin

August Strindberg: Der Totentanz
R: Rudolf Noelte / B: Jürgen Rose
Schlosspark Theater Berlin

Rainer Werner Fassbinder: Bremer Freiheit
R: Rainer Werner Fassbinder / B: Wilfried Minks
Theater der Freien Hansestadt Bremen

Edward Albee: Alles vorbei
R: August Everding / B: Jörg Zimmermann
Münchner Kammerspiele

Samuel Beckett: Warten auf Godot
R: Peter Palitzsch / B: Karl Kneidl
Württembergische Staatstheater Stuttgart

Frank Wedekind: Schloß Wetterstein
R: Arno Wüstenhöfer / B: Wilfried Minks
Wuppertaler Bühnen

Peter Handke: Der Ritt über den Bodensee
R: Horst Zankl / B: Ambrosius Humm
Theater am Neumarkt Zürich

Jury: Paul Blaha, Peter Iden, Joachim Kaiser, Hellmuth Karasek, Friedrich Luft, Rolf Michaelis, Henning Rischbieter, Günther Rühle, Heinrich Vormweg, Irma Voser

1973

Marieluise Fleißer: Fegefeuer in Ingolstadt
R: Peter Stein / B: Karl-Ernst Herrmann
Schaubühne am Halleschen Ufer Berlin

Heinrich von Kleist: Prinz Friedrich von Homburg
R: Peter Stein / B: Karl-Ernst Herrmann
Schaubühne am Halleschen Ufer Berlin

William Shakespeare: Der Kaufmann von Venedig
R: Peter Zadek / B: René Allio
Schauspielhaus Bochum

Henrik Ibsen: Nora
R: Hans Neuenfels / B: Klaus Gelhaar
Städtische Bühnen Frankfurt/Main

Thomas Bernhard: Der Ignorant und der Wahnsinnige
R: Claus Peymann / B: Karl-Ernst Herrmann
Deutsches Schauspielhaus Hamburg

Franz Xaver Kroetz: Stallerhof
R: Ulrich Heising, Karl Kneidl / B: Karl Kneidl
Deutsches Schauspielhaus Hamburg

Friedrich Hebbel: Maria Magdalena
R: Hansgünther Heyme / B: Bert Kistner
Schauspiel Köln

Anton Tschechow: Onkel Wanja*
R: Erwin Axer / B: Ewa Starowieyska
Münchner Kammerspiele

Jury: Peter Iden, Kurt Kahl, Joachim Kaiser, Hellmuth Karasek, Friedrich Luft, Rolf Michaelis, Henning Rischbieter, Günther Rühle, Heinrich Vormweg, Irma Voser

1974

Frank Wedekind: Frühlings Erwachen
R: Niels-Peter Rudolph / B: Karl Kneidl
Theater Basel

Arthur Schnitzler: Liebelei
R: Hans Hollmann / B: Wolfgang Mai
Theater Basel

Eugène Labiche: Das Sparschwein
R: Peter Stein / B: Karl-Ernst Herrmann
Schaubühne am Halleschen Ufer Berlin

Antikenprojekt, erster Abend. Übungen für Schauspieler.
R: Peter Stein / B: Karl-Ernst Herrmann
Schaubühne am Halleschen Ufer Berlin

Antikenprojekt, zweiter Abend. Euripides: Die Bakchen
R: Klaus Michael Grüber / B: Gilles Aillaud, Eduardo Arroyo
Schaubühne am Halleschen Ufer Berlin

Anton Tschechow: Die Möwe
R: Peter Zadek / B: Götz Loepelmann
Schauspielhaus Bochum

Samuel Beckett: Das letzte Band
R: Klaus Michael Grüber
Theater der Freien Hansestadt Bremen

Peter Martin Lampel: Revolte im Erziehungshaus
R: Peter Löscher / B: A. Christian Steiof
Städtische Bühnen Frankfurt/Main

Frank Wedekind: Frühlings Erwachen
R: Peter Palitzsch / B: A. Christian Steiof
Städtische Bühnen Frankfurt/Main

August Strindberg: Fräulein Julie
R: Günter Krämer / B: H. W. Lenneweit
Niedersächsisches Staatstheater Hannover

Edward Bond: Die See
R: Luc Bondy / B: Rolf Glittenberg
Bayerisches Staatsschauspiel München

Jury: Benjamin Henrichs, Peter Iden, Kurt Kahl, Joachim Kaiser, Friedrich Luft, Henning Rischbieter, Heinz Ritter, Günther Rühle, Heinrich Vormweg, Irma Voser

1975

Karl Kraus: Die letzten Tage der Menschheit*
R: Hans Hollmann / B: Wolfgang Mai
Theater Basel

Heiner Müller: Der Lohndrücker*
R: Frank-Patrick Steckel / B: Susanne Raschig
Schaubühne am Halleschen Ufer Berlin

Maxim Gorki: Sommergäste
R: Peter Stein / B: Karl-Ernst Herrmann
Schaubühne am Halleschen Ufer Berlin

Federico García Lorca: Doña Rosita
R: Augusto Fernandes / B: Augusto Fernandes, Hans-Peter Schubert
Schauspielhaus Bochum

William Shakespeare: König Lear
R: Peter Zadek / B: Götz Loepelmann
Schauspielhaus Bochum

Bertolt Brecht: Die Dreigroschenoper
R: Hansjörg Utzerath / B: Karl Kneidl
Düsseldorfer Schauspielhaus

Bertolt Brecht: Baal
R: Hans Neuenfels / B: Erich Wonder
Schauspiel Frankfurt/Main

Molière: Der Menschenfeind
R: Rudolf Noelte / B: Jürgen Rose
Deutsches Schauspielhaus Hamburg

Henrik Ibsen: Die Wildente
R: Peter Zadek / B: Götz Loepelmann
Deutsches Schauspielhaus Hamburg

Eugène Ionesco: Die kahle Sängerin, Tristan Rémy: Clownnummern
R: Alfred Kirchner / B: Axel Manthey
Württembergische Staatstheater Stuttgart

Jury: Reinhard Baumgart, Günther Grack, Benjamin Henrichs, Peter Iden, Kurt Kahl, Henning Rischbieter, Heinz Ritter, Günther Rühle, Heinrich Vormweg, Irma Voser

1976

Volker Ludwig/Detlef Michel: Das hältste ja im Kopf nicht aus
R: Wolfgang Kolneder / B: Waltraut Mau
Grips Theater Berlin

Empedokles – Hölderlin lesen
R: Klaus Michael Grüber / B: Antonio Recalcati
Schaubühne am Halleschen Ufer Berlin

Anton Tschechow: Onkel Wanja
R: Niels-Peter Rudolph / B: Ilona Freyer
Schlosspark Theater Berlin

Pierre Carlet de Chamblain de Marivaux: Die Unbeständigkeit der Liebe
R: Luc Bondy / B: Erich Wonder
Schauspiel Frankfurt/Main

David Rudkin: Vor der Nacht
R: Peter Löscher / B: Erich Wonder
Schauspiel Frankfurt/Main

Heiner Müller: Die Schlacht
R: Ernst Wendt / B: Rolf Glittenberg
Deutsches Schauspielhaus Hamburg

George Bernhard Shaw: Der Arzt am Scheideweg
R: Rudolf Noelte / B: Walter Dörfler
Münchner Kammerspiele

Botho Strauß: Bekannte Gesichter, gemischte Gefühle
R: Niels-Peter Rudolph / B: Karl-Ernst Herrmann
Württembergische Staatstheater Stuttgart

Heinrich von Kleist: Das Käthchen von Heilbronn oder Die Feuerprobe
R: Claus Peymann / B: Achim Freyer
Württembergische Staatstheater Stuttgart

Friedrich Wolf: Cyankali
R: Dieter Reible / B: Ambrosius Humm
Theater am Neumarkt Zürich

Jury: Reinhard Baumgart, Günther Grack, Benjamin Henrichs, Gerd Jäger, Kurt Kahl, Rolf Michaelis, Heinz Ritter, Günther Rühle, Heinrich Vormweg, Irma Voser

1977

Shakespeare's Memory
R: Peter Stein / B: Karl-Ernst Herrmann
Schaubühne am Halleschen Ufer Berlin

Henrik Ibsen: Hedda Gabler
R: Niels-Peter Rudolph / B: Roger von Moellendorff
Schiller Theater Berlin

Atlantis. Ein Gruppenprojekt
R: Augusto Fernandes / B: Götz Loepelmann
Schauspielhaus Bochum

Henrik Ibsen: Hedda Gabler
R: Peter Zadek / B: Götz Loepelmann
Schauspielhaus Bochum

Euripides: Medea
R: Hans Neuenfels / B: Karl Kneidl
Schauspiel Frankfurt/Main

William Shakespeare: Othello
R: Peter Zadek / B: Peter Zadek, Peter Pabst
Deutsches Schauspielhaus Hamburg

Karl Valentin: Zwangsvorstellungen
R: Ulrich Heising / B: Rolf Glittenberg
Deutsches Schauspielhaus Hamburg

Gotthold Ephraim Lessing: Minna von Barnhelm
R: Dieter Dorn / B: Jürgen Rose
Münchner Kammerspiele

Carlo Goldoni: Der Diener zweier Herren
R: Niels-Peter Rudolph / B: Ilona Freyer
Württembergische Staatstheater Stuttgart

Johann Wolfgang von Goethe: Faust. Der Tragödie Erster Teil, Faust. Der Tragödie Zweiter Teil
R: Claus Peymann, Achim Freyer / B: Achim Freyer
Württembergische Staatstheater Stuttgart

Jury: Reinhard Baumgart, Günther Grack, Benjamin Henrichs, Gerd Jäger, Kurt Kahl, Rolf Michaelis, Heinz Ritter, Günther Rühle, Ulrich Schreiber, Reinhardt Stumm

1978

Gerhart Hauptmann: Die Ratten
R: Rudolf Noelte / B: Walter Dörfler
Freie Volksbühne Berlin

Botho Strauß: Trilogie des Wiedersehens
R: Peter Stein / B: Karl-Ernst Herrmann
Schaubühne am Halleschen Ufer Berlin

Winterreise. Textfragmente aus Hölderlins Roman Hyperion oder Der Eremit in Griechenland*
R: Klaus Michael Grüber / B: Antonio Recalcati
Schaubühne am Halleschen Ufer Berlin

Friedrich Schiller: Kabale und Liebe
R: Roland Schäfer / B: Franz Koppendorfer
Düsseldorfer Schauspielhaus

Ernst Barlach: Der arme Vetter
R: Frank-Patrick Steckel / B: Axel Manthey
Schauspiel Frankfurt/Main

Henrik Ibsen: Gespenster
R: Luc Bondy / B: Rolf Glittenberg
Deutsches Schauspielhaus Hamburg

Heinrich von Kleist: Prinz Friedrich von Homburg
R: Manfred Karge, Matthias Langhoff / B: Wend Kässens
Deutsches Schauspielhaus Hamburg

Trevor Griffiths: Komiker
R: Peter Zadek / B: John Gunter
Thalia Theater Hamburg

Johann Wolfgang von Goethe: Iphigenie auf Tauris
R: Claus Peymann / B: Ilona Freyer
Württembergische Staatstheater Stuttgart

Thomas Brasch: Rotter
R: Christof Nel / B: Karl-Ernst Herrmann
Württembergische Staatstheater Stuttgart

Botho Strauß: Trilogie des Wiedersehens
R: Niels-Peter Rudolph / B: Susanne Raschig
Württembergische Staatstheater Stuttgart

Jury: Reinhard Baumgart, Günther Grack, Benjamin Henrichs, Peter Iden, Rolf Michaelis, Heinz Ritter, Günther Rühle, Ulrich Schreiber, Hilde Spiel, Reinhardt Stumm

1979

Robert Wilson: Death Destruction & Detroit
R: Robert Wilson / B: Robert Wilson
Schaubühne am Halleschen Ufer Berlin

Botho Strauß: Groß und klein
R: Peter Stein / B: Karl-Ernst Herrmann
Schaubühne am Halleschen Ufer Berlin

Friedrich Hölderlin: Die Antigonä des Sophokles
R: Niels-Peter Rudolph / B: Susanne Raschig
Schiller Theater Berlin

Friedrich Hölderlin: Antigonae
R: Ernst Wendt / B: Johannes Schütz
Bremer Theater

Friedrich Schiller: Maria Stuart
R: Nicolas Brieger / B: Johannes Schütz
Bremer Theater

Friedrich Schiller: Die Räuber*
R: Peter Löscher / B: A. Christian Steiof
Düsseldorfer Schauspielhaus

Sophokles / Friedrich Hölderlin: Antigone
R: Christof Nel / B: Erich Wonder
Städtische Bühnen Frankfurt/Main

Botho Strauß: Groß und klein*
R: Dieter Dorn / B: Jürgen Rose
Münchner Kammerspiele

Thomas Brasch: Lovely Rita
Einrichtung: Ernst Wendt, Hans Kleber, Veronika Dorn, Michael Rüggeberg
Münchner Kammerspiele

Gotthold Ephraim Lessing: Emilia Galotti
R: Adolf Dresen / B: Pieter Hein
Burgtheater Wien

Jury: Reinhard Baumgart, Günther Grack, Peter Iden, Rolf Michaelis, Henning Rischbieter, Heinz Ritter, Helmut Schödel, Ulrich Schreiber, Hilde Spiel, Reinhardt Stumm

1980

Ernst Jandl: Aus der Fremde
R: Ellen Hammer / B: Antonio Recalcati
Schaubühne am Halleschen Ufer Berlin

Thomas Brasch: Lieber Georg
R: Manfred Karge, Matthias Langhoff / B: Matthias Langhoff, Maren Christensen
Schauspiel Bochum

William Shakespeare: Maß für Maß
R: B. K. Tragelehn / B: Axel Manthey
Schauspiel Bochum

Thomas Bernhard: Vor dem Ruhestand
R: Claus Peymann / B: Karl-Ernst Herrmann
Schauspiel Bochum

Nikolaj W. Gogol: Der Revisor
R: David Mouchtar-Samorai / B: Erich Fischer
Theater der Stadt Heidelberg

Heinrich von Kleist: Das Käthchen von Heilbronn*
R: Jürgen Flimm / B: Rolf Glittenberg
Schauspiel Köln

Arnolt Bronnen: Vatermord
R: Jürgen Bosse / B: Herbert Wernicke
Nationaltheater Mannheim

Euripides: Die Bacchantinnen
R: Holk Freytag / B: Jörg Domenik
Schlosstheater Moers

Maxim Gorki: Sommergäste*
R: Achim Benning / B: Matthias Kralj
Burgtheater Wien

Pina Bausch: Arien
Inszenierung und Choreographie: Pina Bausch / B: Rolf Borzik
Wuppertaler Bühnen

Jury: Günther Grack, Peter Iden, Gerhard Jörder, Rolf Michaelis, Henning Rischbieter, Helmut Schödel, Ulrich Schreiber, Hilde Spiel, Reinhardt Stumm, Roland H. Wiegenstein

1981

Antikenprojekt II. Die Orestie des Aischylos
R: Peter Stein / B: Karl-Ernst Herrmann
Schaubühne am Halleschen Ufer Berlin

Thomas Bernhard: Der Weltverbesserer
R: Claus Peymann / B: Karl-Ernst Herrmann
Schauspielhaus Bochum

Georg Büchner: Marie – Woyzeck
R: Manfred Karge, Matthias Langhoff / B: Maren Christensen
Schauspielhaus Bochum

Johann Wolfgang von Goethe: Iphigenie auf Tauris
R: Hans Neuenfels / B: Hans Neuenfels, Max von Vequel
Schauspiel Frankfurt/Main

Marieluise Fleißer: Fegefeuer in Ingolstadt
R: Benjamin Korn / B: Wilhelmine Bauer
Thalia Theater Hamburg

William Shakespeare: Viel Lärm um nichts
R: David Mouchtar-Samorai / B: Erich Fischer
Theater der Stadt Heidelberg

Samuel Beckett: Glückliche Tage
R: Luc Bondy / B: Rolf Glittenberg
Schauspiel Köln

Peter Greiner: Kiez
R: Walter Bockmayer / B: Dieter Flimm
Schauspiel Köln

Witold Gombrowicz: Yvonne, die Burgunderprinzessin
R: Luc Bondy / B: Rolf Glittenberg
Schauspiel Köln

Robert Musil: Die Schwärmer
R: Erwin Axer / B: Ewa Starowieyska
Burgtheater Wien

Pina Bausch: Bandoneon
Inszenierung und Choreographie: Pina Bausch / B: Gralf-Edzard Habben
Wuppertaler Bühnen

Friedrich Schiller: Die Verschwörung des Fiesco zu Genua
R: Hans Hollmann / B: Wolfgang Mai
Schauspielhaus Zürich

Jury: Peter Iden, Urs Jenny, Gerhard Jörder, Henning Rischbieter, Helmut Schödel, Ulrich Schreiber, Hilde Spiel, Reinhardt Stumm, Roland H. Wiegenstein, Sibylle Wirsing

1982

Johann Wolfgang von Goethe: Faust.*
R: Klaus Michael Grüber / B: Gilles Aillaud
Freie Volksbühne Berlin

Samuel Beckett: Mercier und Camier / Ohio Impromptu
Einrichtung: Christian Bertram
Rent-a-face in Verbindung mit Schaubühne am Lehniner Platz Berlin

Heinrich von Kleist: Penthesilea
R: Hans Neuenfels / B: Hans Neuenfels, Anna Viebrock
Schiller Theater Berlin

Robert Musil: Die Schwärmer
R: Hans Neuenfels / B: Hans Neuenfels, Anna Viebrock
Schlosspark Theater Berlin

Anton Tschechow: Der Kirschgarten
R: Manfred Karge, Matthias Langhoff / B: Peter Bausch, Manfred Karge, Matthias Langhoff
Schauspielhaus Bochum

Gotthold Ephraim Lessing: Nathan der Weise
R: Claus Peymann / B: Karl-Ernst Herrmann
Schauspielhaus Bochum

Christopher Marlowe: Edward II
R: David Mouchtar-Samorai / B: Erich Fischer
Theater der Stadt Heidelberg

Georg Büchner: Leonce und Lena
R: Jürgen Flimm / B: Raimund Bauer
Schauspiel Köln

Maxim Gorki: Nachtasyl*
R: Jürgen Gosch / B: Axel Manthey
Schauspiel Köln

Johann Wolfgang von Goethe:
Torquato Tasso
R: Ernst Wendt / B: Johannes Schütz
Münchner Kammerspiele

Jury: Peter Iden, Urs Jenny, Gerhard Jörder, Henning Rischbieter, Günther Rühle, Helmut Schödel, Hilde Spiel, Reinhardt Stumm, Roland H. Wiegenstein, Sibylle Wirsing

1983

William Shakespeare: Hamlet*
R: Klaus Michael Grüber / B: Gilles Aillaud
Schaubühne Lehniner Platz Berlin

Botho Strauß: Kalldewey, Farce
R: Luc Bondy / B: Karl-Ernst Herrmann
Schaubühne am Lehniner Platz Berlin

Heinrich von Kleist: Die Hermannsschlacht
R: Claus Peymann / B: Vincent Callara
Schauspielhaus Bochum

Reinhild Hoffmann: Könige und Königinnen
Choreographie: Reinhild Hoffmann /
B: Johannes Schütz
Bremer Tanztheater

Calderón de la Barca: Das Leben ein Traum*
R: Michael Gruner / B: Uwe Oelkers
Düsseldorfer Schauspielhaus

Heiner Müller: Die Schlacht
R: B. K. Tragelehn / B: Rosie Krines, Götz Loepelmann, Erika Landertinger
Düsseldorfer Schauspielhaus

Johann Wolfgang von Goethe:
Der Groß-Cophta
R u. B: Augusto Fernandes
Deutsches Schauspielhaus Hamburg

Peter Handke: Über die Dörfer
R: Niels-Peter Rudolph / B: Susanne Raschig
Deutsches Schauspielhaus Hamburg

Molière: Der Menschenfeind
R: Jürgen Gosch / B: Axel Manthey
Schauspiel Köln

Robert Wilson: Die goldenen Fenster*
R u. B: Robert Wilson
Münchner Kammerspiele

Friedrich Schiller: Demetrius
R: Hansgünther Heyme / B: Wolf Münzner
Württembergische Staatstheater Stuttgart

Gotthold Ephraim Lessing: Nathan der Weise
R: Hansgünther Heyme / B: Wolf Münzner
Württembergische Staatstheater Stuttgart

Anton Tschechow: Iwanow
R: Arie Zinger / B: Wolfgang Mai
Schauspielhaus Zürich

Gotthold Ephraim Lessing:
Minna von Barnhelm
R: Jürgen Flimm / B: Rolf Glittenberg
Schauspielhaus Zürich

Jury: Benjamin Henrichs, Rolf Hochhuth, Urs Jenny, Gerhard Jörder, Günther Rühle, Roland H. Wiegenstein, Sibylle Wirsing

1984

Anton Tschechow: Drei Schwestern*
R: Peter Stein / B: Karl-Ernst Herrmann
Schaubühne am Lehniner Platz Berlin

Anton Tschechow: An der großen Straße
R: Klaus Michael Grüber / B: Gilles Aillaud
Schaubühne am Lehniner Platz Berlin

William Shakespeare: Das Wintermärchen
R: Claus Peymann / B: Karl-Ernst Herrmann
Schauspielhaus Bochum

Thomas Bernhard: Der Schein trügt
R: Claus Peymann / B: Erich Wonder, Andreas Braito
Schauspielhaus Bochum

Heiner Müller: Verkommenes Ufer /
Medeamaterial / Landschaft mit Argonauten
R: Manfred Karge, Matthias Langhoff /
B: Matthias Langhoff
Schauspielhaus Bochum

Reinhild Hoffmann: Callas
Choreographie: Reinhild Hoffmann /
B: Johannes Schütz
Bremer Tanztheater

Gerhart Hauptmann: Michael Kramer
R: Rudolf Noelte / B: Walter Dörfler
Thalia Theater Hamburg

Robert Wilson (Mitarbeit Heiner Müller):
the CIVIL warS
R u. B: Robert Wilson
Schauspiel Köln

Anton Tschechow: Onkel Wanja
R: Harald Clemen / B: Jörg Zimmermann
Nationaltheater Mannheim

Henrik Ibsen: Baumeister Solness
R: Peter Zadek / B: Götz Loepelmann
Bayerisches Staatsschauspiel München

Gotthold Ephraim Lessing: Emilia Galotti
R: Thomas Langhoff / B: Jürgen Rose
Münchner Kammerspiele

Franz Xaver Kroetz: Nicht Fisch nicht Fleisch
R: Franz Xaver Kroetz / B: Klaus Hellenstein
Münchner Kammerspiele

Samuel Beckett: Warten auf Godot
R: George Tabori / B: Kazuko Watanabe
Münchner Kammerspiele

Jury: Peter von Becker, Benjamin Henrichs, Urs Jenny, Sigrid Löffler, Günther Rühle, Gerhard Stadelmaier, Sibylle Wirsing

1985

Charles Jennens / Georg Friedrich Händel:
Der Messias*
R: Achim Freyer / B: Achim Freyer
Deutsche Oper Berlin

Joshua Sobol: Ghetto
R: Peter Zadek / B: Johannes Grützke
Freie Volksbühne Berlin

Botho Strauß: Der Park
R: Peter Stein / B: Karl-Ernst Herrmann
Schaubühne am Lehniner Platz Berlin

Federico García Lorca: Bernarda Albas Haus
R: Andrea Breth / B: Gisbert Jäkel
Städtische Bühnen Freiburg

John Hopkins: Verlorene Zeit
R: Peter Zadek / B: John Gunter
Deutsches Schauspielhaus Hamburg

Friedrich Schiller: Don Carlos
R: Alexander Lang / B: Volker Pfüller
Münchner Kammerspiele

Georg Büchner: Woyzeck
R: Benjamin Korn / B: Klaus Hellenstein
Münchner Kammerspiele

Friedrich Schiller: Wilhelm Tell
R: Hansgünther Heyme / B: Wolf Münzner
Württembergische Staatstheater Stuttgart

Lars Norén: Dämonen
R: Dieter Giesing / B: Rolf Glittenberg
Burgtheater Wien

nach F. M. Dostojewski: Verbrechen und Strafe
R: Juri Ljubimow / B: David Borovskij
Burgtheater Wien

Sean O'Casey: Der Pflug und die Sterne
R: Thomas Langhoff / B: Herbert Kapplmüller
Burgtheater Wien

Pina Bausch: Auf dem Gebirge hat man ein Geschrei gehört*
Inszenierung und Choreographie: Pina Bausch, Peter Pabst
Wuppertaler Bühnen

Jury: Reinhard Baumgart, Peter von Becker, Benjamin Henrichs, Sigrid Löffler, Rolf Michaelis, Günther Rühle, Gerhard Stadelmaier, Marleen Stoessel

1986

Pierre Carlet de Chamblain de Marivaux: Triumph der Liebe*
R: Luc Bondy / B: Karl-Ernst Herrmann
Schaubühne am Lehniner Platz Berlin

Thomas Bernhard: Der Theatermacher
R: Claus Peymann / B: Karl-Ernst Herrmann
Schauspiel Bochum

Heinrich von Kleist: Amphitryon
R: Jossi Wieler / B: Anna Viebrock
Schauspiel Bonn

Reinhild Hoffmann: Föhn
Choreographie: Reinhild Hoffmann / B: Johannes Schütz
Bremer Tanztheater

Sophokles: Oedipus
R: Jürgen Gosch / B: Axel Manthey
Thalia Theater Hamburg

Herbert Achternbusch: Gust
R: Herbert Achternbusch / B: Gunther Freyse
Bayerisches Staatsschauspiel München

David Mamet: Hanglage Meerblick
R: Dieter Giesing / B: Rolf Glittenberg
Staatstheater Stuttgart

Jury: Reinhard Baumgart, Peter von Becker, Sigrid Löffler, Rolf Michaelis, Günther Schloz, Gerhard Stadelmaier, Marleen Stoessel

1987

Franz Xaver Kroetz: Der Nusser
R: Franz Xaver Kroetz / B: Götz Loepelmann
Schauspielhaus Bochum

Julien Green: Süden
R: Andrea Breth / B: Gisbert Jäkel
Schauspielhaus Bochum

Gotthold Ephraim Lessing: Miss Sara Sampson
R: David Mouchtar-Samorai / B: Kazuko Watanabe
Schauspiel Bonn

Thomas Strittmatter: Viehjud Levi
R: Kai Braak / B: Gralf-Edzard Habben
Städtische Bühnen Freiburg

Heiner Müller: Hamletmaschine
R u. B: Robert Wilson
Thalia Theater Hamburg

Bernard-Marie Koltès: Quai West
R: Jürgen Bosse / B: Wolf Münzner
Nationaltheater Mannheim

Jane Bowles: Im Gartenhaus
R: Thomas Schulte-Michels / B: Susanne Thaler
Bayerisches Staatsschauspiel München

Arthur Schnitzler: Professor Bernhardi
R: Volker Hesse / B: Susanne Thaler
Bayerisches Staatsschauspiel München

William Shakespeare: Troilus und Cressida
R: Dieter Dorn / B: Jürgen Rose
Münchner Kammerspiele

Lars Norén: Nachtwache
R: Alfred Kirchner / B: Lilot Hegi
Burgtheater Wien

Thomas Bernhard: Ritter, Dene, Voss
R: Claus Peymann / B: Karl-Ernst Herrmann
Burgtheater Wien

William Shakespeare: Richard III.
R: Claus Peymann / B: Karl-Ernst Herrmann
Burgtheater Wien

Jury: Reinhard Baumgart, Peter von Becker, Rolf Michaelis, Günther Schloz, Ulrich Schreiber, Michael Skasa, Marleen Stoessel

1988

Jean Racine: Phädra
R: Peter Stein / B: Lucio Fanti
Schaubühne am Lehniner Platz Berlin

Doris Lessing: Jedem seine eigene Wildnis
R: Fred Berndt / B: Fred Berndt
Schlosspark Theater Berlin

Rainald Goetz: Krieg. Teil 1
R: Hans Hollmann / B: Hans Hoffer
Schauspiel Bonn

Anton Tschechow: Platonow
R: Annegret Ritzel / B: Gerd Herr
Städtische Bühnen Dortmund

Gerhart Hauptmann: Vor Sonnenaufgang
R u. B: Einar Schleef
Schauspiel Frankfurt/Main

Frank Wedekind: Lulu
R: Peter Zadek / B: Johannes Grützke
Deutsches Schauspielhaus Hamburg

Johann Kresnik: Macbeth
R u. Choreographie: Johann Kresnik/ B: Gottfried Helnwein
Theater der Stadt Heidelberg

Bertolt Brecht: Leben des Galilei
R: Holk Freytag / B: Petra Strass
Schlosstheater Moers

Jean-Paul Sartre: Tote ohne Begräbnis
R: Roberto Ciulli / B: Gralf-Edzard Habben
Theater an der Ruhr Mühlheim

Jean Racine: Phädra
R: Alexander Lang / B: Volker Pfüller
Münchner Kammerspiele

August Strindberg: Ein Traumspiel
R u. B: Axel Manthey
Staatstheater Stuttgart

Bertolt Brecht: Der aufhaltsame Aufstieg des Arturo Ui
R: Alfred Kirchner / B: Matthias Kralj
Burgtheater Wien

Achim Freyer/ Dieter Schnebel/ Urs Toller: Metamorphosen des Ovid*
R u. B: Achim Freyer
Burgtheater Wien

George Tabori: Mein Kampf
R: George Tabori / B: Marietta Eggmann
Burgtheater Wien

Jury: Karin Kathrein, Michael Merschmeier, Rolf Michaelis, Günther Schloz, Ulrich Schreiber, Michael Skasa, Reinhardt Stumm

1989

Heinrich von Kleist: Das Käthchen von Heilbronn
R: Cesare Lievi / B: Daniele Lievi
Theater Basel

Heiner Müller: Der Lohndrücker
R: Heiner Müller / B: Erich Wonder
Deutsches Theater Berlin

Volker Braun: Die Übergangsgesellschaft
R: Thomas Langhoff / B: Pieter Hein
Maxim Gorki Theater Berlin

Botho Strauß: Die Zeit und das Zimmer
R: Luc Bondy / B: Richard Peduzzi
Schaubühne am Lehniner Platz Berlin

Ernst Barlach: Der arme Vetter
R: Günter Krämer / B: Günter Krämer,
Ulrich Schulz
Bremer Theater

Bernard-Marie Koltès: Rückkehr in die Wüste
R u. B: Alexander Lang
Thalia Theater Hamburg

Anton Tschechow: Platonow
R: Jürgen Flimm / B: Rolf Glittenberg
Thalia Theater Hamburg

Botho Strauß: Besucher
R: Dieter Dorn / B: Jürgen Rose
Münchner Kammerspiele

N. R. Erdmann: Der Selbstmörder
R: Horst Hawemann / B: Martin Fischer
Staatstheater Schwerin

FDJ-Lieder/ Deutsche Volkslieder: So haltet
die Freude recht fest*
R: Christoph Schroth
Staatstheater Schwerin

Thomas Bernhard: Heldenplatz
R: Claus Peymann / B: Karl-Ernst Herrmann
Burgtheater Wien

Jury: Werner Burkhardt, Peter Iden, Karin Kathrein, Dieter Kranz, Michael Merschmeier, Ulrich Schreiber, Michael Skasa, Reinhardt Stumm

1990

George Tabori: Mein Kampf
R: Thomas Langhoff / B: Pieter Hein
Maxim Gorki Theater Berlin

Johann Kresnik: Ulrike Meinhof
Choreographie: Johann Kresnik /
B: Penelope Wehrli
Bremer Theater

Maxim Gorki: Die Letzten
R: Andrea Breth / B: Gisbert Jäkel
Schauspielhaus Bochum

Botho Strauß: Besucher
R u. B: Wilfried Minks
Thalia Theater Hamburg

Bertolt Brecht: Mann ist Mann
R: Katharina Thalbach / B: Ezio Toffolutti
Thalia Theater Hamburg

Henrik Ibsen: Die Frau vom Meer
R: Thomas Langhoff / B: Jürgen Rose
Münchner Kammerspiele

Gotthold Ephraim Lessing: Miss Sara Sampson
R: Frank Castorf / B: Hartmut Meyer
Bayerisches Staatsschauspiel München

Georg Büchner: Woyzeck
R u. B: Achim Freyer
Burgtheater Wien

William Shakespeare: Othello*
R: George Tabori / B: Karl-Ernst Herrmann
Burgtheater Wien

Peter Handke: Das Spiel vom Fragen oder
Die Reise zum Sonoren Land*
R: Claus Peymann / B: Karl-Ernst Herrmann
Burgtheater Wien

Jury: Werner Burkhardt, Peter Iden, Joachim Kaiser, Karin Kathrein, Reinhard Kill, Dieter Kranz, Michael Merschmeier, Reinhardt Stumm

1991

Tankred Dorst: Korbes
R: Harald Clemen / B: Siegfried E. Meyer
Theater Basel

William Shakespeare / Heiner Müller:
Hamlet/Maschine
R: Heiner Müller / B: Erich Wonder
Deutsches Theater Berlin

Henrik Ibsen: John Gabriel Borkman
R: Frank Castorf / B: Peter Schubert
Deutsches Theater Berlin

Javier Tomeo: Mütter und Söhne
R: Felix Prader / B: Tobias Hoheisel
Schaubühne am Lehniner Platz Berlin

William Shakespeare: Das Wintermärchen
R: Luc Bondy / B: Erich Wonder
Schaubühne am Lehniner Platz Berlin

Friedrich Schiller: Die Räuber
R: Alexander Lang / B: Caroline Neven Du Mont
Schiller Theater Berlin

Jacob und Wilhelm Grimm: Märchen in
Deutschland / erzählt von Bernhard Minetti
R: Alexander Lang / B: Marcel Keller
Schiller Theater Berlin

William Shakespeare: Timon aus Athen
R: Frank-Patrick Steckel / B: Dieter Hacker
Schauspielhaus Bochum

Robert Wilson / Tom Waits /
William Burroughs: The Black Rider
R u. B: Robert Wilson
Thalia Theater Hamburg

Botho Strauß: Schlußchor
R: Dieter Dorn / B: Jürgen Rose
Münchner Kammerspiele

Henrik Ibsen: Ein Puppenheim (Nora)
R: Leander Haußmann / B: Franz Havemann
Deutsches Nationaltheater Weimar

Anton Tschechow: Ivanov
R: Peter Zadek / B: Peter Pabst
Burgtheater Wien

Jury: Peter von Becker, Werner Burkhardt, Peter Iden, Gerhard Jörder, Karin Kathrein, Reinhard Kill, Dieter Kranz, Erika Stephan, C. Bernd Sucher

1992

Botho Strauß: Schlußchor
R: Luc Bondy / B: Erich Wonder
Schaubühne am Lehniner Platz Berlin

nach Isaak Babel: Das Ende des
Armenhauses
R u. B: Andrej Woron
Theatr Kreatur Berlin

Georg Büchner: Woyzeck
R: Andreas Kriegenburg / B: Susanne Schuboth
Volksbühne am Rosa-Luxemburg-Platz Berlin

Samuel Beckett: Endspiel
R: Jürgen Gosch / B: Johannes Schütz
Schauspielhaus Bochum

Johann Kresnik: Frida Kahlo
Choreographie: Johann Kresnik /
B: Penelope Wehrli
Bremer Theater

Bertolt Brecht: Im Dickicht der Städte
R: Ruth Berghaus / B: Erich Wonder
Thalia Theater Hamburg

Gotthold Ephraim Lessing: Emilia Galotti
R u. B: Matthias Hartmann
Staatstheater Hannover

August Strindberg: Fräulein Julie
R: Dimiter Gotscheff / B: Jens Kilian
Kölner Schauspiel

Ernst Barlach: Der blaue Boll
R: Hans Lietzau / B: Jürgen Rose
Münchner Kammerspiele

Werner Schwab: Volksvernichtung oder Meine Leber ist sinnlos
R: Christian Stückl / B: Marlene Poley,
Christian Sedelmayer
Münchner Kammerspiele

Georg Trakl: Blaubart
R: Cesare Lievi / B: Daniele Lievi
Burgtheater Wien

Sean O'Casey: Das Ende vom Anfang
R: Andrea Breth / B: Gisbert Jäkel
Burgtheater im Akademietheater Wien

George Tabori: Goldberg Variationen
R: George Tabori / B: Karl-Ernst Herrmann
Burgtheater im Akademietheater Wien

Jury: Peter von Becker, Peter Iden, Gerhard Jörder, Reinhard Kill, Wolfgang Kralicek, Dieter Kranz, Mechthild Lange, Erika Stephan, C. Bernd Sucher

1993

Rolf Hochhuth: Wessis in Weimar
R u. B: Einar Schleef
Berliner Ensemble

Hugo von Hofmannsthal: Der Turm
R: Thomas Langhoff / B: Pieter Hein
Deutsches Theater Berlin

Alexander Wampilow: Letzten Sommer in Tschulimsk
R: Andrea Breth / B: Gisbert Jäkel
Schaubühne am Lehniner Platz Berlin

Christoph Marthaler: Murx den Europäer! Murx ihn! Murx ihn! Murx ihn! Murx ihn ab!
R: Christoph Marthaler / B: Anna Viebrock
Volksbühne am Rosa-Luxemburg-Platz Berlin

William Shakespeare: König Lear
R: Frank Castorf / B: Hartmut Meyer
Volksbühne am Rosa-Luxemburg-Platz Berlin

Sophokles: Oedipus
R u. B: Dieter Hacker
Schauspielhaus Bochum

Georg Büchner: Woyzeck
R: Valentin Jeker / B: Thomas Dreißigacker
Schauspiel Bonn

Johann Kresnik: Wendewut
R u. Choreographie: Johann Kresnik, Penelope Wehrli
Theater Bremen

Witold Gombrowicz: Yvonne, die Burgunderprinzessin
R: Hans-Ulrich Becker / B: Alexander Müller-Elmau
Theater der Stadt Heidelberg

Mark Galesnik: Die Besessene
R: Konstanze Lauterbach / B: Axel Pfefferkorn
Schauspiel Leipzig

William Shakespeare: Romeo und Julia
R: Leander Haußmann / B: Bernhard Kleber
Bayerisches Staatsschauspiel München

William Shakespeare: Ein Sommernachtstraum
R: Leander Haußmann / B: Franz Havemann
Deutsches Nationaltheater Weimar

Jury: Peter von Becker, Christoph Funke, Gerhard Jörder, Reinhard Kill, Wolfgang Kralicek, Mechthild Lange, Rolf Michaelis, Erika Stephan, C. Bernd Sucher

1994

Jo Fabian: Vaterlandskomplex
R u. B: Jo Fabian
example dept. / Theater unterm Dach Berlin

Henrik Ibsen: Hedda Gabler
R: Andrea Breth / B: Gisbert Jäkel
Schaubühne am Lehniner Platz Berlin

Antonio Buero-Vallejo: Brennende Finsternis
R: Karsten Schiffler / B: Daniel Roskamp
Schauspielhaus Bochum

William Shakespeare: Romeo und Julia
R: Karin Beier / B: Florian Etti
Düsseldorfer Schauspielhaus

Henrik Ibsen: Hedda Gabler
R: Jürgen Kruse / B: Stefan Mayer
Schauspiel Frankfurt/Main

Elfriede Jelinek: Wolken.Heim.
R: Jossi Wieler / B: Anna Viebrock
Deutsches Schauspielhaus Hamburg

Christoph Marthaler: Goethes Faust, √1+2
R: Christoph Marthaler / B: Anna Viebrock
Deutsches Schauspielhaus Hamburg

Wenedikt Jerofejew: Walpurgisnacht oder Die Schritte des Komturs
R: Hans-Ulrich Becker / B: Alexander Müller-Elmau
Nationaltheater Mannheim

William Shakespeare: Othello
R: Michael Jurgons / B: Änn Schwerdtle
Mecklenburgische Staatstheater Schwerin

Isaak Babel: Sonnenuntergang
R: Dieter Giesing / B: Karl-Ernst Herrmann
Burgtheater im Akademietheater Wien

George Tabori: Requiem für einen Spion
R: George Tabori / B: Karl-Ernst Herrmann
Burgtheater im Akademietheater Wien

David Mamet: Oleanna
R: Jens-Daniel Herzog / B: Andreas Herrmann
Schauspielhaus Zürich

Jury: Peter von Becker, Eckhard Franke, Christoph Funke, Wolfgang Kralicek, Mechthild Lange, Rolf Michaelis, Ulrich Schreiber, Erika Stephan, C. Bernd Sucher

1995

Tankred Dorst: Herr Paul
R: Michael Gruner / B: Peter Schulz
Deutsches Theater Berlin (Kammerspiele)

Jean Eustache: La Maman et la Putain
R: Jürgen Gosch / B: Johannes Schütz
Schauspiel Bochum

Robert Wilson / Tom Waits / William Burroughs: The Black Rider
R u. B: Michael Simon
Schauspiel Dortmund

Ödön von Horváth: Glaube Liebe Hoffnung
R: Irmgard Lange / B: Volker Walther
Staatsschauspiel Dresden

Elfriede Jelinek: Raststätte oder Sie machens alle
R: Frank Castorf / B: Bert Neumann
Deutsches Schauspielhaus Hamburg

Henrik Ibsen: Die Wildente
R: Jürgen Flimm / B: Erich Wonder
Thalia Theater Hamburg

Franz Xaver Kroetz: Der Drang
R: Franz Xaver Kroetz / B: Götz Loepelmann
Münchner Kammerspiele

William Shakespeare: Titus Andronicus
R: Wolfgang Engel / B: Horst Vogelgesang
Burgtheater im Akademietheater Wien

Werner Schwab: Die Präsidentinnen
R: Peter Wittenberg / B: Paul Lerchbaumer
Burgtheater im Akademietheater Wien

Projekt des Neumarkt-Ensembles: In Sekten
R: Volker Hesse / B: Mariette Eggmann, Ernst Wiener
Theater Neumarkt Zürich

Jury: Peter von Becker, Eckhard Franke, Christoph Funke, Wolfgang Kralicek, Mechthild Lange, Rolf Michaelis, Claudia Petzold, Ulrich Schreiber, Thomas Thieringer

1996

Bertolt Brecht: Der aufhaltsame Aufstieg des Arturo Ui
R: Heiner Müller / B: Hans Joachim Schlieker
Berliner Ensemble

Arthur Miller: Der große Knall
R: David Mouchtar-Samorai / B: Heinz Hauser
Schauspiel Bonn

Karin Beier / Joachim Lux: Sommernachts-
traum. Ein europäischer Shakespeare
R: Karin Beier / B: Florian Etti
Düsseldorfer Schauspielhaus

Christoph Marthaler: Stunde Null oder die
Kunst des Servierens
R: Christoph Marthaler / B: Anna Viebrock
Deutsches Schauspielhaus Hamburg

Bertolt Brecht: Herr Puntila und sein
Knecht Matti
R: Frank Castorf / B: Hartmut Meyer
Deutsches Schauspielhaus Hamburg

Pierre Carlet de Marivaux: Der Streit
R: Sven-Eric Bechtolf / B: Rolf Glittenberg
Thalia Theater Hamburg

Henrik Ibsen: Baumeister Solness
R: Gerhard Willert / B: Martin Kraemer
Nationaltheater Mannheim

Karl Philipp Moritz: Blunt oder der Gast
R: Elmar Goerden / B: Katja Haß
Schauspiel Stuttgart

Anton Tschechow: Der Kirschgarten
R: Peter Zadek / B: Karl Kneidl
Burgtheater im Akademietheater Wien

nach Goethe: Wahlverwandtschaften
R: Stefan Bachmann / B: Ricarda Beilharz
Theater Neumarkt Zürich

Jury: Gerhard Jörder, Dieter Kranz, Sigrid Löffler,
Michael Merschmeier, Andres Müry

1997

Christoph Marthaler nach Lina Bögli:
Lina Böglis Reise
R: Christoph Marthaler / B: Franziska Rast
Welt in Basel 1996 / Volksbühne am
Rosa-Luxemburg-Platz Berlin

Sasha Waltz: Allee der Kosmonauten
R u. Choreographie: Sasha Waltz
Sophiensæle Berlin / Sasha Waltz & Guests Berlin

Carl Zuckmayer: Des Teufels General
R: Frank Castorf / B: Peter Schubert
Volksbühne am Rosa-Luxemburg-Platz Berlin

Ödön von Horváth: Kasimir und Karoline
R: Christoph Marthaler / B: Anna Viebrock
Deutsches Schauspielhaus Hamburg

Pierre Corneille: Triumph der Illusionen
R: Stefan Bachmann / B: Hugo Gretler
Deutsches Schauspielhaus Hamburg

Elfriede Jelinek: Stecken, Stab und Stangl
R: Thirza Bruncken / B: Jens Kilian
Deutsches Schauspielhaus Hamburg

Wolfgang Borchert: Draußen vor der Tür
R: Andreas Kriegenburg / B: Susanne Schuboth
Bayerisches Staatsschauspiel München
(Cuvilliés-Theater)

Pierre Carlet de Marivaux: Triumph der Liebe
R: Christof Loy / B: Herbert Murauer
Schauspiel Staatstheater Stuttgart

Anton Tschechow: Iwanow
R: Elmar Goerden / B: Katja Haß
Schauspiel Staatstheater Stuttgart

Urs Widmer: TopDogs
R: Volker Hesse / B: Michel Schaltenbrand
Theater Neumarkt Zürich

Jury: Gerhard Jörder, Renate Klett, Dieter Kranz,
Sigrid Löffler, Michael Merschmeier

1998

Christoph Marthaler / Jürg Henneberger:
The Unanswered Question
R: Christoph Marthaler / B: Anna Viebrock
Theater Basel

David Harrower: Messer in Hennen
R: Thomas Ostermeier / B: Johanna Pfau
Baracke des Deutschen Theaters Berlin

Mark Ravenhill: Shoppen & Ficken
R: Thomas Ostermeier / B: Rufus Didwiszus
Baracke des Deutschen Theaters Berlin

Einer Schleef nach Oscar Wilde: Salome
R u. B: Einar Schleef
Düsseldorfer Schauspielhaus

Thomas Bernhard: Alte Meister
R: Christof Nel / B: Kazuko Watanabe
Deutsches Schauspielhaus Hamburg

Henrik Ibsen: Ein Volksfeind
R: Andreas Kriegenburg / B: Robert Ebeling
Schauspiel Hannover

Elfriede Jelinek: Stecken, Stab und Stangl
R u. B: Kazuko Watanabe
Schauspiel Leipzig

Fin de Partie: Samuel Becketts „Endspiel"
R: George Tabori
Burgtheater im Akademietheater Wien

Elfriede Jelinek: Ein Sportstück
R u. B: Einar Schleef
Burgtheater Wien

Jury: Gerhard Jörder, Renate Klett, Dieter Kranz,
Sigrid Löffler, Michael Merschmeier

1999

Anton Tschechow: Onkel Wanja
R: Andrea Breth / B: Wolf Redl
Schaubühne am Lehniner Platz Berlin

Jean-Paul Sartre: Schmutzige Hände
R: Frank Castorf / B: Hartmut Meyer
Volksbühne am Rosa-Luxemburg-Platz Berlin

Gerhart Hauptmann: Rose Bernd
R: Valentin Jeker / B: Beatrix von Pilgrim
Schauspiel Bonn

Sarah Kane: Gesäubert
R: Peter Zadek / B: Peter Pabst
Hamburger Kammerspiele

Ödön von Horváth: Geschichten aus dem
Wiener Wald
R: Martin Kušej / B: Hugo Gretler
Thalia Theater Hamburg

Heiner Müller: Weiberkomödie
R: Thomas Bischoff / B: Uta Kala
Schauspiel Leipzig

Franz Xaver Kroetz: Die Eingeborene
R: Achim Freyer / B: Achim Freyer,
Michael Graessner
Burgtheater im Akademietheater Wien

Thomas Bernhard: Claus Peymann kauft
sich eine Hose und geht mit mir essen.
Drei Dramolette
R: Philip Tiedemann / B: Etienne Pluss
Burgtheater im Akademietheater Wien

Ödön von Horváth: Figaro läßt sich scheiden
R: Luc Bondy / B: Erich Wonder
Theater in der Josefstadt Wien /
Wiener Festwochen

Botho Strauß: Der Kuß des Vergessens
R: Matthias Hartmann / B: Karl-Ernst Herrmann
Schauspielhaus Zürich

Jury: Benjamin Henrichs, Peter Iden, Ulrike Kahle,
Friedemann Krusche, Christine Richard

2000

Opern-/Tanzprojekt zu Madrigalen von
Monteverdi: La guerra d'Amore
R u. Choreographie: Joachim Schlömer /
B: Frank Leimbach
Theater Basel

Henrik Ibsen: Ein Volksfeind
R: Lars-Ole Walburg / B: Ricarda Beilharz
Theater Basel

Fjodor Dostojewski: Dämonen
R: Frank Castorf / B: Bert Neumann
Volksbühne am Rosa-Luxemburg-Platz Berlin

Sasha Waltz: Körper
R u. Choreographie: Sasha Waltz / B: Thomas Schenk, Heike Schuppelius, Sasha Waltz
Schaubühne am Lehniner Platz Berlin

Henrik Ibsen: John Gabriel Borkman
R: Leander Haußmann / B: Franz Havemann
Schauspielhaus Bochum

Tom Lanoye und Luk Perceval nach Shakespeare: SCHLACHTEN!
R: Luk Perceval / B: Katrin Brack
Deutsches Schauspielhaus Hamburg

Rainald Goetz: Jeff Koons
R: Stefan Bachmann / B: Barbara Ehnes
Deutsches Schauspielhaus Hamburg

Anouk van Dijk / Falk Richter: Nothing Hurts
R: Falk Richter / B: Katrin Hoffmann
Choreographie: Anouk van Dijk
Kampnagel Hamburg

William Shakespeare: Die Regierung des Königs Edward III.
R: Frank-Patrick Steckel /
B: Andrea Schmidt-Futterer
Bühnen der Stadt Köln

William Shakespeare: Hamlet*
R: Peter Zadek / B: Wilfried Minks
Wiener Festwochen

Jury: Benjamin Henrichs, Andreas Hillger, Peter Iden, Ulrike Kahle, Christine Richard

2001

William Shakespeare: Richard II.
R: Claus Peymann / B: Achim Freyer
Berliner Ensemble

Frank Castorf nach Tennessee Williams: Endstation Afrika
R: Frank Castorf / B: Bert Neumann
Volksbühne am Rosa-Luxemburg-Platz Berlin

Werner Fritsch: Chroma
R: Thomas Krupa / B: Andreas Jander
Staatstheater Darmstadt

Thomas Vinterberg / Mogens Rukov: Das Fest
R: Michael Thalheimer / B: Olaf Altmann
Staatsschauspiel Dresden

Franz Molnar: Liliom
R: Michael Thalheimer / B: Musik: Bert Wrede
Thalia Theater Hamburg

Henrik Ibsen: Rosmersholm
R: Peter Zadek / B: Karl Kneidl
Burgtheater Wien

Yasmina Reza: Drei Mal Leben
R: Luc Bondy / B: Wilfried Minks
Burgtheater Wien

Anton Tschechow: Die Möwe
R: Luc Bondy / B: Gilles Aillaud
Burgtheater Wien

Karl Schönherr: Glaube und Heimat
R: Martin Kušej / B: Martin Zehetgruber
Burgtheater Wien

William Shakespeare: Was ihr wollt
R: Christoph Marthaler / B: Anna Viebrock
Schauspielhaus Zürich

Christoph Schlingensief: Bitte liebt Österreich – Ausländer raus!
R: Christoph Schlingensief
Wiener Festwochen
Die Inszenierung wurde beim Theatertreffen nicht gezeigt, dafür wurde gezeigt:
Christoph Schlingensief: Hamlet / Rechtsradikalen-Aussteigerprojekt (RAUS)
R: Christoph Schlingensief
Schauspielhaus Zürich

Jury: Benjamin Henrichs, Andreas Hillger, Peter Iden, Ulrike Kahle, Christine Richard

2002

Henrik Ibsen: John Gabriel Borkman
R: Sebastian Nübling / B: Muriel Gerstner
Theater Basel

Fjodor Dostojewski: Erniedrigte und Beleidigte
R: Frank Castorf / B: Bert Neumann
Volksbühne am Rosa-Luxemburg-Platz Berlin

René Pollesch: Stadt als Beute / Insourcing des Zuhause. Menschen in Scheiß-Hotels / Sex
R: René Pollesch / B: Bert Neumann
Volksbühne am Rosa-Luxemburg-Platz Berlin

William Shakespeare: Hamlet
R: Nicolas Stemann / B: Katrin Nottrodt
Schauspiel Hannover

Jon Fosse: Traum im Herbst
R: Luk Perceval / B: Katrin Brack
Münchner Kammerspiele

Euripides: Alkestis
R: Jossi Wieler / B: Jens Kilian
Münchner Kammerspiele

Hugo Claus nach Seneca: Thyestes – Der Fluch der Atriden
R: Stephan Kimmig / B: Katja Haß
Schauspiel Stuttgart

Anton Cechov: Drei Schwestern
R: Stefan Pucher / B: Duri Bischoff
Schauspiel Zürich

Meg Stuart / Damaged Gods: Alibi
R: Meg Stuart / B: Anna Viebrock
Schauspiel Zürich

Franz Schubert: Die schöne Müllerin
R: Christoph Marthaler / B: Anna Viebrock
Schauspiel Zürich

Jury: Georg Diez, Gerhard Jörder, Simone Meier, Gerhard Preußer, Franz Wille

2003

Henrik Ibsen: Nora
R: Thomas Ostermeier / B: Jan Pappelbaum
Schaubühne am Lehniner Platz Berlin

Michail Bulgakow: Der Meister und Margarita
R: Frank Castorf / B: Bert Neumann
Volksbühne am Rosa-Luxemburg-Platz Berlin

Arthur Schnitzler: Liebelei
R: Michael Thalheimer / B: Henrik Ahr
Thalia Theater Hamburg

Henrik Ibsen: Nora
R: Stephan Kimmig / B: Katja Haß
Thalia Theater Hamburg

Fritz Kater: zeit zu lieben zeit zu sterben
R: Armin Petras / B: Bernd Schneider
Thalia Theater Hamburg

Aischylos: Orestie
R u. B: Andreas Kriegenburg
Münchner Kammerspiele

Gotthold Ephraim Lessing: Emilia Galotti
R: Andrea Breth / B: Annette Murschetz
Burgtheater im Akademietheater Wien

Christoph Marthaler: Groundings – Eine Hoffnungsvariante
R: Christoph Marthaler / B: Anna Viebrock
Schauspielhaus Zürich

William Shakespeare: Richard III.
R: Stefan Pucher / B: Barbara Ehnes
Schauspielhaus Zürich

Eugene O'Neill: Trauer muss Elektra tragen
R: Frank Castorf / B: Bert Neumann
Schauspielhaus Zürich

Jury: Till Briegleb, Georg Diez, Gerhard Jörder, Wolfgang Kralicek, Simone Meier, Gerhard Preußer, Franz Wille

2004

Bernard-Marie Koltès: Kampf des Negers und der Hunde
R: Dimiter Gotscheff / B: Katrin Brack
Volksbühne am Rosa-Luxemburg-Platz Berlin

Maxim Gorki: Sommergäste
R: Jürgen Gosch / B: Johannes Schütz
Düsseldorfer Schauspielhaus

Fritz Kater: WE ARE CAMERA / jasonmaterial
R: Armin Petras / B: Bernd Schneider, Natascha von Steiger
Thalia Theater Hamburg

Rimini Protokoll: deadline
R u. B: Helgard Haug, Stefan Kaegi, Daniel Wetzel
Deutsche Schauspielhaus in Hamburg / Neues Cinema. Koproduktion mit Schauspiel Hannover, Hebbel am Ufer (HAU) Berlin, Burgtheater Wien

Händl Klaus: Wilde – Der Mann mit den traurigen Augen
R: Sebastian Nübling / B: Muriel Gerstner
Schauspiel Hannover / Steirischer Herbst Graz

Anton Tschechow: Onkel Wanja
R: Barbara Frey / B: Bettina Meyer
Bayerisches Staatsschauspiel München

Heiner Müller: Anatomie Titus Fall of Rome. Ein Shakespearekommentar
R: Johan Simons / B: Bert Neumann
Münchner Kammerspiele

Wolfgang Amadeus Mozart / Alain Platel / Sylvain Cambreling: Wolf
R: Alain Platel / B: Bert Neumann
Ruhrtriennale / Les Ballets C. de la B. Gent / Opéra National de Paris

Elfriede Jelinek: Das Werk
R: Nicolas Stemann / B: Katrin Nottrodt
Burgtheater Wien

Georg Büchner: Dantons Tod
R: Christoph Marthaler / B: Anna Viebrock
Schauspielhaus Zürich

Jury: Till Briegleb, Georg Diez, Gerhard Jörder, Wolfgang Kralicek, Tobi Müller, Gerhard Preußer, Franz Wille

2005

Edward Albee: Wer hat Angst vor Virginia Woolf?
R: Jürgen Gosch / B: Johannes Schütz
Deutsches Theater Berlin

Eine Christoph-Schlingensief-Produktion: Kunst und Gemüse, A. Hipler
R: Hosea Dzingirai / B: Thekla von Mülheim
Volksbühne am Rosa-Luxemburg-Platz Berlin

William Shakespeare: Othello
R: Stefan Pucher / B: Barbara Ehnes
Deutsches Schauspielhaus Hamburg

Frank Wedekind: Lulu. Die Büchse der Pandora
R: Michael Thalheimer / B: Olaf Altmann
Thalia Theater Hamburg

Lutz Hübner: Hotel Paraiso
R: Barbara Bürk / B: Anke Grot
Schauspiel Hannover

Paul Claudel: Mittagswende
R: Jossi Wieler / B: Anja Rabes
Münchner Kammerspiele

Friedrich Hebbel: Die Nibelungen
R u. B: Andreas Kriegenburg
Münchner Kammerspiele

Friedrich Schiller: Don Carlos, Infant von Spanien*
R: Andrea Breth / B: Martin Zehetgruber
Burgtheater Wien

Michel Houellebecq: Elementarteilchen
R: Johan Simons / B: Jens Kilian
Schauspielhaus Zürich

Max Frisch: Homo Faber
R: Stefan Pucher / B: Barbara Ehnes
Schauspielhaus Zürich

Jury: Till Briegleb, Barbara Burckhardt, Christine Dössel, Wolfgang Kralicek, Peter Michalzik, Tobi Müller, Andreas Wilink

2006

Andres Veiel / Gesine Schmidt: Der Kick
R: Andres Veiel / B: Julia Kaschlinski
Maxim Gorki Theater Berlin / Theater Basel

Henrik Ibsen: Hedda Gabler
R: Thomas Ostermeier / B: Jan Pappelbaum
Schaubühne am Lehniner Platz Berlin

Anton Tschechow: Iwanow
R: Dimiter Gotscheff / B: Katrin Brack
Volksbühne am Rosa-Luxemburg-Platz Berlin

William Shakespeare: Macbeth
R: Jürgen Gosch / B: Johannes Schütz
Düsseldorfer Schauspielhaus

The Forsythe Company: Three Atmospheric Studies
R, Choreographie u. B: William Forsythe
Schauspiel Frankfurt/Main / Staatsschauspiel Dresden

Paul Binnerts nach Amos Oz: Allein das Meer
R: Paul Binnerts / B: Peter de Kimpe
Kulturinsel Halle – Neues Theater

Anton Tschechow: Drei Schwestern
R: Jürgen Gosch / B: Johannes Schütz
Schauspiel Hannover

Eine dokumentarische Inszenierung von Rimini Protokoll: Wallenstein
R: Helgard Haug, Daniel Wetzel / B: Judith Kehrle
Nationaltheater Mannheim

Händl Klaus: Dunkel lockende Welt
R: Sebastian Nübling / B: Muriel Gerstner
Münchner Kammerspiele

Anton Tschechow: Platonow
R: Karin Henkel / B: Stefan Mayer
Schauspiel Stuttgart

Christoph Marthaler: Schutz vor der Zukunft*
R: Christoph Marthaler / B: Duri Bischoff
Wiener Festwochen

Jury: Barbara Burckhardt, Karin Cerny, Christine Dössel, Hartmut Krug, Peter Michalzik, Tobi Müller, Andreas Wilink

2007

nach Henry Purcell und Christopher Marlowe: Dido und Aeneas
R: Sebastian Nübling / B: Muriel Gerstner
Theater Basel

Aischylos: Die Orestie
R: Michael Thalheimer / B: Olaf Altmann
Deutsches Theater Berlin

Johann Wolfgang Goethe: Die Leiden des jungen Werthers
R: Jan Bosse / B: Stéphane Laimé
Maxim Gorki Theater Berlin

nach Molière: Der Tartuffe
R: Dimiter Gotscheff / B: Katrin Brack
Thalia Theater Hamburg / Salzburger Festspiele

Jean-Paul Sartre: Die schmutzigen Hände
R: Andreas Kriegenburg / B: Ricarda Beilharz
Thalia Theater Hamburg

Elfriede Jelinek: Ulrike Maria Stuart
R: Nicolas Stemann / B: Katrin Nottrodt
Thalia Theater Hamburg

Anton Tschechow: Drei Schwestern
R u. B: Andreas Kriegenburg
Münchner Kammerspiele

Ferdinand Bruckner: Krankheit der Jugend
R: Tilmann Köhler / B: Karoly Risz
Deutsches Nationaltheater Weimar

William Shakespeare: Viel Lärm um nichts
R: Jan Bosse / B: Stéphane Laimé
Burgtheater Wien

Yasmina Reza: Der Gott des Gemetzels
R: Jürgen Gosch / B: Johannes Schütz
Schauspielhaus Zürich

Jury: Barbara Burckhardt, Karin Cerny, Christine Dössel, Hartmut Krug, Peter Michalzik, Peter Müller, Andreas Wilink

2008

Gerhart Hauptmann: Die Ratten
R: Michael Thalheimer / B: Olaf Altmann
Deutsches Theater Berlin

Anton Tschechow: Onkel Wanja
R: Jürgen Gosch / B: Johannes Schütz
Deutsches Theater Berlin

nach Einar Schleef: Gertrud
R: Armin Petras / B: Olaf Altmann
Schauspiel Frankfurt/Main

Simon Stephens: Pornographie
R: Sebastian Nübling / B: Muriel Gerstner
Deutsches Schauspielhaus Hamburg / Schauspiel Hannover / Festival Theaterformen

Friedrich Schiller: Maria Stuart
R: Stephan Kimmig / B: Katja Haß
Thalia Theater Hamburg

Signa Sørensen/Arthur Köstler: Die Erscheinungen der Martha Rubin. Eine Nonstop-Performance-Installation von SIGNA
R: Signa Köstler geb. Sørensen /
B: Thomas Bo Nilsson
Schauspiel Köln

William Shakespeare: Der Sturm
R: Stefan Pucher / B: Barbara Ehnes
Münchner Kammerspiele

nach Rainer Werner Fassbinder: Die Ehe der Maria Braun
R: Thomas Ostermeier / B: Nina Wetzel
Münchner Kammerspiele

Christoph Marthaler: Platz Mangel
R: Christoph Marthaler / B: Frieda Schneider
Rote Fabrik Zürich, die produktion gmbh

William Shakespeare: Hamlet
R: Jan Bosse / B: Stéphane Laimé
Schauspielhaus Zürich

Jury: Eva Behrendt, Jürgen Berger, Karin Cerny, Stefan Keim, Hartmut Krug, Peter Müller, Christopher Schmidt

2009

Anton Tschechow: Die Möwe
R: Jürgen Gosch / B: Johannes Schütz
Deutsches Theater Berlin / Volksbühne am Rosa-Luxemburg-Platz

Volker Lösch, frei nach Peter Weiss: Marat, was ist aus unserer Revolution geworden?
R: Volker Lösch / B: Cary Gayler
Deutsches Schauspielhaus Hamburg

Friedrich Schiller: Die Räuber
R: Nicolas Stemann / B: Stefan Mayer
Thalia Theater Hamburg / Salzburger Festspiele

Franz Xaver Kroetz: Wunschkonzert
R: Katie Mitchell / B: Alex Eales
Schauspiel Köln

Franz Kafka: Der Prozess
R u. B: Andreas Kriegenburg
Münchner Kammerspiele

Fluxus-Oratorium von Christoph Schlingensief: Eine Kirche der Angst vor dem Fremden in mir
R: Christoph Schlingensief / B: Thomas Goerge, Thekla von Mülheim
Ruhrtriennale 2008

Joachim Meyerhoff: Alle Toten fliegen hoch 1–3
R: Joachim Meyerhoff / B: Sabine Volz
Burgtheater Wien

Karl Schönherr: Der Weibsteufel
R: Martin Kušej / B: Martin Zehetgruber
Burgtheater Wien

Roland Schimmelpfennig: Hier und Jetzt
R: Jürgen Gosch / B: Johannes Schütz
Schauspielhaus Zürich

Ein Projekt von Christoph Marthaler und Ensemble: Das Theater mit dem Waldhaus*
R: Christoph Marthaler / B: Frieda Schneider
Waldhaus (Sils-Maria, Schweiz)

Jury: Eva Behrendt, Jürgen Berger, Wolfgang Höbel, Stefan Keim, Peter Müller, Andres Müry, Christopher Schmidt

2010

Dea Loher: Diebe
R u. B: Andreas Kriegenburg
Deutsches Theater Berlin

Peter Handke, Bearbeitung Viktor Bodó:
Die Stunde, da wir nichts voneinander wußten
R: Viktor Bodó / B: Viktor Bodó, Pascal Raich
Schauspielhaus Graz

Dennis Kelly: Liebe und Geld
R: Stephan Kimmig / B: Katja Haß, Oliver Helf
Thalia Theater Hamburg

Elfriede Jelinek: Die Kontrakte des Kaufmanns. Eine Wirtschaftskomödie
R: Nicolas Stemann / B: Katrin Nottrodt
Thalia Theater Hamburg Koproduktion mit Schauspiel Köln

Ettore Scola und Ruggero Maccari: Die Schmutzigen, die Hässlichen und die Gemeinen
R: Karin Beier / B: Thomas Dreißigacker
Schauspiel Köln

Ödön von Horváth: Kasimir und Karoline
R: Johan Simons, Paul Koek
Schauspiel Köln Koproduktion NT Gent und De Veenfabriek

Hans Fallada: Kleiner Mann – was nun?
R: Luk Perceval / B: Annette Kurz
Münchner Kammerspiele

Kelly Copper & Pavol Liska / Nature Theater of Oklahoma: Life and Times – Episode 1
R: Kelly Copper, Pavol Liska / B: Peter Nigri
Burgtheater Wien

Roland Schimmelpfennig: Der goldene Drache
R: Roland Schimmelpfennig / B: Johannes Schütz
Burgtheater Wien

Christoph Marthaler / Anna Viebrock:
Riesenbutzbach. Eine Dauerkolonie
R: Christoph Marthaler / B: Anna Viebrock
Wiener Festwochen

Jury: Eva Behrendt, Jürgen Berger, Wolfgang Höbel, Stefan Keim, Ellinor Landmann, Andres Müry, Christopher Schmidt

2011

Nurkan Erpulat / Jens Hillje: Verrücktes Blut
R: Nurkan Erpulat / B: Magda Willi
Ballhaus Naunynstraße Berlin / Ruhrtriennale

She She Pop: Testament
R: She She Pop / B: She She Pop, Sandra Fox
Hebbel am Ufer Berlin / Kampnagel Hamburg / FFT Düsseldorf

Friedrich Schiller: Don Carlos
R: Roger Vontobel / B: Magda Willi
Staatsschauspiel Dresden

Christoph Schlingensief: Via Intolleranza II
R: Christoph Schlingensief / B: Thekla von Mülheim, Christian Schlechter
Festspielhaus Afrika GmbH Koproduktion mit Kampnagel Hamburg, dem Kunstenfestivaldesarts Brüssel und der Bayerischen Staatsoper München
Kooperation mit dem Burgtheater Wien, Impulstanz und den Wiener Festwochen

Anton Tschechow: Der Kirschgarten
R: Karin Henkel / B: Kathrin Frosch
Schauspiel Köln

Elfriede Jelinek: Das Werk / Im Bus / Ein Sturz
R: Karin Beier / B: Johannes Schütz
Schauspiel Köln

Henrik Ibsen: Nora oder Ein Puppenhaus
R u. B: Herbert Fritsch
Theater Oberhausen

Gerhart Hauptmann: Der Biberpelz
R u. B: Herbert Fritsch
Mecklenburgische Staatstheater Schwerin

Kathrin Röggla: Die Beteiligten
R: Stefan Bachmann / B: Jörg Kiefel
Burgtheater Wien

Arthur Miller: Tod eines Handlungsreisenden
R: Stefan Pucher / B: Stéphane Laimé
Schauspielhaus Zürich

Jury: Vasco Boenisch, Wolfgang Höbel, Ulrike Kahle-Steinweh, Ellinor Landmann, Andres Müry, Christine Wahl, Franz Wille

2012

Gob Squad & Campo: Before Your Very Eyes
R: Gob Squad
Hebbel am Ufer Berlin, Gob Squad / Campo, Gent / FFT Düsseldorf / Noorderzon, Grand Theatre Groningen / Next Festival / Eurometropole Lille-Kortrijk-Tournai+Valenciennes / Künstlerhaus Mousonturm Frankfurt / La Bâtie-Festival de Genève

Milo Rau: Hate Radio
R: Milo Rau / B: Anton Lukas
International Institute of Political Murder Kigali Genocide Memorial Centre / Hebbel am Ufer Berlin / Migros-Kulturprozent Schweiz / Kunsthaus Bregenz / Schlachthaus Theater Bern / Beursschouwburg Brüssel / Migros Museum für Gegenwartskunst Zürich / Kaserne Basel / Südpol Luzern / Verbrecher Verlag Berlin / Ishyo Arts Centre Kigali

Franz Arnold / Ernst Bach:
Die (s)panische Fliege
R u. B: Herbert Fritsch
Volksbühne am Rosa-Luxemburg-Platz Berlin

Henrik Ibsen: John Gabriel Borkman. 4. Teil der Ibsen-Saga. Season 2 / Vorstellungen #20 – 25
R: Vegard Vinge, Ida Müller, Trond Reinholdtsen
Volksbühne am Rosa-Luxemburg-Platz Berlin / Norsk Kulturråd / Nordwind Platform und Festival

René Pollesch: Kill your Darlings! Streets of Berladelphia
R: René Pollesch / B: Bert Neumann
Volksbühne am Rosa-Luxemburg-Platz Berlin

Henrik Ibsen: Ein Volksfeind
R: Lukas Langhoff / B: Regina Fraas
Theater Bonn

Johann Wolfgang von Goethe: Faust I+II
R: Nicolas Stemann / B: Thomas Dreißigacker, Nicolas Stemann
Thalia Theater Hamburg / Salzburger Festspiele

Sarah Kane: Gesäubert / Gier / 4.48 Psychose
R: Johan Simons / B: Eva Veronica Born
Münchner Kammerspiele

William Shakespeare: Macbeth
R: Karin Henkel / B: Muriel Gerstner
Münchner Kammerspiele

Anton Čechov: Platonov
R: Alvis Hermanis / B: Monika Pormale
Burgtheater im Akademietheater Wien

Jury: Vasco Boenisch, Anke Dürr, Ulrike Kahle-Steinweh, Ellinor Landmann, Christoph Leibold, Christine Wahl, Franz Wille

2013

nach Dieter Roth: Murmel Murmel
R u. B: Herbert Fritsch
Volksbühne am Rosa-Luxemburg-Platz Berlin

Euripides: Medea
R: Michael Thalheimer / B: Olaf Altmann
Schauspiel Frankfurt

nach Lew Tolstoi: Krieg und Frieden
R: Sebastian Hartmann /
B: Sebastian Hartmann, Tilo Baumgärtel
Schauspiel Leipzig

nach Hans Fallada: Jeder stirbt für sich allein
R: Luk Perceval / B: Annette Kurz
Thalia Theater Hamburg

Gerhart Hauptmann: Die Ratten
R: Karin Henkel / B: Jens Kilian
Schauspiel Köln

Friederike Mayröcker: Reise durch die Nacht
R: Katie Mitchell / B: Alex Eales
Schauspiel Köln

Tennessee Williams: Orpheus steigt herab
R: Sebastian Nübling / B: Eva-Maria Bauer
Münchner Kammerspiele

Elfriede Jelinek: Die Straße. Die Stadt. Der Überfall.
R: Johan Simons / B: Eva Veronica Born
Münchner Kammerspiele

Bertolt Brecht: Die heilige Johanna der Schlachthöfe
R: Sebastian Baumgarten / B: Thilo Reuther
Schauspielhaus Zürich

Jérôme Bel: Disabled Theater
R u. Choreographie: Jérôme Bel
Theater Hora – Stiftung Züriwerk, Zürich / Hebbel am Ufer, Berlin / Auawirleben, Bern / Kunstenfestivaldesarts, Brüssel / Documenta (13) / Festival d'Avignon / Ruhrtriennale / Festival d'Automne, Paris / Les Spectacles vivants – Centre Pompidou, Paris / La Bâtie – Festival Genève

Jury: Vasco Boenisch, Anke Dürr, Ulrike Kahle-Steinweh, Christoph Leibold, Daniele Muscionico, Christine Wahl, Franz Wille

* Die Inszenierung wurde ausgewählt bzw. eingeladen, war jedoch nicht im Rahmen des Theatertreffens zu sehen – aus unterschiedlichen Gründen: technischen, organisatorischen, urheberrechtlichen oder politischen. Noch bis 1969 schlug die Jury – nicht nur als politische Geste – Inszenierungen auch aus Theatern im Ostteil Berlins vor, obwohl absehbar war, dass sie nicht am Theatertreffen teilnehmen würden.

STÜCKEMARKT 1978 BIS 2013

Der Stückemarkt wurde 1978 nicht als Wettbewerb ins Leben gerufen, sondern als bis dahin einmalige Plattform, neue Stücke auf ihre Spielbarkeit hin zu prüfen. Die ersten zwanzig Jahre wählte die Stückemarkt-Leitung (1986 bis 2002 Klaus Völker) aus den zur Uraufführung freien Stücken jährlich fünf aus, um sie von Schauspielern einem breiteren Publikum und Theaterexperten präsentieren zu lassen. Während die Mülheimer Theatertage ab 1976 Stücke nach ihrer Uraufführung prämierten, setzte der Stückemarkt sich dafür ein, neue Stücke überhaupt erst ins Programm der Theater zu bringen. 2003 übernahmen Iris Laufenberg und Antonia Lahmé die Leitung. Das Festival öffnete sich für Autoren aus ganz Europa, aus der Präsentation neuer Dramen für Theaterleute wurde ein Wettbewerb. Eine Jury sichtet seitdem hunderte von Stücken, von denen während des Theatertreffens fünf bis sieben in szenischen Lesungen präsentiert werden. Zwischen 2005 und 2011 leitete Yvonne Büdenhölzer den Stückemarkt (Ausnahme 2010: Daniel Richter und Friederike Jäcksch). In den folgenden Jahren setzte der Stückemarkt wichtige Impulse in der Dramatikerförderung, mit der Einführung von Preisen und Werkaufträgen, Kooperationen mit Partnertheatern, die Uraufführungen realisieren, dem Aufbau eines internationalen Netzwerks und der Übersetzung der Stücke ins Englische, der Realisierung von Masterclasses und des Dramatikerworkshops und der Übernahme von einjährigen Patenschaften für die Autoren. Beim TT Symposium „Schleudergang Neue Dramatik" (2009) analysierte der Stückemarkt den Zustand der neuen Dramatik und setzte weitere Impulse. Seit 2012 ist Christina Zintl Leiterin des Stückemarkts. In diesem Jahr wurden erstmals Theaterkollektive für den Wettbewerb zugelassen. Ein Performer-Duo wurde ausgewählt, im Projektlabor ihr eingereichtes Konzept zu entwickeln und das Ergebnis zu präsentieren. 2013 feiert der Stückemarkt sein 35. Jubiläum und zieht Bilanz: 30 ehemalige Autoren werden eingeladen, ein Kurzstück zu schreiben. Außerdem wurden fünf Texte bereits verstorbener Stückemarkt-Autoren ausgewählt, die das zeitgenössische Drama geprägt haben. Der Stückemarkt wird gefördert durch die Heinz und Heide Dürr Stiftung sowie die Karl Schlecht Stiftung und findet in Kooperation mit der Bundeszentrale für politische Bildung und Deutschlandradio Kultur statt.

Die ausgewählten Stücke

1978

Gustav Ernst: Ein irrer Hass
Peter Greiner: Türkischer Halbmond
Elfriede Jelinek: Was geschah, nachdem Nora ihren Mann verlassen hatte oder Stützen der Gesellschaft
Harald Kuhlmann: Pfingstläuten
Dieter Kühn: Separatvorstellung
Horst Laube: Der erste Tag des Friedens
Harald Mueller: Henkersnachtmahl
Gerhard Roth: Dämmerung
Wolf Christian Schröder: Traum / Mörder
Ginka Steinwachs: Tränende Herzen

1979

Herbert Achternbusch: Susn
Thomas Brasch: Lieber Georg
Ernst Jandl: Aus der Fremde
Bodo Kirchhoff: Body – Building
Jürg Laederach: Ein milder Winter
Franz Mon: Hören und Sehen vergehen

1980

Herbert Achternbusch: Gust
Wolfgang Duffner: Äulemer Kreuz
Gert Heidenreich: Strafmündig
Barbara Honigmann: Der Schneider von Ulm
Thomas Hürlimann: Großvater und Halbbruder
Gert Raue: Die Macht, die Würde und Die Stille ... mir verschlägts den Atem
Karl-Heinz Scherfling: Asphaltkinder
Ester Vilar: Helmer oder ein Puppenheim

1981

Volker Braun: Schmitten
Serge Roon: Und er starb dann auch, an einem Montag
Friederike Roth: Ritt auf die Wartburg
Stefan Schütz: Die Schweine

1983

Thomas Hürlimann: Damunt
Klaus Pohl: Das alte Land
Einar Schleef: Berlin ein Meer des Friedens
Peter Slavik: Raumleben

1984

Sascha Anderson: Die Erotik/Der Geier
Thomas Hürlimann: Stichtag
Einar Schleef: Gewöhnlicher Abend
Lukas B. Suter: Spelterini hebt ab

1986

Phillipp Engelmann: Die Hochzeitsfahrt
Jörg Graser: Susi Eskimo – Die Wende
Gert Jonke: Wilder Rasen
Horst Wolf Müller: Komarek
Matthias Zschokke: Elefanten können nicht in die Luft springen, weil sie zu dick sind – oder wollen sie nicht

1987

Horst Wolf Müller: Doktor Potemkin
Gerhard Roth: Franz Lindner und er selbst
Gaston Salvatore: Stalin
Michael Zochow: Kambek
Matthias Zschokke: Brut

1988

Friedrich Christian Delius: Nacht der Rechner, Tag des Lächelns
Gundi Ellert: Elena und Robert
Volker Lüdecke: Aufstieg zu Prospero
Michael Roes: Aufriß
Stefan Schütz: Monsieur X oder die Witwe des Radfahrers

1990

Werner Fritsch: Steinbruch
Klaus Rohleder: Das Spiel
Stefan Schütz: Orestobsession
Georg Seidel: Königskinder
Michael Wildenhain: Denn es ist die Maschine in ihnen, die von Zärtlichkeiten träumt
Michael Zochow: Ein Neger mit Gazelle

1991

Werner Buhss: Friedrich Grimm. Ein Weg
Gert Jonke: Sanftwut oder der Ohrenmaschinist
Martin Roda-Becher: Thrill
Michael Roes: Cham
Werner Schwab: Volksvernichtung oder meine Leber ist sinnlos

1992

Jochen Berg: Fremde in der Nacht
Oliver Bukowski: Burnout, die Verweigerung des hohen Cehs
Oliver Czeslik: Cravan
Werner Fritsch: Sense
Ernst Molden: In Nachitalien. Ein Aufenthalt
Michael Wildenhain: Umstellt

1993

Wolfgang Maria Bauer: In den Augen eines Fremden
Herbert Berger: Ein erfolgreicher Mörder
Heidi von Plato: Der elektrische Reiter
Simone Schneider: Die Nationalgaleristen
Ulrich Zieger: Die Verlagerung der Steppe

1994

Gundi Ellert: Jagdzeit
Werner Fritsch: Wondreber Totentanz
Thomas Jonigk: Rottweiler
Albert Ostermaier: Zwischen den Feuern
Matthias Zschokke: Der Reiche Freund

1995

Einar Schleef: Lange Nacht
Jörg Michael Koerbl: Kamerad H.
Anna Langhoff: Schmidt Deutschland
Wolfgang Maria Bauer: Der Schatten eines Fluges
Angelika Klüssendorf: Die Fürsprecher

1996

John von Düffel: Die Unbekannte mit dem Fön
Dominik Finkelde: Abendgruß
Tim Krohn: Polly
Moritz Rinke: Der graue Engel
Michael Roes: Madschun Al-Malik. Der Narr des Königs
Stefan Schütz: Peyote

1997

Werner Fritsch: Es gibt keine Sünde im Süden des Herzens
Albert Ostermaier: Tatar Titus
Moritz Rinke: Der Mann, der noch keiner Frau Blöße entdeckte
Roland Schimmelpfennig: Aus den Städten in die Wälder, aus den Wäldern in die Städte
Matthias Zschokke: Die Exzentrischen

1998

Wolfgang Maria Bauer: Nanou
Steffen Kopetzky: Herr Krampas: auftauchend
Marius von Mayenburg: Feuergesicht
Albert Ostermaier: B. – Movie
Detlef Schulze: Besatzung Rom

1999

Thea Dorn: Marleni
Gerhard Falkner: Alte Helden
Werner Fritsch: Jenseits
Wilfried Oschischnig: Notstand
Albert Ostermaier: Death Valley Juncion
Ulrich Zieger: Die Scheinbarkeit und die Irrnis

2000

Heiko Buhr: Ausstand
David Gieselmann: Herr Kolpert
Steffen Kopetzky: Nacht der Fliege
Albert Ostermaier: Letzter Aufruf
Friedrich-Karl Praetorius: Wildgruber oder Schluss mit dem Theater
Moritz Rinke: Republik Vineta

2001

Dirk Dobbrow: Alina Westwärts
Werner Fritsch: Supermarkt
Bernhard Studlar: Transdanubia-Dreaming
Tanjana Tsouvelis: Olive-Generation
Matthias Zschokke: Die singende Kommissarin

2002

Ulrike Syha: Autofahren in Deutschland
Kurt Drawert: Monsieur Bovary
Maxim Biller: Kühltransport
John von Düffel: Elite I.1
Rebekka Kricheldorf: Prinzessin Nicoletta

2003

Maja Das Gupta: Zappen
Anja Hilling: Sterne
Ana Lasic (Serbien): Gde ti zivis? – Wo lebst du denn?
David Lindemann: Koala Lumpur
Jean-Marie Piemme (Belgien): Emballez: C'est pesé – Um die Wurst
Ulf Schmidt: Heimspiel

2004

Carles Batlle (Spanien): Temptació – Versuchung
John Birke: Pas de deux
Dorothee Brix: Zuhause
Laura Sintija Cerniauskaite (Litauen): Liusce ciuozia – Lucy auf Eis
Johan Heß: Rosa, wie ein bisschen rot
Jan Klata (Polen): Usmiech grejpfruta – Lächelnde Grapefruit
Kristina Nenninger: Restart

Dramatikerworkshop:
Sigrid Behrens: Paarweisen. Ein Eiertanz
Birgit Bockmann: Seeleuchten
Ulrike Freising Warmer: schwarzer Winter
Juliane Hahn: Mickey Mouse goes Paris
Katja Hensel: Kröten
Susanne Mewe: Lea's Tag
Tomo Mirko Pavlovic: Elternzeit
Mathias Schönsee: Marokko
Christoph Zapatka: Transit

2005

Nicolai Borger: Plastik
Stefan Finke: Landmetzgerei Hümmel
Juliane Kann: Blutiges Heimat
Nina Mitrović (Kroatien): This bed is too short or just fragments – Das Bett ist zu kurz oder nur Fragmente
Sibila Petlevski (Kroatien): Ledeni General – Eisgeneral
Oliver Schmaering: Seefahrerstück
Johannes Schrettle: Dein Projekt liebt dich

Dramatikerworkshop:
Nuran David Calis: Café Europa
Nina Ender: Neues Land
Matthias Frahm: Matrosenglück
Simon Froehling: Ich Cowboy Du Indianer
Thomas Lilge: 3 Monologe ...
Nikola Richter: Brust raus!
Sobo Swobodnik: Dunkel, Genosse, ist der Weltraum, sehr dunkel

2006

Anders Duus (Schweden): Allt ska bort – Alles muss raus
Thomas Freyer: Amoklauf mein Kinderspiel
Paul Jenkins (Großbritannien): Natural Selection – Natürliche Auslese
Nikolai Khalezin (Weißrussland): Ja prishel – Die Ankunft
Thomas Melle: Licht frei Haus
Tomo Mirko Pavlović: Der alte Tänzer und ich haben Liebe gemacht

Dramatikerworkshop:
Catherine Aigner: Hinter Augen
Christina Kettering: Der Gast
Jannis Klasing: Das halbe Paar
Simone Kollmorgen: Samstagnacht
Sven Lange: Troja.Dämmerung
Dirk Laucke: alter ford escort dunkelblau

2007

Arna Aley: 4 ½
Müşerref Öztürk Çetindoğan (Türkei): Göçmen Düğünü – Eine Migrantenhochzeit
Maria Kilpi (Finnland): Harmin Paikka – Wie ärgerlich!
Volker Schmidt (Österreich): Die Mountainbiker
Ali Taylor (Großbritannien): Cotton Wool – Watte

Dramatikerworkshop:
Kai-Ivo Baulitz: Transporter
Almut Baumgarten: Tank
Bettina Erasmy: Mein Bruder Tom
March Höld: Träumt?
Philipp Löhle: Genannt Gospodin
Daniel Mezger: In den Bergen

2008

Paul Brodowsky: Regen in Neukölln
Sergej Medwedew (Russland): Parikmacherscha – Die Friseuse
José Manuel Mora (Spanien): Mi alma en otra parte – Meine Seele anderswo
Esteve Soler (Spanien): Contra el progrés – Gegen den Fortschritt
Klaas Tindemans (Belgien): Bulger

Dramatikerworkshop:
Anne Habermehl: Letztes Territorium
Nicole Kanter: Nach unserer Zukunft
Andreas Liebmann: explodiert
Laura Naumann: meerrauschenhören
Sabine Wen-Ching Wang: Hund Hund

2009

Markus Bauer: stehende gewässer
Oliver Kluck: Das Prinzip Meese
Pierre Notte (Frankreich): Deux petites dames vers le Nord – Zwei nette kleine Damen auf dem Weg nach Norden
Sofi Oksanen (Finnland): Puhdistus – Fegefeuer
Nis-Momme Stockmann: Der Mann der die Welt aß

Dramatikerworkshop:
Nina Büttner: Selbstauslöser
Davide Carnevali (Italien): Variazioni sul modello di Kraepelin – Variationen über das Kraepelin-Modell
Ursula Knoll: der weg ins glück
Stephan Lack: Insel der Pelikane
Charlotte Roos: Hühner.Habichte

2010

Ekat Cordes: Ewig gärt
Claudia Grehn: Ernte
Wolfram Lotz: Der große Marsch
Peca Ştefan (Rumänien): Wire and Acrobats – Drahtseilakrobaten
Julian van Daal: Alles ausschalten

Dramatikerworkshop:
Thomas Arzt: Protest eines Provinzproleten
Hannes Becker: Befreundete Menschen
Sandra Kellein: Wohlfühlen für Fortgeschrittene

2011

Dmitrij Gawrisch: Brachland
Konradin Kunze: foreign angst
Mario Salazar: Alles Gold was glänzt
Małgorzata Sikorska-Miszczuk (Polen): Burmistrz - Der Bürgermeister
Juri Sternburg: der penner ist jetzt schon wieder woanders

Dramatikerworkshop:
Benjamin Lauterbach: Der Chinese
Anne Lepper: Hund wohin gehen wir
Rebecca Christine Schnyder: Schiffbruch

2012

Pamela Carter (Großbritannien): Skåne
Michael Decar: Jonas Jagow
Magdalena Fertacz (Polen): Śmierć Kalibana – Kalibans Tod
Julia Holewińska (Polen): Ciała obce – Fremde Körper
Wolfgang Höll: Und dann
Markus&Markus: Polis3000: respondemus

2013

Herbert Achternbusch: Da im Kafenion
Carles Batlle (Spanien): Cartes espanyols (o Barcelona 2014, tres cents anys després)
Volker Braun: Der Diener zweier Herren
Werner Buhss: Landschaftsbild Lichtenhagen
Oliver Bukowski: Tuba
Davide Carnevali (Italien): A Prelude to an End of a World
Thea Dorn: Adlerfelsen Schädelstätte
John von Düffel: Ein Franzose, ein Russe und ein Amerikaner oder Alliierten-Besuch
Thomas Freyer: Busske
Werner Fritsch: Alles brennt
David Gieselmann: Vulkan
Anne Habermehl: Mücken im Licht
Anja Hilling: Sardanapal
Julia Holewińska (Polen): 12/70
Elfriede Jelinek (Österreich): Prolog?
Thomas Jonigk: Wir werden uns nie wiedersehen
Nikolai Khalezin (Weissrussland): Return to Forever
Oliver Kluck: Arbeit Leben
Rebekka Kricheldorf: Der Weg des Kriegers
Dirk Laucke: Zwanzig Mohammed-Witze in zwei Minuten
Anne Lepper: oh ist das Morrissey
Philipp Löhle: Afrokalypse
Wolfram Lotz: Mama. Eine Szene
Marius von Mayenburg: Mission zum Mars
Albert Ostermaier: Anaesthesia
Moritz Rinke: Der Geist aus Hamiltons Fach
Roland Schimmelpfennig: Wohin? Verfall und Untergang der westlichen Zivilisation
Peca Ştefan (Rumänien): Best New Europlay
Nis-Momme Stockmann: Monolog der jungen Frau
Bernhard Studlar (Österreich): Euphorie und Alltag oder Störe meine Krise nicht

1982, 1985 und **1989**
fand der Stückemarkt nicht statt.

INTERNATIONALES FORUM 1965 BIS 2013

Das Internationale Forum – bis 1973 hieß es „Begegnung junger Bühnenangehöriger", bis 2005 „Internationales Forum junger Bühnenangehöriger" – wurde 1965 ins Leben gerufen. Es diente ursprünglich jungen Theatermachern aus der Bundesrepublik, bald auch aus Österreich und der Schweiz als Informations- und Diskussionsforum. Dank der Kooperation mit dem Goethe-Institut konnte das Forum ab 1980 Teilnehmer aus der ganzen Welt einladen. Gleichzeitig verlagerte sich der Schwerpunkt des Programms hin zur gemeinsamen praktischen Arbeit in Workshops: Für die Dauer von zwei Wochen entstehen Ensembles, die ohne Arbeitsteilung und ohne Premierendruck den Prozess, das Experiment und das Hinterfragen in den Mittelpunkt ihrer Arbeit stellen. Geleitet werden die Workshops von anerkannten Künstlern und Theatermachern, darunter waren in der jüngeren Vergangenheit u.a. die Choreografin Sasha Waltz, die Autoren Roland Schimmelpfennig und René Pollesch, die Bühnen- und Kostümbildnerin Muriel Gerstner, die Schauspielerin Maricel Alvarez, die Performance-Gruppe Gob Squad, der Regisseur Bolat Atabajew sowie der jetzige Intendant der Berliner Festspiele Thomas Oberender. Zu den über 2000 Teilnehmern des Internationalen Forums gehörten im Lauf der Jahre viele Künstlern, die das Theater heute prägen, unter ihnen die Dramaturgen Carl Hegemann und Rita Thiele und die Regisseure Andrea Breth, Barrie Kosky und Jossi Wieler.

Das Internationale Forum arbeitet zusammen mit dem Goethe-Institut und der Schweizer Kulturstiftung Pro Helvetia und wird durch die Kulturministerien der deutschen Bundesländer und den Deutschen Bühnenverein unterstützt.

Von 1967 bis 2005 leitete Manfred Linke das Internationale Forum, seit 2006 ist der Kulturwissenschaftler und Dramaturg Uwe Gössel der Leiter.

Die Leiter der Workshops seit 1980

1980
Rocky Greenberg, New York
Gerhard Kelling, Frankfurt/M.

1981
Urs Bihler, Berlin und Alain Maratrat, Paris
Gerd Löschütz, Frankfurt/M.
Walter Lott, New York

1982
Rocky Greenberg, New York
Heinar Kipphardt, München
Walter Lott, New York
Nelia Veksel, Tel Aviv

1983
Yaak Karsunke, Berlin
Matazo Nakamura, Yokohama
Waltraud Schlingplässer-Gruber, Hamburg
Herbert Wernicke, Darmstadt

1984
Reiner Lücker/Stefan Reisner, Berlin
Matazo Nakamura, Yokohama
Hermann Vinck, Amsterdam
Elsa Wolliaston/Marc Dupond, Paris

1985
Horst Laube, Frankfurt/M.
Frieder Nögge, Schwäbisch-Gmünd
Nelia Veksel, Tel Aviv
Elsa Wolliaston/Marc Dupond, Paris

1986
Luigard Feiks, Stuttgart/Genf
Jeroen Lopes Cardozo, Amsterdam
Raul Serrano, Buenos Aires
Lukas B. Suter, Kollbrunn/Schweiz

1987
Yolande Bertsch, Amsterdam
Fred Churchack, Dallas/Texas
Luigard Feiks, Stuttgart/Genf
Richard Hey, Berlin

1988
Frank Groothof, Amsterdam
Frieder Nögge und Tilmann Bartsch, Stuttgart
Joseph Timm, Berlin
Hartmut Lange, Berlin

1989
Joan Diamond und Karoline Feuerbach, London
Jack Garfein, New York
Stefan Schütz und Frank-M. Raddatz, Hannover
Arila Siegert, Dresden

1990
Waltraud Schlingplässer-Gruber, Hamburg
Matazo Nakamura, Yokohama
Frantisek Veres, Göteborg
Wolfgang Deichsel, Frankfurt/M.

1991
Yeong-ok Kim, Seoul
Arila Siegert, Dresden
Bernd Weißig, Berlin und Christian Steyer, Berlin
Volker Braun, Berlin

1992
Elsa Wolliaston, Paris
Roberto Blanco, Havanna, Kuba
Rense Royaards, Amsterdam
Manuel Schöbel, Berlin

1993
Yeong-ok Kim, Seoul
Nada Kokotovic, Zagreb/Duisburg
Gerd Wameling, Berlin
Thomas Hürlimann, Willerzell/Schweiz

1994
Sorella Englund und Timothy Rushton, Kopenhagen
Peter Schroth, Berlin
Klaus Pohl, New York
Oleg Kiselov, Montreal

1995
Matazo Nakamura, Tokio/Yokohama
Amir Kolben, Jerusalem
David Pledger, Melbourne
Tankred Dorst und Ursula Ehler, München

1996
Felix Rellstab, Zürich
Jamil Ahmed, Dhakar
Helge Musial, Berlin
Gustav Ernst, Wien

1997
Elsa Wolliaston, Paris
Jossi Wieler, Hamburg/Zürich
Peter Schroth, Berlin
Oliver Bukowski und Jörg Mihan, Berlin

1998
Juliane Gabriel, Berlin und Penelope Wehrli, Berlin/New York
Sasha Waltz, Berlin
Matazo Nakamura, Tokio/Yokohama
Werner Buhss, Berlin

1999
Dieter Bartel, Hamburg
Youn-Taek Lee, Seoul
David Pledger, Melbourne
Urs Widmer, Zürich

2000
Alan Good, New York
Biber Gullatz, Weinheim
Allessandro Marchetti, Verbania
Theresia Walser, Berlin

2001
Volker Hesse, Zürich/Berlin
Helge Musial, Berlin
Matazo Nakamura, Tokio/Yokohama
Thomas Oberender, Berlin

2002
Paul Binnerts, Amsterdam
Riki von Falken, Berlin und Tania Hertling, Berlin
Regine Lutz, München
Roland Schimmelpfennig, Berlin

2003
Youn-Taek Lee, Seoul
Rodolpho Leoni, Wuppertal
Elias Perrig, Stuttgart
Falk Richter, Berlin

2004
Harald Clemen, München
Sabine Harbeke, Zürich
Susanne Linke, Berlin
Patrick Schimanski, München

2005
Regine Lutz, München
Lukas Bärfuss, Zürich
Andreu Carandell-Gottschewsky, Barcelona
Youn-Taek Lee, Seoul

2006
Helgard Haug und Daniel Wetzel (Rimini Protokoll), Berlin
Nasrin Pourhosseini, Paris
Mark Polscher, Berlin
Jens Roselt, Berlin

2007
Avishai Milstein, Berlin
Helena Waldmann, Frankfurt am Main
Oliver Czeslik, Berlin
Mieke Matzke, Berlin

2008
René Pollesch, Berlin
Sibylle Peters, Gießen, Matthias Anton, Hamburg, in Zusammenarbeit mit der geheimagentur
deufert + plischke (Kattrin Deufert und Thomas Plischke), Berlin
Bruno Cathomas, Berlin

2009
Armin Petras und Andrea Koschwitz, Berlin
Gob Squad, Berlin/Nottingham
Klaus Schumacher, Hamburg
Muriel Gerstner, Zürich und Janina Janke, Berlin

2010
Mustafa und Övül Avkran, Istanbul
Chris Kondek und Christiane Kühl, Berlin
Hans-Werner Kroesinger, Berlin
Ivo Kuyl und Ruud Gielens, Brüssel

2011
Nik Haffner, Berlin
Lars Wittershagen, Hamburg
Maricel Alvarez und Emilio García Wehbi, Buenos Aires

2012
Jens Hillje, Berlin
Edit Kaldor, Amsterdam, Brüssel, New York, Budapest
Andres Veiel, Berlin

2013
Janez Janša, Ljubljana
raumlaborberlin (Markus Bader und Benjamin Foerster-Baldenius, Berlin)
Stefan Kaegi, Berlin (Rimini Protokoll)

TT-FESTIVALZEITUNG / TT-BLOG

Die TT-Festivalzeitung wurde 2005 in Zusammenarbeit mit der „Berliner Zeitung" gegründet und erschien vier Jahrgänge lang bis 2008. 19 junge Redakteure und Fotografen berichteten in den knapp drei Wochen des Theatertreffens über die eingeladenen Inszenierungen, über den Stückemarkt und aus dem Internationalen Forum. Ihre Zeitung erschien in insgesamt sieben Ausgaben mit einer Auflage von jeweils 220.000 Stück als Beilage zur „Berliner Zeitung". Betreut wurde das junge redaktionelle Team von erfahrenen Redakteuren, bekannten Kritikern, Autoren und Layoutern. Dazu gehörten Torsten Harmsen, Florian Illies, Harald Jähner, Gerhard Jörder, Kai Festersen, Christiane Kühl, Dirk Pilz, Stephan Porombka und C. Bernd Sucher. Die TT-Zeitung stand unter der Schirmherrschaft von Prof. Manfred Eichel und wurde von Uwe Gössel geleitet.

Seit 2009 berichten ausgewählte Kulturjournalisten, Fotografen, Videojournalisten, Blogger und Radiojournalisten nicht mehr auf Papier, sondern im Netz auf www.theatertreffen-blog.de, unterstützt von medialen Partnern, darunter die „Berliner Zeitung" und der „EXBERLINER". Seit 2011 wird das Projekt von der Rudolf Augstein Stiftung gefördert.
Das TT-Blog versteht sich als Entwicklungs- und Ausbildungsredaktion für den digitalen Kulturjournalismus. Es dokumentiert den zeitgenössischen Theaterbetrieb und vergrößert die Reichweite der Festivalberichterstattung Jahr um Jahr: 2012 kamen täglich 1200 Besucher auf die Seite. Seit 2009 existiert es als multimediales Debattenarchiv, seit 2010 berichtet es auch auf Englisch. Seit 2011 ist die Voraussetzung zur Teilnahme ein eigenes Blog. 2012 schließlich war das Blogger-Team so interdisziplinär wie noch nie. Redaktionsleiterin war 2012 Barbara Behrendt. 2013 feiert das Blog sein fünfjähriges Bestehen, unter anderem mit Alumni-Bloggern. Das TT-Blog wird seit 2009 von Nikola Richter geleitet.

PERSONENREGISTER

Abdoh, Reza: 147
Abendroth, Michael: 20
Achternbusch, Herbert: 106, 127, 132, 163, 236
Affolter, Therese: 189
Albee, Edward: 17
Anderson, Laurie: 123
Andree, Ingrid: 189
Angelopoulos, Theodoros: 86
Anouilh, Jean: 213
Appen, Karl von: 113
Artaud, Antonin: 155
Assmann, Aleida: 118
Audick, Janina: 13
Axer, Erwin: 87
Babel, Isaak: 88
Bachmann, Stefan: 13, 161, 241
Badora, Anna: 10
Bangert, Sabine: 144
Bärfuss, Lukas: 206
Barlach, Ernst: 74
Barth, Susanne: 32
Bauer, Hans: 75, 78, 79, 87,
Bauer, Wolfgang: 106
Baumbauer, Frank: 9, 106, 121, 145, 161, 163, 189, 236
Baumgarten, Sebastian: 123, 143, 146
Bausch, Pina: 51, 55, 126, 144, 146, 148, 152, 154, 156, 163, 164, 166, 180, 181, 182, 191, 192, 199, 200, 210, 213, 217, 218, 220, 234, 242, 243
Beaufay, Anette: 168
Bechtolf, Sven-Erich: 177
Becker, Constanze: 24
Becker, Peter von: 110
Beckett, Samuel: 77, 79, 126, 215
Beckmann, Lina: 5, 32, 143, 148
Beglau, Bibiana: 116
Behan, Brendan: 87, 88
Behrens, Wolfgang: 115
Beier, Karin: 9, 10, 34, 111, 117, 126, 189
Beil, Hermann: 7
Beilharz, Ricarda: 241
Bel, Jérôme: 121, 166
Bendokat, Margit: 28
Berg, Sibylle: 35, 143, 150
Berger, Jürgen: 151
Berghaus, Ruth: 86, 104, 112, 113
Bergman, Ingmar: 86
Bergmann, Wolfgang: 152, 225

Bernhard, Thomas: 38, 51, 55, 102, 106, 112, 230, 236, 240
Besson, Benno: 113
Beuys, Joseph: 86
Beyer, Frank: 101
Bierbichler, Josef: 130, 132, 236
Blomeyer, Sybille: 153
Böckmann, Gerd: 102
Bode, Georg, Martin: 29
Boehlke, Edgar M.: 97
Boenisch, Vasco: 153
Boettger, Ludwig: 29
Bond, Edward: 74, 88, 108
Bondy, Luc: 5, 10, 51, 80, 86, 102, 107, 108, 126, 127, 156, 219, 226, 239
Börgerding, Michael: 38
Borzik, Ralph: 191
Böwe, Jule: 39
Boysen, Rolf: 87, 89
Brack, Katrin: 13, 159
Brandauer, Klaus Maria: 177, 183
Brasch, Thomas: 54, 98, 106, 116
Braun, Volker: 104
Brecht, Bertolt: 9, 37, 89, 96, 112, 146, 155, 164, 172
Brecht, Ulrich: 96
Brecht, Werner: 40
Breitfuss, Gottfried: 29
Breth, Andrea: 11, 36, 55, 86, 108, 126, 156, 213, 214, 239
Briegleb, Till: 5, 9, 13, 215
Brill, Alexander: 188
Broich, Margarita: 37
Brook, Peter: 52, 155
Bruns, Klaus: 173
Buchholz, Gerhard: 102
Büdenhölzer, Yvonne: 139
Buhss, Werner: 154
Calis, Nuran David: 155
Cami, Pierre Henri: 102
Canaris, Volker: 221
Carnevali, Davide: 154
Carp, Stefanie: 49, 156
Castorf, Frank: 5, 9, 11, 12, 13, 36, 54, 116, 121, 126, 146, 156, 194, 202, 204, 226, 231
Cathomas, Bruno: 39
Chabrol, Claude: 147
Chrakraborty, Rahul: 24
Clever, Edith: 88, 221
Copper, Kelly: 126
Cranko, John: 74
Danckwart, Gesine: 157
Dannemann, Thomas: 20
Dasche, Michael: 103
Decker, Kerstin: 104
Degen, Michael: 88
Dene, Kirsten: 156, 198, 240
Detje, Robin: 38, 39, 157
Deuflhard, Amelie: 10, 158
Dieckmann, Friedrich: 36, 102, 104
Diepgen, Eberhard: 230
Dohnanyi, Klaus von: 188, 192
Domröse, Angelica: 54
Dorn, Dieter: 52, 74, 100, 108, 213

Dorst, Tankred: 55, 88
Dössel, Christine: 39
Dresen, Adolf: 54
Dreyer, Carl Theodor: 86
Dröse, Jorinde: 188
Droste, Meike: 24, 26, 28, 158
Dürr, Anke: 159
Dürr, Heinz: 159
Dürrenmatt, Friedrich: 213
Eckhardt, Ulrich: 104
Ehnes, Barbara: 13
Eichinger, Bernd: 101
Eidinger, Lars: 160
Emigholz, Erich: 221
Engel, Erich: 112
Engel, Wolfgang: 203
Ensslin, Gudrun: 121
Erdmann, Christian: 18
Erpenbeck, Jenny: 160
Eshrat, Hamed: 119
Eustache, Jean: 34
Fabre, Jan: 52
Fallada, Hans: 205
Fassbinder, Rainer Werner: 126, 163, 217, 236
Feldmann, Hans-Peter: 49
Fernandes, Augusto: 180
Fiedler, Florian: 161
Finzi, Samuel: 162
Fischer-Lichte, Erika: 40
Fitz, Peter: 183
Fleißer, Marieluise: 89
Flierl, Thomas: 162
Flimm, Jürgen: 5, 35, 51, 52, 86, 100, 108, 127, 168, 236
Forsythe, William: 231
Fosse, Jon: 15
Franken, Christoph: 26
Frey, Barbara: 163
Freyer, Achim: 103, 230
Fritsch, Herbert: 146, 163, 197
Fritsch, Werner: 163
Froboess, Cornelia: 101, 168
Funke, Christoph: 102, 164, 221
Ganz, Bruno: 77, 88, 89, 183
Garzaner, Mario: 40
Gerecke, Gabriele: 115
Gerstner, Muriel: 13, 165
Gide, André: 239
Giehse, Theresa: 89
Giesing, Dieter: 102, 236
Gob Squad: 124, 126, 166
Godard, Jean-Luc: 147
Goebbels, Heiner: 86
Goetz, Rainald: 116, 156, 163
Göring-Eckardt, Karin: 218
Gorki, Maxim: 16, 89
Gorvin, Joana Maria: 89
Gosch, Jürgen: 5, 9, 12, 13, 28, 34, 51, 54, 80, 100, 101, 126, 127, 148, 156, 158, 160, 161, 164, 180, 213, 214, 218, 236
Gotscheff, Dimiter: 12, 13, 54, 116, 126, 156, 159, 166
Grack, Günther: 108
Grashof, Christian: 24, 26, 28, 54

Grassmann, Kerstin: 40
Grawert, Bernd: 189
Groote, Picco von: 18
Grüber, Klaus Michael: 9, 51, 77, 107, 108, 116, 126, 127, 156, 183, 203, 213, 221
Grünbein, Durs: 241
Gründgens, Gustaf: 115, 203
Grütters, Monika: 167
Grützke, Johannes: 198, 240
Gudzuhn, Jörg: 168
Günther, Joachim: 103
Hacker, Rüdiger: 89
Hager, Kurt: 162
Halsey, Simon: 242
Hammerthaler, Ralph: 39
Handke, Peter: 106, 156, 213, 219
Haneke, Michael: 132
Happel, Maria: 168
Hardy, Rosemary: 32
Harfouch, Corinna: 26, 29, 54
Hartmann, Matthias: 10, 108
Hartmann, Sebastian: 170
Hartung, Margaret: 113, 115
Harzer, Jens: 24
Haß, Katja: 13
Hassemer, Volker: 170
Hauptmann, Gerhart: 37, 78, 114, 233
Hauß, Philipp: 30
Haußmann, Leander: 54, 170
Hawemann, Horst: 104
Hegemann, Carl: 40, 170
Hein, Jan: 117
Heinz, Gerd: 100
Heising, Ulrich: 78
Hellenstein, Klaus: 103
Heller, Friederike: 172
Helmlé, Eugen: 165
Henkel, Karin: 173
Henneberger, Jürg: 49
Henrichs, Benjamin: 78, 79, 108
Hermanis, Alvis: 153, 197, 232, 239
Hermann, Irm: 40
Herrmann, Karl-Ernst: 76, 89, 205, 213
Hertling, Nele: 173
Herzog, Werner: 132, 163
Heyme, Hansgünther: 102, 103, 107
Heyse, Hans-Joachim: 192
Hildebrandt, Dieter: 143, 174
Hildebrandt, Hermann: 35
Hilling, Anja: 174
Hillje, Jens: 39
Hinrichs, Fabian: 176
Hinz, Werner: 89
Hitchcock, Alfred: 86
Höbel, Wolfgang: 177
Hochhuth, Rolf: 37, 55, 114, 213
Hoess, Traute: 168, 178
Hoffmann, Hans-Joachim: 162
Hoffmann, Hilmar: 86
Hoffmann, Jutta: 54, 168, 179
Hoffmann, Reinhild: 34, 236
Hoger, Hannlore: 180
Hoghe, Raimund: 181
Hollmann, Hans: 107

Holtz, Jürgen: 54
Holtzmann, Thomas: 89, 102
Holz, Armin: 228
Honigmann, Barbara: 117
Hopkins, John: 88
Hoppe, Marianne: 41
Horváth, Ödön von: 49, 108
Hoss, Nina: 189
Hübner, Charly: 29
Hübner, Kurt: 5, 75, 77, 88, 96, 180, 221
Hübner, Lutz: 182
Hüller, Sandra: 189, 197
Hülsmann, Ingo: 183
Hunger-Bühler, Robert: 183
Ibsen, Henrik: 36, 74, 78, 89, 126
Iden, Peter: 107, 109, 174
Jelinek, Elfriede: 5, 12, 32, 34, 37, 49, 55, 106, 115, 126, 146, 149, 155, 156, 168, 184, 220, 231, 241
Jenny, Urs: 5, 50, 54
Jesserer, Gertraud: 102
John, Gottfried: 97
Johnson, Uwe: 175
Jonigk, Thomas: 186, 241
Jörder, Gerhard: 221
Jung, André: 5, 156, 187
Juriane, Kristine: 232
Kabel, Heidi: 177
Kačer, Jan: 87
Kafka, Franz: 225
Kahle-Steinweh, Ulrike: 188
Kaiser, Joachim: 108
Kamerun, Schorsch: 13
Kaminer, Wladimir: 139
Kampwirth, Jan-Peter: 20
Kane, Sarah: 106, 238
Karasek, Hellmuth: 108
Karge, Manfred: 54, 98, 221, 226
Kater, Fritz: 39, 40, 126, 195, 219
Keller, Krista: 89
Keller, Max: 74
Kermani, Navid: 189
Khuon, Alexander: 26, 28
Khuon, Ulrich: 35, 38, 39, 190
Kill, Reinhard: 190, 221
Kimmig, Stephan: 13, 191
Kirchhoff, Corinna: 22, 102
Klett, Renate: 191
Kluge, Alexander: 239
Kneidl, Karl: 192
Koch, Wolfram: 245
Kohrt, Niklas: 28
Kohse, Petra: 35, 41
Konarske, Stefan: 192
Kondek, Chris: 122, 123
König, Herbert: 54
Korn, Benjamin: 55, 103
Kortner, Fritz: 5, 77, 87, 89, 115, 126, 213
Kralicek, Wolfgang: 193
Kranz, Dieter: 221
Kresnik, Johann: 36
Kreye, Walter: 102
Kricheldorf, Rebekka: 194
Kriegenburg, Andreas: 36, 38, 54, 142, 154, 225
Krilov, Sergej: 242

Kroetz, Franz Xaver: 55, 78, 102
Krug, Manfred: 54
Krüger, Fabian: 29
Krüger, Thomas: 194
Kruse, Jürgen: 245
Kühnel, Tom: 231
Kukulies, Ronald: 188
Kunzendorf, Nina: 189
Kurz, Annette: 13
Kušej, Martin: 110, 116, 121, 127, 154, 189
Laberenz, Aino: 196
Laederach, Jürg: 185
Laibach: 36
Lammert, Norbert: 195
Lampe, Jutta: 88, 89, 102
Landertinger, Erika: 103
Lang, Alexander: 53, 94, 103
Lang, Fritz: 86
Langhoff, Matthias: 37, 54, 226
Langhoff, Thomas: 39, 54, 74, 98, 160, 168, 229
Lasker-Schüler, Else: 75, 79, 87, 108
Laube, Horst: 55
Laudenbach, Peter: 195
Laufenberg, Iris: 10, 196
Lause, Hermann: 101
Lehmann, Hans-Thiess: 221
Lehmann, Sven: 220
Leibold, Christoph: 197
Lepage, Robert: 52
Lepper, Anne: 197
Lessing, Gotthold Ephraim: 36, 100
Leth, Jörgen: 140
Liebermann, Börries von: 198
Lietzau, Hans: 74
Lievi, Daniele: 218
Lilienthal, Matthias: 5, 36, 121
Liska, Pavol: 126
Living Theatre: 88
Ljubimow, Jurij: 103
Loepelmann, Götz: 199
Löffler, Peter: 89
Löffler, Petra: 83, 193, 200
Loher, Dea: 12, 39, 140, 142, 190, 200
Löhle, Philipp: 201
Loibl, Thomas: 32
Löffler, Sigrid: 193
Lorca, García: 87
Lorenz, Katharina: 18
Lorenz, Regine: 201
Lorey, Isabell: 133, 135
Lösch, Volker: 9, 126
Löscher, Peter: 86
Lothar, Susanne: 54, 198, 240
Lüders, Günther: 88
Luft, Friedrich: 37, 41, 108, 114, 221
Lühr, Peter: 89
Lux, Joachim: 202
Lyssewski, Dörte: 22, 29
Maertens, Michael: 22
Mahnke, Hans: 88
Maier, Hanns: 100, 201, 236
Mann, Golo: 114
Manthey, Axel: 55, 165
Marquard, Fritz: 37

Marthaler, Christoph: 5, 9, 11, 13, 36, 38, 49, 126, 132, 156, 160, 161, 187, 202, 203, 225, 231, 239
Maß, Torsten: 152, 203
Mattes, Eva: 78, 183, 204
Matthes, Ulrich: 5, 24, 101
Matussek, Matthias: 221
Matzke, Annemarie "Mieke": 124
Medwedew, Sergej: 142
Meese, Jonathan: 146
Meier, Simone: 204
Melchinger, Siegfried: 87
Melles, Sunnyi: 189
Mendroch, Horst: 20
Menke, Isabelle: 18
Merschmeier, Michael: 36, 204, 221
Messmer, Arwed: 34
Meyerfeldt, Astrid: 40
Meyerhold, Wsewolod Emiljewitsch: 155
Michael, Wolfgang: 29
Michaelis, Rolf: 108
Minetti, Bernhard: 35, 51, 77, 78, 106, 183, 198, 213, 221, 226, 240
Minichmayr, Birgit: 216
Minks, Wilfried: 34, 76, 77, 86, 88, 107, 155, 218
Mnouchkine, Ariane: 52
Momper, Walter: 162
Morgeneyer, Kathleen: 26
Mouchtar-Samorai, David: 187
Mroué, Rabih: 121
Mühe, Ulrich: 54
Müller, Heiner: 37, 54, 55, 74, 86, 104, 106, 112, 116, 146, 154, 156, 162, 166, 178, 194
Müller, Ida: 126, 156, 161, 241
Müller, Peter: 205
Müller, Tobi: 120
Mueller-Stahl, Armin: 54
Mundel, Barbara: 10
Murnau, Friedrich Wilhelm: 86
Muscionico, Daniele: 205
Musil, Robert: 49, 97
Nagel, Ivan: 36, 77, 78, 100, 218
Nature Theater of Oklahoma: 126, 156
Needcompany: 9
Nel, Christof: 86, 221, 224
Nest, Thilo: 22
Neue Slowenische Kunst (NSK): 36
Neuenfels, Hans: 5, 49, 55, 86, 96, 97, 101, 107, 204, 221
Neukirch, Matthias: 18
Neumann, Bernd: 206
Neumann, Bert: 13, 36, 146, 147
Neumeier, John: 74
Niermeyer, Amélie: 10, 207
Nitsch, Hermann: 163
Noelte, Rudolf: 74, 78, 87, 126, 195, 213, 218, 221, 239
Nono, Luigi: 11
Nooteboom, Cees: 163
Norén, Lars: 102
Nottrodt, Karin: 208
Nübling, Sebastian: 12, 13, 101, 116
Nyman, Michael: 123
O'Neill, Eugene: 213

O'Casey, Sean: 88
Oest, Johann Adam: 30
Osborne, John: 88
Ostermeier, Thomas: 39, 116, 126, 132, 156, 210, 213
Özdamar, Emine Sevgi: 98
Pagel, Peter: 26, 28
Palitzsch, Peter: 37, 88, 96, 97, 126, 127, 132, 180, 239
Pasolini, Pier Paolo: 163
Perceval, Luk: 9, 12, 13, 156, 205, 214
Perec, Georges: 165
Peters, Caroline: 32, 211
Petras, Armin: 12, 39, 117, 123, 126
Petritsch, Barbara: 30
Peymann, Claus: 5, 52, 80, 86, 101, 106, 108, 121, 126, 156, 168, 177, 180, 193, 197, 198, 203, 204, 230, 233, 236, 239, 240
Pfammatter, Karin: 29, 211
Pfüller, Volker: 5, 94, 103
Pilz, Dirk: 118
Pinter, Harold: 221
Platel, Alain: 12, 126, 152, 161, 225
Pluhar, Erika: 102
Poelnitz, Christiane von: 30
Pollesch, René: 10, 11, 13, 123, 124, 126, 211, 215, 234
Pormale, Monika: 197
Praunheim, Rosa von: 148
Pucher, Stefan: 9, 12, 13, 123, 192
Pullen, Annette: 10
Quadflieg, Will: 78
Raczkowski, Krzysztof: 32
Rammstein: 36
Rasch, Walter: 212
Rau, Milo: 124, 126
Raue, Peter: 213
Ravenhill, Mark: 39
Reese, Oliver: 214
Rehberg, Hans-Michael: 102
Rehm, Werner: 88
Reich-Ranicki, Marcel: 163
Reichmann, Wolfgang: 89
Reinhardt, Max: 155
Reinholdtsen, Trond: 161, 241
Reinshagen, Gerlind: 106
Reisch, Linda: 115
Reza, Yazmina: 10, 22
Richard, Christine: 215
Richter, Falk: 12, 116, 215
Rieger, Roswitha: 192
Rimini Protokoll: 9, 123, 124, 126, 156, 161, 231
Rinke, Moritz: 5, 38, 163, 185, 218
Rischbieter, Henning: 5, 36, 87, 89, 108, 221, 233
Ritter, Gudrun: 24
Ritter, Heinz: 108
Ritter, Ilse: 79, 189, 198, 240
Ritz, Peter: 222
Rivette, Jacques: 147
Rockstroh, Falk: 30
Roggisch, Peter: 97
Röggla, Kathrin: 220
Rohmer, Eric: 147

Rose, Jürgen: 5, 74
Roselt, Jens: 40
Rosh, Lea: 220
Rosmair, Judith: 125
Rossmann, Andreas: 221
Roth, Claudia: 222
Ruckhäberle, Hans-Joachim: 223
Rudolph, Niels-Peter: 101, 107, 204
Rudolph, Sebastian: 197, 224
Rühle, Günther: 79, 102, 103, 104, 108, 113, 115, 218, 236
Sander, Otto: 183
Sandig, Jochen: 242
Sartorius, Joachim: 225
Sattmann, Peter: 101
Schacht, Heinz: 236
Schäfer, Andreas: 39
Schaper, Rüdiger: 226
Schäuble, Wolfgang: 227
Schellow, Erich: 102
Schenk, Otto: 231
Schimmelpfennig, Roland: 14, 15, 28, 29, 30, 34, 156
Schitthelm, Jürgen: 160
Schleef, Einar: 9, 36, 37, 54, 102, 103, 112, 113, 114, 115, 116, 126, 146, 147, 148, 152, 154, 156, 163, 164, 168, 173, 176, 178, 179, 180, 184, 185, 194, 195, 199, 200, 202, 203, 210, 213, 215, 217, 218, 224, 233, 234, 236, 241, 243, 245, 246
Schlingensief, Christoph: 5, 9, 10, 11, 12, 13, 36, 40, 41, 100, 116, 124, 126, 132, 146, 148, 150, 152, 156, 158, 161, 163, 164, 166, 167, 170, 171, 177, 180, 184, 195, 196, 199, 210, 213, 219, 222, 225, 226, 231, 234, 243, 245
Schmalenberg, Katharina: 28
Schmauser, Thomas: 197
Schneider, Christiane: 106
Schneider, Helge: 170
Schnitzler, Barbara: 28
Schödel, Helmut: 228
Schorn, Christine: 29
Schroeter, Werner: 221
Schroth, Christoph: 104
Schubert, Götz: 229
Schumacher, Ernst: 102, 221
Schuster, Robert: 231
Schütte, Jan: 132
Schütz, Bernhard: 40
Schütz, Johannes: 5, 13, 34, 76
Schwab, Martin: 230
Schwab, Werner: 38, 106, 185
Schwarz, Elisabeth: 127
Schwarz, Libgart: 102
Schwarzer, Alice: 213
Schweeger, Elisabeth: 10
Schwertfeger, Yohanna: 29
Senkel, Günter: 138
She She Pop: 101, 124, 126, 156, 166, 231
Signa: 161
Simon, Michael: 231
Simons, Johan: 106, 156, 225, 232
Slevogt, Esther: 233
Smith, Patti: 196
Soler, Esteve: 142

Sorokin, Vladimir: 39
Spiel, Hilde: 108
Steckel, Frank-Patrick: 216
Stegemann, Bernd: 233
Stein, Gisela: 101, 204
Stein, Peter: 5, 10, 36, 52, 74, 76, 77, 88, 96, 102, 107, 108, 126, 153, 156, 198, 202, 203, 239, 243
Stein, Werner: 89
Steinbichler, Hans: 132
Stemann, Nicolas: 12, 127, 156, 172, 184, 202, 203
Stempel, Bernd: 24, 26, 28
Stoltzenberg, Peter: 96
Stötzner, Ernst: 20
Strauß, Botho: 9, 35, 55, 74, 89, 107, 126, 183, 219, 221
Strehler, Giorgio: 52, 155
Striesow, Devid: 20
Stroheim, Erich von: 86
Stuart, Meg: 49, 123, 124, 126
Stucky, Bettina: 234
Studlar, Bernhard: 235
Stumm, Reinhardt: 38, 108
Sundermann, Laura: 32
Szymanski, André: 39
Tabori, George: 9, 52, 106, 126, 156, 172, 198, 214, 240
Tarkowski, Andrei Arsenjewitsch: 86
Teatr Kratur: 126
Terson, Peter: 96
Thalbach, Katharina: 54
Thalheimer, Michael: 9, 12, 80, 161, 189, 192
Thate, Hilmar: 54
Theobald, Heidemarie: 87
Thiele, Rita: 236
Thierse, Wolfgang: 168
Till, Tom: 241
Tindemans, Klaas: 141
Tragelehn, Bernhard Klaus: 54, 102, 104, 112, 132
Treusch, Hermann: 97
Trier, Lars von: 140
Trissenaar, Elisabeth: 97, 204
Trittin, Jürgen: 194, 237
Truffaut, François: 147
Tscheplanowa, Valery: 28
Turrini, Peter: 106
Tushingham, Rita: 77, 88
Tykwer, Tom: 101, 132
Valentin, Karl: 239
Valéry, Paul: 239
Vanackere, Annemie: 10
Veiel, Andres: 126, 238
Viebrock, Anna: 5, 13, 49, 184, 187, 210
Vinge, Vegard: 126, 156, 161, 241
Völker, Klaus: 239
Vollmer, Antje: 196
Voss, Gert: 51, 156, 177, 198, 200, 211, 213, 214, 240, 246
Wachtangow, Jewgeni Bagrationowitsch: 155
Wagner, Nike: 240
Wahl, Christine: 241
Walburg, Lars-Ole: 161, 241
Walser, Martin: 88, 197
Waltz, Sasha: 242

Watanabe, Kazuko: 243
Weber, Michael: 32
Wehlisch, Kathrin: 28, 32
Weiss, Christina: 244
Weiss, Peter: 7, 74
Weizsäcker, Richard von: 100, 113, 168
Wenders, Wim: 220, 234
Wendt, Ernst: 34, 55, 108
Wepper, Elmar: 168
Widmer, Urs: 185
Wiegenstein, Roland H.: 102
Wieler, Jossi: 13, 37, 49, 123, 156, 183, 236
Wieninger, Julia: 32
Wiens, Wolfgang: 51
Wildgruber, Ulrich: 5, 54, 78, 97, 100, 101, 178, 183, 198, 204, 218, 240
Wilink, Andreas: 245
Wille, Franz: 126, 127
Willems, Jeroen: 156
Wilms, Bernd: 5, 69, 74, 75, 80, 245
Wilson, Robert: 51, 108, 113, 123, 126, 180, 221
Wimmer, Maria: 89
Winkler, Angela: 89, 218, 246
Wirsing, Sibylle: 103, 113, 115
Wittmann, Thomas: 20
Wonder, Erich: 5, 76, 86
Woron, Andrej: 126
Wowereit, Klaus: 247
Wu, Zhang: 128
Wurmser, Léon: 215
Wuttke, Martin: 37, 40
Zadek, Peter: 5, 9, 37, 51, 52, 75, 76, 77, 78, 87, 88, 100, 103, 107, 121, 126, 127, 132, 146, 148, 156, 158, 164, 172, 173, 179, 180, 183, 190, 192, 198, 199, 200, 202, 204, 205, 210, 213, 217, 218, 219, 221, 224, 230, 236, 237, 239, 240, 244, 246
Zaimoglu, Feridun: 136, 138
Zankl, Horst: 156
Zapatka, Manfred: 32
Zech, Rosel: 101, 204
Zett, Jirka: 26
Zglincki, Simone von: 26

Die Leiter des Theatertreffens:

Nicolas Nabukov (1964)
Gerhard Hellwig (1965 – 1968)
Walther Schmieding (1969 – 1972)
Ulrich Eckhardt (1973 – 1981)
Ulrich Eckhardt / Börries v. Liebermann
(1982 – 1988)
Torsten Maß (1988 – 2001)
Dieter Hansen (2002)
Iris Laufenberg (2003 – 2011)
Yvonne Büdenhölzer (seit 2012)

Theatertreffen-Team:

Yvonne Büdenhölzer (Leiterin Theatertreffen)
Uwe Gössel (Leiter Internationales Forum)
Katharina Fritzsche (Organisation)
Barbara Seegert (Organisationsleiterin)
Katharina Wendt (Festivalbüro)
Christina Zintl (Leiterin Stückemarkt)

Gefördert durch die

Die Förderung innovativer und international ausgerichteter Projekte bildet den Schwerpunkt der Fördertätigkeit der Kulturstiftung des Bundes. Im Rahmen ihrer Spitzenförderung ermöglicht die Stiftung mehrjährige Planungssicherheit für herausragende Kulturinstitutionen und Festivals mit bundesweiter Relevanz und internationaler Strahlkraft. Zu diesen „Leuchtturmprojekten" zählen unter anderem das Theatertreffen, die documenta in Kassel, die Berlin Biennale und die Donaueschinger Musiktage. Seit 2004 hat die Kulturstiftung des Bundes das Theatertreffen jährlich mit Mitteln in Höhe von 1,5 Millionen Euro gefördert, insgesamt mit 15 Millionen Euro bis zum Jahr 2013.

Mit Unterstützung der
Stiftung Preußische Seehandlung

und der
Axel-Springer-Stiftung

AXEL SPRINGER STIFTUNG

Die Redaktion dankt allen, die bei diesem Buch mit Rat und Tat geholfen haben.